JN437199

평생교육경영학

Management of Lifelong Education

이길헌 · 한기호 · 김경희 공저

도서출판 두남

불법복사는 지적재산을 훔치는 범죄행위입니다

저작권법 제97조의 5(권리의 침해죄)에 따라 위반자는 5년 이하의 징역 또는 5천만원 이하의 벌금에 처하거나 이를 병과할 수 있습니다.

머리말

평생교육기관 경영자의 훌륭한 리더십이란 흐르는 물길을 돌릴 수 있는 기술이며, 잠겨 있는 물의 물꼬를 터서 잘 흐르도록 만들어가는 노력이다.

-백석-

현대사회는 급변하는 환경과 더불어 무한경쟁시대이다. 이에 따라 제도권 내 공교육의 틀을 탈피하여 학습자의 교육선택 기회를 넓혀 주고, 언제 어디서나 누구나 전생애를 통하여 인간의 삶의 질을 향상시키기 위한 또 하나의 대안이 평생교육인 것이다.

평생교육의 핵심은 21세기 제4차산업혁명시대를 주도할 인재를 발굴, 육성하여 학습자 개인의 자아실현과 더불어 건강한 사회, 행복한 사회를 이룩하는 데 필요한 인적자원의 질 향상에 있다 할 것이다.

따라서 평생교육기관에 투입되는 경영자원을 획득하고 적재적소에 배분하여 제계적이고, 효과적, 효율적인 관리방안과 그리고 평생교육기관을 둘러싼 환경변화에 잘 적응하고, 대처방안을 모색하여 성과극대화를 이룩하기 위한 경영전략의 필요성이 대두되고 있기 때문에 기관경영이 중시되고 있는 것이다.

따라서 본서는 일반조직경영의 관리과정(계획, 실행, 통제)과 관리과제(생산관리, 인사관리, 마케팅, 재무관리) 등을 평생교육 기관경영에 접목시켜 기관경영의 목표 달성과 성과극대화를 이룩하는 데 초점을 두었다.

본서가 많이 부족하지만 완성된 배경은 먼저 '평생교육경영학'을 집필하시어 세상에 등불을 밝히신 남정걸 교수님, 오혁진 교수님 그리고 최은수 교수님, 배석영 교수님 등 이 계셨기에 가능했다고 생각된다. 이에 모든 교수님께 감사와 고마움을 전하는 바이다.

아무쪼록 본서가 평생교육을 연구하는 학도들과 교수자, 그리고 평생교육기관을 경영하는 경영자, 관리자 등 모든 분들에게 조금이나마 도움이 되길 소망하는 바이다. 끝으로 이 책을 집필할 수 있도록 배려해 주시고 이끌어 주신 도서출판 두남 전두표 사장님과 모든 구성원들에게 깊은 감사의 말씀을 드린다.

2021년 7월

저자 일동

제1부 평생교육기관 경영의 이론적 기초

제2부 평생교육기관 경영계획

제3부 평생교육기관 경영의 실제

제5부 평생교육기관 경영 프로세스 관리

제 1 부

평생교육기관 경영의 이론적 기초

최근까지 교육을 경영으로 접근한다는 것은 어색함이 없지 않았다. 그러나 평생교육기관의 활동도 경영자원 즉 인적자원, 물적자원, 재정자원을 동원하여 학습자를 대상으로 학습자 욕구에 맞는 프로그램을 공급해야하기 때문에 평생교육기관에 대한 경영학적 접근의 필요성은 더욱 강조될 수밖에 없다. 모든 조직은 추구하는 목표와 목적이 있고, 그 조직이 추구하는 목표와 목적을 달성하기 위한 효과적이고 효율적인 경영 기법이 필요할 것이다. 여기서 효과적이고 효율적인 경영기법이란 결국 최소의 투자로 최대의 성과를 도출해 냄으로써 성과극대화를 이룩하는데 있다 할 것이다.

평생교육기관 경영의 이론적 기초 제1장은 평생교육기관 경영의 기초인 현대사회의 특징과 평생교육 및 평생교육기관의 개관 그리고 평생교육기관 경영의 유형을 살펴본다. 제2장은 평생교육의 법규체계와 추진체제를 살펴보고, 제3장은 평생교육경영자의 구분, 역할, 능력, 업무수행 및 경영자로서의 갖추어야 할 조건을 살펴본다. 제4장에서는 기관경영은 타 조직과 달리 공익성과 공공성을 추구하기 때문에 기관경영을 함에 있어 사회적 책임과 윤리에 대하여 살펴본다.

참 빛 한마디

거울은 흔들림이 없이 맑은 상태를 보존하여야 아름다움과 더러움을 비교해 낼 수 있으며 저울은 흔들림 없이 정확함을 유지해야 가벼움과 무거움을 그대로 잴 수 있다. 거울이 흔들리면 분명하게 나타낼 수 없고 저울이 흔들리면 바르게 잴 수 없다.

– 한비자–

자신의 잘못이나 실수를 대담하게 인정하고 공개적으로 사과하는 것은 체면을 깎는 것이 아니라 오히려 상대를 감동시킨다.

– 백 석 –

제 1 장

평생교육기관 경영의 기초

※ 이 장을 끝마칠 때 다음 내용들을 이해해야 한다.

- □ 현대사회의 특징과 평생교육의 필요성 및 평생교육 방향을 이해하는가?
- □ 학교교육과 평생교육의 개념을 이해하는가?
- □ 왜 이 시대에 평생교육이 필요한가?
- □ 평생교육기관의 정의 및 성격과 유형을 알고 있는가?
- □ 평생교육기관 경영은 일반기업조직 경영과 어떠한 차이를 보이는가?
- □ 평생교육기관 경영의 유형은 설립주체에 따라 경영의 목적이나 방식에서 차이가 있는가?

현대사회는 급속히 변화하고 있으며 미래의 불확실성과 예측하기 어려울 만큼 빠른 사회패러다임의 변화는 전 생애 평생학습이라고 하는 필연적인 교육체제의 변화를 가져오고 있다. 인간의 생애 주기에 따른 평생교육의 중요성은 날로 증가하고 있는 바, 본 장에서는 평생교육의 개념 및 필요성, 현대사회의 특징과 평생교육, 평생교육기관의 개관 그리고 평생교육경영의 원리 및 유형 등 평생교육기관 경영의 기초를 알아본다.

현실에 안주하는 것은 실패의 지름길이 되는 것이다

세상은 참으로 빠르게 변화하고 있다. 오늘의 1등이 내일의 1등이 될 수 없는 치열한 경쟁사회에 돌입하였다. 그렇기 때문에 이로 인하여 '삶아진 개구리 증후군'과 같은 '변화와 혁신'의 필요성이 사회 곳곳에서 대두되고 있다.

개구리는 따뜻한 물에서 생활하기를 좋아한다. 그러나 개구리는 그 따뜻한 물이 점차 뜨거워져 삶아져도 위험을 느끼지 못한 채 기분 좋게 잠을 자며 죽어간다. 이런 현상이 우리사회에 던져주는 교훈은, 개인이나 조직은 변하지 않고 혁신을 하지 않으면 무한 경쟁 사회에서 도태될 수 밖에 없다는 것이다.

변화와 혁신은 '솔개의 장수비결'에서도 찾아볼 수 있다. 솔개는 대략 70년의 수명을 누릴 수 있다고 한다. 70년 동안 건강하게 장수하려면 40년의 세월이 흘렀을 때 매우 고통스럽고 중요한 결심을 한다고 한다.

솔개는 태어나서 40년이 흐르게 되면 발톱이 노화하여 사냥능력이 그전만 못해진다. 부리도 길게 자라서 구부려져 가슴에 닿을 정도가 되고, 깃털이 짙고 두껍게 자라 날개가 무겁게 되어 하늘을 나르기가 나날이 힘들게 된다고 한다. 이 쯤 되면 솔개에게는 두 가지 선택의 기로에 서게 된다. 그 상태에서 노쇠하여 죽을 날을 기다릴 것인가 아니면 약 반년에 걸친 매우 고통스러운 갱신의 과정으로 들어갈 것인가이다.

그대로 죽지 않고 갱신의 길을 선택한 솔개는 먼저 산 정상부근으로 높이 날아올라 그곳에서 둥지를 틀고 머물며 고통의 수행을 시작한다고 한다. 먼저 부리로 바위를 쪼아 부리가 깨지고 빠지게 만든다고 한다. 그러면 서서히 새로운 부리가 돋아나는 것이다. 그런 후 새로운 부리로 노화된 발톱을 모두 뽑아낸다고 한다. 그리고 새로운 발톱이 돋아나면 그 다음에는 날개의 깃털을 모두 뽑아낸다고 한다. 이런 고통스런 수행과정 반년이 지나 새 깃털이 돋아난 솔개는 완전히 새로운 모습으로 변신하게 된다고 한다. 이러한 과정을 모두 거친 솔개는 다시 힘차게 하늘로 날아올라 나머지 30년의 수명을 건강하게 더 누리게 되는 것이다.

개인이나 조직은 모두 마찬가지로 현실에 안주하고 만족하게 된다면 미래는 없다 해도 무리가 아닌 듯싶다. 삶에 대한 변화가 없다면 그의 인생은 이미 녹슬어 있는 것과 다름이 없기 때문이다. 성공된 삶을 이루기 위해서는 무엇보다도 환경변화에 대응을 잘해야 한다. 또한 끊임없는 노력을 통해서 바꿀 수 있는 현실과 싸우고 그리고 고통을 감내할 수 있는 것을 쉽사리 포기해서는 안 된다. 현재의 안주에서 만족하지 말고 미래에 더 큰 목표를 향해 경주

해야하기 때문이다.

생전에 삼성그룹 이건희 회장의 리더십 커뮤니케이션은 “마누라와 자식만 빼고 다 바꿔라”에서 그 이후에는 “1등의 위기와 싸워서 이겨라”이다. 이 짤막한 지침이 주는 의미는 이 사회의 존재하는 개인이나 조직에 커다란 경종을 울린다. 매일 매일 스스로 혁신하고 변화의 길을 가지 않으면 언제 자멸할지 모른다는 커다란 교훈을 던져주고 있는 것이다.

(한국서예신문, 2021. 6. 1. 백석)

1. 평생교육의 개념

초연결, 초지능으로 대변되는 4차산업혁명시대에 실시간으로 쏟아져 나오는 새로운 지식과 정보들은 모든 인류의 삶의 방식과 사회 전반에 걸쳐 쓰나미 같은 변화를 요구하고 있다(Klaus Schwab, 2016; 송경진, 2016). 급속한 사회패러다임의 변화는 필연적으로 인간의 삶의 질적인 향상을 추구하는 교육현장의 패러다임의 변화를 요구하게 되고 인간이 살아가는데 필요한 지식과 정보를 습득하기 위한 끊임없는 노력은 학습의 내용과 방법에 있어서 시간적, 공간적, 형식적으로 사고의 대전환을 통한 변화를 추구하게 되었다.

평생교육과 평생학습은 급속한 사회 변화에 따라 인간이 보다 나은 삶을 영위하는데 필요로 하는 새로운 지식과 정보를 습득하기 위해 추구해야 하는 필수불가결의 요소이다.

인간의 성장발달단계에 따라 전 생애에 걸쳐 진행되어야 할 평생교육과 평생학습은 형식교육과 비형식교육, 무형식교육의 경계를 뛰어넘어 모든 인류의 삶의 질을 좌우할 수 있는 필연적인 과정이 된 것이다.

평생교육의 개념을 본질적으로 논의하게 된 동기는 1965년 12월 파리의 유네스코 본부에서 개최한 성인교육추진 국제위원회의에서 랭그랑(P. Lengrand)이 제출한 영구교육(L’education Permanente, Lifelong Education)이라는 제안서였다. 랭그랑(P. Lengrand)에 의하면 평생교육의 개념은 사람의 출생에서 죽음에 이르기까지 전 생애에 걸친 교육의 기회를 제공하고 또한 사회의 모든 차원에서 교육의 조화와 통합을 도모하는 것이라고 설명한다. 여기서 통합이란 수직적(시간적)차원과 수평적(공간적)차원의 통합을 의미하며 특히 그는 학교 교육과 사회 교육의 통합을 강조하였다. 또한 데이브(R. H. Dave)나 그 밖의 많은 학자들이 주장하는 평생교육의 개념은 학자들마다 추구하는 견해의 차이는 있지만 궁극적 목표지향점은 합일점을 갖는다. 이와 같은 것들을 종합하여 보면 평생교육이란 "개인의 삶의 질 그리고 조직의 발전과 기술적 향상을 위해 전 생애에 걸쳐 교육의 기회를 지속적으로 끊임없이 제공하려는 교육 체제 및 정책"으로 개념을 정리할 수 있다.

표 1-1 '교육'과 '평생교육'의 의미 비교

용 어	원론적 의미	현실적 의미(일차적 관심)
교 육	학교교육 + 학교 밖 교육	학교 교육(정규교육과정)
평생교육	학교교육 + 학교 밖 교육	학교 정규교육과정을 제외한 모든 학교 밖 교육

위의 〈표 1-1〉에서 살펴보듯이 "교육"과 "평생교육"이라는 용어 모두 원론적으로는 동일한 개념으로서 학교 교육과 학교 밖 교육을 모두 포함하고 있는데 반해 현실적으로 "평생교육"은 학교 정규교육과정을 제외한 "학교 밖 교육"을 대상으로 삼고 있다고 볼 수 있다. 이는 우리나라의 「평생교육법」이 "평생교육이란 학교의 정규교육과정을 제외한 학력보완교육, 성인문자해득교육, 직업능력 향상교육, 인문교양교육, 문화예술교육, 시민참여교육 등을 포함하는 모든 형태의 조직적인 교육활동을 말한다."라고 규정함으로써 "학교 정규교육과정"을 제외시키고 있으며, 평생교육법 또는 그 밖의 다른 법령에 의해서 설립된 대학부설 평생교육원이나 평생학습센터, 시·군·구 평생학습관, 주민자치기관과 각종 문화시설, 아동, 청소년 관련시설, 여성, 노인 관련시설, 장애인관련시설, 다문화가족 관련시설, 사회복지시설, 직업훈련기관과 각종 민간단체 및 민간 평생교육시설 등을 평생교육 기관으로 정하고 있는 것과 맥을 같이 한다.

평생교육에 대한 정의는 우리나라 「평생교육법」에서 규정하고 있는 협의의 개념의 평생교육과 평생교육의 근본이념과 철학의 관점에서의 광의의 개념의 평생교육으로 나누어서 살펴볼 수 있다. 협의의 평생교육은 위에서 살펴본 것처럼 법률적인 맥락에서 정의하는 의미와 동일선상에 있다. 즉 평생교육이란 학교의 정규교육과정을 제외한 모든 형태의 조직적인 교육경험을 총칭하는 개념이다.

반면에 광의의 개념에서의 평생교육은 평생교육의 이념과 철학에 입각하여 개념화 한 것으로서 평생교육이란 학교교육을 포함한 개인의 전 생애에 걸쳐 삶의 모든 과정에서 형식에 구애 없이 참여하는 모든 형태의 교육 및 학습을 총칭하는 개념이다(김한별, 2019). 여기서의 형식의 개념은 학교교육으로 대변되는 가르치는 사람과 배우는 사람이 일정한 장소에서 사전에 잘 조직된 교육내용을 매개로 하여 의도적·계획적·체계적으로 이루어지는 교육의 형태인 '형식교육'(박의수 등, 2010)과 이와는 달리 교육에 필요한 형식적 요건들을 구체적으로 갖추고 있지 않고 의도성, 체계성, 지속성이 결여되어 있거나 매우 약하게 작용하고 있는 형태의 형식교육을 제외한 모든 형태의 '비형식교육'과 '무형식교육'을 포괄하는 개념이다.(이종각, 2004)

평생교육에 대한 국내·외 학자들의 정의를 살펴보면 〈표 1-2〉와 같다.

표 1-2 평생교육에 대한 정의

연구자	정의
김종서 (1982)	평생교육은 인간의 삶의 질 개선이라는 이념 추구를 위하여 태교에서부터 시작하여 유아교육, 아동교육, 성인 초기교육, 성인 후기교육, 노인교육을 수직적으로 통합한 교육과 가정교육, 사회교육, 학교교육을 수평적으로 통합한 교육을 총칭하여 말하며 그것은 개인의 잠재능력의 최대한의 신장과 사회발전에 참여하는 능력의 개발을 목적으로 한다.
유네스코 한국위원회 (1973)	평생을 통한 교육을 의미하며 일정한 연령층을 대상으로 하는 한정된 기간의 학교교육과 조직화되지 못한 채 비효율적 상태로 방치되어있는 사회교육의 기능을 다 같이 개편 강화하고 한 사회가 지니고 있는 교육자원을 효율화함으로써 교육 역량을 극대화 하려는 노력이다. 또한 급격히 변천하는 사회에 있어서 개인과 집단으로 하여금 계속적인 자기 갱신과 사회적 적응을 추구하게 하기 위한 것이며 학교의 사회화와 사회의 교육화를 이룩하려는 교육적 노력이다.

연구자	정의
윤정일 (1983)	평생교육은 취학 전, 초·중등 등 교육의 전 단계를 총 망라하는 생애에 걸친 과정으로서 공식·비공식 및 비형식적 유형을 모두 포함한다. 그리고 이는 성격상 보편성을 지니며, 학습내용 및 방법 등에 있어서 융통성과 다양성을 지니고 있다.
장진호 (1981)	평생교육과 전통적 교육과의 관계는 과일바구니와 과일과의 관계와도 같다고 할 수 있다. 즉, 과일바구니는 평생교육으로 비유할 수 있고 그 속에 담겨진 사과, 배, 감, 귤 등은 유아교육, 초등교육, 중등교육, 고등교육, 성인교육, 노인교육 등으로 견주어 볼 수 있다.
진원중 (1981)	평생교육이란 교육의 전체 구조와 관계있는 류(Genus) 내지는 류개념(Generic Concept)으로 가정교육, 사회교육, 학교교육의 3종(Species) 내지는 종 계념(Specific Concept)을 포괄하는 고급 개념이다.
차경수 (1982)	"교육방법을 학습한다"거나 "학습능력을 학습한다"는 말에서 잘 알 수 있듯이 출생에서 사망까지 한평생동안 교육이 계속되어야 한다. 평생교육은 교육의 개념을 시간적으로 연장할 뿐만 아니라 공간적으로도 연장한다. 교육은 학교에서만 실시되는 것이 아니라 사회의 어느 장소에서나 실시되어야 한다. 학교의 사회화, 사회의 학교화로 표현되기도 하며, 모든 국민이 교육의 대상이 되고, 생애전체가 교육기간이 되고, 사회 전체가 교육의 장소가 된다.
홍웅선 (1983)	교육이란 인류역사 이래 계속되어 온 삶의 과정이다. 교육의 제1물결은 원시시대부터 제도화된 학교교육 시대 이전까지의 비형식적 교육, 제2물결은 제도화된 학교교육을 통하여 계획적으로 이루어져 온 형식적 교육, 제3의 물결은 전 생애를 통하여 계속적으로 배우고 사회 전체가 학습의 장이되는 비형식적 교육이다.
황종건 (1980)	인간의 평생을 통한 교육적 과정의 수직적 통합과 개인과 사회생활의 모든 국면과의 수평적 통합을 강조하는 것이다. 평생교육은 그동안 연령층별로 구분된 폐쇄적 학교교육과 조직이 되지 않은 채 비효율적인 상태로 방치된 사회교육을 통합 재편성하여 교육의 사회화와 사회의 교육화를 이룩하자는 것이다.
A. Corpley (1977)	평생교육은 모든 개인이 일생 주기 동안 어느 때든지 수업과 공부와 학습을 수행하여야하며, 이를 위한 조직적인 기회가 제공되어야 하는 것이다.

연구자	정의
F. Edgar (1972)	평생교육은 개인적이나 사회적인 관점에서 모든 교육적 과정을 총괄하는 개념이다.
P. Langrand (1970)	모든 국민들에게 평생을 통해서 각기 자신이 가진 다방면에 걸쳐 소질을 계속적으로 발전시키고 사회의 발전에 충분히 참여할 수 있게 하는 교육을 말한다.
R.Dave (1984)	평생교육 변화와 강조의 주요한 방향을 나타내는 세 가지의 단어, 즉 확장, 혁신, 종합으로 요약될 수 있다.

이상에서 본 바와 같이 평생교육에 대한 정의에는 삶(Life), 평생(Lifelong), 통합(Integration)과 교육(Education)의 성격을 공통적인 의견으로 제시하고 있다. 즉, 표현방식은 다르지만 평생교육은 요람에서 무덤까지의 교육과 모든 장소 및 기관에서 이루어지는 교육을 통합한 '교육의 총체적 체제'라고 할 수 있다.

2. 현대사회의 특징과 평생교육

변화의 속도가 과거 그 어느 때보다 급속한 현대사회는 방향을 잡아 나아가기가 용이하지 않은 불확실성 시대이다. 불안정하고 예측 불가능한 현실 앞에서 인간은 정체성에 도전을 받고 있는 실정이다. 또한 지식과 정보뿐 만 아니라 기술 문명의 대체 주기가 급격하게 단축되어 예전과는 달리 평생 동안 생애 주기에 맞추어 학습을 해야 하는 평생교육 시대가 되었다.

이를 극복하기 위한 다양한 방법 중에 교육의 측면에서 살펴보면 시공간과 제도가 정형화된 학교교육으로는 한계를 지닌다. 시대에 부응하고자 제도 및 교육과정을 연구하여 개발하더라도 이를 적용하기 위한 시간과 사회의 변화 속도와의 괴리는 점점 커져가고 있다. 이에 학교교육으로는 인생 전체의 발달과정을 포괄하기 힘든 제한성으로 인하여 평생교육의 필요성이 강조되고 있다.

1) 현대사회의 특징

평생교육(Lifelong Education)의 이념은 국제연합교육과학문화기구(UNESCO)에 의해 1960년대부터 이미 태동되어 발전 전개되어 왔다. 이 후 선진국과 개발도상국 사이의 평생교육에 대한 견해차가 도출되기도 하였지만, 21세기 현대를 살아가는 모든 국가는 미래를 준비하기 위한 방법론의 하나로서 평생교육에 대한 확장성을 모색하고 개발해야 하는 과제를 안고 있다.

이에 현대사회의 특징을 분류해 본다면, 크게 고령 시대, 가족구성 변화 시대, 4차 산업혁명 시대, 세계적 개방화 시대 등을 들 수 있다.

(1) 고령시대

고령(高齡)에 대한 정의는 일정하지 않다. 다만 UN에서 규정한 바에 의하면 65세 이상 인구가 총인구에서 차지하는 비율이 7% 이상일 경우 고령화사회(Aging Society)로 일컫는다. 또한 65세 이상 인구가 총인구에서 차지하는 비율이 14% 이상일 경우 고령사회(Aged Society), 20% 이상일 경우 후기고령사회(Post-aged Society) 혹은 초고령 사회로 지칭한다.

실제로 한국사회는 2000년에 65세 이상 인구비율이 7%를 넘어서며 이미 고령화 사회로 진입하였고, 2018년에는 14%를 상회하면서 고령사회로 진입하였다. 통계청에 의하면 2026년에 20%를 넘어설 것이라고 예측하는 바 이는 한국사회가 초고령 사회에 도달할 것임을 시사하고 있다.

인구의 고령화는 평균수명의 연장과 더불어 출산율의 저하에 기인한다. 통계청이 발표한 출생통계 결과에 의하면 가임 여성 1명이 평생 출산할 것으로 예상되는 평균 출생아 수의 비율인 합계 출산율이 1970년 4.53명, 1980년 2.82명에서 근래 2016년에는 1.17명, 2017년 1.05명, 2018년 0.98로 역대 최저치였다. 즉 한국의 2018년 출생아는 32만 6,900명으로 경제협력개발기구(OECD) 국가에서 가장 낮았고, 2020년 출생아는 27만 5,815명으로 역대 최저치를 기록하였다.(통계청, 2021)

한국사회가 빠르게 고령 시대로 접어든 이유는 급속한 경제 발전과 과학 발전, 나아가서는 의료기술 발전 등에 힘입어 평균수명이 높아지면서 노인 인구가 증가했기 때문이다. 통계청 기대수명 기록에 의하면 한국인의 평균

수명은 1970년 61.9세, 2000년 76.0세, 2010년 80.6세로서 40여 년 동안 20세가 높아졌다. 최근 2018년 한국인 기대수명은 여자 85.7세, 남자 79.7세로서 평균 82.7세이다(2020, 통계청). 유엔미래보고서에 의하면 2030년에 인간의 평균 수명을 130세로 전망하고 있기 때문에 앞으로 평균 수명의 수치는 더욱 가속화 될 것으로 예상된다.

또한 향후 한국사회의 출산율은 더욱 급락할 것으로 예상된다. 경기불황과 더불어 혼인을 기피하는 경향이 점점 더 농후해지고 있으며 혼인 후에도 여성이 경제활동 등을 이유로 출산을 지연하는 세태에 기인한다.

이와 같이 고령화 사회로 진입하면서 한국은 여러 가지 사회 문제에 봉착하고 있다. 조세 부담의 인구 감소, 노인층의 생계 부담과 관련한 부양 문제 대두, 노동력의 감소로 인한 경제 성장의 둔화, 연금 및 의료비 등에 대한 개인과 국가의 부담 가중으로 인한 사회 발전의 침체 현상이 더욱 두드러질 전망이다.

(2) 가족구성 변화 시대

농업화 사회에서 오랫동안 주를 이루었던 한국의 가부장적 대가족 제도는 1960년대 이후 산업화 영향으로 인해 급속히 전개된 도시화 과정에서 부부 중심의 핵가족으로 변화하였다. 1960년 한국의 도시화율은 39% 정도였다. 1970년 50%를 넘어서더니 2000년에는 88%로 상승하였다. 그리고 2015년 기준으로 92%로 증가하면서 경제협력개발기구(OECD) 국가에서 가장 높은 비율을 보이고 있다. 산업화 사회는 대가족을 분화하였고 가족주의 가치관과 가족의 기능까지 바꾸어놓았다.

또한 산업화 도시화로 인해 젊은 세대와 여성들의 농촌 이탈이 가속화되면서 농촌 인구가 급격하게 감소하였다. 농촌은 혼인 연령층의 남자 초과 현상으로 총각들의 미혼 문제가 대두되었다. 이에 1990년대 중반부터 정부와 지방자치단체를 중심으로 농촌 청년 장가보내기 운동을 추진하면서 국제결혼이 증가하였고 다문화 가족(multi-culture family)이라는 가족 유형이 생겨났다. 다문화 가족은 말 그대로 서로 다른 나라 또는 다른 민족 출신의 남녀가 만나 이룬 가족을 의미한다. 이 당시 중국이나 베트남 여성결혼이민자 유입이 활발한 이유 중의 하나는 1992년에 이루어진 한국과 중국의 수교, 한국과 베트남과의 수교의 영향이 크다고 볼 수 있다.

산업화 결과로서 개인의 욕망과 행복을 추구하는 개인화된 삶의 방식이 보편화되면서 가족이 해체되는 이혼이 날로 증가하게 되었다. 이혼사유 제1위는 성격차이로 전체 이혼 사유 중 45%를 차지하고 있다(대법원사법연감, 2018). 이외에도 전통적인 가족규범이 약화된 결과 가족문제로 인한 경우와 더불어 산업화된 사회에서 경제문제 등이 이혼사유로 파악되었다. 이혼은 새로운 가족형태인 이혼가정을 양산한다. 이혼 가정은 정상적인 가정에 비해 다양한 위험요인에 노출되기 때문에 이를 극복하고 재생하는 사회역할이 대두되고 있는 실정이다.

한국사회 가족구성의 변화 중에 21세기에 들어서면서 눈에 띄는 현상은 1인 가구(single person household)의 증가 추세이다. 통계청에 의하면 2017년 1인 가구는 전체 가구 수 대비 28.6%를 차지하고 있다. 특히 초혼 연령의 상승과 결혼 기피 현상의 결과로서 젊은이 1인 가구와 심리적, 경제적 이유 등으로 인한 독거노인 1인 가구가 급격하게 형성되고 있다. 통계청 추계에 의하면 1인 가구는 2035년에 가구원수별 가구구성비 1순위가 될 것임을 예측하고 있다. 이는 초고령 사회로 진입하면서 노인 1인 단독가구는 급속도로 증가할 것임을 시사한다.

(3) 4차 산업혁명 시대

인류는 오랜 기간 동안 자연을 이용하는 수렵채집 생활을 영위하다가 약 1만여 년 전부터 자연을 개발하는 농경목축시대에 접어들기 시작했다. 농업의 시작은 의식주의 변화는 물론 각종 도구를 발전시키는 계기로 작동했다. 이 같은 생산방식의 변혁으로 인해 산출된 잉여생산물로 사유재산을 형성하면서 계급으로 사회를 분화시키고 갈등을 촉발했다. 이로써 이전의 생활 양상과는 완전히 다른 형태의 사회로 탈바꿈한 결과를 가져왔음으로 이 시기를 인류사의 첫 번째 혁명인 농업혁명의 시대라고 일컫는다.

18세기 후반에 이르러서 영국에서 발명된 증기기관에 힘입어 새로운 기계화와 기술혁신이 일어났다. 그동안 소규모 가내공업 생산 방식에서 대규모 공장제조 생산방식으로 전환되어 노동 생산성을 획기적으로 증대시킨 산업상의 대변혁이었다. 이로 인해 신흥 부르주아 계급이 등장하고 자본주의 체제가 성립되는 계기가 되었는데 이를 1차 산업혁명이라 일컫는다.

19세기 후반에는 전기를 이용한 대량생산이 본격화되었다. 제조업의 부흥기인 이 시점을 2차 산업혁명시대라 일컫는다.

20세기 중반에 컴퓨터를 활용한 정보화와 자동화 생산시스템이 등장하면서 3차 산업혁명시대가 도래하였다. 컴퓨터와 인터넷으로 대표되는 지식정보 혁명시대라고도 한다. 특히 1990년대 중반에 이르러 정보통신과 신재생에너지 개발이 활발해지면서 전통적 제조업 시대에서 사회적 네트워크 협업 시대로 진입하게 되었다.

21세기 초반인 대략 2010년경부터 인공지능, 로봇기술, 생명과학 등이 주도하는 4차 산업혁명시대가 시작되었다. 인공지능(AI), 사물인터넷(Internet of Things), 빅데이터(Big Data) 등 정보통신기술(ICT)을 바탕으로 시공간과 인간과의 최첨단 융합을 통해 실제와 가상을 통합하여 사물들을 자동, 지능적으로 제어할 수 있는 가상 물리시스템(Cyber Physical System)을 구축하고자 하는 산업상의 초변혁 시대이다. 4차 산업혁명의 특징은 초연결(hyper-connectivity) 시대와 초지능(superintelligence) 시대이다. 이로 인해 생산성의 급격한 향상이 가능해지면서 제품과 서비스가 지능화되어 경제는 물론 사회 전반에 혁신적인 변화가 일어남을 의미한다.

(4) 세계적 개방화 시대

반도체 기술의 발달과 더불어 최첨단 컴퓨터가 개발되면서 인터넷에 의한 지식과 정보의 폭발적 증가는 국가 간의 경계를 무의미하게 만들었다. 이는 국가 단위로서가 아니라 전 세계를 하나의 시장으로 파악하고 경쟁하는 시대로서 각 국가가 개방화 추세로 접어들었음을 함의한다.

미국이 주도하던 세계경제 질서는 1995년 세계무역기구(WTO) 출범을 계기로 미국, 일본, 유럽공동체(EC) 등으로 다극화되었다. WTO는 각국 간의 무역장벽을 낮추고 각종 농산물과 수산물, 공산품 그리고 교육 서비스 등 서비스 산업의 자유로운 교역을 지향한다. 이는 세계 경제가 하나의 기구로 통합되어 무역자유화를 통해 전 세계의 경제 발전을 도모함을 뜻하지만 반면에 무한경쟁시대가 도래했음을 의미하기도 한다.

개방화 시대에는 경제는 물론이고 사회, 문화 전반에 걸친 개방으로 인해 세계가 하나의 생활권으로 재편성되어 지리적 경계를 초월한 협력체제로서 상호의존적인 긴밀한 관계를 조성한다.

특히 교육도 서비스산업의 일부로서 개방화되면서 다른 나라와 치열한 경쟁상황에 당면했다. 예를 들면 인터넷 네트워크를 매개체로 시공간의 제약 없이 이루어지는 이러닝(e-Learning)과 같은 원격교육이 활성화되었다. 교육을 서비스 상품으로 개발하여 원격교육을 통해 자국민은 물론 다른 나라에 제공하기도 하는데 저렴한 비용으로 다양한 사람들에게 교육 기회를 부여하여 인적자원의 질을 향상시키는데 기여하고 있다.

2) 평생교육의 필요성

평생교육은 현재 사회에서 중요한 위치를 차지하고 있고, 21세기 미래사회에서 더욱 강조되고 있다. 또한 궁극적 필요성은 사회변화에 따른 적응과 개인 및 집단의 삶의 질을 개선하는데 꼭 필요성이 증대되기 때문에 더욱 중요하게 대두되고 있다.

선행 연구자들마다 상이한 견해 차이가 나타나지만 랭그랑(1975), 김종서(1992), 조태화(2004) 등의 평생교육 필요성을 기초하여 재정리하면 다음과 같이 설명할 수 있다.

① 교육권 보장 요구증대에 따라 학습자 중심교육으로의 전환
② 교육소재 및 교육장의 다양화
③ 교류 단위의 지구촌화
④ 능력 중심 및 무한 경쟁 사회로의 전환
⑤ 교육수요증가에 따른 교육수준의 고도화
⑥ 이데올로기(Ideologie)의 위기에 있어서 정체감(Identity)의 혼란
⑦ 가치관 및 생활양식의 변화와 인간관계 필요성의 강조(정신과 육체의 부조화)
⑧ 여가시간 증대와 활용
⑨ 정보매체의 발달과 정보처리능력 필요성 증대
⑩ 정치의 변화, 변동
⑪ 과학기술의 발달과 산업 및 직업구도의 변화

⑫ 평균수명의 연장으로 인한 교육의 양적·질적 변화
⑬ 인간의 이상과 관습 개념의 가속도적 변화

21세기는 평생학습사회이다. 이제 현대사회에서의 교육은 장소와 시간을 초월하여 언제 어디서든지 자유롭게 학습자가 원하는 즉, 수요자의 욕구를 충족시켜 주는 사고로 전환되어야 한다. 교육은 더 이상 교육을 위한 교육이 아니라, 우리 인간의 삶의 질 향상을 위한 교육, 생존을 위한 교육으로 발전되어 나아가야 한다.

단순히 지식을 쌓아가는 학습에서 삶의 질을 향상시킬 수 있는 쓰임새 있는 지식으로 전환되어져야 한다.

3) 현대사회에서의 평생교육 방향

(1) 고령시대의 경제와 여가 교육

고령시대에서 당면하는 문제는 다양하다. 그 중에서도 가장 심각한 문제는 경제에 관한 문제이다. 고령자의 대부분은 소득이 확연히 감소하는 시기에 있다. 하지만 청년 일자리 문제가 심각한 사회문제로 대두되고 있는 현실에서 고령자들의 재취업은 요원한 문제이다. 오히려 인생에서 축적한 풍부한 경험과 지혜를 다음 세대에 전수하는 역할을 통해 사회에 공헌할 수 있는 봉사 관련 교육이 바람직할 수 있다.

더불어 퇴직 후에 수령하는 다양한 종류의 연금을 관리하는 방법과 상속, 증여, 기부 등에 대한 기본적 지식을 터득하는 교육 프로그램을 개발하여 제공하여야 할 것이다. 다만 저소득 고령자들을 위한 직종을 개발하여 제공해야 하는 과제로서 관련된 다양한 평생교육 프로그램 또한 요구된다.

고령자들의 육체적 건강관리에 관한 교육도 필요하다. 하지만 경제협력개발기구(OECD) 국가 노인 자살률 1위를 10여 년째 고수하고 있는 한국사회에서 사회적, 심리적 건강을 보전하기 위한 교육 프로그램이 더욱 절실히 요구된다. 보건복지부가 발간한 2019년 자살예방백서에 나타난 2017년 노인실태조사 현황 중에 노인 5명 중 1명이 우울증상을 겪고 있는 것으로 파악되었다. 이들 중에 6.7%는 자살을 생각해 본 적이 있다고 하며, 실제로

13.2%는 자살을 시도한 적이 있다고 조사되었다. 따라서 평생교육의 중요한 부분으로서 다른 사람들과 교감 능력을 배양하여 무기력과 소외감을 극복하고 무료하고 고독한 정서에 생기를 돋우면서 자아실현과 사회 적응 능력을 배양하는 여가교육 프로그램이 개발되고 제공되어야 한다.

(2) 가족구성 변화 시대의 가치관 교육

한국의 가족구성 변화에서 주목해야 할 부분은 국제결혼에 따른 다문화 가정의 증가이다. 그동안 단일민족이라는 강한 유대 속에 유지되어 온 한국사회의 전통 윤리와 가족 가치관은 결혼 이주자들인 외국인 여성들이 지니고 있는 각자 여러 나라의 윤리와 가치관과 공존하기에는 심리적 정신적 충돌의 벽이 높은 환경이었다. 이 같은 사회현상을 극복하기 위해 다문화에 대한 새로운 인식과 태도에 대한 재정립이 필요해졌고 정부와 학계를 중심으로 다양한 연구가 이루어지고 있다.

즉 다문화 사회로 진입하고 있는 현실에서 사회적으로는 민족 정체성과 국민 정체성을 구별하여 소속감과 유대감을 고양시키는 다양한 교육을 통해 민주적인 사회통합을 지양하도록 유도해야 하는 과제를 안고 있다. 이는 향후 한 세기 이전에 한국사회의 다민족 비율은 인구의 10%를 차지한다는 예측에 대한 준비를 의미한다. 또한 가정적으로는 다문화가정의 원활한 사회 적응과 성공적 결혼 생활을 위한 다양한 프로그램 개발과 지속적인 교육이 요구된다.

또한 사회경제적 지위와 관계망에서 취약한 노인 1인 가구 증가에 대비하는 교육이 절실한 시기이다. 주로 사별이나 자녀 세대와의 분리 등으로 인한 가족해체 현상에 기인한 바가 크기 때문에 만성적 불안과 우울증에 당면하기가 더욱 용이한 상황이다. 반면에 이와 같은 사회문제를 해결하기 위한 프로그램이나 교육이 미미한 실정이다. 이에 노인들의 정신을 긍정적으로 증진하는 사회교육을 활성화하는 사회 시스템이 마련되어야 한다.

(3) 4차 산업혁명 시대의 정보 소통 교육

4차 산업혁명 시대는 지능정보 시대이다. 이에 부응하기 위해 급속히 발달하고 있는 정보통신기술(ICT)에 대한 활용 교육이 학교 교육에서도 필요하지만 일반인들에게도 이에 못지않게 필요하게 된 현실에 당면했다. 즉 소프트웨어(SW) 교육이 강화되고 일반화 되어야하는 시점이다.

세계경제포럼(WEF)이 공개한 미래 일자리 보고서에 의하면 2016년에는 앞으로 700만 개의 일자리가 사라지고 200만 개의 일자리가 생겨 약 500만 개의 일자리가 없어질 것이라고 예측했었다. 하지만 2018년 보고서에서는 향후 5년 동안 세계에서 창출될 일자리를 1억 3,300만 개로, 로봇에 의해 대체될 일자리는 7,500만 개로 추산했다.

2년 전에 비해 일자리 수에 대해 낙관적인 전망을 한 것은 분명하지만 그 양의 증가만큼 일자리의 질이 향상된 것인지 면밀히 살펴보아야 한다. 4차 산업혁명을 선도하는 전문적인 기술역량이 요구되는 일자리는 줄어들고, 가혹한 조건에 처한 일자리의 증가는 인간의 행복에 기여하는 바가 아니기 때문이다.

따라서 기존의 수많은 직업이 도태되고 더불어 새로운 직업이 양산되는 시대를 앞두고 있는 시점에서 정보통신기술과 블록체인 등의 발달에 힘입어 노동력 과잉시대가 도래할 것에 대한 대비 교육과 미래 일자리를 예측하고 필요한 지식과 기술을 배양하는 프로그램과 교육이 시행되어야 한다.

4차 산업혁명 시대의 평생교육에서는 변화에 적합한 학교 교육과정의 신속한 개편을 추진해야하며 더불어 정부 및 지방자치단체와 기업을 중심으로 프로그램을 개발하고 전 연령층을 대상으로 변화를 수용하고 활용하는 교육이 수반되어야 한다. 향후 지능정보 시대의 변화를 다각도로 예측하여 열린 사고로 시대에 적응하면서 행복을 누릴 수 있도록 미래를 대비하는 각종 교육의 프로그램 개발이 요구된다.

지능 정보사회로 진입하면서 정보의 홍수와 급변하는 과학기술 개발 사이에서 자칫 방향감각을 상실하기 쉬운 환경에서 정체성과 판단력을 고양하는 인문학적 소양을 기르는 교육 프로그램의 개발과 제공도 절실하다.

(4) 세계적 개방화 시대의 문화 교육

4차 산업혁명 시대 이전에 세계적 개방화의 필수 여건 중의 하나는 외국어 습득이었다, 하지만 이제는 자동번역기 및 자동통역기의 발달로 말미암아 언어 소통에 대한 장애가 급속히 해소되어가는 시대로 접어들었다. 즉

각 국가 간의 언어 소통이 기계화의 도움으로 자유로워짐에 따라 외국어 교육의 중요성이 예전에 비해 감소되어가는 추세이다.

하지만 기능적인 역할을 하는 언어 측면과는 달리 각국의 문화는 각 사회 구성원들에 의해 습득, 공유, 전달되는 행동방식이나 생활양식을 의미하기 때문에 이는 상대를 배려하고 존중하면서 배우고 익히고 서로 소통해야 하는 과제에 직면해 있다.

이를 위해 새로운 글로벌 마인드가 요청된다. 자국민으로서의 편협한 가치관을 탈피하고 다른 국가들의 관습과 문화를 이해하는 폭넓은 소양과 안목을 기르는 교육이 필요하다. 이는 세계적 개방화 시대에 걸맞은 인문교양 교육 프로그램 개발·보급의 필요성을 의미한다.

3. 평생교육 기관의 개관

평생교육기관의 개관은 기관의 정의 및 성격 그리고 기관의 유형에 대해 다룬다.

1) 평생교육기관의 정의

우리가 교육기관하면 학교를 연상케 하고, 학교하면 시설을 생각하게 된다. 이에 비춰볼 때 평생교육은 학교 교육을 제외한 모든 형태의 조직적인 교육활동을 의미하므로 체계적이며 지속적인 교육활동을 효과적으로 전개할 수 있는 시설이 전제되어야 한다.

『평생교육법』 제2조 2항에서는 "평생교육기관"이란 다음 각 목의 어느 하나에 해당하는 시설·법인 또는 단체를 말한다.

가. 이 법에 따라 인가·등록·신고된 시설·법인 또는 단체

나. 「학원의 설립·운영 및 과외교습에 관한 법률」에 따른 학원 중 학교교과교습학원을 제외한 평생직업교육을 실시하는 학원

다. 그 밖에 다른 법령에 따라 평생교육을 주된 목적으로 하는 시설·법인 또는 단체로 정의하고 있다.

평생교육단체라 함은 평생교육을 주된 목적으로 하는 법인 및 단체를 말한다. 법인에는 공익법인, 비영리법인, 특수법인 등이 해당되고, 단체에는 정부단체와 각종 시민·민간단체(NGO : Non-government Organizations) 등이 포함된다. 평생교육시설이란 평생교육법에 의하여 인가, 등록, 신고 된 시설과 학원 등 다른 법령에 의한 시설로서 평생교육을 주된 목적으로 하는 시설을 말한다. 평생교육시설로서 인가, 등록, 신고 또는 보고된 시설들을 구분하면 다음과 같다.

(1) 인가(교육부장관)

- 사내(社內)대학 및 원격대학 형태 평생교육시설(전문대학 또는 대학교 졸업자와 동등한 학력·학위인정)

(2) 등록(교육감)

- 학교형태 평생교육시설(고등학교 졸업 이하의 학력인정지정)

(3) 신고(교육감)

- 원격평생교육시설
- 사업장 부설 평생교육시설
- 시민사회단체부설 평생교육시설
- 언론기관부설 평생교육시설
- 지식·인력개발사업 관련 평생교육시설

(4) 보고

- 학교부설 평생교육시설

(5) 다른 법령에 의한 평생교육시설

- 학원의 설립운영 및 과외교습에 관한 법률에 의해 인가된 학원
- 도서관 및 독서진흥법에 의한 도서관
- 박물관 및 미술관 진흥법에 의한 박물관, 미술관
- 근로자 직업 훈련 촉진법에 의한 직업훈련원
- 지방문화원 진흥법에 의한 문화원

이상과 같은 내용을 종합하여 정리하면 평생교육기관이라 함은 평생교육을 목적으로 설립된 법인 또는 기타 단체로서 궁극적 목적을 실현하기 위한 행동을 수행, 실천하는 시설이나 조직으로 정의할 수 있다.

2) 평생교육기관의 성격

새로운 지식, 정보의 폭발적 증가와 사회 환경의 급격한 변화, 첨단기술의 혁신과 직종의 다양화, 지구촌화 물결과 더불어 치열한 무한경쟁시대에 대비한 교육과 인적자원의 개발을 위해서는 정형화된 학교 교육만으로는 한계가 있기 마련이다. 따라서 평생교육기관은 학생들을 대상으로 하는 학교교육기관과는 그 성격에서 많은 차이를 나타낸다. 평생교육기관의 특성과 성격을 기술하면 대체로 다음과 같다.

첫째, 대부분의 평생교육기관들은 경영의 요소인 물적, 재무적 자원이 열악하다. 평생교육기관은 영리를 추구하는 기관보다 비영리를 추구하는 기관이 지배적이다. 특히 기관은 공공성 및 사회적 책임을 사명으로 하기 때문에 제도권 교육기관에 비해 열악한 환경에 놓여 있는 것이 현실이다. 따라서 국가의 보조를 받거나 지역사회 및 개인 또는 법인의 후원기금에 의존하는 경향이 크다고 할 수 있다.

둘째, 학습자 연령층의 폭이 넓고 요구하는 가치가 다양하고 크기 때문에 교육의 내용은 폭넓게 구성되어 있으며, 지속적으로 질과 양적으로 높아지고 확장하는 추세이다.

셋째, 평생교육기관의 교육은 열린 교육 형태의 조직이기 때문에 탄력적이고 융통성이 많은 것이 특징이다. 그러므로 기관중심이 아니라 학습자 중심의 교육성향이 강하다.

넷째, 교육기간은 학교 교육보다 짧게 설계·운영되고 있다. 학습프로그램 내용 및 성격에 따라 보통 1개월에서 1년까지 비교적 단기간 내에 운영되고 있는 것이 현실이다.

다섯째, 학습자의 대상은 모든 연령층이다. 평생교육은 열린 교육이고 공공성이 강하기 때문에 학습자의 전반적인 자질과 능력 등 제한이나 제약 없이 모든 국민을 대상으로 하고 있다.

여섯째, 평생교육기관은 학교교육에 비해 교육과정, 교육시간 및 교육기간에 있어서 정부의 통제로부터 벗어나 대체로 탄력적 경영이 가능하다.

일곱째, 평생교육기관의 교육내용은 학습자 개인의 실생활에 즉시 적용하여 삶의 질 향상을 추구하며 자아실현 욕구충족에 기반하고 있다.

3) 평생교육기관의 유형

(1) 평생교육법상의 분류

평생교육시설이라 함은 평생교육법에 의하여 인가·등록 신고 된 시설과 학원 등 다른 법령에 의한 시설로서 평생교육을 주된 목적으로 하는 시설을 말한다. 현행 평생교육법에 의거한 평생교육시설은

① 학교부설 평생교육시설(평생교육법 제30조)
② 학교형태 평생교육시설(평생교육법 제31조, 학력 인정, 미인정)
③ 사내대학형태의 평생교육시설(평생교육법 제32조, 약칭 사내대학)
④ 원격대학형태의 평생교육시설(평생교육법 제33조, 약칭 원격대학)
⑤ 사업장부설 평생교육시설(평생교육법 제35조)
⑥ 시민사회단체 부설 평생교육시설(평생교육법 제36조)
⑦ 언론기관부설 평생교육시설(평생교육법 제37조)
⑧ 지식·인력개발사업 관련 평생교육시설 등이 있다.(평생교육법 제38조)

그리고 다른 법령에 의한 시설은 학원의 설립·운영 및 과외교습에 관한 법률, 도서관 및 독서진흥법, 박물관 및 미술관 진흥법, 근로자 직업훈련 촉진법 등에 의한 학원, 직업훈련원, 도서관, 박물관, 문화원 등을 말한다. 그러므로 평생교육 시설이라 함은 협의적으로는 평생교육법과 다른 법령에 의거하여 평생교육을 주된 목적으로 하는 시설을 의미하나 광의적으로는 평생교육을 주된 목적으로 하는 법인·단체와 시설을 모두 포괄하는 것으로 해석된다.(교육부, 2000)

이상의 시설을 설치요건 및 학력 인정시설과 미 인정시설로 구분하여 비교해 보면 〈표 1-3〉과 같다.

표 1-3 평생교육시설의 유형

시 설 유 형	구 분	설치요건	비 고
유·초·중등·대학부설 평생교육시설	학력 미 인정	관할청 보고	유·초·중등·대학부설 평생(사회)교육원 등
학교형태 평생교육시설 중 학력 인정시설로 지정받은 시설	학력 인정	교육감등록	중·고등학교 졸업학력인정
학교형태 평생교육시설 중 학력인정, 미 인정시설	학력 미 인정	교육감 등록	교육과정은 중·고 과정이나 학력 미인정
사내대학형태 평생교육시설(사내대학)	학력 인정	교육부장관 인가	전문대학 또는 대학졸업 학력·학위인정
원격대학형태 평생교육시설(원격대학)	학력 인정	교육부장관 인가	전문대학 또는 대학졸업 학력·학위인정
원격교육형태 평생교육시설	학력 미 인정	교육감 신고	사이버학원·연수원 등
사업장 부설 평생교육시설	학력 미 인정	교육감 신고	산업체, 백화점, 문화센터 등
시민단체부설 평생교육시설	학력 미 인정	교육감 신고	법인, 주무관청에 등록한 회원 300인 이상의 시민단체
언론기관부설 평생교육시설	학력 미 인정	교육감 신고	신문·방송 등 언론기관
지식, 인력개발사업 관련 평생교육시설	학력 미 인정	교육감 신고	산업교육기관, 학교
그 밖에 다른 법령에 의한 평생교육시설	학력 미 인정	교육감 신고	유관 법령에 의해서 설립된 학원, 직업훈련원, 도서관, 박물관, 문화원 평생교육을 주목적으로 하는 시설, 법인 또는 단체 등

그 밖에 ① 다른 법령에 의한 시설(학원의 설립운영 및 과외교습에 관한 법률, 도서관 및 독서진흥법, 박물관 및 미술진흥법, 근로자 직업훈련 촉진법 등) : 학원, 직업훈련원, 도서관, 박물관, 문화원 등 평생교육시설 ② 기타(평생교육법 제2조) : 평생교육을 주목적으로 하는 시설, 법인 또는 단체 등이 있다.

(2) 교육부의 분류

교육부에서 발간하는 평생교육백서(2019)에서는 교육대상자의 유형과 실시기관의 성격에 따라 아래와 같이 구분하고 있다.

① 공무원 연수기관에서의 평생교육
② 교원연수기관에서의 평생교육
③ 학교에서의 평생교육(초·중등학교 대학에서의 평생교육)
④ 지역사회에서의 평생교육(시·군·구민회관, 주민자치센터, 한국지역사회교육협의회)
⑤ 기업체에서의 평생교육
⑥ 기능대학에서의 평생교육
⑦ 원격매체를 통한 평생교육(원격대학, 원격 연수기관, 한국방송고교와 한국방송통신대학교)
⑧ 여성교육시설에서의 평생교육
⑨ 노인 및 복지시설에서의 평생교육
⑩ 청소년 수련시설에서의 평생교육
⑪ 문화시설에서의 평생교육
⑫ 대중매체 및 사업장 부설 평생교육
⑬ 시민단체에서의 평생교육
⑭ 학원교육
⑮ 농촌성인을 위한 평생교육

4. 평생교육경영의 원리

평생교육경영의 원리란 평생교육을 위한 관리 운영 측면에서 실제로 계획하고 실행하는 문제를 목표달성을 위해 해결하거나 리더십, 동기부여, 의사소통 등을 할 때 즉 지휘(Leading)에 대한 자질과 능력 그리고 원칙이나 지침, 또는 준거를 말한다.

따라서 엄밀한 과학적 방법을 이용하여 도출된 것이라기보다는 경영의 실제 경험과 상식, 그리고 평생교육관계 법규에서 추출된 규범적 원리인 것이다. 따라서 실무자에게 기관 경영을 해 나가는데 있어 지휘의 준거로써 필요한 것이다.

1) 법률주의

헌법 제31조 제6항은 "학교교육 및 평생교육을 포함한 교육제도와 그 운영, 교육재정 및 교원의 지위에 대한 기본적인 사항은 법률로 정한다."고 규정하고 있다. 이는 법률이 정하는 범위 내에서 교육에 대한 행정을 해야 한다는 것으로 행정부의 자유 재량권 제한을 천명한 것이다. 이를 법치행정의 원리 또는 법률주의 행정이라고도 하는데 이는 행정부의 교육에 대한 독단적 권력행사를 막으려는 입법과 행정의 분리인 것이다.

이에 대한 근거는 평생교육법 제1조는 평생교육법의 목적을 평생교육에 관한 사항을 정한다고 되어있고, 제3조에는 평생교육에 관하여는 다른 법률에 특별히 규정이 있는 경우를 제외하고는 이법을 적용한다고 되어 있다.

2) 기회균등

기회균등의 원리는 헌법 및 교육기본법에 따라 교육을 받을 권리를 갖게 되며 평생에 걸쳐 학습하고 능력과 적성에 따라 교육을 받을 권리를 가진다고 하여 평생 학습권을 보장하고 있으며 모든 국민은 성별, 종교, 사회적 신분, 경제적 지위 또는 신체적조건등을 이유로 교육에 있어서 차별을 받지 아니한다고 하여 교육의 기회균등의 원리를 법제제화하고 있다.

따라서 첫째는 공익성 구현이다. 국가와 지방자치단체 기타 공공기관의 장 또는 각종 조직의 장(長)은 소속구성원의 평생학습기회를 확대하기위하여 본인의 동의를 얻어 유급 또는 무급의 학습휴가를 실시하거나 도서비·교육비·연구비 등 학습비를 지원하는 노력이 필요하다. 둘째는 형평성 구현이다. 교육프로그램이 원하는 사람이면 누구에게나 개방되어야 하며 장애인 노인 등과 같이 신체적·육체적으로 불편한 사람들을 위한 편이시설제공 그리고 학습자의 경제적 상황을 고려하여 수강료를 지원해 주거나 할인 혜택을 부여하는 적극적 노력이 필요하다.

3) 자유로운 참여와 자발적 학습

평생교육법에서 평생교육은 자유로운 참여와 자발적인 학습을 기초로 이루어져야 한다고 규정하고 있다. 따라서 평생교육 프로그램의 계획수립과 개발, 운영 과정에서 평생교육기관의 실무자들이 학습자들의 자발적인 참여를 유도하여 인격을 존중하고 인간적인 긴밀성을 통하여 학습자 주체성을 심어주는 노력이 필요하다.

교육의 효과는 타의적, 피동적, 강제적 요구방법의 학습보다 학습자의 자발적이고 창의적 활동이 보다 학습효과가 크게 나타나기 때문에 평생교육은 자율적 참여 학습을 보장하도록 계획과 전략을 수립하여야 한다.

4) 중립성 보장

"평생교육은 정치적, 개인적 편견의 선전을 위한 방편으로 이용되어서는 아니 된다."라는 평생교육법 제4조의 2항 규정은 평생교육 행정 중립성의 원리가 되는 것이다.

이는 헌법에서 명시된 교육의 자주성, 전문성 및 정치적 중립성 보장의 규정과 교육기본법에서 명시된 교육은 교육본래의 목적에 따라 그 기능을 다하도록 운영되어야 하며 어떠한 정치적, 파당적 또는 개인적 편견의 전파를 위한 방편으로 이용되어서는 아니 된다는 규정과 일치한다.

따라서 평생교육은 자주성 또는 정치적 중립성은 개인은 물론 사회와 국가 발전에 기여하여야 하며, 평생교육이 정치적이거나 개인에 의해 사적 또는 특수목적을 위해 이용되지 말아야 한다.

5. 평생교육기관의 경영

평생교육기관의 경영은 이윤가치의 중요성을 추구하는 일반 조직과는 달리 평생교육기관 경영은 모든 조직에서 공통적, 기본적으로 요구되는 사회적 책임 요소 중에서 학습자들의 삶의 가치와 질 향상에 더욱 비중을 두고 이바지해야 하며, 동시에 평생교육기관의 인지도 및 충성도 등 가치를 충족시키기 위한 경영의 특수성을 내포하고 있다.

1) 평생교육기관 경영의 배경

최근 들어 평생교육에 대한 관심이 높아지면서 평생교육기관이 질적, 양적으로 확장됨으로서 치열한 경쟁을 하게 됨에 따라 평생교육기관에 투입되는 경영자원 즉 물적, 재무적, 인적, 정보적, 기술적 자원을 적재적소에 배분하여 체계적이고 효과적, 효율적 관리방안과 그리고 평생교육기관을 둘러싼 환경변화에 대처하여 기관의 성과극대화를 이룩하기 위한 경영전략의 필요성이 중요하게 대두되고 있다. 이에 따라 평생교육기관에 경영이 중요시 되는 배경을 살펴보면 다음과 같다.

첫째, 평생교육기관의 규모 확장이다. 수요의 급증에 따라 평생교육기관들의 규모가 확장하게 되었다. 즉, 기관내의 부서가 늘어나게 되고 관리해야 할 영역이 넓어짐에 따라 규모가 커진 기관을 체계적, 효율적, 효과적으로 관리하기 위한 평생교육기관 경영의 중요성이 부각되고 있는 것이다.

둘째, 평생교육기관 간의 경쟁가속화이다. 점차 우리 주변에는 평생교육기관의 수가 급증하고 있다. 같은 지역 내에서도 각종 평생교육시설이 즐비하게 들어서고 있다. 따라서 치열한 경쟁이 심화되어 그 가운데 존립, 계속 성장하여 성과극대화를 이룩하기 위해 경영기법이 필요하게 되었다.

셋째, 민간 평생교육기관에 대한 정부재정지원의 한계이다. 평생교육에 대한 욕구와 요구가 점차 증가되고 있지만 평생교육의 상당한 부분을 차지하는 민간 평생교육기관은 정부지원의 한계성 때문에 재정적 자립을 위한 경영기법이 요구된다.

넷째, 책무성에 대한 사회적 요구 증가이다. 기관운영의 성과평가를 통해 행정적·재정적 지원을 차별화하는 경향이 커지고 있다. 이에 따라 평생 교육기관에도 경영의 중요성이 증대되고 있는 것이다.

다섯째, 학습자들의 다양한 학습요구와 욕구이다. 평생교육에 대한 관심이 높아짐에 따라 수요층이 확대되면서 수요자들의 욕구와 요구가 다양화되고 증대되었다. 따라서 이러한 욕구와 요구를 반영하기 위해서는 경영기법이 요구되고 있다.

여섯째, 유지를 위한 관리보다 성과극대화를 위한 경영전략의 필요성이다.

공공성과 사회적 기능을 추구한다는 이유로 단순한 유지관리의 개념을 뛰어넘어 기관이 지속 발전하여 학습자에게 보다 질적·양적으로 교육의 혜택을 부여하고 지역사회에 사회적 책임을 다하기 위해서는 경영의 기법이 필요한 것이다.

2) 평생교육기관 경영의 개관

(1) 평생교육기관 경영의 의의

오늘날 경영은 인적, 물적, 재무적, 조직의 정보를 효과적이고 효율적으로 계획하고, 조직화하고, 지휘하고, 통제함으로서 조직의 목표를 달성하는 과정이라 할 수 있다. 즉, 평생교육기관 경영이란 '경영자가 평생교육기관 조직의 목적을 설정하고 그 목적을 달성하기 위하여 전략을 결정하며 그 전략을 효율적으로 집행하기 위하여 관리 운영하는 동태적 과정'을 말한다. 따라서 평생교육기관이라는 개념이 정태적인 것이라면 경영은 동태적인 것이다. 따라서 평생교육기관의 경영은 다음의 기업경영과의 차이에서 그 특수성을 알 수 있다.

첫째, 기업은 사회적 책임을 다하면서 이윤축구가 궁극적인 목표를 가지고 있으나, 평생교육경영은 다양하고 복잡한 교육적 가치를 우선 목표를 두고 기관의 제반경영을 동시에 하게 된다.

둘째, 평생교육경영은 평생교육 실천 측면에서 다양한 가치를 고려한 프로그램개발과 평생교육방법론 등을 다루고 있다. 따라서 자유로운 참여와 자발적 학습에 따른 민주성의 원리, 학습자의 경력과 학습공동체 구현에 대한 이론과 실천 통합이 평생교육기관 경영에 적용되어야 한다.

셋째, 기업경영에서 가장 중요한 것은 소비자 집단인 반면, 평생교육기관은 일차적으로 학습자 집단이다. 따라서 평생교육기관 경영은 학습자 집단의 다양성을 고려한다.

넷째, 평생교육기관은 평생교육경영의 원리인 법률주의, 기회균등의 법제화, 학습자의 주체성, 중립성을 바탕으로 기관의 사명과 목표를 공유하는 인적자원으로 구성되어 있다.

(2) 평생교육기관 경영관리 과정

평생교육기관의 규모 및 시설의 유형에 관계없이 경영자들은 기관의 목표를 달성하기 위해 기본적인 경영관리 과정을 수행하고 있다. 즉 경영자는 경영관리 기능을 수행함으로서 직무를 수행하게 된다. 이러한 경영관리 활동 또는 경영관리 기능은 경영자가 수행하여야 할 기본적인 기능을 말하며, 일반적으로 경영의 관리과정이라고 한다. 경영관리 과정은 일반적으로 계획수립, 조직화, 지휘 그리고 통제 등 네 가지 활동을 뜻하며 어떤 조직형태의 어느 계층에서든지 보편적으로 이루어지는 경영활동이다.

① 계획

계획은 평생교육기관 경영의 목표를 설정하고 이를 달성하는 방법을 선택하는 의사결정이다. 이러한 계획수립은 경영관리 과정의 가장 기본적이고 선행되어야 할 기능이다. 기관 활동에 영향을 미치는 요소들이 너무 많기 때문에 과거처럼 경영자의 경험과 직감(drifting management)만으로는 한계가 있다. 그러므로 기관의 지속 성장 발전을 위해서는 계획을 수립하여 '무엇을', '언제', '어떻게' 할 것인가를 명확하게 설정하여야 한다. 계획기능은 기관의 목적을 명확히 한 상태에서 '가장 높은 성공가능성으로 이동' 할 수 있도록 도와주는 공식적·구조적인 접근방법을 의미한다. 그리고 계획 수립 후 상황이 변화가 오면 그 상황의 변화에 따라 계획을 재조정할 수 있는 유연성을 갖추고 있어야 한다.

② 조직화

조직은 평생교육기관 목표를 달성하기 위해 수립한 계획을 실제 수행하는데 필요한 준비과정을 말한다. 조직 단계에는 기관경영 활동에 필요한 자원의 수집, 수집된 자원의 배분, 일을 구조화하는 기능 등이 포함된다. 그리고 이러한 활동을 효율적으로 이루어지기 위해서는 권한구조의 체계화, 구성원에 대한 업무할당, 의사소통 경로의 명확화가 이루어져야 한다. 이렇게 함으로써 각 구성원의 공식적인 행동관계가 형성되고 구성원과 업무를 연결시키게 된다.

③ 지휘

지휘란 평생교육기관 목표달성에 구성원들이 기여할 수 있도록 하기 위하여 기관이 의도하는 성과를 구성원에게 인식시키고 지도하고 감독하여 영향을 미치는 것을 말한다. 즉 경영자가 경영활동을 실행하기 위하여 구성원들을 지휘, 지도, 감독하는 기능이다. 따라서 지휘는 동기부여, 리더십, 의사소통 등 인간 관계적인 측면과 밀접한 관계가 있다. 지휘는 관리기능 중 매우 중요한 요소이다.

④ 통제

통제는 미리 설정한 계획된 목표치와 실제 경영활동 성과와 비교하여 검토. 평가·수정하는 기능을 말하는데 통제의 결과는 다음에 수행할 계획에 반영시키게 된다. 통제의 과정은 성과표준의 정의 → 성과표준의 설정 → 업무진행의 감독 → 평가 → 조정으로 이루어진다. 그리고 경영활동의 결과가 사전계획보다 높거나 낮은 경우 모두 그 주된 원인을 찾아 다음 계획에 반영한다. 특히 결과가 계획보다 낮아 부(負)의 차이가 발생한 경우에는 치밀한 원인 파악을 하여 문제 해결 방법을 적극 모색하여야 한다. 이상으로 경영자가 수행해야 할 기본적인 기능 즉, 경영의 관리과정을 살펴보았는데 이는 다음 [그림 1-1]과 같다.

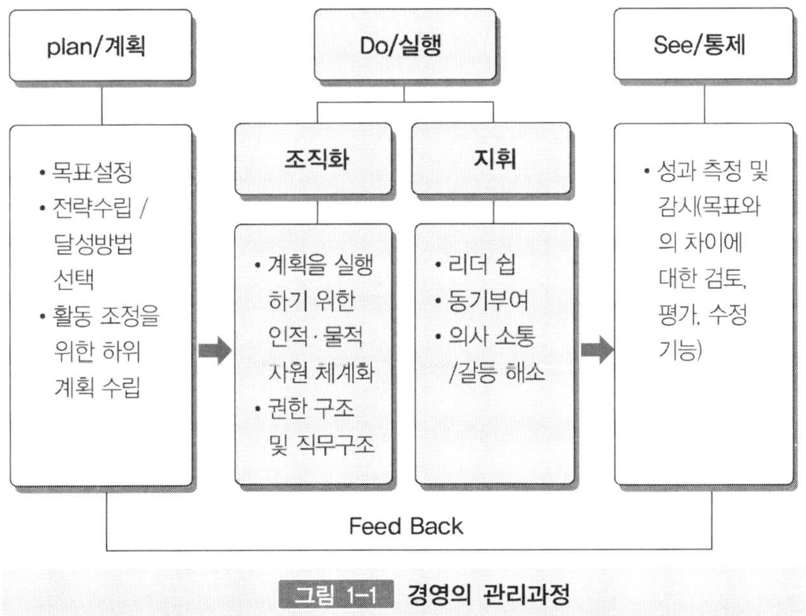

그림 1-1 경영의 관리과정

(3) 평생교육기관 경영의 관리과제

평생교육기관 경영관리 과제는 기관이 경영관리 기능을 수행하는데 기본적으로 수반되는 경영의 구성요소이다. 즉 경영의 관리 과제란 프로그램개발·관리, 인사관리, 재무관리, 마케팅(판매관리)을 효과적·효율적으로 수행하여 기관 경영의 성과 극대화를 이룩할 수 있도록 계획, 조직화, 지휘, 통제하는데 대상이 되는 기관경영과제인 경영 구성요소를 말한다.

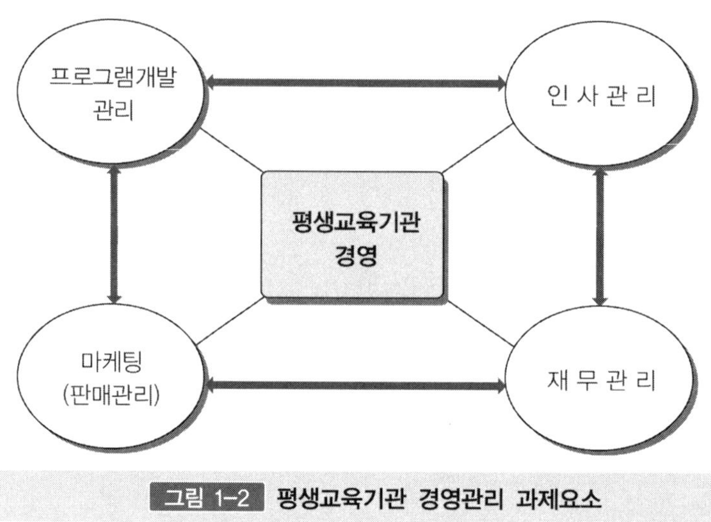

그림 1-2 평생교육기관 경영관리 과제요소

① 프로그램 개발, 관리

프로그램 개발, 관리는 평생교육경영을 주도하는 기관이 그 기관의 비전과 사명에 따라 학습자의 성장과 발전을 돕기 위해 학습자들에게 프로그램을 제공하는 기관경영관리 과제요소이다. 이것은 학습자들에게 제공할 교육프로그램을 개발·관리하는 업무를 말하는데 여기에는 프로그램개발, 프로그램의 체계화 및 학습자들의 수요, 기관 내·외부적 환경에 따른 프로그램 개설과 폐지가 이에 속한다.

② 인사관리

인사관리는 인적자원 관리라고 하는데 평생교육기관에서는 훌륭한 교육서비스를 제공하기 위하여 구성원들의 능력개발이나 육성을 통한 개인과 조직목표의 일치를 지향하는 개발 지향적 성격을 가지고 있다. 조직에서 사람을 자산(asset)으로서의 인적자본 또는 인적자원으로 중요시 인식하면서 개개인의 욕구 및 개성을 중시하여 이를 개발하며 적재적소에 배치하는데 중점을 두고 있다. 여기에는 평생교육기관 구성원 즉, 행정담당, 시설관리담당, 평생교육사, 교육실무자, 내·외부 강사 등이 포함되며, 이들의 ㉠ 고용관리(모집, 선발, 배치), ㉡ 개발관리(교육훈련, 직무연수 등), ㉢ 보상관리(기본급, 제 수당, 상여, 복지후생 등 물질적 보상 및 정신적 보상), ㉣ 유지관리(기관경영자와 구성원의 공존공영과 기관 내 민주주의와 자율, 봉사 등) 등이 포함된다.

③ 마케팅

마케팅 과정에서 가장 우선 시 해야 할 일은 마케팅 환경정보를 수집, 분석하여 마케팅 기회를 찾아내고 표적 학습자 집단을 결정하는 것이다. 첫째, 학습자 형태의 욕구, 학습자의 잠재력과 규모, 외부환경 즉, 경제, 정치, 사회, 문화 등 환경요인, 경쟁기관의 조사와 분석까지 한 후 학습자들의 욕구와 요구 성향과 정도가 비슷한 여러 집단으로 나누어 보고 여러 개로 세분화된 학습자 집단 가운데 기관의 역량과 능력에 맞는 학습자 집단을 우선순위로 결정한다. 둘째, 마케팅 기회를 분석해서 학습자 집단을 정한 다음에 마케팅 전략(marketing strategies)을 세운다. 이것은 표적 학습자 집단에서 교육프로그램의 질, 서비스가 다른 경쟁기관의 교육프로그램의 질, 서비스와도 차별화되면서 우월한 위치에 자리매김 할 수 있게 하는 전략이다. 셋째, 마케팅 전략에 맞는 프로그램을 만들어내는 것이다. 마케팅프로그램을 만들 때는 마케팅 목표를 달성하는데 필요한 비용과 노력이 얼마나 될지, 필요한 비용과 노력을 실행단계에서 어떻게 나눠 쓸지를 정해야 하는데 그러기 위해서는 마케팅믹스(marketing mix)가 고려대상이 된다.

㉠ **상품(product)** : 학습자에게 어떤 프로그램과 서비스를 제공할 것인가(고객 요구)

㉡ **가격(price)** : 수강료 및 서비스 가격을 얼마로 정하나(학습자에 대한 비용)

㉢ **경로(place)** : 프로그램과 서비스를 어떤 경로로 유통시키나(학습자의

이용 편의성, 접근 용이성 등)

㉣ 촉진(promotion) : 잠재 학습자를 유치하기 위해 무엇을 어떻게 해야 하나(커뮤니케이션, 광고 홍보 등)

④ 재무관리

평생 교육기관 경영을 통하여 기관 가치 극대화를 이룩하기 위해서는 재무적 경영 자원이 필요하다. 재무관리란 평생교육기관 경영에 필요한 자본을 조달하고, 효율적으로 자본을 운영하며, 재무 분석 등을 통하여 기관 경영에 필요한 자금의 효율적 관리를 하는 것을 말한다.

(4) 평생교육기관 경영의 관리 과제 및 관리과정

경영자들은 평생교육기관의 목표를 달성, 성과 극대화를 이룩하기 위해 기관 경영 관리과제의 각 구성요소들에 대한 경영의 관리기능 즉, 경영의 관리과정을 거쳐야 한다. 다시 말하면 프로그램 개발·관리, 인사관리, 재무관리, 마케팅 활동은 각각 경영의 관리과정 즉, 계획, 조직화, 지휘, 통제의 과정을 거치면서 지속적인 순환과정이 이룩된다. 이를 그림으로 표현하면 [그림 1-3]과 같다.

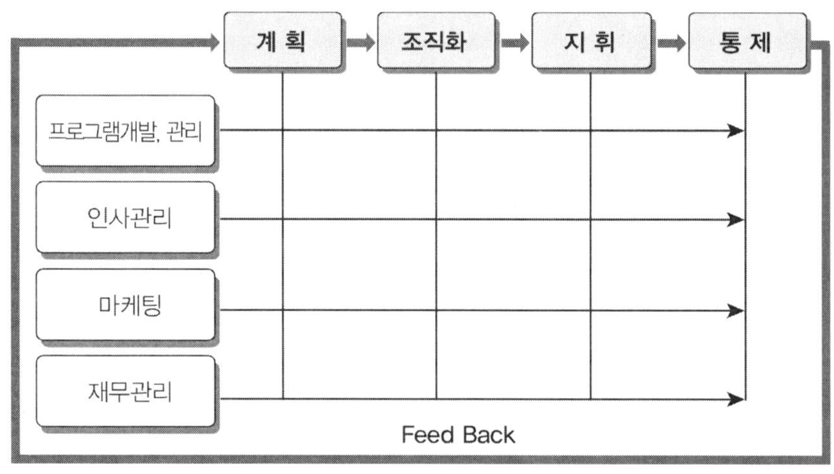

그림 1-3 평생교육기관경영 관리과제와 관리과정

3) 평생교육기관 경영 개념의 통합

'평생교육경영'은 '평생교육'과 '경영' 개념의 조합이다. 그런데 이 두 가지 용어가 조합된 '평생교육경영'은 학자들 성향에 따라 두 용어 중 어느 것이 더 강조되느냐에 따라 평생교육 경영 개념이 두 차원으로 대별된다.

첫째, 평생교육경영을 평생교육기관의 경영으로 보는 관점이다. 이는 기존의 평생교육기관이나 평생교육 관련 조직의 목표를 효율적으로 달성하기 위해 일반 경영학적인 원리를 도입하는 것을 의미한다.

둘째, 평생교육경영은 '평생교육원리'에 의한 경영의 관점에서 이해될 수 있다. 이는 '평생교육기관'보다는 '평생교육 원리'가 더 강조되는 관점이라고 볼 수 있다.

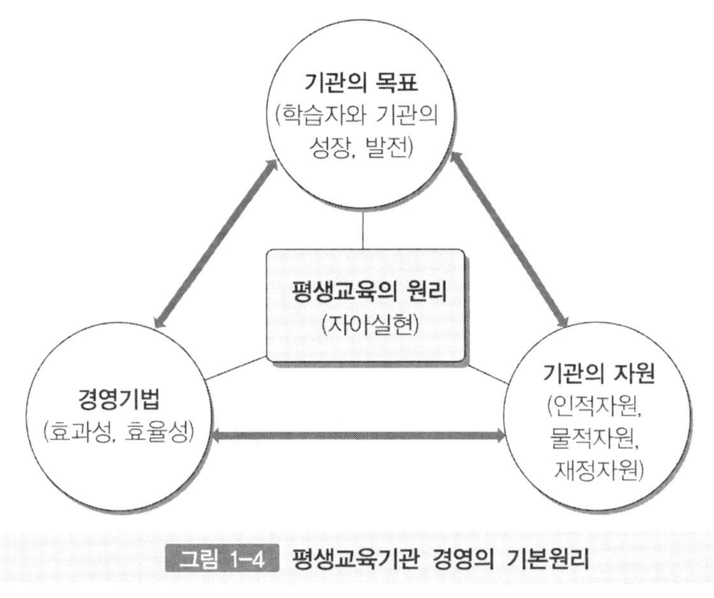

그림 1-4 평생교육기관 경영의 기본원리

이와 같은 맥락에서 비춰볼 때 평생교육기관의 경영은 포괄적으로 기관의 성과 극대화 이룩이라는 목표를 전제로 하기 때문에 앞의 두 차원을 동시에 추구해야 한다. 따라서 평생교육기관의 경영은 평생교육기관의 목표를 달성하기 위하여 평생교육 원리에 입각하여 평생교육기관의 인적·물적·재무적 자원을 효율적으로 활용하는 과정이라고 할 수 있다. 이때 평생교육기관의 목표는 곧 학습자들의 교육적인 성장과 기관조직의 지속성장 발전이라 볼 수 있다. 다시 말해 조직의 효과성 효율성을 중시하는 경영기법과 평생에 걸친 인간의 자아실현 성장을 중시하는 평생교육 원리가 만남으로서 서로 조화로운 발전을 이루게 된다. 이를 그림으로 표현하면 [그림 1-4]와 같다.

4) 평생교육기관 경영의 특성

평생교육기관 경영은 다른 조직의 경영기법과 유사하지만 평생교육기관이란 가치를 충족시키기 위한 기관의 사명과 목표가 수반되기 때문에 기관만이 추구하는 경영의 차별화 경영기법이 요구되는 것이다.

기관의 구성원들은 다른 일반 기업조직과 같이 경제적 욕구를 보다 중요한 요소를 보는 경향과는 다소 차이가 있다. 단지 물질적 보수보다는 평생교육의 가치와 그 기관의 사명을 최우선의 가치를 추구하는 교육자적인 자세와 사회적 책임이 기본적으로 요구되는 것이다. 따라서 이들은 기관의 단순한 피고용자라고 하기 보다는 평생교육의 사명을 완수하기 위한 동역자라 볼 수 있다.

이렇게 비춰볼 때 평생교육기관 경영의 특성은 학습자들의 삶의 질 향상에 이바지해야 하는 사명을 완수하기 위해 평생교육 조직이 운영되어야 하는 것으로부터 찾아볼 수 있다. 평생교육기관 경영의 특성을 살펴보면 다음과 같이 집약된다.

첫째, 이해관계자 및 여러 사람들의 관심, 노력과 경영자원이 함께 결합되는 공공성 집단과정이다. 평생교육기관 경영의 특성은 단순히 기관조직을 구성하고 있는 구성원들로만 관리 운영되는 것이 아니라 학습자, 자원봉사자, 후원자 집단 및 개인 후원자, 구성원, 강사, 통제집단 등 사회와 함께 이끌어가는 차별화적 조직경영이다. 기관경영은 기관조직의 성과 극대화를 이룩하기 위해서 재무적 경영자원을 확보하는 것부터 잠재학습자 발굴, 유치, 평생학습자들의 지적요구와 갈증 해결, 교수-학습활동 지원 및 촉진, 훌륭하고 차별화된 프로그램개발, 훌륭한 리더 발굴 육성 등은 평생교육기관 조직만이 가지는 독특한 특성과 밀접한 관련을 맺고 있다.

둘째, 평생교육기관 경영의 목표는 일반기업 경영의 목표보다 규정하기 어렵다. 일반 기업조직 경영의 궁극적 목표는 단일화, 명료화된 목표를 설정하기 쉽지만 기관 경영은 교육부문에 있어 다양한 가치를 추구하는 경우가 많다. 예를 들면 기관경영은 학습자 개인의 학업 능력 향상은 물론 개인이 속한 조직의 발전 그리고 더 나아가 사회와 국가의 발전이 동시에 고려된다. 평생교육기관 경영은 우선 자신의 기관에서 추구하는 교육적 고유한 가치를 강조해야 한다. 그러므로 기관 경영을 위해서는 이러한 각 계 각 층의 목표를 통합적으로 달성시킬 수 있는 신 경영기법 전략을 개발하는 것이 필요하다.

5) 평생교육기관 경영자원

경영자원은 "효율적인 기관 경영을 위해 필요한 기관 내·외부의 자원이나 요소"를 말한다. 이러한 경영자원은 기관 목표달성의 수단이자 관리의 대상이 된다.

경영자원은 전통적으로 3M(Material, Money, Man)으로 불리는 경영자원 즉 기관 시설설비 같은 물적 자원, 자본 및 자금과 같은 재무자원 그리고 정신노동, 관리노동 등을 수행하는 인적자원을 말하며 최근에는 기술과 기능 같은 기술자원, 외부로부터 수집된 정보나 경험과 학습을 통해 축적된 지식과 같은 정보자원 등 자원의 중요성이 증대되고 있다.(신유근, 1997)

6. 평생교육기관 경영의 유형

1) 설립 주체 및 교육의 핵심성에 의한 평생교육기관 경영의 유형

평생교육기관 경영의 유형화는 평생교육기관 설립 주체의 성격과 그 기관 내에서의 교육의 핵심 성을 종합적으로 고려하여 유형화시켜 보는 것이 평생교육기관의 경영 유형과 관련하여 의미가 있다.

평생교육기관은 설립주체에 따라 공공기관, 영리형 민간기관, 비영리형 민간기관으로 나누어 볼 수 있다. 여기에서 공공기관이란 정부와 지방자치단체에서 직·간접적으로 운영하는 평생교육기관(정부출연 연수원, 주민자체센터, 각종 평생 학습관 등)을 말한다. 영리형 민간기관이란 영리를 목적으로 설립된 기업 형 평생교육기관(각종 사설학원, 기업형 연수시설 등)을 말한다. 다음 비영리형 민간기관은 최근 시민사회의 성숙과 더불어 증가하고 있는 각종 비영리적 성격의 평생교육기관(가나안 농군학교, 한국지역사회 교육협의회, 흥사단, 각종 사회단체의 공익적인 교육 프로그램 등)을 말한다.

최근 들어 이런 비영리기관들이 정부의 위탁을 받아 평생교육프로그램을 실시하는 경향이 확대되고 있다. 한편 기관 내에서의 교육의 핵심성을 기준으로 할 때, 일차적기관이란 교육 사업이 기관 생존의 핵심적인 부분을 차지하는 기관을 말한다. 이러한 기관은 그만큼 생존을 위한 자립기반을 마련해야 할 필연성을 가지고 있다. 반면 이차적 기관이란 교육이 모 조직의 자원이나 통제를 받으면서 모 조직의 중추적 발전을 위한 수단으로 운영되는 경우를 말한다. 이상의 두 가지 기준을 종합적으로 고려한다면 평생교육기관은 〈표 1-4〉와 같이 유형화 할 수 있다.

표 1-4 평생교육기관의 설립주체 및 핵심성에 의한 분류

설립주체 교육의 핵심성	영리 형 민간기관	비영리 형 민간기관	공공기관
일 차 적	• 사설학원 • 민간 연수시설	• 가나안 농군학교 • 한국지역사회교육협의회 • 대학부설평생교육원	• 일본의 공민관 • 여성인력개발센터 • 공공직업훈련원
이 차 적	• 백화점/언론 기관 문화센터 • 기업부설연수원	• 시민단체부설 • 종교기관부설 • 병원부설	• 공공도서관 • 공공박물관 • 주민자치센터 • 종합사회복지관

출처 : 오혁진(2009), p.24.

기관경영의 유형에서 어느 유형에 속하느냐에 따라 경영의 목적이나 방식에서 큰 차이가 나타날 수 있다. 일반적으로 영리형 민간기관에 가까울수록 기관 수입의 원천으로서의 학습자의 위상이 높아짐과 아울러 기관의 자립을 위한 경영의 중요성이 더욱 커진다. 또한 교육 사업이 기관에서 일차적 위치를 차지할수록 교육프로그램의 질을 높이고 발전시키려는 경영노력이 더욱 요구된다고 볼 수 있다.

2) 경영의 독자성에 의한 평생교육기관 경영의 유형

조직을 경영하는데 있어 경영의 자율성과 독립성에 따라 평생교육기관 경영의 유형을 구분할 수 있다.

(1) 독립경영

외부의 지시 및 통제 없이 경영자원을 스스로 조달하여 독자적으로 의사결정하여 결과에 대한 책임경영을 의미한다. 독립경영기관에 속하는 조직은 가나안농군학교, 한국지역사회교육중앙협의회, 각종 사립학원, 민간 인력개발원 등이 이에 해당되며 이는 경영의 독자성은 크지만 반면 재정적 자립에 부담이 매우 크게 작용한다.

(2) 위탁경영

정부, 지방자치단체, 사회 각 단체 및 기업 등으로부터 경영자원을 일부 또는 전체 위탁을 받아 경영되는 기관을 의미한다. 이는 기관 경영의 성과 극대화를 이룩하기 위하여 기존의 민간경영 전문가 집단에 위탁 운영되는 경우가 이에 해당된다.

위탁경영의 특징은 경영활동이 위탁 의뢰 기관과의 협의를 통해 운영되며 사업결과보고 예산집행에 대한 감사 등에서 자유롭지 못하다.

(3) 하위조직 경영

모 기관에 종속된 하부 부서로서 평생교육을 실시하는 조직경영을 의미한다. 하위조직 경영은 모 기관의 목적을 성과 극대화하기 위해 부대사업의 일환으로 교육을 실시하는 경우가 많다. 하위조직 경영은 모 기관 예산에 의존하면서 경영의 지시 명령 통제 속에 운영되는 조직의 성향이 강하다.

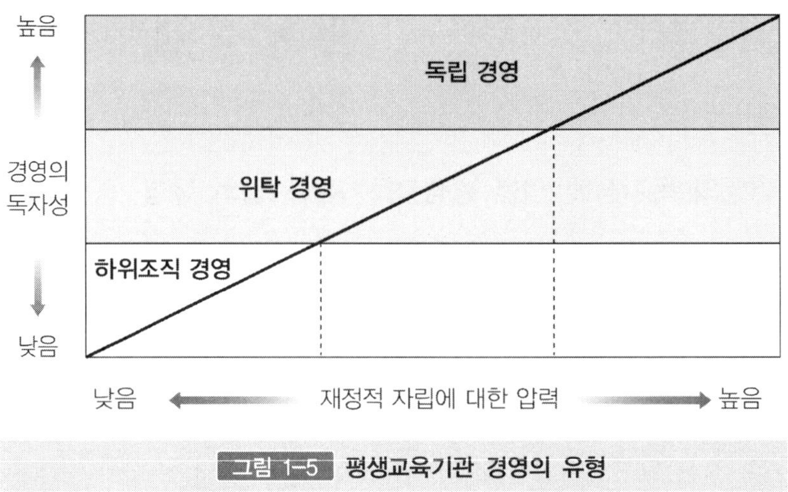

그림 1-5 평생교육기관 경영의 유형

여기에는 정부소속 각종 평생교육기관, 대학부설 평생교육원, 기업체 부설 연수원, 백화점 및 언론기관 부설 문화센터, 각 조직의 교육 담당 부서, 각종 시민단체의 회원대상 교육부서 등이 이에 해당된다. 이와 같이 기관은 경영의 유형별로 경영의 독자성에 차이를 보인다. [그림 1-5]에서 살펴보듯이 하위조직 경영보다는 위탁경영이, 위탁경영 보다는 독립경영이 경영의 독자성이 강한 반면 재정적 압력은 크게 받는다.

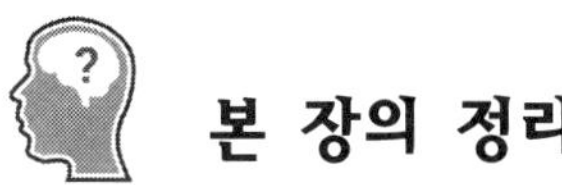

본 장의 정리

☞ 본 장의 학습을 완료했다면 다음 내용들을 구체적으로 이해할 수 있어야 한다.

□ 21세기 현대를 살아가는 모든 국가는 미래를 준비하기 위한 방법론의 하나로서 평생교육 방법론을 모색하고 개발해야 하는 과제를 안고 있다. 이에 현대사회의 특징을 크게 분류해 본다면, 고령 시대, 가족구성 변화 시대, 4차 산업혁명 시대, 세계적 개방화 시대 등을 들 수 있다.

□ 지식과 정보뿐만 아니라 기술 문명의 대체 주기가 급격하게 단축되어 예전과는 달리 평생 동안 생애 주기에 맞추어 학습을 해야 하는 평생교육 시대가 되었다.
현대사회의 특징 가운데 고령 시대, 가족구성 변화 시대, 4차 산업혁명 시대, 세계적 개방화 시대에 따라 학교교육으로는 인생 전체의 발달과정을 포괄하지 못하는 제한성으로 인해 평생교육의 필요성이 대두되었다.

□ 고령사회에 따른 여러 가지 문제를 해소해야 한다.
인생에서 축적한 풍부한 경험을 살려 사회에 공헌 할 수 있는 교육이 바람직하고 경제에 어려움이 있는 사람들에게는 맞춤형 교육을 시켜 일자리를 제공해 준다. 그리고 다른 사람들과 교감능력을 배양하여 무기력과 소외감을 극복하여 자아능력과 사회능력을 배양하는 여가교육 프로그램이 개발되고 제공되어야 한다.

□ 가족구성원 변화시대의 가치관 교육이 절실하다.
다문화 사회로 신입하고 있는 현실에서 사회적으로는 민족 정체성과 국민 정체성을 구별하여 소속감과 유대감을 고양시키는 다양한 교육을 통해 민주적인 사회통합을 지양하도록 유도해야 하는 과제를 안고 있다. 다문화가정의 원활한 사회 적응과 성공적 결혼생활을 위한 다양한 프로그램 개발과 지속적인 교육이 요구된다. 또한 사회경제적 지위와 관계망에서 취약한 노인 1인 가구 증가에 대비하는 교육이 절실한 시기이다. 주로 사별이나 자녀 세대와의 분리 등으로 인한 가족해체 현상에 기인한 바가 크기 때문에 이 같은 사회문제를 해결하기 위한 프로그램이나 교육이 미비한 실정이 다. 이에 노인들의 정신을 긍정적으로 증진하는 사회교육을 활성화하는 사회 시스템이 마련되어야 한다.

□ 4차 산업혁명 시대에 급속한 사회패러다임의 변화에 따라 직업이 도태되고 더불어 새로운 직업이 양산되는 시대를 앞두고 있는 시점 에서 정보통신기술과 블록체인 등의 발달에 힘입어 노동력 과잉시대 가 도래할 것에 대한 대비 교육과 미래 일자리를 예측하고 필요한 지식과 기술을 배양하는 프로그램과 교육이 시행되어야 한다.
4차 산업혁명 시대의 평생교육에서는 변화에 적합한 학교 교육과정의 신속한 개편을 추진해야하며 더불어 정부 및 지자체와 기업을 중심으로 프로그램을 개발하고 전 연령층을 대상으로 변화를 수용하고 활용하는 교육이 수반되어야 한다. 향후 지능정보 시대의 변화를 다각도로 예측하여 열린 사고로 시대에 적응하면서 행복을 누릴 수 있도록 미래에 대비하는 각종 교육의 프로그램 개발이 요구된다.
지능 정보사회로 진입하면서 정보의 홍수와 급변하는 과학기술 개발 사이에서 자칫 방향감각을 상실하기 쉬운 환경에서 정체성과 판단력을 고양하는 인문학적 소양을 기르는 교육 프로그램의 개발과 제공도 절실하다.

□ 세계적 개방화 시대의 문화 교육이 절실하다.
각국의 문화는 각 사회 구성원들에 의해 습득, 공유, 전달되는 행동방식이나 생활양식을 의미하기 때문에 이는 상대를 배려하고 존중하면서 배우고 익히고 서로 소통해야 하는 과제에 직면해 있다.
이를 위해 새로운 글로벌 마인드가 요청된다. 자국민으로서의 편협한 가치관을 탈피하고 다른 국가들의 관습과 문화를 이해하는 관대한 소양을 지닌 안목을 기르는 교육이 필요하다. 이는 세계적 개방화 시대에 걸맞은 인문교양 교육 프로그램을 개발하여 보급해야 함을 의미한다.

□ 평생교육은 기존의 학교교육을 제외시키고 있다.
평생교육이란 “개인의 삶의 질, 그리고 조직의 발전과 기술적 향상을 위해, 전 생애에 걸쳐 교육의 기회를 지속적으로 끊임없이 제공하려는 교육체계 및 정책"으로 정리할 수 있다. 우리나라는 '평생교육법'에서 사실상 기존의 학교교육을 제외시키고 있다.

□ **평생교육은 21세기 미래사회에서 필요성이 더욱 강조되고 있다.**

궁극적 필요성은 사회변화에 따른 적응과 개인 및 집단의 삶의 질을 개선하는데 필요성이 더욱 중요하게 대두되고 있다. 21세기는 평생학습사회이다. 현대사회에서의 교육은 장소와 시간을 초월하여 언제 어디서든지 자유롭게 학습자가 원하는 욕구를 충족시켜야한다.

□ **평생교육 단체는 평생교육을 주된 목적으로 하는 법인 및 단체를 말하며 기관의 유형은 평생교육법상의 분류 그리고 교육부의 분류에 의해 그 유형이 다양하다.**

평생교육법인이라 함은 공익법인, 비영리법인, 특수법인 그리고 단체는 정부단체와 각종시민단체(NGO) 등이 포함된다.

평생교육기관의 성격은 공공성 및 사회적 책임을 다하는 사명으로 하기 때문에 평생교육기관의 유형은 첫째, 평생교육법상의 분류이다. 이는 교육법에 의한 인가, 등록, 신고 된 시설과 학원 등 다른 법령에 의한 시설로서 평생교육을 주된 목적으로 하는 시설을 말한다. 둘째, 교육부의 분류이다. 이는 교육대상자의 유형과 실시기관과의 성격에 따라 구분하고 있다.

□ 평생교육경영의 원리는 법률주의, 기회균등, 자유로운 참여와 자발적 학습, 중립성 보장을 구현하고 있다.

평생교육경영의 원리는 헌법 및 교육기본법에 따라 첫째, 법률주의로써 법률이 정하는 범위 내에서 행정부의 자유재량권 제한을 천명한 것이다. 둘째, 기회균등의 원리로써 공익성 구현, 형평성 구현 등을 들 수 있다. 셋째, 자유로운 참여와 자발적 학습은 평생교육법에서 규정하고 있다. 넷째, 평생교육의 중립성 보장은 "정치적, 개인적 편견의 선전을 위한 방편으로 이용되어서는 아니 된다."라는 규정은 평생교육 행정 중립성의 원리가 된다.

□ 일반 기업조직에서의 경영의 궁극적 목적은 조직이 추구하는 목표를 달성하여 성과 극대화를 이룩하는 것이라고 할 때 평생 교육기관 경영도 별 차이가 없다.

평생교육기관 경영은 평생교육기관의 목적을 달성하기 위하여 경영의 관리과정 즉, 계획하고, 조직화하고, 지휘하고, 통제함으로서 조직목표 달성의 성과 극대화를 추구하는 궁극적 목적은 타 조직의 경영 기법과 유사하다. 다만 평생교육기관이란 가치를 충족시키기 위한 기관의 사명과 목표가 수반되기 때문에 기관만이 추구하는 경영의 차별화 기법이 요구될 뿐이다.

□ 평생교육경영의 유형은 설립주체에 따라 경영의 목적이나 방식에 차이를 보이면 조직경영을 하는데 있어 경영의 자율성과 독립성에 따라 경영의 독자성과 재정자립도에 대한 압력의 높고 낮음을 보인다.

평생교육기관은 설립주체에 따라 공공기관, 영리 형 민간기관, 비영리형 민간기관으로 나누어 볼 수 있다. 또한 교육의 핵심성을 기준으로 할 때 일차적 기관이란 생존을 위한 자립기반을 마련해야 할 필연성을 가지고 있으며, 이차적 기관이란 모 조직의 지원이나 통제를 받으면서 모 조직의 중추적 발전을 위한 수단으로 운영된다. 따라서 어느 유형에 속하느냐에 따라 경영의 목적이나 방식에서 큰 차이를 불러일으킨다. 또한 조직을 경영하는데 있어 경영의 자율성과 독립성에 따라 평생교육기관 경영의 유형은 하위조직 경영, 위탁 경영, 독립 경영으로 구분되는데 이는 유형에 따라 경영의 독자성과 재정자립도에 대한 압력의 높고 낮음을 보인다.

제  장

평생교육의 법규체계와 추진체제

※ 이 장을 끝마칠 때 다음 내용들을 이해해야 한다.

- □ 평생교육에 관한 법규의 위계구조를 알고 있는가?
- □ 여러 가지 법규를 적용할 때 동일한 사안에 대하여 적용되는 원칙을 알고 있는가?
- □ 평생교육의 법규체계를 포괄적으로 이해하고 있는가?
- □ 평생교육의 추진체제를 이해하고 있는가?

평생교육 법규위계와 체계 그리고 평생교육 추진체제는 평생교육 정책의 지속성, 독자성, 안정성을 보장하고 평생교육기관의 존립과 경영을 규율하는 근거가 되는 것이다.

우리나라에서 교육에 관한 법규체계는 국가 통치체제의 근간이 되는 「헌법」을 토대로 하여 교육에 관한 상위법인 「교육기본법」을 필두로 「유아교육법」, 「초·중등교육법」, 「고등교육법」, 「평생교육법」의 법체계를 갖추고 있다.

잘못 알고 있는 지식의 표명은 자신의 무지와 위선을 들춰내는 꼴이 된다

모르면서 아는 척 하는 행동은 자신을 돋보이기 위해 취해지는 심리상태이며, 내가 최고라는 권위의식의 소산이기도 하다. 또한 모르면서 아는 체 하는 것은 솔직하지 못한 마음을 갖고 있기 때문 자신을 감추려고, 자신을 치장하고 자신의 위치를 지키려는 심리가 강하기 때문이다. 여기에서 더 나아가 모르면서 남을 업신여기고 비아냥거리는 태도는 자신의 정신과 삶을 파멸로 이끄는 지름길이 된다.

뱁새가 황새를 쫓아갈 수는 없다. 그러나 황새가 뱁새에게 양보하면 뱁새는 황새를 쫓아갈 수는 있다. 이것은 상대에 대한 배려이고 양보이다. 결국 모르면서 아는 척 하는 사람은 자신만 모르는 것이지 남도 모르는 것은 결코 아닌 것이다. 배려와 양보를 잘못 인식하여 뱁새가 자신의 능력을 잘못 판단한다면 그것은 무지를 들어내는 것이고 스스로 위선임을 자초하는 꼴이 되는 것이다.

모든 인간은 모든 분야에서 남들이 아는 것을 자신이 모두 다 알 수는 없고 더구나 최고가 될 수는 없다.

소크라테스는 '인간이란 무엇인가'라는 질문에 대하여 어떤 답을 하였을까? 소크라테스는, 세상에는 어떤 절대적인 진리가 있다고 믿었다. 그래서 자신은 아는 것이 없다고 생각해야 그 진리를 추구할 수 있다고 생각했다. 즉 모른다고 생각해야 알려고 노력하게 된다는 말이다. 다시 말하자면, 인간은 늘 부족하고 모르는 존재란 것이다.

애플의 창시자이자 최고경영자였던 스티브잡스는 "늘 자신이 기술과 인문학의 중간에 있으며 기술만 가지고는 많이 부족하다"고 말해 왔다고도 한다. 심지어 그는 "소크라테스와 한나절을 보낼 수 있다면 애플이 가진 모든 기술을 내 놓겠다"고 말하기도 했다. 즉 잡스의 세계로 들어가는 가장 중요하고 핵심적인 키워드는 바로 인문학이었다. 스티브 잡스의 인문학이란 곧 사람에 대한 이해이다. 원래 인문학 자체가 바로 사람을 이해하기 위한 하나의 방법이다.

따라서 스티브 잡스가 지닌 천재성, 카리스마 리더십은 혼자서는 불가능하기 때문에 조직 관리는 팀 쿡이 맡고, 디자인은 조너선 아이브, 그리고 마케팅은 필 실러가 맡아 스티브 잡스가 부족하고 모르는 분야를 역할 분담하여 최고의 기업으로 성장했고 성장하고 있는 것이다.

이렇듯 인간은 늘 부족하고 모르는 존재라고 소크라테스는 말했고, 그렇기 때문에 스티브잡스는 스스로 부족함을 깨달아 그 부족함을 인정하고 자신의 부족함을 고백한 것이다.

우리사회에서 사람들의 면모를 살펴보면 인간은 늘 부족하고 모르는 존재라는 것을 망각하고 살아가는 것 같다. "알고 있는 만큼, 할 수 있는 만큼"은 인간이 가진 수용역량의 한계를 인정하는 것이다. 그리고 이런 역량의 한계를 인정하는 것은 자존심이 상하고 부끄러운 것이 아니다.

모르면 모르다고 말할 수 있는 솔직한 용기가 오히려 상대를 감동시켜 관계를 증진시키고 그리고 자신도 무지와 위선에서 벗어나는 방법이 되는 것이다.

(한국서예신문, 2021. 5. 1. 백석)

1. 교육에 관한 법규의 위계

평생교육법은 상위의 교육기본법과 최상위법인 헌법에 근간하여 하나의 법질서를 형성하며, 법규는 제정권자의 상하 관계에 따라 그 위계가 성립한다.

법규는 헌법, 법률(국회에서 제정), 시행령(대통령령), 시행규칙(부령), 조례(지자체 의회), 지방규칙(지방자치단체장)등의 순으로 위계를 이루고 있다. 특히 지방규칙은 특별시 및 광역시, 도지사, 시, 구청장 그리고 교육규칙(시·도 교육감) 등의 위계로 성립된다.

이에 따른 일반교육 및 평생교육에 관한 법규의 위계 기본구조는 [그림 2-1]과 같다.

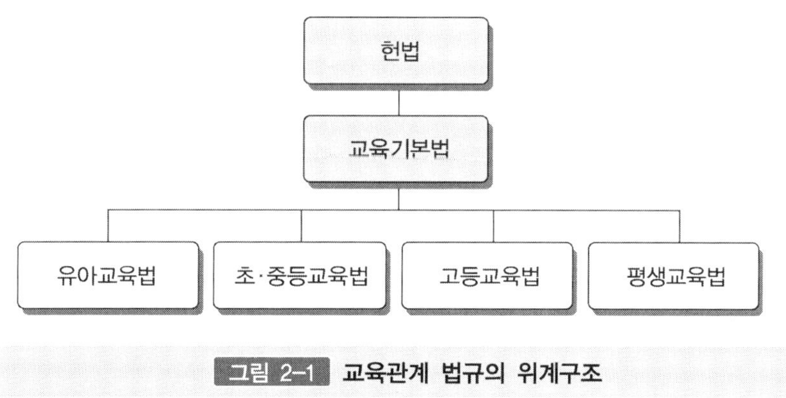

그림 2-1 교육관계 법규의 위계구조

법규적용은 당연히 하위법보다 상위법이 우선하지만 상황과 환경변화에 따라 즉, 여러 가지 관련 법규를 적용할 때는 동일한 사안에 대하여 다음과 같은 원칙이 적용된다.(남정걸, 2007)

1) 상위법 우선의 원칙

법에는 일정한 단계가 존재한다는 인식아래 하위법은 상위법에 위배될 수 없다는 원칙이다. 국가의 법체계는 근본법으로써 헌법이 있고, 헌법의 규정 또는 위임에 의해서 국회가 제정하는 법률이 있으며, 그 법률을 집행하기 위하여 대통령이 제정하는 명령(시행령)이나 행정 각 부처장이 제정하는 명령(시행규칙)이 있다.

명령이 제정될 때에는 법률에 근거하여 위임이 있어야 하고, 특히나 국민의 자유와 기본권을 침해할 때에는 법에서 구체적으로 위임의 범위를 정하여야 하므로 명령은 법률에 종속되는 것이다. 「교육기본법」과 「평생교육법」의 관계는 상위법과 하위법의 관계에 있다. 만약 하위법인 「평생교육법」이 상위법인 「교육기본법」에 위배되는 경우에는 동 규정은 무효이며 「교육기본법」이 적용된다. 예컨대 상위법이 바뀌었는데도 관련 하위법이 그에 맞게 변경되지 않는 경우를 흔히 볼 수 있다.

2) 신법 우선의 원칙

신법과 구법이 서로 상충되는 경우에는 신법이 우선 적용된다. 동위(同位)의 법이라도 최근에 제정된 법은 그 이전에 제정된 법에 우선하여 적용된다는 원칙이다.

특정한 법률이 개정되거나 하여 그 내용이 바뀔 경우에 이전에 적용되던 구법이 적용되지 않고 새로 개정된 신법이 우선적으로 적용된다는 원칙이다. 다만 신법우선의 원칙은 신법과 구법이 동일한 형태의 법률일 것을 요구한다. 신법우선의 원칙이 타당한 이유는 신법이 구법보다 현실에 좀 더 부합하고 법을 개정하는 과정에서 새로운 사항들에 대해 입법자가 고민하고 발전적인 방법으로 법을 변경했다는 것에 있다.

신법과 구법은 법의 효력발생 순서를 기준으로 판단되며, 법의 효력발생의 우선순위는 공포시를 기준으로 한다. 실제에서는 이러한 경우 신법의 부칙에 구법과의 관계를 적용하는 규정을 두어 상충되지 않도록 하고 있다.

3) 특별법 우선의 원칙

법의 효력이 특정한 사람이나 사항 및 특정지역에 한하여 적용되는 법을 특별법이라 하며, 이에 대비되는 개념이 일반법이다. 일반법은 그 법의 적용 영역에 있어서 모든 사항과 사람에게 적용되어 영향을 미치는 반면, 특별법은 일반법에 비하여 적용 영역이 한정되어 있는 법이다. 특별법의 입법 목적이 특수한 사항을 규율하는데 있으므로, 특수한 사정이 발생하였을 때에는 특별법이 우선적으로 적용되어야 한다.

대표적으로 상법이나 주택임대차보호법 등은 민법에 대한 특별법이고, 군형법, 국가보안법, 특정범죄가중처벌에 관한법률은 형법에 대한 특별법이다. 국가공무원법과 교육공무원법, 초·중등교육법과 특수교육진흥법, 지방자치법과 지방교육 자치에 관한 법률에서 적용범위가 보다 큰 전자를 일반법이라 하고 적용범위가 보다 한정된 후자를 특별법이라 한다. 양자 간에 다른 규정이 있는 경우, 특별법이 우선 적용되고, 그 외 경우에는 일반법이 적용된다.

2. 평생교육의 법규체계

1) 교육법규와 평생교육

평생교육의 권리는 모든 국민의 기본적 권리이다. 대한민국 「헌법」 제31조 제1항에서도 "모든 국민은 능력에 따라 균등하게 교육을 받을 권리를 가진다."라고 교육권에 대해 규정하고 있다. 이는 학교교육을 포함하여 가정과 사회교육을 포괄하는 의미로서 평생교육을 함의하고 있다.

실제로 「헌법」 제31조 제5항 "국가는 평생교육을 진흥하여야 한다."와 제6항 "학교교육 및 평생교육을 포함한 교육제도와 그 운영, 교육재정 및 교원의 지위에 관한 기본적인 사항은 법률로 정한다."라고 하여 국가의 평생교육 진흥 의무를 규정하고 있다.

이에 부응하여 1997년 12월 13일 「교육기본법」이 제정되고 1998년 3월 1일 시행되었다. 「교육기본법」에서는 평생교육 학습권 보장을 명시함으로서 평생교육 관련 법규의 기본적 토대를 마련하였다.

「교육기본법」에서 평생교육에 관한 내용은 제2조, 제3조, 제9조 제2항, 제10조 제1항 등에서 다음과 같이 명시하고 있다.

제2조(교육이념) "교육은 홍익인간(弘益人間)의 이념 아래 모든 국민으로 하여금 인격을 도야(陶冶)하고 자주적 생활능력과 민주시민으로서 필요한 자질을 갖추게 함으로써 인간다운 삶을 영위하게 하고 민주국가의 발전과 인류공영(人類共榮)의 이상을 실현하는 데에 이바지하게 함을 목적으로 한다."

제3조(학습권) "모든 국민은 평생에 걸쳐 학습하고, 능력과 적성에 따라 교육 받을 권리가 있다."

제9조(학교교육) 제2항 "학교는 공공성을 가지며, 학생의 교육 외에 학술 및 문화적 전통의 유지·발전과 주민의 평생교육을 위하여 노력하여야 한다."

제10조(사회교육) 제1항 "국민의 평생교육을 위한 모든 형태의 사회교육은 장려되어야 한다."

평생교육 법제의 발전과정은 제5공화국 「헌법」 제29조 제5항에 '평생교육진흥'에 관한 국가의 책무 조항이 신설되면서 시작되었다. 즉 1982년 「사회교육법」을 제정하여 평생교육의 법제화에 시동을 걸었다. 이는 국민에게 평생에 걸친 교육기회를 학교교육 이외에서 제공하기 위한 최초의 법이었다. 그러나 그 적용 범위와 더불어 국가와 지방자치단체의 역할과 국민의 권리에 관한 규정 등에 대해서 평생교육 관련법체계의 모순이 지적되었다.

이를 극복하고자 1997년 기존의 「사회교육법」을 전면적으로 수정, 개편하여 교육개혁위원회에서 '평생학습법의 기본방향과 시안'을 발표하였다. 개편 기본방향은 종전의 공급자 중심의 사회교육에서 수요자 중심의 평생교육으로 범위를 확대하였고, 국민의 평생교육을 지원하는 주체도 국가와 더불어 지방자치단체도 그 임무를 강화하였다. 이를 바탕으로 교육부는 중앙부처, 교육청, 대학, 산하기관 및 단체 등의 의견을 조회한 후에 이를 반영하여 1998년 평생학습법 안을 마련한 이후에 행정자치부와 노동부 등의 의견을 수렴하여 국회 교육위원회를 거쳐 국회 본회의에 상정되어 수정, 가결되었다.

이로써 기존의 「사회교육법」은 1999년 8월 31일 새로운 형태의 「평생교육법」으로 전부 개정되어 2000년 3월 1일 시행되었고, 2007년 12월 14일 다시 전부개정 되어 2008년 2월 15일 시행되었으며, 2021년 3월 현재 20여 차례의 일부개정 및 타법개정 되어 현재에 이르고 있다.

2) 평생교육 법령

(1) 평생교육법

평생교육의 진흥을 국가의 의무로 명시한 「헌법」에 입각하여 국민으로서 평생 동안 능력과 적성에 따라 교육받을 권리를 규정한 「교육기본법」에 따라 「사회교육법」을 거쳐 탄생한 「평생교육법」의 내용은 다음과 같다.

1999년에 탄생한 평생교육법은 이전의 사회교육법을 승계하는 형식이었다. 하지만 중요한 차이점은 실제 집행력이 미약했던 사회교육법과는 달리 평생교육법은 국민의 학습관리를 위한 제도적 기반을 마련하고, 실질적인 기능 수행이 가능하도록 구축되었다는 점이다. 이에 대한 주요 내용은 다음과 같다.

첫째, 학습휴가 및 학습비 지원(제8조) 조항의 신설이다.

둘째, 평생교육사업을 추진할 수 있는 평생학습관 등의 설치·운영 등(제21조)이다.

셋째, 평생교육시설을 세분화하였다. 즉 학교형태의 평생교육시설(제31조), 사내대학형태의 평생교육시설(제32조), 원격대학형태의 평생교육시설(제33조), 사업장부설 평생교육시설(제34조), 시민단체부설 평생교육시설(제35조), 학교부설 평생교육시설(제36조), 언론기관부설 평생교육시설(제37조), 지식·인력개발관련 평생교육시설(제38조) 등 여덟 가지로 구체화하였다.

이후 계속 국회에 의해 개정안이 발의되는 과정을 겪으면서 8년 만인 2007년에 평생교육법은 또다시 전면 개정되었다. 개정된 법령의 주요 특징은 다음과 같다.

첫째, 국가는 5년 단위로 평생교육진흥 기본계획을 수립하고, 시·도지사는 매년 평생교육진흥시행계획을 수립하도록 하는 평생교육 사업의 체계화이다.

둘째, 평생교육 추진체제를 정비하였다. 광역 및 기초 지방자치단체 단위로 평생교육 추진체제를 세우면서, 평생교육시설에 대한 관리감독, 기초문자해득교육 등 시설 및 학력 관련 업무는 교육청에서 담당하도록 했다. 또한 '평생교육센터', '독학사검정고시센터', '학점은행운영센터'를 통합하여 국가수준의 사업추진 기구인 평생교육진흥원을 설립했다.

셋째, "학교의 정규교육과정을 제외한 학력보완교육, 성인 기초·문자해득교육, 직업능력 향상교육, 인문교양교육, 문화예술교육, 시민참여교육 등" 평생교육 진흥 사업 대상 영역을 기존의 법령 정의(제2조)에 덧붙임으로써 평생교육 개념을 확장하고 평생교육 분야를 더욱 구체화하였다.

넷째, 평생교육사 제도의 전문화를 강화하고 관리를 체계화하였다. 1급 자격은 2급 자격 소지자에 한해 5년 이상의 관련 업무 경력과 1급 승급과정을 이수한 경우에만 부여하고, 신설되는 평생교육진흥원에 평생교육사 자격에 관한 관리 기능을 일임했다.

다섯째, 평생교육시설에 대한 변화를 도모하여 기존의 평생교육시설 외에 학교의 평생교육을 별도로 규정하였다.

여섯째, 학교교육 혜택을 보지 못한 국민들에게 '문자해득교육'과 이에 따른 학력인정제도를 신설하였다.

「평생교육법」은 헌법과 교육기본법에 규정된 평생교육진흥에 대한 국가 및 지방자치단체의 임무와 평생교육 제도 및 운영에 관한 기본사항을 명시한 법규이다. 2020년 현재 평생교육법의 구성체계는 전문 8장 46조와 부칙으로 되어 있다.

'제1장 총칙'은 목적(제1조), 정의(제2조), 다른 법률과의 관계(제3조), 평생교육의 이념(제4조), 국가 및 지방자치단체의 임무(제5조), 교육과정 등

(제6조), 공공시설의 이용(제7조), 학습휴가 및 학습비 지원(제8조)으로 구성되어 있다.

'제2장 평생교육진흥 기본계획 등'에는 평생교육진흥 기본계획의 수립(제9조), 평생교육진흥위원회의 설치(제10조), 연도별 평생교육진흥시행계획의 수립·시행(제11조), 시·도 평생교육협의회(제12조), 관계 행정기관의 장 등의 협조(제13조), 시·군·자치구 평생교육협의회(제14조), 평생학습도시(제15조), 경비보조 및 지원(제16조), 지도 및 지원(제17조), 평생교육 통계조사 등(제18조)이 명시되어 있다.

'제3장 평생교육진흥원 등'에는 평생교육진흥원(제19조), 시·도 평생교육진흥원의 운영(제20조), 시·군·구 평생학습관 등의 설치·운영 등(제21조), 정보화 관련 평생교육의 진흥(제22조), 학습계좌(제23조)에 대한 내용으로 구성되어 있으며 2013년에 개정되었다.

'제4장 평생교육사'는 평생교육사(제24조), 평생교육사 양성기관(제25조), 평생교육사의 배치 및 채용(제26조), 평생교육사 채용에 대한 경비보조(제27조) 등으로 구성되었다.

'제5장 평생교육기관'은 평생교육기관의 설치자(제28조), 학교의 평생교육(제29조), 학교 부설 평생교육시설(제30조), 학교형태의 평생교육시설(제31조), 사내대학형태의 평생교육시설(제32조), 원격대학형태의 평생교육시설(제33조), 준용 규정(제34조), 사업장 부설 평생교육시설(제35조), 시민사회단체 부설 평생교육시설(제36조), 언론기관 부설 평생교육시설(제37조), 지식·인력개발 관련 평생교육시설(제38조) 등으로 구성되었다.

'제6장 문자해득교육'에는 문자해득교육의 실시 등(제39조), 문해교육센터의 설치 등(제39조의2), 문자해득교육 프로그램의 교육과정 등(제40조), 문해교육종합정보시스템 구축·운영 등(제40조의2)가 그리고'제7장 평생학습 결과의 관리·인정'에는 학점, 학력 등의 인정(제41조)이 명시되어 있으며 2014년에 개정되었다.

'제8장 보칙'에는 행정처분(제42조), 지도·감독(제42조의2), 청문(제43조), 권한의 위임(제44조), 유사 명칭의 사용 금지(제45조), 벌칙(제45조의2, 3), 과태료(제46조)가 명시되어 있다.

표 2-1 평생교육법 8장 46개조 분류표

8장	46조
제1장 총칙	제1조 목적 제2조 정의 제3조 다른 법률과의 관계 제4조 평생교육의 이념 제5조 국가 및 지방자치단체의 임무 제6조 교육과정 등 제7조 공공시설의 이용 제8조 학습휴가 및 학습비 지원
제2장 평생교육진흥기본계획 등	제9조 평생교육진흥기본계획의 수립 제10조 평생교육진흥위원회의 설치 제11조 연도별 평생교육진흥시행계획의 수립·시행 제12조 시·도평생교육협의회 제13조 관계 행정기관의 장 등의 협조 제14조 시·군·자치구평생교육협의회 제15조 평생학습도시 제16조 경비보조 및 지원 제17조 지도 및 지원 제18조 평생교육 통계조사 등
제3장 국가평생교육진흥원 등 〈개정 2013.12.30〉	제19조 국가평생교육진흥원 제19조의2 국가장애인평생교육진흥센터 제19조의3 장애인 평생교육 종사자에 대한 인권교육 제20조 시·도평생교육진흥원의 운영 제20조의2 장애인평생교육시설 등의 설치 제21조 시·군·구평생학습관 등의 설치·운영 등 제21조의2 장애인 평생교육과정 제21조의3 읍·면·동 평생학습센터의 운영 제22조 정보화 관련 평생교육의 진흥 제23조 학습계좌
제4장 평생교육사	제24조 평생교육사 제24조의2 평생교육사의 자격취소 제25조 평생교육사 양성기관 제26조 평생교육사의 배치 및 채용 제27조 평생교육사 채용에 대한 경비보조

8장	46조
제5장 평생교육기관	제28조 평생교육기관의 설치자 제29조 학교의 평생교육 제29조의2 학점은행기관의 평생교육 제30조 학교 부설 평생교육시설 제31조 학교형태의 평생교육시설 제32조 사내대학형태의 평생교육시설 제33조 원격대학형태의 평생교육시설 제34조 준용 규정 제35조 사업장 부설 평생교육시설 제36조 시민사회단체 부설 평생교육시설 제37조 언론기관 부설 평생교육시설 제38조 지식·인력개발 관련 평생교육시설 제38조의2 평생교육시설의 변경인가·변경등록 등 제38조의3 신고 등의 처리절차
제6장 문해교육 〈개정 2014.1.28〉	제39조 문해교육의 실시 등 제39조의2 문해교육센터 설치 등 제40조 문해교육 프로그램의 교육과정 등 제40조의2 문해교육종합정보시스템 구축·운영 등
제7장 평생학습 결과의 관리· 인정	제41조 학점, 학력 등의 인정
제8장 보칙	제42조 행정처분 제42조의2 지도·감독 제43조 청문 제44조 권한의 위임 및 위탁 제45조 유사 명칭의 사용 금지 제45조의2 벌칙 제45조의3 벌칙 제46조 과태료
부칙	부칙 〈법률 세8676호, 2007. 12. 14.〉 부칙 〈법률 제8852호, 2008. 2. 29.〉 (정부조직법) 부칙 〈법률 제9641호, 2009. 5. 8.〉 부칙 〈법률 제10915호, 2011. 7. 25.〉 부칙 〈법률 제11690호, 2013. 3. 23.〉 (정부조직법) 부칙 〈법률 제11770호, 2013. 5. 22.〉 부칙 〈법률 제12130호, 2013. 12. 30.〉 부칙 〈법률 제12339호, 2014. 1. 28.〉

8장	46조
	부칙 〈법률 제13228호, 2015. 3. 27.〉 부칙 〈법률 제13248호, 2015. 3. 27.〉 (무형문화재 보전 및 진흥에 관한 법률) 부칙 〈법률 제13945호, 2016. 2. 3.〉 부칙 〈법률 제14160호, 2016. 5. 29.〉 부칙 〈법률 제15964호, 2018. 12. 18.〉 부칙 〈법률 제16337호, 2019. 4. 23.〉 부칙 〈법률 제16677호, 2019. 12. 3.〉 부칙 〈법률 제17954호, 2021. 3. 23.〉 (법률용어 정비를 위한 교육위원회 소관 34개 법률 일부개정을 위한 법률)

(2) 평생교육법 시행령

「평생교육법 시행령」의 구성 체계는 6장 78조와 부칙으로 되어 있으며, 평생교육법에서 위임한 구체적인 사항과 그 시행에 관한 사항을 대통령령으로 규정하고 있다.

'제1장 총칙'은 목적(제1조)과 공공시설의 이용(제2조)에 관한 내용이다.

'제2장 평생교육진흥 기본계획 등'에는 기본계획 및 연도별 시행계획의 수립·시행(제3조), 진흥위원회의 심의사항(제4조), 진흥위원회의 구성·운영(제5조)과 위촉위원의 해촉(제5조의2), 진흥위원회의 간사 및 수당 등(제6조), 전국평생학습도시협의회(제7조)와 평생교육이용권의 제공 등(제7조의2)을 규칙으로 정하고 있다.

'제3장 국가평생교육진흥원 등'에는 출연금의 요구 및 지급(제8조), 출연금의 관리(제9조), 결산서의 제출(제10조), 잉여금의 처리(제11조), 국가장애인 평생교육진흥 센터(제11조의2), 시·도 평생교육진흥원의 운영 등(제12조), 장애인평생교육시설의 등록(제12조의2), 장애인평생교육시설에 대한 운영비 지원(제12조의3), 전문 인력정보운행제의 운영(제13조), 학습계좌의 운영(제14조), 평가인정(제14조의2), 평생교육기관에 대한 시정명령(제14조의3), 평가인정 등의 공고 (제14조의4) 등으로 구성되어 있으며 2014년에 개정되었다.

'제4장 평생교육사'는 평생교육사의 그 밖의 자격요건(제15조), 평생교육사의 등급 등(제16조), 직무범위(제17조), 이수과정(제18), 연수(제19조), 평생교육사의 자격증 교부절차 등(제20조), 평생교육사 양성기관의 지정(제21조), 평생교육사의 배치대상기관 및 배치기준(제22조) 등이 규정되어 있다.

'제5장 평생교육기관'은 학습비의 반환(제23조), 학교 부설 평생교육시설의 설치보고(제24조), 학교형태의 평생교육시설의 시설·설비(제25조), 학교형태의 평생교육시설의 등록(제26조), 학교형태의 평생교육시설의 변경등록(제26조의2), 학교인정시설의 지정기준(제27조), 학교인정시설의 지정신청 등(제28조), 학교인정시설의 지정취소 기준 등(제28조의2), 학교인정시설의 폐쇄인가(제29조), 전문대학 학력인정 평생교육시설의 인가기준(제30조), 전문대학 학력인정 평생교육시설의 설치인가(제31조), 전문대학 학력인정 평생교육시설의 변경인가(제31조의2), 전문대학 학력인정 평생교육시설의 폐쇄인가(제32조), 전문대학 학력인정 평생교육시설의 학점제 등 운영방법(제33조), 다른 법령의 준용(제34조), 사업장의 범위(제35조), 사내대학의 설치인가(제36조), 사내대학의 변경인가(제36조의2), *(제37조) 2008년 삭제됨*, 사내대학 운영경비의 부담범위(제38조), 사내대학의 설치기준(제39조), 사내대학의 교사(제40조), 사내대학의 교원(제41조), 사내대학 학칙의 개정(제42조), 사내대학 학년도·학기 등(제43조), 사내대학의 교육과정 운영 등(제44조), 사내대학의 입학·편입학 등(제45조), 사내대학의 학위수여(제46조), 사내대학의 폐쇄신고(제47조), 원격교육 형태의 평생교육시설의 신고대상(제48조), 원격평생교육시설의 신고절차 등(제49조), 원격평생교육시설의 변경신고(제49조의2), 원격대학 형태의 평생교육시설의 설치자(제50조), 원격대학 형태의 평생교육시설의 설치인가(제51조), 원격대학 형태의 평생교육시설의 변경인가(제51조의2), 원격대학 형태의 평생교육시설의 폐쇄신고(제52조), 원격대학 형태의 평생교육시설의 설치기준(제53조), 원격대학 형태의 평생교육시설의 교사·설비(제54조), 원격대학 형태의 평생교육시설의 조직 및 교원 등(제55조), 원격대학 형태의 평생교육시설의 수익용 기본재산(제56조), 원격대학 형태의 평생교육시설의 학년도, 학기 및 교육과정 등(제57조), 원격대학 형태의 평생교육시설의 수업 등(제58조), 원격대학 형태의 평생교육시설의 입학·편입학 등(제59조), 원격대학 형태의 평생교육시설의 학위수여(제60조), 수업료 등(제61조), 산업체 위탁교육

(제62조), 재무·회계(제63조), 사업장 부설 평생교육시설의 설치신고(제64조), 사업장 부설 평생교육시설의 변경신고(제64조의2), 시민사회단체 평생교육시설의 설치신고(제65조), 시민사회단체 평생교육시설의 변경신고(제65조의2), 언론기관 부설 평생교육시설의 설치신고(제66조), 언론기관 부설 평생교육시설의 변경신고(제66조의2), 지식·인력개발사업 관련 평생교육시설의 설치신고(제67조), 지식·인력개발사업 관련 평생교육시설의 변경신고(제67조의2) 등으로 구성되어 있다.

'제6장 문자해득'은 문자해득교육 프로그램의 설치·운영 및 지정(제68조), 문해교육 프로그램의 지정(제69조), 문해교육 프로그램의 설치 및 지정 기준(제70조), 문해교육 교원연수기관(제70조의2), 문해교육 프로그램 지정의 취소 등(제71조), 문해교육의 지원(제72조), 문해교육 프로그램 운영자의 폐지 신고(제73조), 국가 문해교육센터(제73조의2), 시·도 문해교육센터(제73조의3), 문해교육 프로그램 이수자의 학력인정절차(제74조), 문해교육 프로그램 학력인정기준 등(제75조), 문해교육종합정보시스템 구축·운영 등(제75조의2), 문해교육심의위원회 등의 구성(제76조), 지도·감독(제76조의2), 권한의 위임·위탁(제77조), 규제의 재검토(제77조의2), 고유식별정보의 처리(제77조의3), 과태료의 부과기준(제78조) 등으로 규정되어 있다.

(3) 평생교육법 시행규칙

「평생교육법 시행규칙」은 교육부령으로서 25조와 부칙으로 구성체계를 이루고 있다. 평생교육법과 평생교육법 시행령에서 위임된 사항과 그 시행에 필요한 보다 구체적인 절차에 관하여 규정하고 있으며 구체적인 내용은 다음과 같다.

목적(제1조), 평생교육실무조정위원회(제2조), 장애인평생교육시설의 등록(제2조의2), 전문인력정보은행제의 운영(제3조), 학습계좌의 운영(제4조), 학습과정 평가인정의 신청(제4조의2), 학습계좌 자문위원회(제4조의3), 학습과정 평가단(제4조의3), 평생교육 관련 과목(제5조), 평생교육사 자격증의 수여 등(제6조), 평생교육사 자격증의 재발급(제7조), 평생교육사 양성기관 지정의 신청(제8조), 학교 부설 평생교육시설의 설치보고(제9조), 학교형태의 평생교육시설의 시설·설비 기준(제10조), 학교형태의 평생교육시설의 등록신청(제11조), 학교형태의 평생교육시설의 변경등록 신청 등(제11조의 2), 학력인정시설의 지정 신청 등(제12조), 학력인정시설의 교비회계 처리(제12조의2), 전문대학 학력인정 평생교육시설 설치계획서(제13조), 전문대학 학력인정 평생교육시설의 변경인가 신청 등(제13조의2), 사내대학 설치인가 신청(제14조), 사내대학 변경인가의 신청(제14조의2), 계열별 학생정원의 환산방법 등(제15조), 겸임교원의 산정기준(제16조), 원격평생교육시설의 신고 등(제17조), 원격평생교육시설의 변경신고 등(제17조의2), 원격대학형태의 평생교육시설의 설치인가 신청서류(제18조), 원격대학형태의 평생교육시설의 변경인가의 신청 등(제18조의2), 원격대학형태의 평생교육시설의 수업료 등의 징수 및 반환 등(제19조), 원격대학형태의 평생교육시설의 재무·회계(제20조), 언론기관 부설 평생교육시설 등의 변경신고(제20조의 2), 문자해득교육 프로그램의 지정 등(제21조), 문해교육 프로그램의 교원의 배치 등(제22조), 문해교육 프로그램 이수자의 학력인정절차(제23조), 문해교육 관련 학습과정 이수자의 인정절차(제23조의2), 직인의 관리(제24조), 규제의 재검토(제25조) 등으로 규정되어 있다.

3) 지방자치단체 평생교육의 조례

평생교육은 지역의 특성과 재정 규모 등에 따라 다양하게 운영되고 관리되기 때문에 지방자치단체 자체적으로 자치입법권인 조례를 제정하여 시행할 수 있다. 이를 통해 지역 실정에 알맞은 평생교육 진흥 관련 모형과 각종 프로그램을 개발하고, 평생학습 유관기관과의 유대를 통해 확산할 수 있는 근거로 작용이 가능하기 때문이다. 또한 주민들의 평생교육에 대한 관심을 증대시켜 참여를 도모하면서 평생교육사업을 효율적으로 추진할 수 있는 비탕으로 삼을 수 있다.

평생교육의 조례를 제정하기 위해서는 평생교육법령을 근간으로 하여 지방자치단체의 실정에 맞는 평생교육진흥에 관한 내용이어야 한다. 더불어 조례의 내용과 취지를 주민에게 공고하여 의견을 청취한 이 후에 지방의회의 의결을 통해 제정해야 한다.

「평생교육법」 제5조에서는 '국가 및 지방자치단체의 임무'를 규정하고 있다. 동법 제12조와 제14조에서는 각각 '시 · 도 평생교육협의회'와 '시 · 군 · 자치구 평생교육협의회'에 대해 규정하고 있다. 더불어 제20조와 제21조에서는 '시 · 도 평생교육진흥원의 운영'과 '시 · 군 · 구 평생학습관 등의 설치 · 운영 등'에 대해 규정하고 있다.

4) 평생교육 관계법령

평생교육의 범위는 매우 광범위하다. 교육대상으로는 유아교육에서 노인교육까지를 포함하고 있고, 교육내용으로는 일반 교양교육은 물론 전문 기술교육까지를 포함하며 이를 실행하는 교육기관도 매우 다양하다.

평생교육 관계법령을 특성별로 분류하면, '학교 · 평생교육', '기술 · 직업교육', '공무원 · 교원연수', '교정교육', '농어민교육', '시설평생교육', '아동교육', '문화 · 청소년교육', '노인교육', '부녀자교육', '장애인교육', '저소득층교육', '산학협동교육', '기타 평생교육 일반' 등으로 구분할 수 있다.

또한 이들 관계법령을 부처별로 분류하면 교육부 24개, 고용노동부 10개, 국무총리실 1개, 국토교통부 3개, 기획재정부 1개, 농림축산식품부 5개, 문화체육관광부 6개, 법무부 3개, 보건복지부 8개, 산업통상자원부 1개, 행정자치부 2개, 환경부 1개 등 65개에 이른다(교육부 평생학습정책과, 2008)

이들 중 대표적인 것으로는 「독학에 의한 학위취득에 관한 법률」, 「학점인정 등에 관한 법률」, 「학원의 설립운영 및 과외교습에 관한 법률」, 「직업교육훈련촉진법」, 「산업교육진흥 및 산학협력촉진에 관한 법률」, 「근로자직업능력 개발법」 등을 들 수 있다.

「독학에 의한 학위취득에 관한 법률」은 1990년 4월 7일 법률 제4277호로 제정되었으며, 고등학교 교육과정을 마친 후 대학에 진학하지 못한 독학자에게 학위취득의 기회를 부여하기 위하여 제정된 법이다.

「학점인정 등에 관한 법률」은 1997년 1월 13일 법률 제5275호로 제정되어 1997년 3월 1일 시행되었으며, 평가인정을 받은 교과목을 이수한 자 등에게 학점인정을 통하여 학력인정과 학위취득의 기회를 부여하기 위하여 제정되었다.

「학원의 설립운영 및 과외교습에 관한 법률」은 1961년 9월 18일 법률 제

719호로 제정되었으며, 학원의 건전한 발전을 도모함으로써 평생교육 진흥에 이바지함과 아울러 과외교습에 관한 사항을 규정함을 목적으로 하고 있다.

「직업교육훈련촉진법」은 1997년 3월 27일 법률 제5316호로 제정되어 1997년 4월 1일 시행되었으며, 직업교육훈련을 촉진하는 데에 필요한 사항을 정하여 모든 국민에게 소질과 적성에 맞는 다양한 직업교육훈련의 기회를 제공하고 직업교육훈련의 효율성과 질을 높임으로써 국민생활 수준의 향상과 국가경제의 발전에 이바지함을 목적으로 하고 있다.

「산업교육진흥 및 산학협력촉진에 관한 법률」은 1963년 9월 19일 「산업교육진흥법」으로 제정되었으나 2003년 5월 27일 일부개정을 통하여 법률 제6878호 「산업교육진흥 및 산학협력촉진에 관한 법률」로 공포되었고 2003년 9월 1일 시행되었다. 이 법은 산업교육을 진흥하고 산학연협력(産學硏協力)

표 2-2 평생교육 관계 법령

구분	관계법령
학교·평생교육	교육기본법, 초중등교육법, 고등교육법, 평생교육법, 독학에의한학위취득에관한법률, 학점인정등에관한법률, 학원의 설립운영 및 과외교습에 관한 법률 등
산학협력교육	산업교육진흥 및 산학협력촉진에 관한 법률
시설평생교육	도서관및독서진흥법,지방문화원진흥법,박물관및미술관진흥법 등
기술직업교육	자격기본법, 산업교육진흥법, 근로자직업능력개발법, 직업교육훈련촉진법 등
아동교육	아동복지법, 유아교육법, 장애아동복지지원법 등
노인교육	노인복지법
부녀자교육	모자보건법, 윤락행위등방지법
장애인교육	특수교육진흥법, 장애인복지법, 장애인활동지원에관한법률
사회보장교육	생활보호법, 사회보장기본법
교정교육	사회보호법, 소년원법, 보호관찰 등에 관한 법률
농어민교육	농업농촌기본법, 농촌진흥법, 농업기계화촉진법, 농업협동조합법

을 촉진하여 교육과 연구의 연계를 기반으로 산업사회의 요구에 따르는 창의적인 산업인력을 양성하며, 효율적인 연구개발체제를 구축하고, 나아가 산업발전에 필요한 새로운 지식·기술을 개발·보급·확산·사업화함으로써 지역사회와 국가의 발전에 이바지함을 목적으로 하고 있다.

「근로자직업능력개발법」은 1997년 12월 24일 「근로자직업훈련촉진법」으로 제정되었으나 2004년 12월 31일 전부개정을 통하여 「근로자직업능력개발법」으로 2005년 7월 1일 시행되었다. 이 법은 근로자의 생애에 걸친 직업능력개발을 촉진·지원하고 산업현장에서 필요한 기술·기능 인력을 양성하며 산학협력 등에 관한 사업을 수행함으로써 근로자의 고용촉진·고용안정 및 사회·경제적 지위 향상과 기업의 생산성 향상을 도모하고 능력중심사회의 구현 및 사회·경제의 발전에 이바지함을 목적으로 하고 있다.

3. 평생교육의 추진체제

1) 중앙정부 조직의 평생교육 체제

(1) 평생교육 행정조직

중앙정부 조직에서 평생교육을 전담하는 부처는 교육부이며, 주무부서는 평생직업교육국의 평생학습정책과이다.

(2) 평생교육 전담기구

「평생교육법」 '제3장 평생교육진흥원 등'에는 평생교육진흥원(제19조)에 대해 명기되어 있다. 즉 '국가는 평생교육진흥과 관련된 업무를 지원하기 위하여 국가평생교육진흥원(이하 "진흥원"이라 한다)을 설립한다.'라는 규정이다. 이에 따라 국가평생교육진흥원이 2008년에 설립되었다.

국가평생교육진흥원은 법률에 의거하여 다음 각 호의 업무를 수행한다.

① 평생교육진흥을 위한 지원 및 조사 업무

② 진흥위원회가 심의하는 기본계획 수립의 지원

③ 평생교육프로그램 개발의 지원
④ 제24조에 따른 평생 교육사를 포함한 평생교육 종사자의 양성·연수
⑤ 평생교육기관 간 연계체제의 구축
⑥ 제20조에 따른 시·도 평생교육진흥원에 대한 지원
⑦ 평생교육 종합정보시스템 구축·운영
⑧「학점인정 등에 관한 법률」 및 「독학에 의한 학위취득에 관한 법률」에 따른 학점 또는 학력인정에 관한 사항
⑨ 제23조에 따른 학습계좌의 통합 관리·운영
  ⑨의 2. 문해교육의 관리·운영에 관한 사항
  ⑨의 3. 이 법 또는 다른 법령에 따라 위탁받은 업무
⑩ 그 밖에 진흥원의 목적수행을 위하여 필요한 사업 등이다.

2) 지방자치단체의 평생교육 체제

(1) 광역 수준의 평생교육 체제

광역 수준에서 평생교육 행정조직은 시·도 평생교육국(과)이다.

광역 수준에서는 「평생교육법」 제20조 '시·도 평생교육진흥원의 운영'에 의거하여 다음과 같은 기능을 수행할 수 있다.

① 시·도지사는 대통령령으로 정하는 바에 따라 시·도 평생교육진흥원을 설치 또는 지정·운영할 수 있다.
② 시·도 평생교육진흥원은 다음 각 호의 업무를 수행한다.
  1. 해당 지역의 평생교육기회 및 정보의 제공
  2. 평생교육 상담
  3. 평생교육프로그램 운영
  4. 해당 지역의 평생교육기관 간 연계체제 구축
  5. 그 밖에 평생교육진흥을 위하여 시·도지사가 필요하다고 인정하는 사항 등이다.

광역 수준의 평생교육 전담기구는 시·도 평생교육진흥원이다. 「평생교육법 시행령」 제12조 '시·도 평생교육진흥원의 운영 등'에 대해 명시되어 있

다. 특히 효율적인 추진을 위해 현행 「평생교육법」에서는 시·도 지방자치단체와 더불어 시·도 교육청이 함께 협의하여 업무를 수행하도록 그 역할을 규정하고 있다.

(2) 기초 수준의 평생교육 체제

기초 수준에서 평생교육 행정조직은 시·군·구 평생학습과(팀)이다.

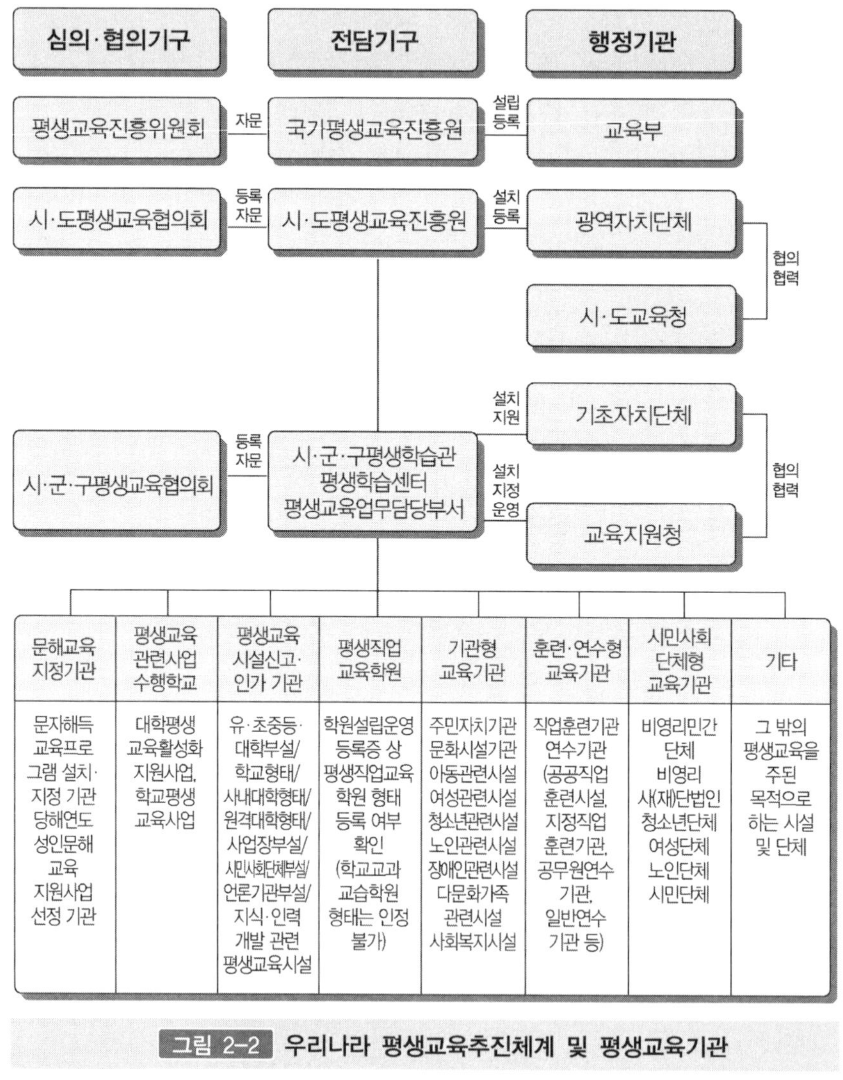

그림 2-2 우리나라 평생교육추진체계 및 평생교육기관

「평생교육법」 제14조에는 시·군·자치구평생교육협의회에 대해 규정되어 있다. 즉 '시·군 및 자치구에는 지역주민을 위한 평생교육의 실시와 관련되는 사업간 조정 및 유관기관 간 협력 증진을 위하여 시·군·자치구평생교육협의회(이하 "시·군·구협의회"라 한다)를 둔다.'라고 명시하고 있다.

또한 「평생교육법」 제21조에는 '시·군·구 평생학습관 등의 설치·운영 등'에 관하여 명시되어 있다. 하지만 기초단체장은 광역단체장과는 달리 평생교육시행계획을 수립하고 시행하도록 명시되어 있지 않다. 이에 시·군·구에서는 조례를 정하여 평생교육진흥사업을 실시하거나 지원하고 있는 실정이다.

이에 기초자치단체는 평생교육 전담기구로서 시·군·구 평생학습관과 평생학습센터, 주민자치센터, 행복학습센터 등의 학습공간을 설치·운영함으로서 평생교육을 실현하고 있다.

본 장의 정리

☞ 본 장의 학습을 완료했다면 다음 내용들을 구체적으로 이해할 수 있어야 한다.

□ 「평생교육법」은 상위의 「교육기본법」과 최상위법인 「헌법」에 근간하여 하나의 법질서를 형성하며, 법규는 제정권자의 상하 관계에 따라 그 위계가 성립 한다.
법규는 헌법, 법률(국회에서 제정), 시행령(대통령령, 총리령, 부령), 조례(지자체 의회), 지방규칙(지방자치단체장)등의 순으로 위계를 이루고 있다. 특히 지방규칙은 특별시 및 광역시, 도지사, 시, 구청장 그리고 교육규칙(시·도 교육감)등의 위계에 따라 성립된다.

□ 법규적용은 당연히 하위법보다 상위법이 우선하지만 상황과 환경변화에 따라 즉, 여러 가지 관련 법규를 적용할 때는 동일한 사안에 대하여 다음과 같은 원칙이 적용된다.

1) 상위법 우선의 원칙
법에는 일정한 단계가 존재한다는 인식아래 하위법은 상위법에 위배될 수 없다는 원칙이다. 교육기본법과 초 . 중등법의 관계는 상위법과 하위법의 관계에 있다. 하위법이 상위법에 위배되는 경우에는 동 규정은 무효이며 상위법이 적용된다.

2) 신법 우선의 원칙
동위(同位)의 법이라도 최근에 제정된 법은 그 이전에 제정된 법에 우선하여 적용된다는 원칙이다. 신법과 구법이 서로 상충되는 경우에는 신법이 우선 적용된다. 특정한 법률이 개정되거나 하여 그 내용이 바뀔 경우에 이전에 적용되던 구법이 적용되지 않고 새로 개정된 신법이 우선적으로 적용된다는 원칙이다.

3) 특별법 우선의 원칙
법의 효력이 특정한 사람이나 사항 및 특정지역에 한하여 적용되는 법을 특별법이라 하며, 이에 대비되는 개념이 일반법이다. 일반법은 그 법의 적용 영역에 있어서 모든 사항과 사람에게 적용되어 영향을 미치는 반면, 특별법은 일반법에 비하여 적용 영역이 한정되어 있는 법이다. 특별법의 입법 목적이 특수한 사항을 규율하는데 있으므로, 특수한 사정이 발생하였을 때에는 특별법이 우선적으로 적용되어야 한다.

□ 평생교육의 법규체계를 포괄적으로 이해하려면 다음에서 알 수 있다. 평생교육의 법규체계는 교육법규와 평생교육에 관한 내용, 평생교육 법령, 지방자치 단체 평생교육의 조례와 평생교육 관계법령에서 확인할 수 있다.

□ 평생교육 추진체제는 중앙정부조직의 평생교육체제와 지방자치단체의 평생교육체제를 이루고 있다.
중앙정부조직의 평생교육체제는 평생교육 행정조직과 평생교육 전담기구에는 평생교육 진흥원에서 법률에 의거 해당 업무를 수행 한다. 지방자치단체의 평생교육체제는 첫째, 광역수준의 평생교육체제는 시·도 평생교육국(과)에서 평생교육 관계법에 의해 각 기능을 수행 한다. 둘째, 기초수준의 평생교육체제는 시·군·구 평생학습과(팀)에서 평생교육관련법과 조례를 정하여 관련 업무를 실현하고 있다.

제 3 장

평생교육기관 경영자

※ 이 장을 끝마칠 때 다음 내용들을 이해해야 한다.

□ 평생 교육기관 경영자의 개념을 이해하는가?

□ 경영자의 계층은 어떻게 구분되며, 계층별 기능은 어떠한 기능을 하는지 알고 있는가?

□ 평생교육기관 경영자 역할은 어떻게 구분되며 그 내용을 알고 있는가?

□ 평생교육기관 경영자의 역할을 수행해 나가는데 필요한 능력의 중요성을 알고 있는가?

□ 평생교육기관 경영자가 수행해야 하는 핵심 업무를 알고 있는가?

□ 평생교육기관의 지속적인 개혁과 변화를 주도할 탁월한 능력을 가진 경영자가 되기 위해서는 어떠한 자격 요건을 갖추어야 하는가?

평생교육기관의 경영활동 주체인 경영자는 기관경영활동을 수행하는 과정에서 관리자 역할과 경영자 역할을 동시에 수행해야 한다. 급속도로 변화하는 내·외부 환경과 더불어 평생교육기관의 규모가 커지고 학습자의 욕구 등 다양성이 증대됨에 따라 평생교육기관 경영자에게 요구되는 자질과 능력은 더욱 중요성을 더하고 있다. 이에 본 장에서는 경영자 일반에 대해 살펴본다.

노블레스 오블리주 정신은 리더가 행동해야 할 선택이 아니라 필수이다

노블레스 오블리주(noblesse oblige)의 사전적 의미는 '높은 사회적 신분에 상응하는 도덕적 의무'이다. 이는 초기 로마시대에 왕과 귀족들이 보여준 투철한 도덕과 윤리 그리고 솔선수범하는 공공정신에서 비롯된 말이다. 그리고 '고귀하게 태어난 사람은 고귀하게 행동해야 한다'는 의미가 담겨있기도 하다. 또한 노블레스 오블리주(noblesse oblige)란 프랑스어로 "귀족은 의무를 갖는다."를 의미한다. 보통 부와 권력, 명성은 사회에 대한 책임과 함께 해야 한다는 의미로 쓰이기도 한다. 즉 노블레스 오블리주는 사회지도층에게 사회에 대한 책임이나 국민의 의무를 모범적으로 실천하는 높은 도덕성을 요구하는 단어이다. 하지만 이 말은 사회지도층들이 국민의 의무를 실천하지 않는 문제를 비판하는 부정적인 의미로 쓰이기도 한다.

14세기 100년 전쟁 당시에 영국에서 가까운 프랑스 북부도시 칼레가 영국군에 포위당한 적이 있다. 칼레 시민들은 영국의 거센 공격을 잘 막아냈지만 결국 양식이 떨어져서 1년 만에 항복을 하게 되었다. 그리고 영국 왕 에드워드 3세에게 자비를 구하는 항복 사절단을 파견하였다. 이때 영국 왕은 '모든 시민을 살려 주겠다. 그 대신 누군가가 그동안 반항에 대해 책임을 져야 하니 전체 시민을 대신하여 죽을 사람 6명을 찾아 목에 밧줄을 걸어 데려오라'고 요구했다. 이런 상황에서 목숨을 내 놓을 수 있는 사람이 얼마나 되겠는가.

칼레의 시민들은 큰 혼란에 빠져들었다. 모두가 머뭇거리는 상황에서 칼레의 갑부인 '외수타슈 생피에르'를 비롯한 고위 관료와 부유층 인사 6명이 자원하였다. 칼레의 시민 전체를 살리기 위한 용단이었다.

그들은 다음날 아침 목에 밧줄을 건채, 영국 왕 앞으로 나갔다. 평민이 아닌 귀족들이 나오자 왕은 그들의 희생정신에 감복했다. 게다가 마침 임신 중이었던 왕비가 '임신 중에 사람을 죽이는 것은 아이에게 좋지 않다'고 간청을 하자 영국왕은 이들을 살려주게 된다. 이것이 가진 자의 명예만큼 의무를 다해야 함을 뜻하는 '노블레스 오블리주'가 탄생된 배경이 되었고 그로부터 500년 후 프랑스 조각가 로뎅이 「칼레의 시민」이라는 작품으로 인해 이 아름다운 이야기가 전 세계로 알려지게 되었다.

영국의 케임브리지 대학이나 옥스퍼드 캠퍼스를 들러보는 사람들에게 가장 큰 감동을 주는 장소는 이 학교 출신 중 전쟁이 났을 때 전쟁터에 나가서 목숨을 바친 동문들의 사진이 걸린 장소라고 한다.

영국 왕실의 서열 5위인 해리 왕자가 10년간 군복무를 하고 전역하였다. 특히 아프카니스탄 전선에서 군 복무를 했다는 사실이 알려져 전 세계에 잔잔한 감동을 준 적이 있다. 그것도 억지로가 아니라 스스로 선택한 길이기에 그 길이 더욱 아름다운 것이다.

영국 왕실이 평소에 남보다 많이 누리는 것 같아도 국가가 위기에 처하게 되면 이처럼 가장 먼저 달려가 목숨을 걸고 싸우는 책임감이 그들에게 있었기에 영국의 귀족문화가 오랫동안 존속 되어오고 있는 것이다. 이처럼 노블레스 오블리주는 어느 국가나 어느 사회 각 조직이 혼란과 어려움에 처해있을 때 최고지도자나 최고경영자는 현재 기지고 있는 합법적으로 주어진 권력과 권한을 모두 포기하거나 내려놓고 반납할 수 있어야 한다. 그리고 나라와 조직을 위해 솔선수범하여 희생할 때 비로소 나라와 조직은 혼란을 극복하고 어려움에서 벗어날 수 있는 것이다.

원래 노블레스는 '닭의 벼슬'을 의미하고 오블리주는 '달걀의 노른자'라는 뜻이다. 이 두 단어를 합성해 만든 "노블레스 오블리주"는 닭의 사명이 자기의 벼슬을 자랑함에 있지 않고 알을 낳는데 있음을 말해 주고 있다.

– 백 석 –

1. 경영자의 개념

그리핀(R. W. Griffin)(1993)은 "경영자는 조직의 인적, 물적, 재무적, 정보적 자원을 계획, 조직, 지휘, 통제하는 사람"이라고 정의하였으며, 또한 헬리에겔과 슬로컴(D. Hellriegel and J. W. Slocum)(1996)은 "경영자란 인적, 물적 자원을 할당하고 전체조직이나 특정부서의 운영을 지휘하는 사람"이라고 정의하고 있다.

요약하면 경영자란 기관의 목적을 달성하기 위해 필요한 경영활동을 수행하는 과정에서 중요한 의사결정을 행하며 기관의 활동이나 기관 구성원의 활동을 지휘·조정하는 권한과 책임을 지닌 사람이라 할 수 있다.

경영자에게는 기관 경영 활동의 핵심적 역할을 수행할 수 있는 권한과 책임이 주어진다. 권한이란 직무를 수행할 수 있는 공식적 권리로서 기관 구성원의 행동에 영향을 미치는 능력을 의미한다. 또한 경영자에게는 권한에 상응하는 책임이 부여되는데 경영자의 책임은 기관 목표를 달성하기 위하여 능률적이고 효율적인 방법을 계획하고 결정하는 것이다. 즉 기관을 지속 발전시켜 구성원에게는 자부심과 긍지 그리고 고용의 기회를 안정적으로 부여하고 기관을 둘러싼 이해 관계자들에게 만족을 줄 수 있도록 평생교육기관 경영의 성과 극대화를 얻으려는 것이다. 경영자는 구성원들이 상황을 파악하고 문제에 대처할 수 있도록 준비시키는 역할을 수행해야 한다. 특히 기관이 어려움에 봉착할수록 구성원에게 기관의 비전을 제시하고 사명을 상기시켜 현재의 어려움을 모든 구성원이 다 함께 극복함으로써 밝은 미래의 희망을 심어줄 수 있어야 한다.

또한 경영자는 노블리스 오블리제(noblesse oblige)를 실천하여야 한다. 즉 경영성과가 향상된 경우는 물질적 보상을 포함하는 적절한 보상을 받고 반대의 경우는 현재의 보상수준을 낮추는 것을 포함하여 더 나아가 스스로 직위에서 물러나는 책임을 져야 한다.

경영자가 계획, 조직, 지위, 통제의 관리 기능을 효율적으로 수행할 때 기관의 목표달성 가능성은 증대된다. 그러므로 경영자는 단독으로 모든 일을 처리하기 보다는 “기관구성원 모두를 통하여 경영활동과 관련된 일을 수행하는 사람”이라고 할 수 있다. 따라서 경영자는 언제나 구성원에게 동기를 부여하고 기관의 전반적인 생산성, 능률, 효율성, 서비스 프로그램 품질 등을 향상 시킬 수 있는 방법을 계속해서 모색해 나가야 한다.

현대사회에서의 평생교육기관 경영자는 기관의 장기적 근속, 성장, 발전을 추구하기 위하여 혁신을 주도해 나갈 수 있어야 한다. 특히 환경변화가 급격하게 이루어지거나 기관이 변혁기 확장기에 있는 경우에 이러한 혁신 노력은 더욱 필요하다. 따라서 경영자는 경영관리기능을 수행하는데 있어서 창조적, 혁신적 사고로 기관을 성장 발전시켜 나가려는 적극적인 노력이 있어야 한다.

2. 평생교육기관 경영자의 구분

일반적으로 경영자는 조직 내에서 구성원을 지휘·감독하는 관리자로부터 가장 중요한 의사결정을 담당하는 최고 경영자까지를 의미한다. 이들은 계층에 따라 서로 다른 권한과 책임을 가지고 부여된 기능과 역할을 수행한다.

이런 맥락에서 볼 때 평생교육기관에서 종사하는 모든 구성원들은 자기가 맡아서 하는 일과 그 직위 및 직책에 따라 모두 경영자라고 볼 수 있다. 그러나 맡은 일의 책임과 범위에 따라 경영자는 관리의 폭과 감독의 폭을 나타내는 직무활동 범위에 따라 최고 경영자, 중간 경영자, 현장 경영자로 구분할 수 있으나 이는 어디까지나 상대적이라는 점에 유의해야 한다. 경영자의 구분은 기관 규모와 성격에 따라 달라질 수 있기 때문에 기관에서 어떤 경영자에 해당하는가는 경영자가 수행하는 직무의 내용에 따라 판단해야 한다.

1) 최고 경영자

최고 경영자(CEO : chief executive officer)는 의사 결정을 수행하고 기관의 사회적 책임도 앞서 수행하는 경영자를 말한다. 즉 최고경영자는 환경변화에 대응할 수 있는 기관의 전반적인 운영방향에 대한 결정을 하는데 이러한 의사결정은 기관에 장기적인 영향을 미치게 된다.

구체적으로 최고 경영자는 기관의 효율적인 운영을 위해 목표, 방침 및 전략을 개발하고 수립하며 각 계층에 전달될 목표를 설정한다. 최고 경영자에는 기관장, 원장, 소장, 관장, 센터장, 법인 이사장, 학장 등의 명칭으로 불리는 이들이 평생교육기관의 대표를 의미하며 최고 경영자게 해당된다.

2) 중간 경영자

중간 경영자는 최고 경영자와 현장 경영자의 중간에 위치하여 각 부문에 대한 관리책임을 맡고 있는 경영자를 말하는데 정확히 명확하게 정의하기 힘들 정도로 기관 내에서 다양한 지위를 차지하고 있다. 중간 경영자는 최고 경영자가 설정한 경영방침, 목표, 계획, 전략, 정책을 효율적으로 수행하기 위한 제반 활동을 수행한다. 즉 중간 경영자는 최고 경영자가 설정한 전반적인 경영전략이나 경영방침을 현장 경영자들이 이해하여 수행할 수 있도록 구체적인 목표와 계획으로 전환시킨다. 기관의 규모와 성격에 따라 구분이 달라질 수 있지만 교육이 부분적인 사업으로 운영되는 기관에서는 교육부문 책임자 또는 여러 평생교육 분야 중 특정한 분야의 프로그램 운영 책임을 맡고 있는 사람들이 이에 속한다. 중간 경영자는 과장, 차장, 부장, 팀장, 행정실장, 사무국장 등 중간 간부들을 들 수 있다.

3) 현장 경영자(하위경영자)

현장 경영자는 각 부문별 중간 경영자의 명령, 지시에 따라 프로그램개발 또는 업무의 최 일선에서 근무하는 구성원간의 대면적인 접촉을 통해 이들을 지도, 지휘하고 감독하는 계층으로서 감독자 또는 현장 관리자, 일선 경영자라고도 한다.

이는 단위 프로그램의 기획 및 운영을 담당하는 전문가를 의미한다. 예를 들면 평생학습관의 교육프로그램 담당자, 교·강사 등이며 평생교육기관에서 어떤 업무를 담당하고 있는 자, 시민사회단체의 간사, 각종 연수원 및 수련원의 교관 등이 포함된다.

3. 평생교육기관 경영자의 역할

오늘날 기관의 경영환경은 과거와 많이 다르기 때문에 기관의 최고 경영자 역시 새로운 역할이 확장되고 있다. 일반적으로 모든 기관의 경영자가 수행해야 할 구체적 역할에는 기관과 개인의 목적 조화, 변화의 선도, 권한과 책임의 명확화, 인재중시, 구성원들과의 봉사정신과 신뢰감 공유, 미래 경영자 및 인재양성 등이 있다.

일반적으로 경영자가 수행해야 하는 역할이란 관리 행동의 구체적인 범위를 의미하는데 민쯔버그(Mintzberg, 1975)는 경영자가 수행해야 할 역할을 10가지로 구분하여 제시하고 있는데 이를 평생교육기관 경영자에 적용하면 다음과 같다.

1) 대인관계 역할

대인관계 역할은 공식적인 직위 때문에 경영자가 수행하여야 하는 대인관계 활동을 의미하는데 대표자, 리더, 연결자 역할로 분류할 수 있다.

이러한 대인관계 역할은 다른 계층의 경영자보다 상대적으로 최고 경영자 층의 경영자에게 더 큰 비중이 주어진다.

(1) 대표자

경영자의 모든 역할 중에서 가장 기본적인 것으로 경영자는 공식적인 의식과 상징적인 의미에서 기관을 대표하게 된다. 현장 경영자들도 구성원 및 이해관계자들의 결혼식 등 제반 행사에 참석 또는 방문자 상담 등을 통하여 대표자 역할을 수행하지만 최고 경영자에 비해 그 중요성은 낮다.

(2) 리더

기관 목표 달성에 도움이 되도록 구성원의 활동을 이끌고 조정하는 역할을 의미하는 것으로 동기부여, 직무행동, 지침제시 등이 포함된다. 모든 계층의 경영자는 자신이 수행하는 업무성격에 따라 강도는 다르지만 리더십 발휘의 의무를 갖는다.

(3) 연결자

경영자들은 기관 내부와 외부와의 접촉을 통하여 연결을 시도하는 연결자 역할을 수행한다. 이러한 역할에는 이해관계자와의 관계, 업무집단간의 활동조정, 효율적인 성과를 얻기 위해 조화가 필요한 경우 등이 포함된다.

그런데 최고 경영자는 정부, 경쟁기관, 학습자 등 외부 연결자(external liaison) 역할에 더 많은 관심을 가지고, 현장경영자들은 상호 관련되는 업무집단 간의 활동을 조정하는 내부 연결자(internal liaison)역할에 관심을 두게 된다.

2) 정보적 역할

경영자는 효율적 의사 결정을 하기 위해 정보를 수집하고 활용해야 하므로 경영자의 정보적 역할이 중요하다. 이러한 정보적 역할은 세 가지로 분류할 수 있으며, 다른 계층의 경영자보다 상대적으로 중간 경영층의 경영자에게 더 큰 비중이 주어진다.

(1) 모니터

기관 경영 활동의 수행과정에서 유리하게 작용할 수 있는 정보를 내·외부로부터 지속적으로 탐색하는 역할을 말한다. 이러한 모니터 활동을 통하여 많은 정보를 공유하게 된 경영자들은 기관 경영성과 극대화를 이룩할 수 있는 의사결정과 행동을 취할 수 있게 된다.

(2) 전달자

경영자는 수집한 정보를 경영활동에 활용하기 위하여 기관 구성원에게 전달하여 공유하게 하는 것이 필요하다. 여기에는 상위계층의 경영자가 하위계층 경영자에게 경영계획과 목적 등을 명확하게 표현하여 제시하는 것 그리고 하위계층 경영자가 상위계층 경영자에게 결과를 명확하게 정리하여 보고하는 것 등이 포함된다.

(3) 대변인

경영자는 기관 외부의 사람들에게 기관의 공식 입장을 전달, 발표하는 대변인 역할을 수행한다. 이러한 대변인 역할이 점차 중요해지고 있는 이유는 학습자는 물론 이해관계자 및 사회에서 보다 많은 정보를 요구하고 있기 때문이다.

3) 의사 결정 역할

경영자는 기관의 성과에 중요한 영향을 미치는 의사결정 역할을 수행하게 되는데 의사결정 역할은 모든 경영자 계층에 중요하나 21세기 들어와서 임파워 리더십(empower leadership)에 부합하여 최고 경영층보다 상대적으로 중간 경영층이나 현장 경영층 경영자에게 더 큰 비중이 주어지는 추세이다.

(1) 평생교육 전문가

기관의 발전과 성장을 위해 기회를 탐색하고 자원과 프로그램개발 기술의 혁신적 활용 방법을 찾아내려는 창의적인 노력을 의미한다.

(2) 문제 해결자

경영자는 기관이 예상치 못했던 구성원들의 불만으로 인한 업무 해태 및 강사의 무단결근, 학습자 무단 결장, 유관기관, 지역사회, 공공기관으로부터 행정적, 재정적 자원 지원 중단 등의 문제가 발생했을 때 이를 해결하는 역할을 한다. 이 역할이 가장 잘 알려진 경영자의 역할이고 또한 경영자들이 가장 수행하기 힘든 역할이기도 하다.

(3) 자원 배분자

경영자들은 기관목적 달성을 위해 사전에 수립한 계획에 따라 적절한 자원 배분을 해야 한다. 이 역할은 기관이 이용 가능한 자금, 설비, 사람 및 시간이 충분하지 않기 때문에 중요시 되며, 기관 가치를 높일 수 있는 부분에 우선적으로 배분할 필요가 있다.

(4) 교섭자(대외 협력자)

대외적으로 기관 경영에 필요한 자원을 확보하고 외부 유관 기관의 긴밀한 협력관계를 구축하는 것을 의미한다.

- 자원 개발자 : 교육활동에 필요한 인적. 물적 자원의 확보, 정보의 획득, 기금 및 예산지원 확보, 공공기관으로부터의 행정적·재정적 자원 획득
- 시장 개척자 : 잠재 학습자 집단 개발, 섭외 및 확보
- 대외 네트워크 구축자 : 지역사회 여러 유관 기관과의 네트워크 구축

4. 평생교육기관 경영자의 역량

경영자의 역량이란 경영자가 직무를 충실하게 수행하기 위하여 갖추어야 할 구체적인 능력을 의미한다. 이러한 능력은 교육훈련, 경험, 실무를 통해서 학습되고 개발, 향상될 수 있다는 특성을 갖는다.

평생교육기관 경영자의 역할을 수행하기 위해서는 여러 가지 능력이 요구되지만 이를 대별하면 기술적 능력, 인간관계 능력, 개념적 능력 등을 들고 있다.

1) 기술적 능력

기술적 능력은 전문적 능력이라고도 하는데 전문적 지식, 경험, 기술을 문제해결에 적용하는 능력을 말한다. 즉 경영자는 전문적 지식과 경험을 토대로 자신이 책임지는 업무에 대한 처리 능력을 갖고 있어야 한다. 여기에는 프로그램 개발기법, 홍보기법, 마케팅 기법, 교수매체 활용기법 등이 포함된다.

2) 인간적 능력

경영자가 경영활동을 수행할 때 평생교육기관과 관련된 여러 분야의 사람들에 초점을 두는 능력을 의미한다. 즉 기관의 목표달성에 협조하도록 기관 구성원을 지휘하고 동기 부여 시키며 갈등을 조정하고 관리하는 능력을 말한다. 여기에는 평생교육 구성원과의 접촉, 강사관리, 학습자 관리, 후원자 관리, 지역사회 관계자 접촉, 정부 및 유관기관 관계자의 만나기 등이 포함된다.

3) 개념적 능력

개념적 능력은 관리적 능력이라고 하는데 평생교육기관의 문제를 전사적 관점에 기초하여 파악하고 기관의 목적과 일치하는 의사 결정을 할 수 있는 능력을 의미한다.

이러한 개념적 능력은 하위계층의 경영자보다 상위계층의 경영자에게 더 중요하다. 왜냐하면 최고경영자는 평생 교육기관 전체의 장기적이고 포괄적인 영향을 미칠 수 있는 의사결정을 하기 때문이다. 또한 환경의 변화를 인식하여 적절하게 대응할 수 있는 의사 결정을 해야 하기 때문이다. 여기에는 평생교육기관의 설립 목적 및 운영방향에 대해 결정하기, 핵심 프로그램 종류 및 학습 대상자 결정하기, 직원 채용 및 배치 결정하기 등이 포함 된다.

[그림 3-1]은 계층에 따른 경영자 능력의 상대적 중요성을 보여주고 있다.

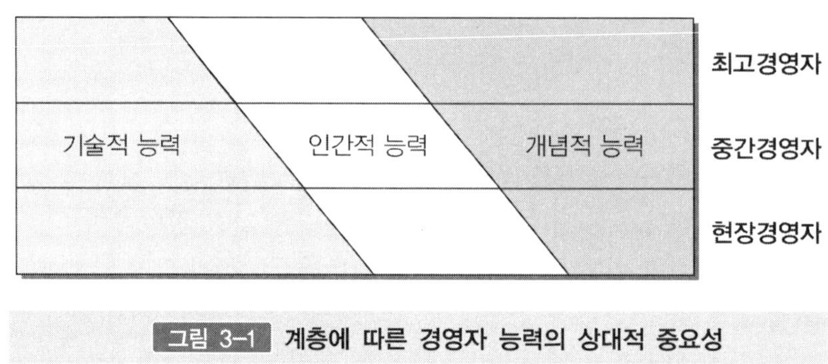

그림 3-1 계층에 따른 경영자 능력의 상대적 중요성

[그림 3-1]에서 보듯이 모든 경영자계층에 모든 능력이 요구되며 필요하다. 그러나 경영자 계층에 따라 요구되는 능력의 비중은 다르다. 일선 실무자에 가까울수록 기술적 능력이 큰 비중을 차지하는 반면, 최고경영자 계층에 가까울수록 기술적 능력보다는 인간적 능력이, 그리고 인간적 능력보다는 개념적 능력이 상대적으로 더 큰 비중을 차지한다고 볼 수 있다.

그러나 인간적 능력은 모든 경영자 계층에 공통적으로 요구되고 필요한 능력이라 할 수 있다.

21세기 들어와서 평생교육기관 경영 능력이 점차 경쟁사회에서 중요성이 강조되고 있고 필요로 하고 있다. 그러나 성공적인 평생교육 실천을 좌우하는 결정 요인이라 해서 본질적인 요소들을 간과해서는 안 된다. 즉 경영 능력을 갖춘 사람이 요구된다고 해서 평생교육의 기본 소양 과목을 갖추지 못한 사람에게 무작정 경영을 맡기는 것은 고려되어야 한다. 평생교육기관에서 필요한 사람은 '경영능력을 갖춘 평생교육 지도자'라고 할 수 있다. 평생교육기관 경영의 능력은 평생교육 지도자에게 추가로 요구되는 새로운 능력중의 하나인 것이다.

지도자의 자질과 능력은 인간 됨됨이가 근본이 된다

인간의 삶은 인간관계속에서 펼쳐지며 성장하고 진화한다. 현대사회는 급변하는 환경과 더불어 무한경쟁시대이다. 이러한 사회에서 성공적인 삶을 위해, 각 조직에서 가장 중요하게 대두되는 것이 우수한 지도자를 확보하고 육성하는 것이다. 그러므로 지도자는 인간관계측면에서 그 중요성은 더욱 증대 되고 있으며, 이는 개인의 삶과 집단의 행동, 조직의 성과에 큰 영향을 미치고 있다.

그렇다면, 지도자의 자질과 능력은 어떻게 측정할 수 있을까. 그리고 어떻게 행동해야 훌륭한 지도자라고 할 수 있을까.

고려의 명장 강감찬 장군이 귀주에서 거란 군을 대파하고 돌아오자, 현종왕이 친히 마중을 나가 얼싸안고 환영을 했다. 또한 왕궁으로 초청해 중신들과 더불어 주연상을 성대하게 베풀었다.

한창 주홍이 무르익을 무렵, 강감찬 장군은 무엇인가를 골똘히 생각하다가 소변을 보고 오겠다며, 현종의 허락을 얻어 자리를 떴다. 나가면서 장군은 살며시 내시를 보고 눈짓을 했다. 그러자 시중을 들던 내시가 그의 뒤를 따라 나섰다.

"여보게, 내가 조금 전에 밥을 먹으려고 밥그릇을 열었더니 밥은 있지 않고 빈 그릇 뿐이더군. 도대체 어찌된 일인가? 내가 짐작하건데 경황 중에 자네들이 실수를 한 모양인데 이걸 어찌하면 좋은가?" 순간 내시는 얼굴이 새파랗게 질렸다. 이만저만한 실수가 아니었기 때문이다.

오늘의 주빈이 강감찬 장군이고 보면 그 죄를 도저히 면할 길이 없었다. 내시는 땅바닥에 꿇어 엎드려 부들부들 떨기만 했다.

이때 상 장군은 다음과 같이 말 했다. "성미기 급한 상감께서 이 일을 아시면 모두들 무사하지 못할 테니 이렇게 하는 것이 어떤가? 내가 소변보는 구실을 붙여 일부러 자리를 뜬 것이니, 내가 자리에 앉거든 곁으로 와서 '진지가 식은 듯 하오니 다른 것으로 바꿔 드리겠습니다'라고 하면서 다른 것을 갖다 놓는 것이 어떨까?" 내시는 너무도 고맙고 감격스러워서 어찌할 바를 몰라 했다.

그와 같은 일이 있은 후, 강감찬 장군은 이 일에 대해 끝까지 함구했다. 그러나 은혜를 입은 내시는 그 사실을 동료에게 실토했으며, 이 이야기가 다시 현종의 귀에 까지 들어가 훗날 현종은 강감찬 장군의 인간됨을 크게 치하해 모든 사람의 귀감으로 삼았다는 고사가 전해지고 있다.

사람은 누구나 어떠한 주어진 일에 최선을 다하여 몰입하다보면, 본의 아니게 잘못과 실수를 저지를 수도 있다. 현종 왕이 초청하여 주빈이 된 강 장군을 맞이하여 연회가 이루어지는 상황 속에서 내시의 실수는 도저히 용납될 수 없는 예견치 못한 사건이었다. 그러나 강 장군은 전체적인 좋은 만찬 분위기를 유지하기 위해, 내시를 대상으로 유감없이 참 지도자 정신을 발휘하였다. 참 지도자 정신은 구성원이 실수나 잘못한 것을 무조건 감싸주는 것이 아니다. 또한 여러 사람 앞에서 공개적으로 지적하고 코칭하는 것도 아닌 것이다. 오로지 문제를 일으킨 당사자를 조용히 불러 잘못이나 실수한 점을 부하 스스로 깨우치게 한 후, 앞으로 그런 똑같은 일이 재발되지 않도록 지혜를 발휘하여 이끌어 주는 것이다.

지도자의 자질은 불확실성 상황에서도 구성원들을 주도적으로 이끌어 갈 수 있는 능력이다. 그리고 지도자의 자질은 평상시보다 조직이 어려운 환경에 처한 때에 더욱 가치가 있는 것이다. 강 장군은 그러한 곤란하고 어려움에 처해 있는 환경을 유감없이 극복하는 지도자의 능력을 발휘해냈다.

아무리 권력과 지위가 높고, 능력이 뛰어나고 많은 부를 축적했다 하더라도 인간으로서의 지녀야 할 품격이 갖춰지지 않으면, 그 사람은 존경받지 못하고 지도자의 자격이 없는 것이다.

"겉으로 화려하게 비춰지는 것은 그저 아름다움뿐이고 내면의 세계에서 뿜어 나오는 아름다움은 청결의 향기이다." 이것이 비로 인간으로서의 됨됨이를 갖춘 지도자의 자질과 능력을 말해주는 것이 아닐까?

– 백 석 –

5. 평생교육기관 경영자의 업무수행

평생교육기관 경영자가 수행해야 하는 구체적인 업무는 크게 경영이념 설정, 경영전략의 수립, 의사 결정 등으로 요약될 수 있다.

1) 경영이념의 설정

평생교육기관은 사회적 기관으로서의 역할을 한다고 볼 때 기관은 그 기관에 속한 사회 문화적 가치에 영향을 받으면서 동시에 사회문화적 가치를 변화시키는 역할을 수행하게 된다. 따라서 바람직한 평생교육기관의 경영 이념 역시 기존의 사회문화적 가치와 새로운 사회문화적 가치 속에서 형성된 가치 체계가 되어야 할 것이다.

경영이념은 '좋은 평생교육기관', '좋은 사회'를 만들기 위해 평생교육기관이 지향해야 할 바람직한 모습을 말하는 것으로 기관의 사시(社是), 신조(信條), 강령(綱領), 방침(方針) 등은 경영이념을 나타내는 것이다. 즉 평생교육기관이 수행해야 할 사회적 역할과 책임은 무엇이며 이러한 역할은 책임을 다하기 위해 어떤 방법으로 수행할 것인가 또한 이러한 역할을 수행하려면 기관이 어떠한 특성이나 조직 구조를 가져야 하는가에 대한 신념이나 가치 체계를 말한다.

평생교육기관 내 구성원들이 공유하고 있는 경영이념이 타 평생교육기관의 경영이념과 달리 독특한 특징이 발견된다면 그것이 기관의 평생교육기관 문화 또는 평생교육기관 풍토가 되는 것이다. 이러한 기관 문화는 그 기관의 성격이나 개성의 원천이 된다.

2) 경영전략 수립

경영전략은 경영 이념의 실현을 지향하여 평생교육기관이 확보한 경영자원과 환경의 변화를 분석·예측하여 도출해 낸 기관의 목표를 말하며 또한 경영전략이란 기관이 추구하는 사업을 훌륭하게 전개해 나가기 위한 전사적인 계획을 말한다. 경영전략을 수립할 때는 자기가 속한 평생교육기관의 프로그램 등 현재 경쟁력 상황, 자기 기관의 상대적인 위치 등을 냉정하게 진단 분석하여 전략을 수립하여야 하는데 경영전략은 가변성과 일시성을 갖는다. 궁극적으로 경영전략은 경영환경 변화에 기관을 적응시키는 데 있다.

3) 의사 결정

경영자의 가장 중요한 업무는 의사 결정을 적절하게 하는 것이다. 의사 결정이란 기관이 추구하고 있는 목표를 달성하기 위하여 여러 가지 대안을 마련하고 그 중 가장 합리적이고 합목적적인 대안을 선택한 것이라 할 수 있다.

이러한 의사 결정의 궁극적 목적은 기관이 추구하는 성과 극대화에 있으며 어떠한 프로그램개발을 할 것인가, 어떠한 조직 구조를 가질 것인가 경영자원 조달은 어떻게 할 것인가, 수강료 수준은 어느 정도로 할 것인가 등의 의사 결정을 하게 된다. 경영자는 문제인식 → 대안개발 → 대안평가 → 대안선택, 실행 → 결과 평가의 순서로 의사 결정을 하게 된다.

6. 평생교육기관 경영자가 갖추어야 할 요건

평생교육이란 개인의 삶의 질과 집단의 기술적 향상을 위하여 전 생애에 걸쳐 교육의 기회를 지속적으로 끊임없이 제공하려는 교육 체제 및 정책이다. 평생교육의 중요성은 사회변화의 가속화, 평균수명의 연장, 과학 지식 및 기술의 진보, 정보 통신 수단의 발달, 여가생활의 증가, 사회·경제적 생활양식의 변화, 정신적 위기, 직업 전문성 요구, 학력 중심 교육의 사회적 병폐, 지식 중심 교육의 한계, 학습자의 다양한 욕구, 교수자 중심교육의 한계 등이다. 이와 같이 빠르게 변화하는 현대사회에서의 평생교육은 그 중

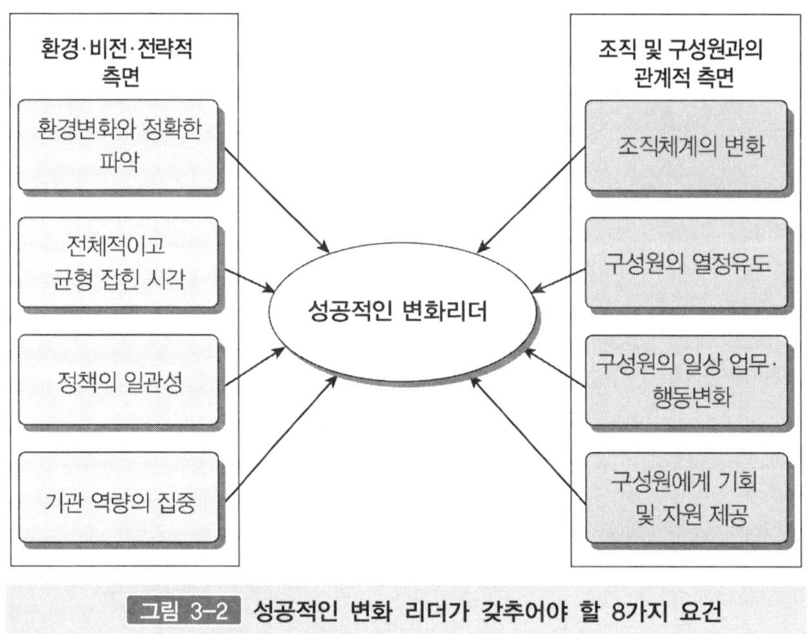

그림 3-2 성공적인 변화 리더가 갖추어야 할 8가지 요건

요성이 더 한층 강조되고 있는데 이에 따라 기관에서도 지속적인 개혁과 변화를 주도할 탁월한 능력을 가진 경영자가 요구되고 있다.

미국의 경영 전문지 Executive Excellence는 성공적으로 변화를 주도하는 경영자가 되기 위해 갖추어야 할 8가지 요건을 제시하였다(LG 경제연구소, 1998). 이 8가지 요건은 다시 환경, 비전, 전략적 측면과 조직 및 구성원과의 관계적 측면 등 크게 2가지로 구분된다.

첫째, 환경, 비전, 전략적 측면에서 볼 때, 성공적인 변화를 위해 경영자는 기관 환경 변화의 흐름을 전체적이고 균형 잡힌 시각을 가지고 정확히 파악할 수 있어야 한다. 그리고 변화를 추진하는 정책이 일관성을 갖도록 기관의 힘을 한 방향으로 집중시키는 능력이 필요하다.

둘째, 조직 및 구성원과의 관계적 측면에서는 새로운 목표를 달성할 수 있도록 전략 및 조직 체계를 변화시켜 구성원들이 새로운 목표 달성에 전념할 수 있도록 유도해야 한다. 또한 구성원에게 가능성 있는 기회와 필요한 자원을 제공하여 변화에 적극적으로 참여할 수 있도록 하는 능력이 필요하다.

〈경영 이야기〉

사기를 꺾는 경영자의 잘못된 유형

- 오리무중 형 : 구체적 방침 없이 막연한 지시
- 조령모개 형 : 방침을 수시로 바꾸어 일관성 없는 지시
- 불시채근 형 : 평소 잊고 있다가 막상 닥쳐서 부하만 달달 볶는 관리
- 실무자 형 : 항상 실무적인 일까지 깊숙이 참여하여야만 안심
- 언행모순 형 : 솔선수범 없이 부하에게만 모범적인 자세를 강요
- 골목대장 형 : 의견을 수렴하지 않고 일방적으로 통보하는 회의 주재
- 좁쌀 형 : 사소한 잘못도 지휘계통으로 사사건건 지적
- 형식중시 형 : 내용보다 형식에 더 관심
- 과거지향 형 : 과거의 경험에 집착, 부하의 의견을 쉽게 묵살
- 권한포기 형 : 본인이 최종 결정을 해도 될 사안까지 부하에 전가
- 두루뭉술 형 : 부하의 업적을 술에 물탄 듯 물에 술탄 듯 자신의 공으로
- 인격무시 형 : 부하의 인격을 서슴없이 침해하는 언행
- 감탄고토 형 : 유능한 부하는 품안에, 무능한 부하에게는 무관심

자료 : 조흥경제, 1997.2.1.

변명은 자신은 물론 타인의 마음을 병들게 하는 속임수에 불과하다

우리가 살아가는 삶속의 면모를 들여다보면 핑계가 난무하는 사회이다. 모든 사람들은 인간관계 속에서 두렵거나 불쾌한 일이 발생할 수도 있고 그리고 욕구불만에 부딪칠 때도 종종 경험을 하게 된다. 이때 사람들은 자기 자신을 지키기 위해 자동적으로 취해지는 '방어기제'가 작동하게 된다. 그러나 방어기제가 습관화되고 정도를 벗어나면 윤리적, 도덕적으로 문제에 봉착하게 된다.

• 변명은 자기 자신을 속이는 기만행위이며 현실도피이다.

핑계를 대어 자신의 실수나 잘못을 덮을 수만 있으면 얼마나 좋으련만 현실은 그렇지 않다.

핑계는 자신은 물론 타인의 마음을 병들게 하는 속임수에 불과하다. 따라서 속임수는 안 좋은 버릇에서부터 싹이 트기 시작한다. 항상 무슨 일이 있을 때마다 안 좋은 버릇 중 가장 바람직하지 못한 것이 핑계 대는 것이다. 어느 연구 결과에 의하면 실패하는 사람과 성공하는 사람의 차이는 궁색한 핑계를 대며 살아가느냐, 아니면 그렇지 않는가의 차이라고 한다.

핑계를 대는데 습관화되어 있는 사람은 인간의 통제성향의 성격들 중에서 자기 자신에 상대를 귀속시키는 '외부통제론 자'에 가깝다. 외부통제론 자들의 대표적인 특징은 세상만사는 운이나 다른 힘 있는 사람들 또는 신에 의해서 통제된다고 믿는다. 이런 사람들은 일에 대해서 스스로 주도하지 않으며 비전과 목표도 없다. 이런 사람들의 특징은 대체적으로 자신의 행동에 대해 많은 어떠한 이유를 갖고 있으며, 그 이유는 습관화되어 있다.

• 핑계를 대는 사람은 이기주의자이며 자기합리화가 강한 사람이다.

또한 잘못된 견해나 행동을 그럴듯한 이유를 들어 정당화하는 '자기합리화'가 강한 사람은 이기적인 사람이다. 이기주의는 자신의 행동에 대한 양심, 죄의식, 수치심 없이 오로지 자신의 이득만을 위해서 살아가는 사람들이다.

이기적인 사람들의 특징은 자기가 했던 모든 행동은 모두 다 이유가 있으며, 그럴 수밖에 없다고 변명을 댄다. 이러한 사람들은 정신적으로 건강하지 못하고 지혜롭지 못하며 타인의 말을 경청할 줄 모르고 화를 잘 내는 편이다. 그리고 인간이 기본적으로 갖게 되는 자연스러움의 욕구충족이 아니라 남의 것을 빼앗으려는 욕망이 하늘을 찌른다. 이러한 사람들은 인간관계를 잘할 수가 없으며 성공할 확률도 떨어진다.

• **이기주의에서 벗어나는 방법은 자신을 겸허한 자세로 성찰해야 한다.**

이기주의에서 벗어나는 방법은 무엇보다도 늘 타인의 입장에서 생각하고 사고하는 행동이 몸에 배야 된다. 자신이 준 것보다 더 많이 받기를 바라는 것에서 벗어나는 것은 물론이거니와 준만큼 받기를 원하는, 공평함을 원칙으로 하는 것에서 벗어나 철저히 타인을 위해 더 봉사하고 희생하는 정신을 키워야 한다.

이 세상에서 핑계 없는 무덤이 어디 있겠는가? 변명하지 않는 사람은 성공하는 사람이다. "자기잘못이나 실수를 대담하게 인정하는 것은 부끄러움이 아니라 오히려 상대를 감동시킨다."는 것을 잊지 말아야 한다.

(한국서예신문, 2020. 9. 1. 백석)

본 장의 정리

☞ 본 장의 학습을 완료했다면 다음 내용들을 구체적으로 이해할 수 있어야 한다.

□ 경영자는 조직의 인적, 물적, 재무적, 정보적 자원을 계획·조직·지휘 통제하는 사람이다.

경영자란 기관의 목적을 달성하기 위해 필요한 경영활동을 수행하는 과정에서 중요한 의사결정을 행하며 기관의 활동이나 기관구성원의 활동을 지휘, 조정하는 권한과 책임을 지닌 사람이라 할 수 있다. 특히 환경변화가 급격히 이루어지는 현대사회에서의 평생교육기관 경영자는 경영관리기능을 수행하는데 있어서 창조적, 혁신적 사고로 기관을 성장 발전시켜 나가려는 적극적 노력이 필요하다.

□ 경영자는 직무활동에 따라 최고경영자, 중간경영자, 현장경영자(하위경영자)로 구분되고 있으나 어디까지나 상대적이라는 점에 유의하여야 한다.

경영자의 구분은 기관규모와 성격에 따라 달라질 수 있기 때문에 어떤 경영자에 해당하는가는 경영자가 수행하는 직무의 내용에 따라 판단해야 한다. 대체로 최고경영자는 중요한 의사결정 및 전략적 업무를 담당하고 있으며, 중간경영자는 최고경영자가 설정한 전반적 경영전략이나 경영방침을 현장경영자들이 수행할 수 있도록 구체적 목표와 계획으로 전환 시킨다. 현장경영자(하위경영자)는 중간경영자의 지시, 명령에 따라 업무의 최 일선에서 구성원간의 대면적인 접촉을 통해 이들을 지도·지휘·감독한다.

□ 평생교육기관 경영자의 역할은 대인관계 역할, 정보적 역할, 의사결정 역할을 하고 있다.

대인관계역할은 대표자 역할, 리더역할, 연결자역할로 분류할 수 있는데 이는 최고경영자 층의 경영자에게 더 큰 비중이 주어진다.

정보적역할은 효율적 의사결정을 하기위해 정보를 수집하고 활용해야 하는 모니터역할, 전달자역할, 대변인 역할로 구분되며 이는 중간경영자에게 더 큰 비중이 주어진다. 의사결정역할은 평생교육전문가, 문제해결자, 자원 배분자, 교섭자(대외협력자)로 구분할 수 있으며 이는 최고경영자 층 보다는 중간경영자와 현장경영자(하위경영자)에게 더 큰 비중이 주어지는 추세이다.

□ 평생교육기관 경영자가 직무를 수행하기 위하여 갖추어야 할 능력은 기술적 능력, 인간관계능력, 개념적 능력 등을 들 수 있다.
기술적 능력은 기관을 경영하는데 있어 전문적 업무처리능력 즉, 프로그램개발기법, 홍보기법, 마케팅기법, 교수매체 활용기법 등이 포함된다. 인간적 능력은 기관의 목표달성에 협조하도록 기관 구성원을 지휘하고 동기부여 시키며 갈등을 조정하고 관리하는 능력을 말하며 평생교육 구성원과의 접촉, 강사 관리, 학습자 관리, 후원자 관리, 지역사회관계자 접촉, 정부 및 유관기관 관계자와의 접촉 등이 포함된다.
개념적 능력은 관리적 능력이라 하며 문제를 전사적 관점에서 기초하여 파악하고 기관의 목적과 일치하는 의사 결정을 할 수 있는 능력을 의미한다. 개념적 능력은 상위 계층의 경영자에게 더 중요하다.

□ 평생교육기관 경영자가 수행하는 업무는 경영이념설정, 경영전략의 수립, 의사결정 등으로 요약된다.
경영이념 설정은 '좋은 평생 교육기관', '좋은 사회'를 만들기 위해 평생교육기관이 지향해야 할 바람직한 모습 즉, 기관의 사시(社是), 신조(信條), 강령(綱領), 방침(方針)등을 설정한다. 경영이념이 타 기관과 달리 독특한 특징이 발견되면 그것이 그 기관 문화 또는 풍토가 되며 이러한 기관 문화는 기관의 성격이나 개성의 원천이 된다.
경영전략 수립은 기관이 추구하는 사업을 성공적으로 전개해 나가기 위한 전사적 계획을 말하며 궁극적으로 경영전략은 경영환경 변화에 기관을 적응시키는 것이다.
의사결정은 기관이 추구하고 있는 목표를 달성하기 위하여 여러 가지 대안을 마련하고 그 중 가장 합리적인 대안을 선택하는 것이다.

□ 성공적으로 변화와 개혁을 주도할 경영자가 되기 위해 갖추어야 할 요건은 환경, 비전, 전략적 측면과 조직 및 구성원과의 관계적 측면으로 구분된다.

환경, 비전, 전략적 측면에는 환경변화의 정확한 파악, 전체적이고 균형 잡힌 시각, 정책의 일관성, 기관 역량의 집중을 들 수 있으며 조직 및 구성원과의 관계적 측면에서는 조직체계의 변화, 구성원의 열정 유도, 구성원의 일상 업무 파악 및 이해, 행동변화 감지 그리고 구성원에게 기회 및 자원 제공 등이다.

평생교육기관의 사회적 책임과 윤리

※ 이 장을 끝마칠 때 다음 내용들을 이해해야 한다.

☐ 기관 경영을 함에 있어 사회적 책임과 경영윤리는 어떠한 차이가 있는가?

☐ 기관 경영을 함에 있어 사회적 책임 등장 배경은 어디에 있으며 범위는 어디까지이고 기관이 수행하여야 할 책임의 내용은 무엇인가?

☐ 기관 경영을 함에 있어 윤리적 문제발생 요인 및 효율적 실천 과제는 무엇인가?

우리나라에서는 1997년 외환위기 이전에는 기업의 고용창출 측면이 강조됨에 따라 기업의 사회적 책임이 크게 부가되지는 않았다. 그러나 1997년 이후 기업 역할의 증대에 힘입어 평생교육기관의 사회적 책임 역할 역시 더욱 증대되고 있으며 기관 구성원들에게 윤리와 도덕적 이슈들에 대한 새로운 인식은 더욱 강하게 요구되고 있다.

바위도 뚫는 물방울의 인내(忍耐)'가 주는 인간 성공 경영

우리 인간들은 인내심을 가지고 살아가는 존재이다. 어떤 사람은 모든 일의 결과는 모두가 운명이라 생각하고 살아가는가 하면, 반면에 어떤 사람은 모든 일의 결과는 자기노력에 의한 성과라 생각하며 주어진 일에 최선을 다하는 삶을 영위해 나간다. 이 세상에서 노력 없이 자기가 원하는 것이 이루어지는 것은 하나도 없다 해도 과언이 아닐 것이다. 따라서 바람직한 결과를 얻기 위해서는 운명이 아니라 노력과 인내가 따라야 하고 그 성공은 인내로부터 나온다는 것을 명심해야 할 것이다.

우리가 인간관계를 훌륭하게 하여 더욱 아름다운 사회를 만들어가는 유일한 전략은 바로 포기하지 않는 인내와 창의적인 사고인 것이다.

사과나무를 심어, 그 나무가 성장하여 열매의 결실이 맺을 때까지 기다리는 희망의 인내, 어렵고 힘든 과정들을 참으면서 자신에게 주어진 사명이라 생각하고 매일 같이 열심히 노력하는 그러한 인내 등은 우리가 살아가면서 누구나 경험하는 삶의 과정일 것이다.

인내는 자신만이 추구하는 목적을 달성하고 쟁취하기 위해서 무조건 참고, 견디면서 앞만 보고 달려가는 것이 아니다. 인내는 자신도 행복하고, 타인도 행복하게 만들며, 아름다운 사회를 형성해가는 삶의 비전이 되어야 하는 것이다.

우리 인간은 사회생활 속에서 같은 문화를 공유하고 살아가는 사회공동체 일원이다. 그러므로 자기가 좋아하고, 하고 싶은 것만 선택해서 할 수는 없는 것이다. 따라서 사회적 행동인 으로서, 감당해야할 公共善(공공선) 추구와 사회의 규범적 질서를 지키기 위해 노력하는 그러한 실천적인 인내가 필요한 것이다.

자신만을 위해서 노력하는 것이 아니라 자신과 사회를 위해서, 사회적 행동인으로서 해야 할 일을 소홀 하지 않고 반드시 수행하는 '행동규범'의 인내와, 사회적 의무와 책임을 다하고자 노력하는 '사회규범'의 인내, 그리고 지극히 윤리적이며 도덕적인 행동을 조건 없이 앞장서서 실천·노력하는 '도덕적 규범'이라는 인내의 순풍이 사회전체로 퍼져나갈 때 인내의 참 열매를 맛볼 수 있는 것이다.

대중교통 속에서 노약자 지정석이 비어 있을 때 앉아 있다가 노약자가 나타나서 일어나게 되면 실용적 측면에서는 합리적이라 할 수 있다. 하지만 자리가 비어져 있다 해도 누구나 부담 없이 앉을 수 있게 비워두는 것이 사회인으로서의 가져야 할 '도덕적 규범'의 인내인 것이다. 귀찮고 성가신 일일지라도 수백 번, 수천 번 바르게 거듭하여 한 결 같이 지켜 나가는 것만이 정신 주체를 키우는 원동력이 될 것이며, 이것이야 말로 인간성공경영의 원천이 되는 '바위도 뚫는 물방울의 인내(忍耐)'일 것이다.

(한국서예신문, 2020. 5. 1. 백석)

1. 사회적 책임과 경영 윤리의 차이 분석

우선 기본 개념으로서의 책임이란 역할과 관련된 개념으로 특정 역할에서 파생되는 권한에 속하는 개념이며 그 주체로서 사람뿐만 아니라 조직도 가능하다. 이에 반해 윤리란 행위의 옳고 그름과 선악을 구분해 주는 원칙의 집합을 일컫는다. 따라서 윤리에는 뚜렷한 대상이 없으며 또한 구체적 지위나 역할도 필요 없다. 그리고 윤리가 논해지는 영역은 구체적 행위뿐만 아니라 추상적인 태도나 가치를 포함한다.

이러한 기본 개념상의 차이를 발생하면서 기관 경영의 상황에서 제기되는 사회적 책임과 경영 윤리의 개념은 원론적 의미에서 다음과 같은 차이를 갖는다.

첫째, 사회적 책임이 기관행동의 대 사회적 영향력이라는 사회적 결과에 초점을 두는 반면 경영 윤리는 기관 행위나 경영 의사 결정의 옳고 그름을 따지는 판단기준 자체에 초점을 두고 있다.

둘째, 사회적 책임이 사회적 요구나 기대에 대응하는 규범 체계라면 경영윤리는 사회적 윤리 규범에 대응하는 규범체계이다.

셋째, 기관의 사회적 책임은 기관의 자유의지를 반영하는 자율적이며 적극적인 성격을 갖는 반면에 경영윤리는 상대적으로 외부에 의해 강제되는 수동적이며, 소극적인 성격을 갖는다.

넷째, 수행주체의 측면에서 사회적 책임이 기관과 사회, 기관과 이해관계자 집단이라는 조직차원이 보다 강조되는 반면 경영윤리는 조직 구성원이라는 인적자원이 보다 강조된다.

다섯째, 학문적 배경 측면에서 기관의 사회적 책임을 논하는 학자들은 경영학, 경제학, 사회학 등의 사회과학에 기반을 두고 있는 반면 경영윤리는 대부분 철학, 윤리학, 신학, 교육학 등의 인문과학에 기반을 두고 있다.

2. 평생교육기관의 사회적 책임

1) 개념

기관의 사회적 책임이란 기관이 학습자의 주체성 존중, 참여자간의 활발한 상호작용, 교육기회의 민주화, 공동체 사회의 구현 등을 추구함에 있어 사회 복지 및 공공의 이익을 보호하는 방향으로 기관을 경영함을 의미한다. 즉 기관 경영 활동으로 인해 발생하는 제반 문제를 해결함으로써 기관의 이해관계자와 사회 일반의 요구나 기대를 충족시켜 주어야 하는 기관 행위의 규범적 체계이다. 기관의 사회적 책임의 개념을 정의하기에는 너무 폭이 커서 한계를 두어 정리하기란 쉽지 않지만 대표적 정의를 살펴보면 다음과 같다.

첫째, 사회적 책임은 평생교육기관 경영을 함에 있어 기관의 비전과 사명에 맞는 가치 목표를 수립하고 행동을 추구해야 하는 기관의 책임을 의미한다.

둘째, 사회적 책임은 기관이 경영 활동하는 데서 제반 발생하는 문제의 해결과 윤리 준수를 의미한다.

셋째, 사회적 책임은 기관에 대한 사회 기대의 반응을 의미한다. 이는 사회 기대의 반응을 뛰어넘어 기관의 경영자는 물론 구성원 모두의 봉사적 태도와 자기희생적 노력이 선행되어야 함을 의미한다.

넷째, 사회적 책임은 경제적, 법률적, 윤리적 행동을 통해 사회로부터 정당성, 사회통합, 민주적 시민운동, 공동체 지향성 등을 인정받는 것을 의미한다.

이상의 개념을 종합해 보면 기관의 사회적 책임은 "기관 활동으로 인하여 발생하는 사회 문제를 해결하고 제거함으로서 기관의 이해관계자나 사회 및 학습자의 요구와 기대를 충족시켜 주어야 하는 기관 행동의 규범적 체계"라고 할 수 있다. 이와 같은 사회적 책임은 기관의 내·외부환경 변화에 따라 기관이 지향해야 할 이상적인 의사결정 방향을 선택하는 것과 관련을 갖는다.

2) 등장배경

기관의 사회적 책임이 강조된 배경은 기관 환경의 변화와 이에 대응하기 위해 기관 모델 중심의 경영이 더욱 강조되는데서 찾을 수 있다. 기관 시스템이 폐쇄 시스템에서 개방 시스템으로 인식하기 시작하면서 기관의 존속, 발전을 하기 위해서는 환경에 대해 책임을 부담해야 되기 때문에 사회적 책임이 등장하게 된 것이다.

(1) 개방 시스템 사회 요구 증가

기관 경영의 중심은 기관 중심에서 학습자 중심으로 전환되었다. 이에 따라 기관은 사회와 학습자의 요구를 충분히 받아들이고 기관 활동상황도 사회에 공개해야 한다.

기관이 사회나 학습자의 요구를 무시하는 행동을 하게 되면 사회로부터 정당성을 인정받지 못하게 된다. 따라서 기관은 사회와 학습자의 요구 및 더 나아가 잠재욕구까지도 파악하여 이해하고 이를 해결하려는 노력을 해야만 한다. 일반적으로 기관들은 기관의 좋은 점 만 외부에 알리고 프로그램의 문제점이나 기관 활동 중에 나타난 좋지 않은 점은 공개하지 않는다. 그러나 사회적 책임을 수행하기 위해서는 프로그램 문제점에 관한 정보나 사회에 영향을 미치는 정보를 충분히 공개해야 한다. 이런 활동을 통하여 경영자는 문제점을 발견하고 해결하여야 기관의 미래지향적 발전을 가져올 수 있다.

(2) 평생교육기관의 규모 확대

현대 사회에서 평생교육프로그램에 대한 수요가 늘어남에 따라 기관의 성장도 이룩되어야 한다. 실무자를 중심으로 소규모 형태에의 기관운영과 달리 규모의 기관은 경영의 요소인 물적, 재무적, 인적, 정보적, 기술적 자원을 적재적소에 배치하여 효율적 기법을 도입하여 사회가 요구하는 수준과 학습자의 욕구와 요구를 충족시켜야 평생교육기관이 추구하는 가치 목표를 추구할 수 있다. 이에 따라 평생교육기관 경영자나 구성원은 기관의 비전과 사명 그리고 이념에 맞는 경영전략을 도입하여 학습자의 삶의 질 향상을 더 한층 끌어 올리고 이해 관계자나 사회 요구에 부응해야 한다.

(3) 평생교육기관 간의 경쟁 심화

최근 들어 평생교육기관의 수가 급증하고 있어 그야말로 현대사회는 무한경쟁 사회라 볼 수 있다. 이에 따라 경쟁에서 이겨야 만이 시장점유율을 높일 수 있고 그리고 기관의 존속 발전을 꾀할 수 있는 것이다. 여기에서 경쟁은 선의의 경쟁, 공정한 경쟁, 상생의 경쟁을 이룩함을 말한다.

평생교육기관의 조직은 일반 타조직과 달리 공공의 이익을 추구하는 기관들 공통의 사명과 이념을 가지고 있기 때문에 상생의 경쟁을 추구하는 기관 경영자의 자질과 태도가 요구된다.

(4) 책무성에 대한 사회의 요구 증가

정부, 지방자치단체, 유관기관 등에서 경영자원을 지원 받는 기관에 대해 책무성이 더욱 중시되고 있으며 또한 기관 경영성과에 따라 재정적 지원을 차등화가 가속화되고 있다. 이에 따라 평생교육기관에는 경영의 중요성이 더욱 커지고 있는데 문제는 여기에서 경영자의 도덕적 해이이다.

기관 경영 요소의 하나인 재무적 요소 즉 자금은 일반 기업과는 달리 자급자족 하는데 한계가 있다. 일반 기업은 좋은 제품을 만들어 많이 판매하여 이익의 극대화를 이룩하면 되는데 기관은 그러하지 못하다. 그러므로 기관들은 타기관보다 경영성과를 높이기 위해 도덕적 해이 즉 분식 회계 등 회계장부 조작과 같은 경영전반에 문제를 야기 시키고 있다.

평생교육기관 경영자들은 일반 조직의 경영자들보다 더 높은 윤리와 도덕이 요구되는 것이다. 기관의 경영자들은 합리화 경영을 통해 자급자족 경영성과를 이룩하여 기관의 사명과 이념을 구현하여 사회 기대의 요구와 학습자들의 삶의 질 향상을 가져다 줄 수 있도록 노력해야 한다.

3) 사회적 책임의 범위

평생교육기관의 사회적 책임은 기관 존재의 근거가 되는 법적, 윤리적 책임, 가장 기본적인 존재 이유인 학습자 욕구와 요구에 대한 책임, 사회로부터 존경받을 수 있는 사회공헌 책임 등으로 구분할 수 있다.

(1) 법적·윤리적 책임

교육에 대한 국가의 기본 방침인 교육정책은 그 대부분이 대통령의 의사결정과 교육행정의 부처인 교육인적자원부에 의해 결정된다. 그리고 그 정책의 일관성과 안정성 및 지속성을 보장하기 위해서 법제화 과정을 거치며 그 결과 나타난 것이 교육관계 법규이다.

이런 법적 규정에 따라 교육기관과 이를 지원하고 관리하는 행정기관의 조직과 구조의 체계인 교육제도가 성립된다. 이에 따라 평생교육기관의 경영은 불가피하게 국가적 차원의 공권력을 배경으로 한 평생교육의 행정과 관리의 대상이 된다. 그러므로 법에 따라 행동해야 하며 동시에 사회가 요구하는 기준에 부합되는 기관 경영 활동을 해야 한다. 자연인이 법률을 지키듯이 기관이 제반 법규를 준수할 때 최소한의 사회적 책임을 수행하는 것이 된다. 기관이 사회규범과 도덕에 맞추어 행동을 하는 것은 자연인이 선을 추구하는 것처럼 자연스러운 일이며 그렇지 못할 경우 비판을 받게 된다.

한편 기관은 공공의 이익을 추구하는 사회구성원이므로 정부가 정한 법률 외에 경쟁기관, 구성원, 지역사회, 학습자, 이해 관계자에 대해 윤리적 책임을 져야 한다. 왜냐하면 기관들이 공정하게 경쟁하고 기관들 관계에서 신의를 존중해야 기관이 발전할 수 있기 때문이다.

"사회적 문제 해결이 우리 기관에 도움을 주는가?", "이것이 우리 기관에 심각한 영향을 미칠 것인가?" 등의 질문에 긍정적으로 대답하는 기관들은 사회적 책임 행동을 해야 한다는 법적과 윤리적 책임을 인식하고 있는 것으로 볼 수 있다.

(2) 학습자 욕구와 요구에 대한 책임

현대사회는 국제화, 정보화, 개방화 시대이다. 학습자들의 다양한 욕구 증가와 가치관의 변화에 따라 평생교육기관에서의 학습자에 대한 사회적 책임은 지속적으로 증대, 요구되고 있다. 이에 따라 기관의 경영자들은 학습자의 태도와 행동 조사 분석 및 잠재 욕구까지 파악하여 학습자들의 욕구와 요구에 부응하는 교육프로그램 운영을 통하여 삶의 질 향상을 가져오도록 하여야 하며 또한 학습자 수강료 책정 등은 기관 경영의 사명과 이념에 부합하여 기관의 경영성과 표 중에서 재무제표 등을 투명하게 공개하여 타당성, 합리성 추구 속에서 수강료를 책정할 책임이 요구되는 것이다.

(3) 사회공헌 책임

일반 기업에서의 복재재단운영, 각종 기부 행위 등 사회 공헌 활동은 기업의 이미지를 향상시키며 기업의 장기적 성장에 기여한다는 견해가 확산되므로 사회공헌 활동은 기업의 무형자산에 해당되므로 사회공헌 활동은 기업의 지속 발전 존속을 위한 적극적인 투자로 볼 수 있다. 이렇게 비춰볼 때 평생교육기관에서의 사회공헌은 선택의 문제가 아니라 필연적 책무이기도 한 것이다. 이는 사회복지 법에 따라 이루어지는 사회복지사업 일부를 기관의 체질에 맞게 능력의 범위 내에서 일정량 담당할 의무와 같기도 하다. 예를 들면 인구통계학적 조사를 기초하여 장애인을 대상으로 장애유형별 프로그램개발 운영을 비롯하여 근로청소년, 빈곤층 학습자, 북한 이탈자 등을 대상으로 수강료 무료와 멘토(mentor)활성화 등 다양한 사회공헌을 의미한다.

4) 기관의 사회적 책임의 내용

사회적 복지기관의 공통적 이념은 사회통합, 민주적 시민운동, 공동체 지향 등이다. 따라서 사회공익, 형평성이 강조되는 기반위에서 기관 경영의 합리화를 추구해야 한다.

애덤 스미스(Adam smith)가 '국부론'보다 먼저 쓴 것이 '도덕 감정론'이었다. 그는 거래의 균형(공정성)이 당사자의 사리분별, 엄격한 정의(법의 준수), 적절한 자비심 없이는 이루어지기 어렵다 하였다.

이렇게 비춰 볼 때 이윤을 추구하는 일반기업에서도 사회의 공공성이 기업의 이윤추구보다 선행되어야 한다는 것을 기업 경영 이념으로 하고 있는데 평생교육기관 경영에서의 그 중요성은 더욱 중요시되고 있는 것이다.

기관 행동이 사회에 미치는 영향은 복합적이며 광범위하다. 기관의 책임에는 대체로 다음과 같은 내용이 포함된다.

- 기관이 필연적으로 수행하여야 할 책무
- 기관이 필연적으로 수행해야 할 책무를 안 했기 때문에 발생하는 책임
- 기관이 해서는 안 되는 일을 수행하지 안 했어야 하는 책임
- 기관이 해서는 안 되는 일을 수행했기에 부담하게 되는 책임

기관이 사회 속에서 계속 기관으로 성장하기 위해서 기본적으로 수행해야 할 책임내용 요소를 살펴보면 다음과 같다.

첫째, 지역사회에 대한 책임이다. 기관은 끊임없이 무엇을 누구를 위하여 어떻게 할 것인가를 생활화 하고 연구실천하여 주민들의 삶의 질 향상을 가져오게 하는 책임이 있다. 이는 학습자 모임을 적극 권장 이끌어 가면서 모임을 통해 관심 있는 영역을 주체적으로 학습하게 하여 공동체성 회복에 대한 요구를 충족시켜 주기 위한 지역 주민을 대상으로 학습 동아리 운영을 해야 한다. 또한 도서관 시설의 바람직한 학습 분위기를 유지하고 누구나 이용할 수 있게 개방시키는 것과 또한 기관 모든 시설에 주민 편의를 위한 맞춤형 주민 중심기관 운영을 해야 한다.

둘째, 학습자에 대한 책임이다. 교육수준의 향상, 의식 수준의 향상에 따라 개성은 다양하고 복잡해지고 있다. 즉 과거 초창기에 기관 중심의 경영성격에서 학습자 중심 경영으로 전환·정착되었다. 따라서 기관은 가장 효율적이고 경제적으로 학습자의 욕구와 요구를 충족시키도록 노력해야 한다. 이러한 책임에는 학습자에 대한 수강료 적정 가격, 양질의 프로그램 및 서비스 제공, 안전하고 가치 있는 생활을 위한 각종 정보를 제공하는 것을 포함하여 교육이수자에 대한 취업 등이 포함된다.

셋째, 잠재적 학습자 집단에 대한 책임이다. 기관은 끊임없이 사회를 위하고 지역주민의 삶의 질 향상을 가져올 수 있게 하는 원동력이 무엇인가를 연구 조사하고 개발하여 실천 지향적으로 나가야 한다. 이에 따라 잠재학습자에 대한 잠재 욕구가 무엇인지를 파악하여 잠재학습의 욕구 변화가 학습으로 전환될 수 있도록 이끌어가는 의사소통, 동기부여 등 일련의 모든 마케팅 활동 등이 포함된다.

넷째, 유관 집단의 책임이다. 평생교육기관 경영은 기관을 둘러싼 유관집단들에 의해 영향을 받는다. 즉 상호협력, 의존성, 규제가 혼합되어 네트워크가 형성되어 기관경영이 이루어지는 것이다. 이에 따라 유관 기관의 유형별 책임 요소를 살펴보면 다음과 같다.

① 후원자 집단 책임

평생교육기관 경영을 하는데 필요한 재무적 자원조달 충족은 현실적으로 한계가 있다. 그러므로 기관 경영의 사명과 이념을 구현하는 목표를 달성하여 성과 극대화를 이룩하기 위해서는 재정적 후원자와 더불어 자원봉사자에 대한 책임이 중요시 된다.

② 교육이수자 채용집단에 대한 책임

기관의 목표와 학습자 개인의 목표가 일치되어 기관과 개인의 모두 만족을 가져오는 가치가 바로 교육 이수자 채용조직으로 이어져 해당조직에서 필요로 하는 인재에 대한 책임이 발생한다. 이는 교육이수자가 채용집단에서 근무하는 동안 교육인적 네트워크를 통해 자질과 능력 등을 채용집단을 위해 교육이수자에게 끊임없는 지원이 포함 된다.

③ 외부 전문가 집단에 대한 책임

외부 전문가 집단 즉 강사, 자문을 해주는 외부 강사, 컨설턴트, 학회 등은 단순한 초빙, 고용관계 등 종속관계 그리고 "갑"과 "을"의 관계 중 월등한 위치에서 군림하는 "갑"이 절대 아님을 명심해야 한다. 평생교육기관은 외부 전문가 집단에 의해 기관이 추구하는 사명과 이념에 부합되는 기관 경영에 지대한 영향을 미치기 때문에 외부 전문가 집단은 내부 집단 즉 기관 구성원의 일원으로 분류하고 상생의 경영을 해야 하는 책임이 포함된다.

④ 규제 집단에 대한 책임

기관의 규제 집단에 대한 책임 중의 하나는 국가의 평생교육 정책을 충분히 이해하고 충실히 이행하여야 할 프로그램 및 서비스를 극대화 시켜야 하는 책임이며, 또한 각급회의, 시민단체, 언론기관에서의 기관에 대한 제반 평가와 통제에 대한 적극적 수용적 태도가 포함된다.

3. 평생교육기관의 윤리

1) 기관 윤리 개념

기관 윤리는 일반적 윤리 즉, 일반사회에서 통용되는 인간행동의 옳고 그릇됨을 판단하고 구분하는 규범의 범주라는 틀을 결코 벗어나는 것은 아니다.

각개 학문적 접근의 시각과 입장에 따라 다소 차이가 있겠지만 일반적으로 기관 윤리는 "기관 경영에서 나타나는 의사결정이나 행동의 옳고 그름 또는 선과 악을 구분해 주는 판단기준 그리고 도덕적 가치와 관련된 기관 경영의 의사결정 과정"으로 정의할 수 있다. 즉 기관 경영자는 평생교육의 가치와 일치할 수 있는 윤리적 결정을 내릴 수 있는 확고한 가치의 자질과 능력을 배양할 수 있는 기반의 터전을 마련해야 한다. 따라서 윤리는 기관 경영자가 자신의 평생교육 실천에서 지켜야 할 도덕적 규칙이라 할 수 있기 때문에, 과정이 비윤리적이지 못하고 결과가 윤리적이든가, 또한 결과가 비윤리적이고 과정이 윤리적이라 해도 그 모두는 비윤리적인 것이다. 이에 따라 평생교육기관 경영에서의 윤리는 선택의 문제가 아니라 필수로 여겨지기 때문에 특히 평생교육기관에서의 윤리에 대한 중요성은 날로 더해 가고 있다.

2) 기관 윤리의 등장 요인

윤리의 등장은 평생교육기관이 사회에서 차지하는 비중과 책무성 단계에서 출발하여 기관경영의 의사결정과 업무영역을 두고 갈등을 빚기 시작하였고 그 원인이 전문지식의 자질과 능력 미개발과 기관의 윤리강령 부재에 있음을 인식하게 되면서 기관 윤리의 중요성이 크게 대두되기 시작하였다. 따라서 평생교육 실천은 그 자체가 본질적으로 윤리적 측면을 내포하기 때문에 기관 경영자는 필연적으로 윤리적 딜레마에 부딪칠 수밖에 없으며 그리고 딜레마의 성격상 기관 경영자가 겪는 윤리적 어려움의 문제는 피할 수 없는 측면이라고 할 수 있다.

기관의 윤리적 문제는 다양한 형태로 발생하는데 그를 살펴보면 다음과 같다.

(1) 기관 경영자 개인의 사명 부재와 이기심

평생교육의 이념과 철학, 기관 경영자의 사명에 반하여 기관 구성원들이 조직의 가치 중요성보다 개인의 가치 욕구 충족에 더 비중을 두는 것은 윤리적 문제를 유발하게 된다.

기관은 가끔 일반적인 기준에 미달하는 구성원을 받아들이기도 한다. 이들은 다른 무엇보다도 다른 구성원이나 기관이 사회에 미치게 될 영향은 크게 고려치 않는다.

기관 구성원의 윤리 의식 향상은 바로 기관의 성과로서 기관 존속 발전하는데 궁극적으로 기관 경쟁력 강화에 커다란 영향을 주기 때문이다. 그러므로 기관 구성원에 대한 윤리기준을 만들고 적용하여 지속적으로 윤리적 소양을 측정하는 노력이 필요하다.

(2) 성과 극대화에 대한 압력

기관 경쟁은 성과 극대화를 이룩하기 위해 기관 구성원에게 지나친 압력과 압박을 가하는 것은 결과적으로 비윤리적 행동을 유발케 하는 동인이 된다.

평생교육기관의 경영은 교육기회의 확대와 사회의 건전한 발전을 추구해야 하는데 지나치게 일반 기업의 경영방식을 강조하다 보면 사회 통합 및 민주적 시민운동, 공동체 지향성 등을 강조하는 평생교육의 이념이 퇴색될 우려가 있다. 즉 이윤추구가 궁극적 목표인 일반 기업체와는 달리 평생교육기관의 조직은 사회적 책임을 다하는데 필연적 목표가 있으며 더불어 전반적인 경영의 합리화를 통해 포괄적 성과 극대화를 이룩하는데 기관의 궁극적 목표가 있는 것이다.

(3) 개인 가치와 기관조직 가치의 불일치

기관 구성원의 윤리적 가치에 벗어나는 목표를 기관이 추구하거나 기관 구성원의 비윤리적 가치 행위를 기관이 묵인·방조하는 경우에 구성원과 기관 모두 윤리적 갈등이 야기되고 문제가 발생한다.

특히 구성원이 생각할 때 다른 구성원, 기관, 기관을 둘러싼 이해관계자,

사회에 악영향을 줄 수 있는 방법을 기관이 강요하거나 묵인을 할 때 윤리적 문제가 발생된다.

(4) 사회의 욕구변화

교육수준 향상 및 생활수준 향상과 가치관 변화에 따라 의식수준도 더 한층 높아지고 있다. 이에 따라 기관의 사회적 역할 수행에 대한 윤리의 압력이 증대되고 있다.

3) 기관 윤리의 효율적 실천과제

(1) 최고 경영자의 윤리적 자질과 의지

기관 최고 경영자가 수립한 윤리적 기준은 기관의 전반적 경영에 지대한 영향이 미친다. 그러므로 최고 경영자는 기관의 사명과 경영이념에 부합되는 윤리 수준을 정해야 하는데 이는 최고 경영자의 실천의지와 태도에 많이 영향을 받는다.

최고 경영자는 윤리기준과 원칙을 정하고 기관 경영에 있어 윤리적 의사결정 및 활동을 촉진하는 기관 조직문화 정착을 강화해야 한다. 이에 따라 기관 구성원은 기관 최고 경영자를 또한 최고 경영자는 구성원을 대상으로 상호 조언 및 윤리경영을 적극 추진할 수 있는 시스템을 마련해야 한다.

(2) 윤리의 제도화

기관 윤리의 제도와 방침과 실천 목표는 대체로 윤리 헌장 또는 윤리 강령 등으로 나타난다. 기관 모든 구성원의 행동이나 의사 결정기준이 되는 윤리헌장, 강령 등을 제정하고 만들어 이를 지키고 따르도록 하는 것이 필요하다.

(3) 교육의 제도화·의무화

기관 윤리의 실천적 과제는 기관 내부적으로 윤리 교육프로그램을 개발하여 교양 교육 및 직무교육을 통하여 윤리의 중요성을 강화 시켜야 한다.

이러한 교육은 직무 수행과정에서 윤리의 필연성을 이해하고 적극 실천함으로써 윤리의 문제를 해결할 수 있는 역량을 키우게 된다. 윤리 교육 전문 강사는 가능하면 내부 강사보다 외부 강사를 초빙하여 정기적으로 실시하는 것이 효과가 증대된다. 또한 윤리 행동이 윤리기준에 위배되는 행동은 처벌을 강화하는 사후적 예방보다 윤리의 문제가 발생하지 않도록 사전적 예방이 바람직하다.

(4) 윤리 감사제도

기관은 윤리 경영이 실천 지향적이고 바람직한 방향으로 행동하고 있는지 파악하고 조정하는 윤리실천 기구 설치 운영을 하여야 한다. 윤리 실천은 기관의 사명과 경영 이념의 내용에 필수적으로 포함되어 있음을 기관구성원 모두는 명심해야 한다.

공중도덕을 지키는 것은 자신과 사회를 아름답고 행복하게 한다

공중도덕은 사회의 한 구성원이 여러 사람과 함께 사회생활을 하는데 있어서 지켜야 할 질서이고 도덕적 의무이기도하다.

누구나 가끔은 공공화장실이나 국립공원 같은 곳에 쓰레기가 수북이 쌓여 있는 모습을 본적이 있을 것이다. 그리고 교통질서를 지키지 않는다든가 공공장소에서 큰소리로 떠들어 주위사람들에게 눈살을 찌푸리게 하는 경우를 종종 엿 볼 수도 있다. 이러한 모든 것들은'나 하나쯤이야', '한 번 쯤이야', '이정도 쯤이야' 하는 생각에서부터 출발된다. 아니 인간의 본능인 무의식의 소산일 수도 있다.

공중도덕을 지키기 위하여서는 무엇보다도 자기 한 사람의 편익만을 지향하는 마음을 버려야 한다. 또한 공중도덕은 삶 속에서 야기되는 모든 것을 법률로서 규정하기에는 어려운 일이기도 하다. 설령 법률로 금지한다 하더라도 도덕적 노력 없이는 사회의 안녕과 질서를 기대하기란 쉽지 않은 것 또한 사실이다. 그 이유는, 공중도덕은 양심과 윤리의 문제이기 때문이기도 하다.

공중도덕은 '공유지의 비극'에서도 적용된다. 공기, 물, 삼림과 같은 공유자원이나 소유권이 없는 공유지는 소비에 제한이 없으므로, 과다 소비로 인하여

고갈될 수 있다. 공유자원이나 공유지가 개인의 지나친 욕심으로 황폐해져 공동체 전체가 파괴되는 현상을 '공유지의 비극'이라고 한다. 이것은 '내 것'이 아니기 때문이라는 인식에서 초래되는 현상이다.

어느 마을에 누구나 가축을 풀어 키울 수 있는 초지가 있었다. 다른 비용 부담 없이 가축들에게 신선한 풀을 먹일 수 있었기 때문에 너도 나도 가축을 풀어 놓았다. 공유지는 금세 가축들로 붐비게 되었고 그 결과 공유지는 얼마 지나지 않아 황무지로 변해 버린다는 것을 암시해 주는 개념이다.

사람은 모두다 생각과 가치관이 다르기 마련이다. 그렇다고 자신만의 이익과 권리를 극대화 하고 공공의 이익을 희생시키는 것은 결과적으로 자신을 포함한 사회 전반적인 공동체가 피해를 보게 되는 것이다.

인간이 갖는 도덕의 근본은 선량한 마음에서 우러나오는 행동이라야 하며, 그 행동은 지극히 질서와 윤리가 포함되어야 한다. 해야 할 일과 해서는 안되는 일, 좋은 일과 나쁜 일을 가려서 하는 데에 도덕의 본의가 있는 것이다.

중국의 옛말에 "군자는 반드시 그 홀로 있음을 삼간다(君子必愼其獨)"고 하였고, "소인은 한가히 있으면 그릇된 일을 한다(小人閑居爲不善)"고 하였다. 여기에 군자라 함은 유덕한 인격자를 말하고, 소인이라 함은 부덕한 졸장부를 말한다.

일반적으로는 누군가 자신을 주시하고 있을 때 과장하기 마련이다. 착한 척, 멋있는 척, 하는 것은 누군가 자신을 보고 있기 때문이다. 그러나 군자는 다르다. 누군가가 보지 않아도 자신의 마음을 정성스럽게 하고 몸을 삼간다. 그럴 수 있는 것은 자신이 스스로에게 부끄럽지 않기 때문이다.

공중도덕을 지키는 것은 인격이다. 현대사회에서도 마찬가지이다. 아무리 능력과 지식이 뛰어나다 하더라도 공중도덕을 지키지 않으면 그 사람은 인격이 뒤떨어지는 사람으로 평가받기 마련이다.

어느 누구나 자신의 편익을 추구하고자 노력하는 것은 당연하다. 그러나 그것이 타인과 사회에 미치는 영향이 어떠한 가를 사회 전반적인 측면에서 도덕적으로 생각하고 행동해야 한다.

공중도덕은 사회의 안녕과 질서를 유지하여, 모든 사람이 다함께 행복하고, 번영하도록 하는 데에 중요한 의의를 가지고 있기 때문이다.

– 백 석 –

본 장의 정리

☞ 본 장의 학습을 완료했다면 다음 내용들을 구체적으로 이해할 수 있어야 한다.

□ 기관의 사회적 책임이란 역할과 관련된 권한에 속하는 개념인 반면, 윤리는 행위의 옳고 그름과 선악을 구분해 주는 원칙의 집합을 말한다. 사회적 책임과 윤리의 차이는 첫째, 사회적 책임이 기관 행동의 대 사회적 영향력이라는 사회적 결과에 초점을 두는 반면, 경영윤리는 기관 행위나 경영의사 결정의 옳고 그름 판단기준에 초점을 두고 있다. 둘째, 사회적 책임이 사회적 요구나 기대에 대응하는 규범의 체계라면, 경영윤리는 사회적 윤리 규범에 대응하는 규범체계이다. 셋째, 기관의 사회적 책임은 자율적이며 적극적인 성격을 갖춘 반면, 경영윤리는 외부에 의해 강제되는 수동적이며 소극적인 성격을 갖고 있다. 넷째, 기관의 사회적 책임은 조직차원이 보다 강조되는 반면 경영윤리는 인적자원이 보다 강조된다.

□ 사회적 책임이 강조된 배경은 기관 환경의 변화와 이에 대응하기 위해서는 환경에 대해 책임을 부담해야 되기 때문에 등장하게 되었다. 사회적 책임범위는 법적 윤리적 책임, 학습자 욕구와 요구에 대한 책임, 사회 공헌 책임을 들 수 있다. 또한 사회적 책임 내용은 사회 통합, 민주적 시민운동 공동체 지향 등이다. 따라서 사회 공익, 형평성이 강조 되는 기반위에서 기관 경영의 합리화를 추구해야 한다.

□ 기관 윤리는 기관 경영자가 자신의 평생교육 실천에서 지켜야 할 도덕적 규칙이라 할 수 있다.
평생교육 실천은 그 자체가 본질적으로 윤리적 측면을 내포하기 때문에 기관 경영자는 필연적으로 윤리적 딜 라마에 부딪칠 수밖에 없다. 기관의 윤리적 문제는 다양한 형태로 발생하는데 그를 살펴보면 ① 기관 경영자 개인의 사명부재와 이기심, ② 성과극대화에 대한 압력, ③ 개인 가치와 기관 조직가치의 불일치, ④ 사회의 욕구 변화를 들 수 있다. 기관 윤리의 효율적 실천과제는 ① 최고 경영자의 자질과 의지, ② 윤리의 제도화 ③ 교육제도와 그리고 의무화, ④ 윤리 감사 제도를 들 수 있다.

제 2 부

평생교육기관 경영계획

평생교육기관을 경영하여 성과극대화를 이룩하기 위해서는 경영의 관리과정 즉, 계획하고 실행하고, 성과에 대한 평가를 feed back 하여 차기계획에 반영시키는 일련의 순환 과정을 이룩한다. 이에 경영자는 목표달성성과 극대화를 이룩하기 위한 구체적인 여러 대안들을 마련하여 의사 결정을 하고 경영전략을 수립하게 된다. 따라서 제5장은 기획과 의사결정을 살펴본다. 제6장은 평생교육기관의 경영계획을 살펴보고 그리고 제7장에서는 경영전략을 살펴본다.

참 빛 한마디

안전지향은 지금 이대로 좋다는 뜻인데, 세상은 변한다. 본인은 변함없이 제자리에 있다고 해도 그 자체가 퇴보가 된다. 세상의 흐름은 앞서거나 최소한 세상과 더불어 앞으로 나가야 한다. 기업이건 어떤 조직이건 성장하지 않는다면 존재 가치가 없다.

– 유니클로 야나이 다다시 회장 –

아이디어 하나가 산업을 근본적으로 바꿀 수 있다.

– 베네딕트(Benedict)가 레밍턴(Remington)에게 보낸 편지 중
숄즈(Sholes)타자기에 관한 이야기 –

다음 5년, 10년, 15년 뒤의 기술이 구체적으로 형상화 될 수 있는 순간이란 거의 없다. 지금이 바로 그 순간 중의 하나이다.

– Glen Zorpette, "Supercomputers," I EEE Spectrum,
September 1992. –

제 5 장

기획과 의사 결정

※ 이 장을 끝마칠 때 다음 내용들을 이해해야 한다.

- □ 왜 평생교육기관 경영에서 기획의 필요성이 대두 되는가?
- □ 기획의 유형을 알고 있는가?
- □ 기획과정을 알고 있는가?
- □ 평생교육기관 경영에서 의사 결정의 개념을 이해하는가?
- □ 의사 결정을 할 때 왜 환경요소들을 고려해야 하는가?
- □ 의사 결정 유형과 각 유형에 대한 의사 결정계층, 의사 결정 문제, 의사 결정 환경을 알고 있는가?
- □ 의사 결정 방법은 어떤 것이 있으며 특징은 무엇인가?

평생교육조직은 목표의 성과극대화를 이룩하기 위해 효과적이고 효율적인 서비스를 제공할 책임을 지고 있다. 이를 위해 경영자는 기획을 하고 적절한 의사 결정을 하게 된다. 특히 평생교육조직의 경영책임자는 환경변화에 따라 미래를 예측하여 적절한 계획을 수립하고 신속한 의사 결정을 하여야 한다.

자신의 마음속에 무엇을 심느냐가 인간성공과 실패를 가른다

우리가 하는 행동들은 대부분 자아개념에 의해 지배를 받는다. 자아개념이란 사람들이 지닌 능력, 태도, 느낌을 포함한 자신에 대한 주관적인 인식 개념이다. 즉 스스로를 어떻게 인식하는 가를 의미하기도 한다. 그렇기 때문에 자아개념은 인간들의 행동에 지대한 영향이 미치게 된다.

따라서 우리들이 매일 같이 하는 행동이나 일들은 자아개념에 영향을 주고 다시 자아개념은 우리가 하는 행동에 영향을 준다. 그러므로 자신을 긍정적으로 보면 자아개념은 긍정적 자아개념이 되고, 부정적으로 보면 부정적 자아개념이 된다. 그런데 자아개념은 상대방에게까지 영향을 주기 때문에 중요하기도 하고 문제가 되기도 한다는 것이다.

사람들이 가지고 있는 생각은 모두 다를 수 있고 역량 또한 차이가 있기 마련이다. 그러므로 남들이 사고하고 행동하는 것에 대해 언제나 마음에 들지 않고 못 마땅히 여기게 되는 것이다.

어느 회사에 입사한지 몇 개월 밖에 되지 않은 신입사원에게 상사는 자주 꾸짖는다. "그것도 몰라!", "그것 밖에 못해!" "능력이 그 정도 밖에 안 돼!" 하면서 상사는 늘 부하를 꾸짖고, 더 나아가 팀의 성과가 좋지 않으면 그 신입사원이나 다른 부하직원들에게 책임을 돌리고 탓한다.

어떤 사람들은 자신의 잘못이나 실수로 발생된 결과에 대해, 자신의 반성은 커녕 오히려 상대방에게 원망과 비난을 퍼붓는다. 그리고 주변 환경과 상황을 탓하기도 한다. 이런 모든 것들은 자신을 성찰하지 못한 궁핍한 마음에서 나타나는 현상이다.

백석은 말했다. "진정한 마음의 가난은 가진 것이 없고 찌들은 마음이 아니라 더 나은 것을 추구하는 욕구이며, 궁핍한 마음은 자신을 왜곡, 포장하고 과장을 갈구하는 탐욕일 뿐이다."라고 말이다.

어떤 사람들은 자신을 돌아보고 반성할 줄을 잘 모른다. 자신을 스스로 꿰뚫어보고 측정할 수 있는 방법은 무엇보다도 타인의 입장에서 생각하고 사고한다면, 그 문제는 간단히 해결된다. 오로지 자기 성찰과 궁핍한 마음에서 벗어나는 방법은 오로지 자기중심적인 사고에서의 탈출이기 때문이다.

인간은 누구나 지극히 자신의 이익과 복지와 안녕에 의거해 자기입장에서 생각하고 행동하는 존재의 '이기주의'에서 벗어나야 한다는 것이다. 따라서 타인의 이익을 위해 상대방의 입장에서 생각하고, 행동하고 그리고 공동체의 중요성을 강조하는 본성을 지닌 존재인 '이타주의'에 더욱 비중을 두어 관계형성을 해야 한다. 그렇게 되면 자기성찰은 물론 궁핍한 마음에서 저절로 해방될 수 있다.

증자曾子는 말했다. "나는 하루에 여러 차례 나 자신을 반성한다. 남을 위해 일을 도모하는 데 정성을 다하지 않은 것은 아닌가? 벗과 사귀는 데 진실하지 않은 것은 아닌가? 전수받은 진리를 복습하는 데 게을리 하지 않은 것은 아닌가?"

이러한 성찰은 자신도 잘 모르는, 지배하기 힘든 내면을 점검하는 연습이다. 자기성찰을 할 줄 아는 사람은 사회생활을 하면서 어떤 행동이 자신에게 옳고 그른지 그리고 합당하고 적절한지를 스스로 깨달을 수 있기 때문이다.

– 백 석 –

1. 기획의 개념과 필요성

기획은 목표를 달성하기 위한 미래의 활동의 구체적인 여러 대안들을 마련하여 수단을 결정하는 과정을 말한다. 이러한 정의에 따른다면 기획은 ① 미래지향적이고, ② 계속적인 과정이고, ③ 의사결정과 연결되고, ④ 목표지향적이고, ⑤ 목표를 위한 수단적인 것이라는 특성을 지니고 있다.(York, 1982 : 12 - 13)

아울러 기획은 어떤 대상에 대해 그 대상의 변화 목적을 확인하고, 그 목적을 성취하는 데에 가장 적합한 행동을 설계하는 것을 의미한다.(HRD 용어사전, 2010)

따라서 기획은 미래를 내다보고 기간별·목적별 계획을 수립하고, 실행하고, 성과를 통제 분석하기 위한 것이라고 할 수 있다. 이에 대해 계획(plan)은 기획을 통해 산출된 결과를 의미하며, 사업계획(program)과 단위사업계획(project)은 계획의 하위 개념으로 볼 수 있다. 기획(planning)과 계획(plan)의 용어는 혼용되고 있지만 엄밀히 구분하면 다른 의미를 지니고 있다. 기획은 계획을 세워가는 활동과 과정에 초점을 둔 계속적인 행동과정이며, 계속적 과정을 통해서 얻어진 결과이다.

기획과 계획은 여러 가지 차이점 중에서 가장 중요한 차이는 'why'라는 문제의식 또는 목적의식이 있는가? 없는가?의 차이라고 볼 수 있다. 즉 'why'라는 목적의식이 있느냐 없느냐가 기획과 계획을 구분하는 중요한 차이가 된다. 따라서 기획을 하는 사람은 일을 시작할 때, 제일먼저 '왜'라는 질문을 던지고 시작한다. 이런 질문을 통해 일의 정확한 목적을 파악하고 그 목적에 따라 '무엇'을 해야 하는지를 결정하기에 '무엇'을 먼저 생각하고 계획하는 사람과는 일에 있어서 그 결과가 다르게 나타난다. 즉 기획은 'why'에서 시작하여 'what', 'how'로 끝나는 과정이라 할 수 있다.

또한 기획(planning)과 정책 그리고 프로그램(program)도 간혹 혼용되고 있다. 그러나 시점과 시간, 범위를 고려한다면, 기획은 미래를 설계하는 비교적 장기적인 성격을 띠고 있으며, 정책은 현재의 현안문제를 해결하기 위한 설계라고 말할 수 있으며, 프로그램은 현재 또는 미래에 기획이나 정책을 실현하기 위한 작은 계획으로 정책을 구체화 시켜 놓은 것이라 할 수 있다.

표 5-1 기획, 정책, 프로그램의 유사성 구분

구 분	시 점	시간	범위	성 격
기획	미래	장기	넓음	미래설계
정책	현재	단기	보통	문제해결
프로그램	현재 또는 미래	단기	좁음	문제해결과 미래설계를 위한 작은 설계

기획이란 경영전략의 기초이며 창조행위이다. 특히 평생교육조직의 환경변화에 적절히 대응하고 대처하기 위해서 기획의 중요성은 더욱 크다 할 수 있다. 이에 따라 기획이 필요한 이유를 다음과 같이 정리해 볼 수 있다.(skidmore, 1995 : 50-51)

첫째, 미래불확실성의 감소

둘째, 합리성 증진

셋째, 효과성, 효율성 증진

넷째, 책임성 증진

다섯째, 평생교육기관 구성원의 사기 진작

1) 기획의 유형

기획은 다양한 유형이 존재하지만 그것은 별 개의 것이 아니라 서로 밀접하게 관련 되어 있다. 그러나 기준에 따라 조직의 위계적 수준에 따른 기획, 시간차원에 따른 기획, 대상에 따른 기획으로 분류할 수 있다.

(1) 조직의 위계적 수준에 따른 기획

경영자는 평생교육기관내의 위치에 따라 최고 경영자·중간 경영자·현장 경영자로 분류할 수 있다. 그러나 경영자의 구분은 어디까지나 상대적이라는 점에 유의해야 한다. 즉, 경영자의 구분은 기관의 규모와 성격에 따라 달라질 수 있기 때문에 기관에서 어떤 경영자에 해당하는가는 경영자가 수행하는 직무의 내용에 따라 판단해야 한다.

최고 경영자(top manager)는 기관 경영에 대하여 궁극적인 책임을 지는 경영자로서 최상층에 속하는 경영자를 말한다. 따라서 이들은 환경변화에 대응할 수 있는 전반적인 운영방침에 대한 의사결정을 하는데 즉, 기관의 효율적인 운영을 위해 필요한 기관의 중장기 목표와 전략의 결정, 지역사회와의 우호관계 형성 등에 대한 활동에 비중을 많이 두게 되는 바 이러한 의사결정은 기관의 존속 및 발전에 중요한 영향을 미치게 된다. 따라서 최고 경영자 층에서는 기관의 전사적 전략 기획 및 중장기적 기획을 비중 있게 다룬다.

중간 경영자(middle manager)는 최고 경영자와 현장 경영자의 중간에 위치하면서 각 부문에 대한 관리 책임을 맡는 경영자를 말하는데, 명확하게 정의하기는 어려우나, 기관 내에서 다양한 지위를 차지하고 있다.

중간 경영자는 최고 경영자가 설정한 경영방침·목표·계획·정책 등을 효율적으로 수행한다. 즉, 최고 경영자가 설정한 경영전략이나 경영방침을 구체적인 계획과 목표로 전환시키는 활동을 주로 한다. 따라서 중간경영자는 부문별 프로그램개발 기획 및 운영기획을 비중 있게 다룬다.

현장 경영자(first-line manager)는 각 부문별 중간 경영자의 명령·지시에 따라 기관 내에서 또는 업무의 최 일선 현장에서 근무하는 구성원들의 업무수행에 대한 책임을 진다. 따라서 현장 경영자는 세부적이고 구체적인 프로그램개발 기획 및 운영기획을 비중 있게 다룬다.

표 5-2 조직의 위계적 수준에 따른 유형

위계수준	기획의 유형
최고 경영자	기관의 전사적 전략기획 및 중장기적 기획
중간 경영자	부문별 프로그램개발 기획 및 운영기획
현장 경영자(일선 경영자)	세부적이고 구체적인 프로그램개발 기획 및 운영 기획

(2) 시간 차원에 따른 기획

기획을 시간적 관점에서 장기계획과 단기계획으로 구분한다.

① 중장기 기획

1년 이상의 기획을 의미하며, 조직의 목표를 내재화시키고 미래의 방향을 제시하는 기능을 한다. 즉, 외부환경 변화에 대한 영향을 중시하는 기획을 말한다.

② 단기 기획

1년 미만의 기획으로써 구체적이고, 세부적인 실천행동 지향적 방법에 관한 기획을 말한다. 즉, 운영할 수 있는 실행계획의 성격을 가진다.

(3) 대상에 따른 기획

① 전략적 기획(strategic planning)

기관조직의 구체적 목표설정 및 변경과 구체적 목표달성을 위한 자원 및 조달, 배분을 위한 정책수립 결정한다.

② 관리운영 기획(operational planning)

조달된 자원이 조직목표를 효과적이고, 효율적으로 달성되도록 하는 과정을 의미한다. 운영기획은 조직의 중간계층 이하에서 작성하는 관리 차원의 기획을 의미한다.

2) 기획 과정의 6단계

기획은 문제 확인·목표설정·프로그램 설계·평가과정을 거치게 되는데, 이는 개방적이고 융통성 있게 이루어져야 한다. 일반적으로 제시된 기획과정은 변화가 필요하며, 상황·환경이 변하지 않거나 목표달성 성과극대화를 이룩하지 못할 절차가 개발되지 않았을 경우에는 당초 계획대로 진행되며 그 변화가 더 나은 발전을 가져오거나 유용한 경영자원을 확보할 수 있는 경우에는 언제든지 계획을 변경시킬 수 있어야 한다. 기획과정의 세부적 단계는 다음과 같다.

(1) 구체적 목표설정: 목표 ⇨ 일반적 목표 ⇨ 구체적 목표

목표는 기관조직이 달성하고자하는 미래의 바람직한 상태이다. 목표를 설정하기 위해서는 구체적 목표설정은 프로그램에 적합한 것이어야 하고, 바라는 결과가 명시되어야 한다. 그리고 계량화가 될 수 있어야 하며, 결과를 얻기 까지 시간을 명시하여 서술하는 것이 바람직하다.

(2) 관련 정보 수집 및 가용자원 검토

기획단계에서 중점적으로 고려되어야 할 사항은 기관이 보유한 자원의 가용성을 확인하는 것이다. 목표를 기관의 설비, 가용예산 및 서비스에 대한 지역사회 후원 등과 연결시키는 것은 매우 중요하며, 직원의 가용성 뿐만 아니라 구성원의 자질과 능력 등도 고려되어야 한다. 즉, 인적, 물적, 재무적 자원 및 사회 외적 자본 확충을 검토되어야 한다.

(3) 목표달성을 위한 대안적 방법 모색

목표설정과 경영자원에 대한 검토가 끝난 후에 목표달성이 가능한 여러가지 대안을 고려해야한다. 그리고 거기에서 발생할 수 있는 결과를 기술하고 예측해야 한다. 자유로운 참여적 리더십이나 위임을 하여 새로운 가능성을 발휘할 기회를 얻을 수 있다. 즉, 창의적이고 혁신적이며 차이를 만드는 이슈를 창안해 내야 한다.

(4) 대안의 실시조건 및 기대효과 평가

기획은 경영전략의 기초이기 때문에 전략적 대안이 중요하고 목표를 세울 때 향후 정량적이고 정성적인 기대효과가 평가되어야한다. 즉, 열거한 여러 가지 대안에 대한 비용적인 측면과 인적자원 등을 검토하고 기대효과의 강점과 약점을 찾아내어 미리 평가하는 과정을 거쳐야한다.

(5) 최종 대안의 선택

여러 대안들이 기록되고 난 후 고려되어야 할 것은 우선순위를 고려해야 한다. 무엇이 중요하고 실현가능한 것이 무엇인지에 무게를 두어야 하며 가장 중요한 것, 즉각적인 조치를 요구하는 것이 무엇이며 연기되어야 할 것 등이 무엇인지를 결정해야 한다. 즉, 계량적인 기대효과에 대한 평가 결과를 최종 2~3가지 대안을 선정하여 제시하여야 하며, 이중 가장 합당하고 적합한 안을 최종선정 한다.

(6) 구체적 실행기획 수립

구체적인 실행기획 수립단계는 목표달성을 위해 구체적인 프로그램 등을 형성하는 단계이며 청사진, 도표, 시간표 작성을 포함하여 단계적 행동 개요가 나타나고 기록되어야 하는 과정이다. 이 과정에서는 진척상황 검토와 보고 및 프로그램 완성을 위하여 구체적인 시간이 계획되어야 한다. 이 단계는 기관 내 관련부서 모두가 각 부서에서 담당하는 실행계획을 세워야 한다.

2. 의사 결정

의사결정에 대한 관심은 인류·역사와 같이 해왔다. 그것은 의사결정이 단순하지 않기 때문이다. 또한 의사결정 경영 환경과 상황의 불확실성, 복잡성, 그리고 다양성과 더불어 경쟁이 심화될수록 경영자는 여러 가지 대안 가운데 정확하고 신속하게 여러 가지 대안 중 한 가지를 선택한다는 것은 결코 쉽지는 않은 일이다. 이에 따라 문제의 해결 대안인 의사결정에 대해 살펴보기로 한다.

1) 의사 결정의 정의

의사 결정(decision making)이란 추구하는 목표의 바람직한 상태를 달성하기 위하여 둘 이상의 대안 가운데서 하나를 선택하는 의식적 과정이라 정의할 수 있다.

기관의 경영자나 구성원들은 각자의 일을 수행하는데 있어서 수많은 의사 결정을 지속적으로 해야 한다. 의사 결정 과정은 문제를 정의하고, 정보를 수집하며 대안을 규명하고 평가하며 그 후에 대안을 선택하게 된다. 이를 그림으로 나타내면 다음 [그림 5-1]과 같다.

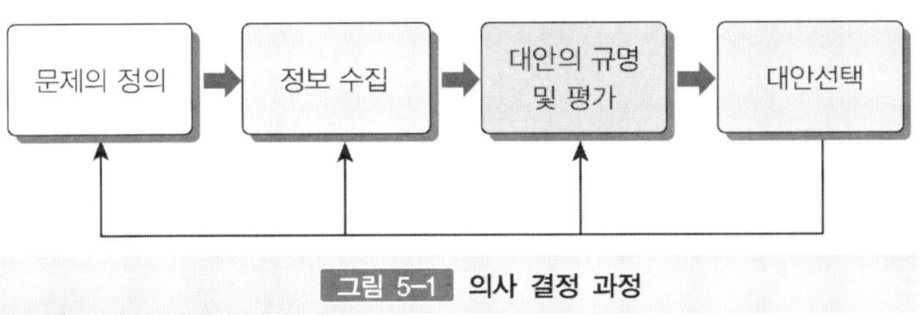

그림 5-1 의사 결정 과정

이 과정에서 첫째, 문제의 정의 단계는 의사 결정을 내려야 하는 조건을 탐색하는 과정이다. 이 단계에서는 의사 결정 환경에 대한 탐색이 지속적으로 이루어진다.

평생교육기관에서의 의사 결정은 예산의 수립과 집행, 프로그램의 개발과 운영에 관련된 것들을 위해 중요한 사항이라 할 수 있다.

여기에서 의사 결정 문제가 존재하려면 ① 현재 상태와 미래의 바람직한 상태 간에 차이가 존재하여야 한다. ② 현재 상태와 미래의 바람직한 상태간의 차이를 인식하고 있는 의사결정자가 이 문제를 해결하려는 동기가 있어야 한다. ③ 현재 상태와 미래상태간에 차이가 존재하고 이 문제를 해결하려는 동기가 있더라도 이 문제를 해결할 수 있는 능력과 자원이 필요하다.

둘째, 정보의 수집단계에서는 문제를 해결하기 위해 자료를 수집하고 수집된 정보가 문제를 해결하는데 도움이 되는지를 파악하는 단계이다.

셋째, 대안의 규명 및 평가단계에서는 여러 가지 행동 대안이 설정되고 각 대안들이 분석된다. 문제의 이해, 해답의 작성 그리고 그 해답의 타당성 검증을 위한 과정이 이 단계에 포함된다.

마지막으로 대안의 선택단계에서는 문제해결에 가장 적합한 대안을 선택하여 이를 집행하는 과정이 포함된다. 의사결정과정 단계는 서로 연결되어 있으며 어느 한 단계에서 다음 단계로 진행될 수도 있고 그 이전의 단계로 되돌아갈 수도 있다.

2) 의사 결정 환경

기관의 경영자나 구성원들이 의사 결정할 때 환경 요소들을 고려하여야 한다. 특히 통제하기 어려운 환경요소들로는 혁신적인 프로그램 출현, 새로운 경쟁 집단 출현, 새로 정해지는 법규나 정치적인 변화 등을 들 수 있는데 이러한 다양한 환경요소들은 의사 결정에 많은 영향을 미치게 된다.

의사 결정이 이루어지는 환경은 확실성, 위험, 불확실성으로 구분할 수 있다. 이는 다음 [그림 5-2]를 보면 잘 이해할 수 있다.(윤재홍·안기명·안영면, 2004 : 49)

그림 5-2 의사 결정 환경

(1) 확실성 하에서의 의사 결정

확실성(certainty)은 문제에 대한 정보와 대안을 정확히 가지고 있고 해결의 결과가 명확한 상태를 의미한다. 즉 의사결정에 따른 각 대안별로 상황의 발생결과가 100% 확실하게 예측할 수 있는 경우의 의사결정이다.

(2) 위험 하에서의 의사 결정

위험(risk)은 의사 결정에 따른 결과에 대하여 확실하게 예측할 수 없으며 일반적으로 위험은 확실한 상태와 매우 불확실한 상태의 중간에 놓여 있는 경우를 말한다.

대체적으로 유사한 의사 결정 상황 하에서 이용 가능한 정보의 양과 질은 개개인별로 다양하게 나타나는 것이 보통이다. 정보의 형태, 양, 신뢰성은 위험의 정도에 영향을 주고 의사 결정자는 성과를 판단하는데 객관적 확률이나 주관적 확률을 이용할 수 있다.

객관적 확률(objective probability)은 과거의 경험이나 현재의 관찰치 중에서 일부의 표본을 추출하여 구한 확률분포인데 객관적인 사실에 기초하여 특정한 결과가 나타날 확률을 의미한다. 이 확률에 대한 신뢰도는 관찰치나 표본추출의 수에 의해 결정된다. 표본추출의 수가 많을수록 불확실성은 줄어들고, 적을수록 커진다.

주관적 확률(subjective probability)은 개인적인 판단과 신념을 기초로 하여 구체적인 결과가 발생할 가능성을 의미한다. 즉 의사결정자가 과거에 경험을 쌓은 바가 전혀 없기 때문에 단지 개인의 판단이나 신념에 의존해야 하는 경우이다. 의사결정자의 판단은 일반적으로 주관적인데, 이 판단에 이르는 과정 자체는 객관적이고 공식화되어야 한다. 주관적 확률은 의사 결정자가 미래에 현상이 발생할 상대적 빈도수를 보고 최선의 판단을 내리는 것이다.

(3) 불확실성 하에서의 의사 결정

불확실성(uncertainty)은 발생할 수 있는 결과를 추정할 수 있으나 의사결정단계에서 대안이나, 이 대안의 결과가 나타날 확률에 대한 정보를 알 수 없는 경우를 의미한다. 이 때 완전한 의사결정이란 있을 수 없고 의사결정자의 능력, 취향, 위험에 대한 태도 등에 따라 차이가 발생한다. 특히 많은 최고경영자, 다양한 전문가, 연구개발에 종사하는 사람 및 시장조사자나 전략수립자 등은 불확실한 상황에서 의사결정하게 되는 경우가 많다. 따라서 불확실성은 감소시킬 수 있는 방법을 모색·강구해야 한다.

3) 의사 결정 유형

의사 결정 유형은 크게 전략적 의사 결정, 관리적 의사 결정, 운영적 의사 결정으로 구분할 수 있으며 또한 의사 결정은 의사 결정 계층, 의사 결정 문제, 의사 결정 환경 등 의사 결정 상황에 의해 이루어지는데 이는 다음 [그림 5-3]을 보면 잘 이해할 수 있다.(권근원·권기대·김승호·유성진, 2002: 290)

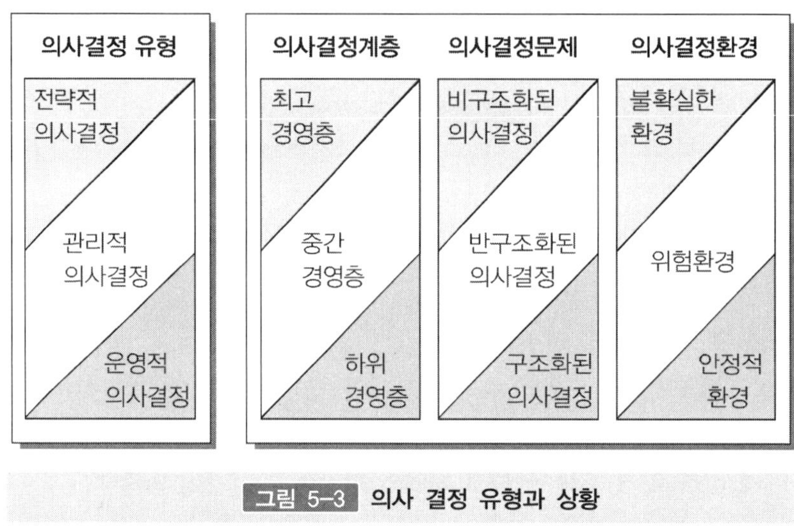

그림 5-3 의사 결정 유형과 상황

(1) 전략적 의사 결정(strategic decision)

전략적 의사 결정은 기관의 외부 문제에 대한 의사 결정으로서 최고경영자 계층에서 이루어진다. 의사 결정 문제는 매우 비정형적이고 문제가 구조화 되어 있지 않다(non- structured). 이러한 의사 결정 환경은 매우 동태적이고 복잡한 불확실한 경우에 이루어지는 경우가 대부분이다.

불확실성하의 의사 결정은 현대사회에서의 경영상황에서 흔히 존재하는 현상이다. 이러한 상황에서 경영자들은 대안적 해결책을 찾아내기 위해 논리적 사고, 독창력, 판단력, 경험 등을 활용하게 되며 가능한 한 신빙성 있는 정보를 많이 수집하려 노력한다. 이는 주로 신 프로그램 개발 계획, 조직목표 변경, 조직의 혁신 계획, 다각화 계획 등이 포함된다.

(2) 관리적 의사 결정(administrative decesion)

관리적 의사 결정은 전술적 의사 결정이라고도 하며 주로 내부 문제에 관한 것으로 중간 경영자 계층에서 주로 이루어진다. 이러한 의사 결정 문제는 반 구조화(semi-structured)된 특징을 지닌다. 특히 의사 결정 환경은 불안정한 위험 환경 하에서 대부분 이루어진다. 또한 관리적 의사 결정은 전략적 의사 결정을 구체화하기 위하여 조직의 여러 자원을 활용함에 있어서 그 성과가 극대화될 수 있는 방향으로 조직화 하는 의사 결정이다. 그 내용으로는 조직구조의 변경, 정보의 흐름, 마케팅 경로, 입지결정 등이며 이 밖에도 필요한 인적 자원, 물적 자원, 재무적 자원 확보 및 획득 등이 관리적 의사 결정 대상이 된다.

(3) 운영적 의사 결정(operating decision)

운영적 의사 결정은 업무적 의사결정이라고도 하며 이는 전략적 의사 결정과 관리적 의사 결정을 구체화하기 위하여 조직의 변환과정에 있어서 자원의 능률과 효율을 극대화 하는 것과 관련된 의사 결정이다. 또한 운영적 의사 결정은 주로 안정적인 환경에서 일상적이고 정형화된 의사 결정 문제가 대부분이다. 이러한 의사 결정은 자원의 적재적소 배치, 일정계획, 통제활동, 업무의 감독 등을 포함하여 그 밖에 예산배정, 마케팅 전략 등이 포함되며 주로 하위경영자(일선 경영자) 계층에서 이루어진다.

4) 의사 결정 방법

의사 결정에 대한 이론적 모형은 합리적 경제인 모형과 관리인 모형으로 구분되며 조직 내 의사 결정은 개인 의사결정과 집단 의사 결정 방법이 있다.

(1) 합리적 경제인 모형과 관리인 모형

합리적 경제인 모형(rational model)은 고전모형이라고 불리기도 하는데 경영자가 의사 결정을 어떻게 해야 하는 것을 제시하고 있는 규범적 접근법(prescri ptive approach)이다.

의사 결정의 고전적 모형은 의사 결정자가 완전한 정보를 가지고 가장 좋은 대안에서 가장 나쁜 대안까지 있을 수 있는 여러 대안을 열거할 수 있고 그 가운데 조직의 목표를 달성하기 위한 가장 적합한 최선의 대안을 선택할 수 있다는 가정, 즉 의사 결정은 완전히 합리적일 수 있다는 가정에 근거하고 있다. 반면, 의사 결정의 관리모형(administrative model)은 인간의 능력에 대한 한계로 인해서 모든 문제해결에 대한 방안을 모두 인식할 수 없다는 제한된 합리성에 기초하여 만족스러운 의사결정을 한다는 것이다.

이러한 의사 결정 모형 중에서 조직의 현실적 상황에서는 관리모형이 더욱 설명력이 강하다. 합리적 경제인 모형과 관리모형의 가정을 비교하면 〈표 5-3〉과 같다.(권근원·권기대·김승호·유성진, 2002 : 292)

표 5-3 합리적 경제인 모형과 관리모형 가정의 비교

합리적 경제인 모형의 가정	관리 모형의 가정
경영자는 모호하지 않는 분명한 목표달성을 위해 그리고 서로 상충되지 않는 합의된 목표의 달성을 위해 노력한다.	의사결정의 목표가 때때로 애매하고 상호 상충되며 관리자들 간에 의견일치를 보지 못하는 경우가 있다. 그리고 경영자들은 조직 내에 존재하고 있는 문제점이나 혹은 기회를 파악하지 못하는 경우도 있다.
경영자는 확실성의 상황 하에서 의사결정을 하고 완전한 정보를 수집하여 대안을 만들고 각 대안의 예상되는 결과를 모두 산정할 수 있다.	문제해결을 위한 합리적 절차가 반드시 활용되지 않으며 문제를 보는 시각도 매우 단순하여 조직 내에서 실제로 일어나는 사건의 복잡성이나 그 내용을 포함하지 못한다.
대안들을 평가하는 기준은 잘 알려져 있고 경영자는 조직에 돌아올 경제적 이익을 극대화할 수 있는 대안을 선택한다.	경영자가 문제의 대안적 해결책을 찾는 데는 한계가 있다. 인간능력의 한계와 정보 및 자원의 제약 때문이다.
경영자는 대안평가에서 가치를 부여하고 우선순위를 정하는 일에 지극히 합리적이고 논리적이어서 조직목표 달성 극대화할 수 있는 의사결정을 한다.	경영자들은 철저하게 탐색하여 최선의 해결책을 찾는 것 보다는 어느 정도 만족스런 해결책으로 받아들인다. 그것은 경영자들이 한정된 정보를 가지고 있기 때문이며 최선의 해결책이 무엇인가에 대한 기준이 애매하기 때문이다.

(2) 개인 의사 결정과 집단 의사 결정

의사 결정의 주체가 누구인가에 따라 개인적 의사 결정과 집단 의사 결정으로 구분된다. 개인적 의사결정이란 경영자 한 사람이 다른 사람의 도움 없이 자신이 가지고 있는 정보에 입각하여 독자적으로 해결대안을 선택하는 의사 결정이다. 따라서 개인적 의사 결정은 충분한 정보를 확보하여 이용할 수 없는 즉 합리성 측면에서 단점이 있으나 짧은 시간에 신속한 의사 결정을 할 수 있다는 장점이 있다.

집단 의사 결정이란 조직의 구조화와 업무의 전문화로 경영자 개인적 능력만으로는 조직이 요구하는 의사 결정을 효율적, 효과적으로 내릴 수 없기 때문에 여러 구성원들이 참여하여 의견 및 아이디어, 지식교환 등 상호작용을 통해서 이루어지는 경우를 말한다. 따라서 집단 의사 결정의 질을 높이기 위해서는 각종 위원회, 전략연구팀, 테스크포스(task force) 등의 집단에 의해 이루어지는 것이 바람직하며 방법으로는 명목 집단법(nominal group - technique), 델파이법(Delphi technique), 브레인 스토밍(brain storming) 등이 있다.

조직경영에서 의사결정은 주로 전략적 의사 결정을 말한다. 따라서 집단적 의사결정의 중요성이 날로 증대되고 있으며 이러한 집단적 의사 결정에는 장·단점이 있다.

먼저 장점으로는 첫째, 보다 완벽한 정보와 지식을 획득할 수 있다는 점이다. 즉, 집단은 의사 결정에 보다 다양한 정보를 제공할 수 있기 때문이다. 둘째, 여러 명이 같이 참여하기 때문에 문제해결책에 대한 수용가능성이 높아지고 그 실행을 촉진시킨다. 셋째, 합법성이 증대된다. 한 개인의 의사 결정보다 더 합법적인 것으로 지각된다.

한편 단점으로는 첫째, 시간이 많이 소비되고, 의견들이 다양할 수 있기 때문에 합일점을 얻기까지 많은 시간이 걸린다. 둘째, 집단의사결정에는 동조의 압력이 존재한다. 즉, 집단에는 사회적 압력이 존재한다. 셋째, 책임소재가 명확하지 않다. 의사 결정 책임은 최종결과에 대하여 누가 책임을 질 것인가에 대한 것이 불명확하다.

본 장의 정리

☞ 본 장의 학습을 완료했다면 다음 내용들을 구체적으로 이해할 수 있어야 한다.

□ 기획은 목표를 달성하기 위한 미래 활동의 구체적인 대안들을 마련하여 수단을 결정하는 과정이다.
기획은 경영전략의 기초이며 창조행위이다. 기획이 필요한 이유는 첫째, 미래 불확실성 감소, 둘째, 합리성 증진, 셋째, 효과성, 효율성 증진, 넷째, 책임성 증진 다섯째, 평생교육기관 구성원의 사기 진작 등을 들 수 있다.

□ 기획은 다양한 유형이 존재하지만 그것은 별 개의 것이 아니라 서로 밀접 하게 관련 되어 있다.
기획은 기준에 따라 조직의 위계적 수준에 따른 기획, 시간차원에 따른 기획, 대상에 따른 기획으로 분류 할 수 있다.

□ 기획은 문제 확인·목표설정·프로그램설계·평가과정을 거치게 되는데, 이 는 개방적이고 융통성 있게 이루어져야 한다.
일반적으로 제시된 기획과정은 변화가 필요하며, 상황·환경이 변하지 않거나 목표 달성 성과 극대화를 이룩하지 못할 절차가 개발되지 않았을 경우에는 당초 계획대로 진행되며 그 변화가 더 나은 발전을 가져오거나 유용한 경영자원을 확보할 수 있는 경우에는 언제든지 계획을 변경시킬 수 있어야 한다.

□ 의사 결정은 목표를 달성하기 위해 둘 이상의 대안 가운데서 하나를 선택하는 의식적 과정이다.
의사 결정 과정은 문제를 정의하고, 정보를 수집하며, 대안을 규명하고, 평가하며 그 후에 대안을 선택하게 된다.

□ 의사 결정할 때 환경의 요소들을 고려해야 하는데 특히 혁신적인 프로그램 출현, 새로운 경쟁 집단 출현, 새로 정해지는 법규나 정치적인

변화 등은 의사 결정에 많은 영향을 미친다.
의사 결정이 이루어지는 환경은 확실성 하에서의 의사 결정, 위험 하에서의 의사 결정, 불확실성 하에서의 의사 결정으로 구분할 수 있다. 확실성 하에서의 의사 결정은 문제에 대한 정보와 대안을 정확히 가지고 있고 해결의 결과가 명확한 상태를 의미한다. 위험 하에서의 의사 결정은 의사 결정에 따른 결과에 대하여 확실하게 예측할 수 없으며 일반적으로 위험은 확실한 상태와 매우 불확실한 상태의 중간에 놓여 있는 경우를 말한다.
불확실성 하에서의 의사 결정은 발생할 수 있는 결과를 추정할 수 있으나 의사 결정 단계에서 대안이나 이 대안의 결과가 나타날 확률에 대한 정보를 알 수 없는 경우를 의미한다.

□ 의사 결정의 유형은 전략적 의사 결정, 관리적 의사 결정, 운영적 의사 결정을 들 수 있다. 전략적 의사 결정은 최고경영층에서 이루어지며, 의사 결정의 문제는 매우 비정형적이고 문제가 구조화되어 있지 않다.
이러한 의사 결정 환경은 매우 동태적이고 복잡한 불확실성한 경우에 이루어지는 경우가 대부분이다. 관리적 의사 결정은 중간경영자 계층에서 이루어지며 이러한 의사 결정 문제는 반 구조화된 특징을 가지며 의사 결정 환경은 불안정한 위험 환경 하에서 대부분 이루어진다. 운영적 의사 결정은 전략적 의사 결정과 관리적 의사 결정 내용을 구체화하기 위한 의사 결정이며 주로 하위 경영자 층에서 이루어진다. 의사 결정 문제는 구조화된 특징을 가지며 안정적인 환경에서 이루어진다.

□ 의사 결정에 대한 이론적 모형은 합리적 경제인 모형과 관리인 모형으로 구분되며 조직 내 의사 결정은 개인 의사 결정과 집단 의사 결정 방법이 있다.
합리적 경제인 모형은 경영자가 의사 결정을 어떻게 해야 하는 것을 제시하고 있는 규범적 접근법을 말하며 의사 결정은 완전히 합리적일 수 있다는 가정에 근거하고 있다. 의사 결정 관리모형은 인간의 능력에 대한 한계로 인하여 모든 문제 해결에 대한 방안을 모두 인식할 수 없다는 제한된 합리성에 기초하여 만족스런 의사결정을 한다는 것이다. 개인적 의사 결정은 경영자 한 사람이 타인의 도움 없이 독자적으로 해결대안을 선택하는 의사 결정이며 집단 의사 결정은 조직구조화와 업무의 전문화로 경영자 개인적 능력만으로는 조직이 요구하는 의사 결정을 효율적, 효과적으로 내릴 수 없기 때문에 여러 구성원이 참여하여 의견, 아이디어, 지식 교환 등 상호 작용을 통해서 이루어지는 경우를 말한다.

제 6 장

평생교육기관의 경영 계획

※ 이 장을 끝마칠 때 다음 내용들을 이해해야 한다.

□ 왜 평생교육 경영에서 계획의 필요성이 중요하게 대두되는가?

□ 경영 계획의 유형을 조직계층에 따라, 계획기간에 따라, 사용기준에 따라, 그 내용을 이해하는가?

□ 경영 계획 수립 과정과 내용을 충분히 알고 있는가?

□ 목표관리의 특징 및 필요성에 대한 내용을 파악하고 있는가?

□ 목표관리의 절차 및 내용, 그리고 장점과 문제점을 파악하고 있는가?

행복한 삶을 위한 계획은 목표달성이 가능해야 한다.

성공하고자 하는 꿈이 없이는 성공이 이루어질 수 있다. 그러므로 행복한 삶을 영위해 나가기 위해서는 비전과 목표를 설정하는 것부터 출발하게 된다. 어떤 사람들은 현실적이 아니거나 실현될 가망이 없는 것을 마음대로 상상하면서 장미 빛 삶을 위한 꿈을 꾸기도 한다.

계획이란 미래에 달성해야 할 목표를 세우고 행복한 삶을 이루기 위한 활동에 대하여 의사결정을 하는 동태적 과정이라 할 수 있다.

개인이든, 조직이든 나름대로 추구하는 목표를 달성하기 위해서 머릿속으로 구상하며 계획을 세우는 것은 당연하고 필연적이다. 하지만 목표를 달성하기 위해서는 체계적인 계획을 세우고 효과적이고 효율적인 실천 행동을 해야 목표달성에 유효한 효과를 달성할 수 있는 것이다

나폴레옹은 "생각하는 것은 현명한 일이고, 계획을 세우는 것은 더 현명하며, 실행에 옮기는 것은 가장 현명하고 훌륭하다."라고 하였다.

꿈을 달성하기 위해서 아무리 훌륭한 아이디어를 가지고 있다 하더라도 목표를 달성하기 위한 후속적인 활동이 뒷받침되지 못한다면 그건 허황된 꿈에 불과하고 무능함을 보여 줄 뿐이다.

우리는 인생의 목표를 세우고 장·단계적인 계획을 세워야 한다. 우선 비전을 달성하기 위한 장기적인 계획과 목표를 세우고, 그리고 그 장기적인 계획과 목표를 달성하기 위한 단기적 계획과 목표를 세워서 체계적, 단계적으로 실행에 옮겨서 단기적 목표달성 성과를 지속적으로 극대화해 나감으로써 결국에는 희망하는 목표를 달성할 수 있다는 것이다.

계획과 목표를 세우지 않으면 자신이 추구하는 목표달성 성과를 기대할 수 없고 환경의 불확실성에 유연성 있게 대응할 수도 없다.

목표는 단지, 미래에 달성 가능한 계획에 불과하기 때문에 불확실한 요소가 많을 수밖에 없다. 따라서 계획을 수립하고 목표를 설정하게 되면, 자신을 둘러싼 현대사회의 빠른 환경의 변화 속에서 미래의 예기치 않은 변화가 생겼을 때 신속히 적응하고 대응해 나감으로써 불확실성을 감소시킬 수 있다.

또한 계획과 목표를 세우고 실천을 한다고 해서 모두 다 만족할 만한 성과를 기대할 수는 없다. 그러나 계획과 목표를 세웠다 하더라도 실천적인 행동이 뒤따르지 않으면, 추구하는 목표달성은 아무것도 기대할 수 없다

사람은 꿈과 목표가 없으면 삶의 의미를 잃는 것과 마찬가지다. 그러나 이루지 못할 허황된 꿈과 목표는 오히려 자신은 물론 조직의 발전을 저해하는 주요 요인이 될 수 있다. 더 나아가 허황된 꿈을 버리지 못하거나 이루지 못할 목표를 수정하지 못하면 그건 영원히 실패와 멸망의 길을 걷게 될 수도 있다.

– 백 석 –

1. 경영 계획의 의의

급변하는 경영환경에서 기관을 유지, 발전시키기 위해서는 과학적인 경영관리 기법을 필요로 하는데 바로 기획과 계획의 수립은 과학적인 경영관리의 출발점이다. 따라서 기관을 보다 효율적·효과적으로 경영하기 위해서는 체계적으로 수립된 기획과 계획이 필수적이며, 이는 계획 – 실행 – 통제(plan – Do – See) 즉, 경영의 관리과정의 시발점이 되고 최종 단계인 경영 통제의 기준이 되기도 한다.

2. 경영 계획의 필요성

경영 계획이란 미래의 달성해야 할 목표를 세우고 경영활동에 대하여 의사결정을 하는 동태적 과정(dynamic process)이다. 즉 계획수립은 첫째, 기관의 비전, 사명, 그리고 장기와 단기의 전반적인 목표를 설정하고 둘째, 기관의 목표를 바탕으로 한 부서 혹은 구성원 개인의 목표를 정하고 셋째, 이러한 목표를 달성하기 위해 전략이나 전술을 선택하고 넷째, 전략 전술을 달성하기 위해 경영자원(인적, 물적, 재무적 자원)의 수요, 예측을 결정하는 공식적 과정(formal process)을 말한다.

기관경영에서 경영 계획이 수립되지 않는다면 경영자원을 어느 분야에 얼마만큼 적절하게 배분해야 하는지 파악되지 않기 때문에 목표달성 성과를 기대할 수가 없고, 환경의 불확실성에 유연성 있게 대응할 수도 없다 따라서 경영계획 수립을 통해 얻을 수 있는 이점과 필요성은 다음과 같다.

1) 미래의 불확실성과 변화에 대응

현대사회와 같이 빠른 환경의 변화 속에서 미래의 사태에 변화가 생겼을 때 신속히 적응해 나가고 대응함으로서 불확실성을 감소시킨다.

2) 조직의 목표 지향성

조직이 나아가야할 방향과 목적달성을 위하여 해야 할 일들을 구성원 모두에게 알려준다. 이는 구성원 스스로 계획을 세우고 참여함으로서 경영자는 경영목표에 관심을 집중하게 되며 구성원들의 활동과 상호관계를 명확히 제시하는 것이라 할 수 있다.

3) 경제성과 유효성 창출

경영 계획은 사명과 목표 그리고 경영의 관리 수단을 명확히 규정함으로서 비생산적, 비효율적 활동을 감소시켜 경제성과 유효성을 극대화할 수 있게 해 준다. 즉 경영자원을 잘 활용하여 불필요한 낭비나 중복을 정확히 파악하여 사전에 조정하기 때문이다.

4) 통제의 표준

계획에 의해서 목표나 기준이 설정되어 있지 않으면 성과에 대하여 통제를 할 수 없게 된다. 즉 경영활동을 수행한 결과에 대한 성과의 좋고 나쁨을 판정하는 기준이 되며 구성원의 목표관리를 감독하기 위해서는 그 기준이 필요하다. 계획 없이 성과를 측정하고 통제한다는 것은 목적지를 향해 항해하는 배가 나침반 없이 목적지를 향하여 가는 것과 같은 것이다.

3. 경영 계획의 유형

경영 계획의 유형은 가장 보편적인 방식으로 조직계층에 따라 전략 계획, 전술 계획, 운영 계획 그리고 계획 기간에 따라 장기 계획, 중기 계획, 단기 계획으로 구분되며 사용기준에 따라 일시적 계획, 지속적 계획으로 유형이 구분된다. 이러한 계획수립의 유형은 독립적인 것이 아니라 상호의존적이며 보완적이다.

1) 조직 계층에 따른 유형

(1) 전략적 계획(Strategic plans)

전략적 계획은 기관의 전사적 차원에서 이루어지며 기관 조직의 사명, 목표 및 전략, 경영자원의 할당에 관하여 분석하고 결정하는 과정이다. 전략적 계획은 주로 최고 경영자 층에서 주도되며, 기관조직이 처한 조직 환경적 관점에서 기관조직의 위치와 방향을 설정하고 이것을 실현될 수 있도록 하는 기관조직의 총체적이며 지속적인 계획을 의미한다. 이는 예상결과를 예측하기 힘들기 때문에 불확실한 위험이 수반되고 있다.

전략적 계획을 효과적으로 작성하고 활용하기 위해서는 우선 기관조직에 영향을 미치는 내. 외부의 경영환경을 분석·검토하여야 한다. 전략적 계획은 외부환경 중 일반적 환경 즉, 정치적, 법률적, 경제적, 기술적 요인뿐 만 아니라 과업환경인 경쟁기관, 학습자 집단, 프로그램 등을 분석을 통하여 모색될 수 있기 때문이다.

전략적 계획수립의 주된 관점은 첫째, 사명과 비전이다.

사명(mission)은 기관이 존재해야 하는 이유와 전략적 지향의 목적을 규정하고, 타 기관과 구별되는 자기관리만의 행동방식을 말한다. 즉, 우리기관은 어떤 프로그램을 운영하고 있는가, 우리는 누구이고 무엇을 하려 하는가 이다. 그리고 만족시켜야 할 학습자 등 이해관계자에 대한 요구의 관점, 공급해줘야 할 프로그램과 서비스의 관점, 현재 추구하고 있거나 미래에 추구해야 할 평생교육 시장의 관점에서 볼 수 있다.

비전(vision)은 미래에 도달해야 할 희망의 지향점이며 성과를 예측할 수 있는 좌표인 것이다. 즉 비전은 기관조직의 핵심가치와 방향을 제시 하며, 현재 지향하고 있는 가치에 새로운 희망을 불어넣어야 한다.

둘째, 목표이다. 목표(goal)는 비전의 달성정도를 계량적으로 측정이 가능하도록 천명하는 것이다. 목표는 구체성, 측정가능, 달성가능, 타당성, 시간성이 객관적으로 바람직함이 충족되어야 한다.

셋째, 전략이다. 전략(strategies)이란 조직의 목표달성 성과 극대화를 위한 수단으로써 조직 내부의 모든 기능과 활동을 통합하고 내, 외부 환경변화에 적응하고 대응 가능한 종합적인 주요 계획 및 활동들을 말한다. 전략은 내부요인의 장점과 단점을 분석하고 외부요인인 기회와 위협에 대응하기 위해 조직이 사용하는 다양한 전략들이 있다

전략을 수립하는 데에는 경쟁기관에 비해 핵심역량이 무엇인가를 살피어서 경쟁우위를 달성할 수 있어야 하며 경쟁기관과 대등한 전략을 추구하더라도 차별화적인 전략을 선택하여야 한다.

넷째, 자원할당이다. 기관조직이 사용하는 자원은 물적자원, 재무적자원, 인적자원이 있는데 특히 현대사회에서 중시되는 자원은 기술적 자원과 정보적 자원 등을 들 수 있다. 이러한 자원을 목적 달성을 위해 어떻게 자원을 조달하여 어떻게 자원할당(resource allocation)하는가이다. 이때 자원할당은 균등배분이 아니라 전략적 배분이 되어야 한다.

(2) 전술적 계획(tactics plans)

전술적 계획은 전략적 계획수립의 수행수단이며 구체적 기관목표들의 달성방법이다. 이는 비교적 짧은 기간(보통 1년 혹은 그 이내)을 내다보고 계획을 수립하는 계획이며 전략적 계획보다 비교적 확실한 의사결정 환경이라 말 할 수 있다. 이는 무엇을 누가 할 것이며, 어떻게 할 것인지에 관한 상세한 의사결정을 하는 계획으로서 주로 중간경영층에 의해 주도된다. 전술적 계획의 가장 중요한 특성은 기관 조직의 최우선 목표를 성취하기 위한 각 부문별 구체적 목표의 상호조정이라 할 수 있다.

(3) 운영적 계획(operation plans)

운영적 계획은 전술적 계획을 효율적으로 달성하기 위한 단기적이며 반복 적이고 구체적 계획으로서 주로 프로그램이나 서비스 생산 활동에 집중되는 계획이며 이는 주로 하부(일선)경영층에 의해 주도 된다. 즉 운영적 계획은 프로그램이나 서비스의 개발 일정 등을 상세히 기술한다. 운영적 계획에 영향을 미치는 경영환경은 정책, 예산 절차, 규칙 등의 내부요인이라 할 수 있다. 지금까지의 전략적, 전술적 및 운영적 계획의 차이를 재정리하여 살펴보면 [그림 6-1]과 같다.

그림 6-1 전략적, 전술적, 운영적 계획의 차이

2) 계획 기간에 따른 유형

(1) 장기계획(long-term plan)

장기계획은 5년 이상의 계획을 뜻하며 미래예측에 의거한 전략적, 종합적인 계획으로서 기관조직 전체의 기본구조에 영향을 미친다.

장기계획은 반드시 연동계획(roll-over plan)이 매우 빠르게 변화하므로 예측된 계획이 정확하게 적중되기 어렵기 때문이다. 기관조직은 장기계획을 수립하는데 고려할 사항이 있다. 첫째, 장기계획은 기업의 목적 및 전략이 일치되어야 한다. 둘째, 경영 계획 기간이 길면 길수록 경영 계획의 구체성이 희박함으로 목표의 수용범위가 제시되어야 한다. 끝으로 장기계획은 중간 중간에 재검토할 수 있는 기회가 주어져야 한다.

(2) 중기계획(mid-term plan)

중기계획은 1년에서 5년 미만의 계획을 뜻하며 장기계획보다 환경변화를 적극 반영하는 계획으로서 계획 활동의 중심으로서 전술계획 영역의 계획을 중점계획으로 한다. 예를 들면 부문 간 통합조정이나 새로운 프로그램 개발 도입, 기관 조직시설의 확장 등이 이에 속한다.

(3) 단기계획(short-term plan)

단기계획은 1년 이내에 달성할 계획을 뜻하며 이는 결산기간과 계절변동을 고려해서 계획이 수립된다. 따라서 대부분의 일상적인 업무계획이나 실행계획 그리고 예산은 이에 속한다. 또한 운전자본 계획이나 프로그램 계획, 마케팅 계획과 같이 흔히 3~6개월 단위로 설정되는 계획도 단기계획에 속한다.

3) 사용기준에 따른 유형

(1) 일시적 계획(single-use plan)

일시적 계획은 임시계획이라고도 하며 이는 일명 단일목적 계획이라고도 하는데 비교적 단기간 내에 보다 구체적인 목표의 달성을 위한 계획으로서 내·외부 경영환경에 대한 예측이 기초가 된다. 이러한 일시적 계획은 실행계획(program), 프로젝트(project)계획, 예산(budget)등이 대표적이다.

(2) 지속적 계획(standing plan)

지속적 계획은 상설계획이라고도 하며 일정기간 동안 정기적, 일상적으로 계속 반복 활동을 위해 수립된다. 기관 조직의 상시적 계획은 정책(policy), 절차(procedure), 규칙(rule), 그리고 규제(regulation) 등이 대표적이다.

4. 경영 계획 수립 과정

계획 수립 과정은 여러 단계를 거쳐 이루어지는 종합적인 과정을 말하며 이는 경영전략 수립과정을 의미하기도 한다. 따라서 여러 단계를 거쳐 수립된 계획은 성과 평가를 통하여 새로운 계획 수립을 위한 환경 분석을 하는데 기초가 된다. 계획 수립 과정은 다음 [그림 6-2]와 같다.

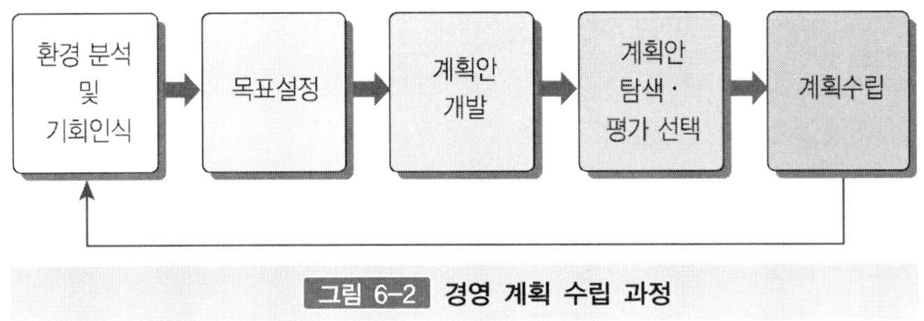

그림 6-2 경영 계획 수립 과정

1) 환경 분석 및 기회 인식

계획 수립의 시작은 기관 조직의 환경 분석 즉 주어진 기회나 문제에 대한 인식에서 출발된다. 환경 분석은 일반적으로 SWOT 분석을 말하며 이것은 내부 환경 요인인 기관조직의 강점과 약점을 파악하고 기관조직의 외부 환경 요인인 기회와 위협을 분석하는 것이다. 이러한 환경 분석은 평생교육기관의 경영전략에서 구체적으로 다루게 된다.

2) 목표 설정

계획 수립의 두 번째 단계는 기관 조직이 달성해야 할 목표를 구체화하는 단계이다. 즉 기관 조직 전체에 대한 목표를 확정하고 이에 따라 부서별 또는 팀별 목표를 수립하는 것이다. 이에 따라 모든 구성원들은 기관 전체의 목표를 분명히 이해하고 있어야 하며 기관이 추구하는 비전과 사명 등을 기초로 하여 목표가 설정되어야 한다.

3) 계획안의 개발

계획안의 개발은 계획전체의 설정으로서 목표가 구체적, 체계적으로 설정된 다음 계획에 필요한 요건들을 검토해야 한다. 여기에서 계획 전체의 의미는 기본방침, 예측자료, 기존 계획안 등이 포함된다. 미래계획에 영향을 미칠 수 있는 환경 요인 등은 매우 복잡·다양하다. 이러한 환경 요인 등은 완벽하게 예측하여 고려하기가 매우 어렵기 때문에 중요도에 따라 순서를 정하고 우선순위를 고려해야 한다.

4) 계획안의 탐색·평가·선택

계획 수립에서 미래의 환경을 모두 예측하여 완벽한 계획안을 선택하는 것은 어려운 것이다. 계획안을 심층 분석한 후 목표와 계획의 적합성을 여러 경영의 내·외부 환경요인들과의 상호작용을 고려하여 대안을 평가하여야 한다. 계획안의 탐색, 평가를 한 이후에는 기관 조직의 목표달성에 적합한 최적의 계획안을 선택한다.

5) 계획 수립

의사 결정이 이루어져 최적의 대안이 선택되면 이를 실행에 옮기기 위한 즉, 활동 조정을 위한 하위 계획 수립을 말한다. 계획 수립은 상황의 변화가 오면 그 상황 변화에 대응 및 적응하기 위하여 계획을 재조정할 수 있는 유연성을 갖추고 있어야 한다. 이것이 경영전략 수립의 기본이라 할 수 있다.

5. 경영 계획 수립 기본 원칙

1) 목표 달성의 합목적성 원칙

경영 계획은 기관 조직이 나아가야 할 계획이 목적과 목표를 달성 즉 성과극대화를 이룩하기 위하여 수립되어야 한다는 것이다. 이것은 바로 사회적 책임이 의무적으로 부과되는 것이다.

2) 계획 수립 우선의 원칙

계획 수립 우선의 원칙은 계획 수립이 조직의 목표를 설정하기 때문에 조직목표를 달성하여 성과 극대화를 이룩하기 위한 실행 및 통제의 기능보다 우선하여 선행되어야 한다는 것이다. 특히 계획 수립은 통제와 불가분의 관계에 놓여 있기 때문에 계획 없는 통제, 그리고 통제 없는 계획은 있을 수 없고 무의미한 것이다.

3) 계획 수립 일반성의 원칙

일부 계층이나 제한된 당사자에게 적용되는 것이 아니라 모든 계층의 경영자가 수행하는 기능이다. 이러한 일반적이고 보편적인 원칙은 조직 전체의 목표 달성을 하기 위하여 부서 및 개인의 목표를 달성하기 위한 계획 수립이 포함되는 것이다.

4) 계획 수립 효율성의 원칙

계획 수립 효율성의 원칙은 목표를 달성하는데 소요되는 비용과 공헌의 크기로 측정되는 것이다. 그러므로 계획은 최소의 비용으로 최대의 효과를 추구해야 하는 경제성 원칙을 갖고 있다. 즉, 성과의 크기는 계획으로부터 좌우된다고 할 수 있다.

6. 목표 관리

목표 관리(MBO)는 1950년대에 피터 드러커에 의해 처음 소개되어 현재까지 많은 조직에서 조직의 목표달성 성과 극대화를 이룩하기 위한 도구로써 사용되고 있으며 이는 계획을 효과적으로 수립하는 구체적인 방법이라 할 수 있다.

1) 목표 관리의 의의

목표 관리(management by objective : MBO)란 구성원들의 적극적인 참여의식을 고취시켜 목표를 각 개인에게 할당해 줌으로서 조직에 성과 극대화가 나타날 수 있도록 유인하는 경영관리 방식이다. 따라서 목표 관리는 모든 구성원 각자가 조직 전체의 목표와 부서의 목표를 충분히 공유·이해하고 개인의 목표를 맞추어 조직 전체의 만족과 동시에 구성원 각자의 소속감과 책임감을 증대시키며 개인의 만족을 동시에 추구하는 동기 부여 제도라 할 수 있다.

2) 목표 관리의 특징

목표 관리는 성과의 달성에 대한 결과를 강조하는 경영 관리 방식, 즉 계획을 수립하고 실행을 거쳐 성과에 대한 업적 평가 방법 또는 통제의 도구로 사용되고 있다. 특징의 구성 요소는 목표의 구체성, 부하가 참여한 의사 결정, 계획 기간의 명시, 실적에 대한 피드백을 살펴봄으로서 더욱 잘 알 수 있다.

(1) 목표의 구체성

목표 관리에서 목표는 달성 정도를 구체적으로 간단 명료하게 그리고 이해하기 쉽게 제시해야 한다. 이 때 목표 제시는 측정될 수 있고 평가할 수 있도록 가능한 한 정량적으로 목표를 표기해야 한다.

(2) 부하의 참여의사 결정

상사가 일방적 목표 설정을 하는 즉, 상의하달 식 전통적인 의사결정이 아니라 목표관리는 구성원이 다 함께 참여 합의하여 실현가능한 지표를 결정하게 된다. 따라서 상사가 제시한 목표와 부하가 제시한 목표의 차이(GAP)를 체계적, 합리적으로 조정될 수 있기 때문에 목적 달성의 성과극대화를 이룩할 수 있다.

(3) 계획 기간의 명시

목표 관리는 목표가 달성되는 명확한 기간이 명시되어야 한다. 목표 관리의 기간은 일반적으로 3개월, 6개월, 1년 단위로 이루어지며 과업의 진행 상황에 따라 정기적으로 평가, 통제할 수 있는 근간이 되기도 한다.

(4) 성과에 대한 피드백

목표달성의 성과 극대화를 이룩하기 위해서는 지속적인 관리와 피드백이 중요하다. 피드백이 효과적으로 이룩하기 위해서는 모든 상황과 정보를 구성원 모두에게 공유하고 제공해 주어 목표달성을 위한 행동수정을 할 수 있게 해야 한다. 성과에 대한 피드백은 목표달성 되는 기간별로 표준화되고 공식적인 평가에서 피드백 여부를 결정되어 질 수 있다.

3) 목표 관리의 필요성

평생교육기관은 타 조직과 달리 조직의 특성상 공공의 이익을 위한 성과 극대화가 기관조직의 사명(mission)이 되어야 한다. 이에 따라 기관조직을 효율적, 효과적으로 경영하기 위해서는 목표관리의 필요성이 대두된다.

(1) 목표 관리는 불확실성을 감소시킨다

무한경쟁 속에서 현재 사회의 환경은 너무나 빠르고 불규칙하게 변화하고 있다. 이에 기관조직을 둘러싼 내·외부 환경 또한 엄청난 속도로 변화하기 때문에 환경의 변화에 대응하고 적응하기 위해서는 목표관리가 요구되는 것이다.

(2) 목표 관리는 기관 구성원의 동기를 유발시킨다

목표 관리는 목표설정 시점부터 구성원의 참여를 원칙으로 하고 있으며 구성원 스스로 설정한 목표를 달성하기 위해 노력하기 때문에 소속감 증대와 참여의식 고취로 인하여 높은 동기부여와 업무수행이 되므로 기관의 경영성과 극대화를 이룩할 수 있다.

(3) 목표 관리는 객관적인 인사관리를 할 수 있다

목표 관리는 바로 성과관리를 의미하기 때문에 표준화된 팀 평가, 개인평가 시트를 기초로 한 성과에 따라 내재적·외재적 보상이 효율적, 효과적으로 이루어질 수 있다.

(4) 목표 관리는 프로그램 운영 개선을 가져오게 한다

현재 운영되고 있는 프로그램에 대하여 프로그램 운영 목표에 대하여 더욱 현실성 있는 목표를 달성하기 위한 프로그램 운영 관리상의 많은 요인을 고려함으로서 프로그램 운영의 개선을 가져와 효율적, 효과적 운영을 할 수 있다.

4) 목표 관리의 절차

목표 관리의 절차는 ① 목표의 발견(finding the objective) ② 목표의 설정(setting the objective), ③ 목표의 확인(validating the objective) ④ 목표의 수행(implementing the objective) ⑤ 목표의 평가(controlling and reporting status of the objective)의 다섯 단계로 구분되며 동시에 이 단계들은 피드백 과정을 거치게 된다. [그림 6-2]에서 보는 바와 같이 이들 각 단계의 내용을 보면 다음과 같다.(신철우, 1997:367)

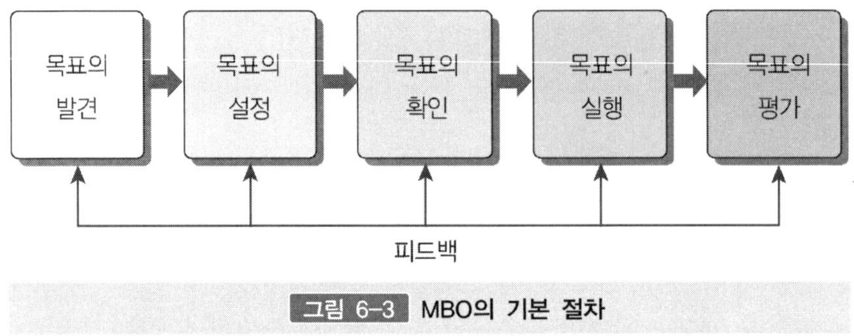

그림 6-3 MBO의 기본 절차

(1) 목표의 발견

목표의 발견은 기관 조직이 미래에 성취하고자 하는 희망에 대하여 목표 설정 이전에 기관 조직의 현황을 심층 분석하여 조직의 생존, 성장, 개선을 확인하는 첫 단계이다.

(2) 목표의 설정

목표 설정은 목표 관리의 시발 단계로서 조직 구성원의 성과를 평가하고 피드백 시키는 기준이 된다. 또한 목표 설정은 중점과제(명시적인 목표), 기한(기간), 달성기준(책임)을 분명히 하는 것이다. 여기에서 주된 관점은 조직 모든 계층의 구성원들이 참가하고 그리고 조직 전체의 목표와 방침을 구성원에게 설명해 주고 공유하여 개인별 또는 조직 단위별 활동을 조직 전체의 계획에 통합시킬 때의 기준이 되는 것이다. 그러므로 목표달성 과정에서 직무 확대와 직무 충실화를 가져와 목표달성의 성과 극대화를 이룩할 수 있다.

(3) 목표의 확인

목표의 확인은 목표의 설정을 확인하는 단계이다. 개인의 목표와 조직 단위별 목표가 조직 전체의 목표에 부합하는지 여부의 확신을 가져오게 된다. 그리고 목표달성 실행과정의 문제점이나 부적합 요인의 존재여부를 미리 예측 발견하여 환경변동 상황, 위험 등으로부터 최소화할 수 있고 대처 능력을 키울 수 있게 된다.

(4) 목표의 실행

목표의 실행은 목표를 달성하여 성과극대화를 이룩하기 위한 실행 전략을 수립하고 의사결정을 하여 실제의 구체적인 행동으로 옮기는 목표관리 과정이다. 목표관리를 성공적으로 이룩하기 위해서는 자기 통제하의 자기 책임은 자기 성취 욕구의 보람을 느낄 수 있도록 하는 기관 조직 분위기가 가장 중요하다.

(5) 목표의 평가

목표의 평가는 계획대로 실행되었는가를 측정하고 통제하는 단계이다. 여기에서 구성원의 자기통제는 존중되어야 한다. 달성자는 그 목표에 대한 성과를 측정하고 그리고 스스로 자기 평가를 한다. 이에 따라 구성원 자기의 반성할 점이나 계발할 점을 헤아리게 되는 것이다. 이 단계에서 상사의 임무는 평가자(고과자)가 아니라 구성원 능력계발을 촉진시켜주고, 다음에서의 목표달성에 도전의욕을 극대화하기 위한 원조, 지원을 해 주는 것이다.

목표의 평가 결과는 반듯이 인사고과에 반영되어야 한다.

5) 목표 관리의 평가

목표 관리는 그것이 지니고 있는 가치 때문에 널리 도입 적용되어 효과에 대한 평가는 성공적이라 할 수 있으나 반면에 적용하는 한계 때문에 실패하는 경우도 많이 있다. 그러나 유효적절하게 잘 적용하면 많은 이점도 있을 수 있으며 잘못 사용할 때는 많은 문제점을 야기 시킬 수 있다. 쿤츠(koontz)는 목표 관리의 장점과 단점을 아래와 같이 제시하고 있다.

(1) 목표 관리의 장점

① 경영관리의 개선

목표관리는 경영자로 하여금 단순한 계획 수립을 요구하는 것이 아니라 성과를 위한 계획 수립을 고려하도록 한다. 그리고 현실성 있는 목표를 설정하기 위한 관리상의 많은 요인을 고려하므로 경영관리의 개선을 가져올 수 있다.

② 조직의 명확화

목표 관리는 경영자에게 조직의 역할과 조직 구조를 명확히 할 것을 요구한다.

③ 자기 목표에 대한 몰입(commitment)

조직구성원 스스로가 명확한 목표의식을 가지고 자기의 임무에 전념하도록 해 준다. 즉 구성원에게 목표설정 기회에 참여시키고 이를 달성하기 위한 프로그램 진행상의 재량권을 부여함과 동시에 자기를 통제할 수 있는 기회를 제공해 준다.

④ 효과적인 통제의 개발

통제기능 자체가 결과를 측정하고 계획으로부터의 편차를 수정하는 과정이므로 이의 기준이 되는 목표를 명확히 한다는 것은 그만큼 통제기능을 효과적으로 수행할 수 있다는 것이다.

(2) 목표 관리의 단점(실패원인)

목표 관리에 대해 위에 열거한 이점에도 불구하고 많은 결점도 가지고 있다. 다음의 결점을 대부분 목표 관리의 개념을 적용하는데 있어서의 미숙함 때문에 기인하는 것이다.

① 목표 관리 철학에 관한 교육의 실패

목표 관리는 단순한 경영관리 기법이 아니라 목표 관리의 본질인 참여에 의한 목표설정과 자기 통제 방식이 적용된다는 기본적인 철학을 구성원에게 이해시키지 못하고 있다는 점이다.

② 목표 설정자의 지침 제공의 실패

관리자는 계획수립의 전체, 조직의 목표와 방침이 무엇이며 자신의 활동이 목표와 어떻게 관련을 갖고 있는지를 알아야 한다. 이러한 필요성을 충족시키기 위해서는 관리자에게 조직 수준별 목표수립에 대한 명확한 지침(guideline)이 제공되어야 한다.

③ 목표 설정의 곤란성

실제로 검증할 수 있는 목표를 설정하는 것은 어렵다. 그러나 쉽게 달성되지 않는 목표라도 노력하면 달성 가능한 목표를 설정해야 하며 기대되는 행동을 분명히 한다.

④ 장기적 목표 등한시

대부분의 목표 관리 프로그램에서 경영자가 설정하는 목표는 단기적인 목표가 많기 때문에 장기적인 목표가 상대적으로 소홀히 다루어지는 경향이 있다.

⑤ 비 탄력성의 위험

목표변경에 대한 거부감 또는 변경된 기관목적 및 수정된 정책에 의해 쓸모없게 된 목표를 경영자가 달성하려는 경직된 성향을 의미한다.

이러한 결점 외에도 성과측정을 강조한 나머지 양적 목표만을 생각하는 경우도 있다. 그러나 목표 관리 실시에 위와 같은 많은 어려운 점이 있음에도 불구하고 이 시스템은 실무에 있어 목표설정을 강조하고 있으며 오랫동안 계획수립과 관리수행의 본질적 부분으로 인식되어 왔다. 따라서 목표 관리 시스템의 실제 적용에 있어 성공을 거두기 위해서는 적어도 다음과 같은 지침을 마련하여야 한다.

첫째, 최고 경영층의 지원이 있어야 한다.

둘째, 자율성을 보장하여야 한다. 목표 관리는 관리수단이며 관리책임이 수반되므로 인사부서 등의 스텝부서로부터 간섭이 없어야 하며, 각 부서의 관리자와 부하 간에 직접적인 관계에 의해 자율적으로 이루어지도록 해야 한다.

셋째, 정확한 목표설정이 요구된다. 목표를 설정할 때 목표가 의미 있고 잘 표현되도록 해야 한다. 따라서 목표를 보다 잘 달성되도록 하기 위해서는 목표가 구체적이고, 기간이 명시되며, 이해하기 쉽고, 도전할 수 있는 것이어야 한다.

넷째, 조직 내에 원활한 커뮤니케이션이 이루어지도록 해야 한다. 목표 관리의 본질은 상사와 부하 간에 정규적으로 업무지향의 대화를 많이 나누는 것으로 상사와 부하 간에 정규적이고 직접적인 커뮤니케이션이 많아야 한다.

미루지 말고 행동하는 것은 미래에 더 큰 성공의 기약이다

인간은 누구나 어디에서 무슨 일을 하건 매일같이 더 나은 삶과 행복 그리고 성공을 열망하고 그 목적을 달성하기 위해 열과 성을 다한다.

개인이나 조직에서 어느 일을 계획하고 실행에 옮길 때는 일반적으로 두 가지 성향으로 대별할 수 있다. 해야 할 일이 보이면, 우선 재빨리 일을 벌려 놓고 보는 성향이 있고, 또 하나는 실행에 옮기기 전에 치밀한 계획을 세워서 안정적인 행동을 한다. 그러나 이 두 가지 성향 중 어느 성향이 성공을 이끄는데 좋은 성향인가 하는 것은 정확히 구분 지을 수 없다. 그 이유는 매사에 열정을 가지고 비전을 만들어내며, 지극히 인간적이면서도 어느 순간에는 과감한 결단력을 발휘하여 행동으로 옮기는 공통점과 늘 강도 높은 혁신으로 때를 놓치지 않는 공통점이 있기 때문이다.

"돌다리도 두들겨보고 건너라"는 옛말이 있다. 이 말의 의미는 비록 잘 알고 익숙한 일이라도 세심한 주의를 기울여서 실수가 없도록 해야 한다는 말이다. 이렇듯 어떠한 일을 할 때는 심사숙고는 하되, 실행에 옮길 시간이 되면 지체 없이 행동해야 한다는 것이다. 미루는 일은 기회를 잃을 수 있고, 미루지 않고 행동에 옮기면 미래에 더 큰 성공을 기약할 수 있으며 그리고 성공할 확률도 높기 때문이다.

미루지 않고 행동한다는 것은 당장 해야 할 일, 오늘 해야 할 일 그리고 주간별, 월별, 분기별, 년 간 등 단기 및 중장기적으로 해야 할 일들이 모두 포함되는 것이다.

오늘의 1등이 내일의 1등이 될 수 없으며, 오늘의 새로운 아이디어는 내일은 새로운 아이디어가 될 수 없듯이 작금의 시대는 스피드 시대이며, 무한 경쟁시대이다. 계획된 일을 미루다보면, 뜻하는 성과를 얻을 수 없고 경쟁사회에서 뒤처지기 마련이다. 결심이 섰으면 즉각 행동으로 옮겨야 성공할 수 있고 경쟁에서 뒤쳐지지 않는다.

성공의 열쇠는 타이밍이다. 현명한 사람들은 대부분 중요한 일에 대하여 정확하고 빠른 의사결정을 내린다. 열정과 훌륭한 의도, 노력과 역량이 성공을 이룩하는데 기여를 하지만, 더욱 중요한 것은 과정이 아니라 결과이다. 성공적인 결과는 심사숙고한 절차가 빚어내는 산물인 것이다.

어떤 사람들은 변화와 혁신보다 안정과 평안을 추구한다. 그러나 변화와 혁신 없는 안정과 평안은 그저 자신도 모르게 실패의 길을 들어서는 것이나 마찬가지이다. 귀찮고, 힘들고, 고통이 따르더라도 미루지 말고 행동하는 것만이 경쟁사회에서 살아남을 수 있다.

시간은 누구에게나 똑같이 주어지기 때문에 공평한 것이다. 시간을 제때에 어떻게 잘 활용하는가의 차이가 있을 뿐이다.

나폴레옹은 "먼저 전투에 임하고 나중에 작전을 세우라"고 했다. 이 말은, 결단했으면, 망설이거나 주저하지 말라는 뜻이다. 적군이 아군의 병영 앞까지 쳐들어 왔는데, 언제 작전을 세워 전투에 임하겠는가. 타이밍은 우리를 기다리지 않으며, 마냥 주어지는 것도 아니다.

– 백 석 –

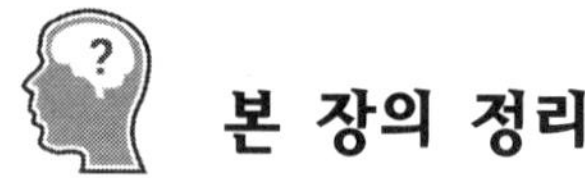

본 장의 정리

☞ 본 장의 학습을 완료했다면 다음 내용들을 구체적으로 이해할 수 있어야 한다.

□ 경영 계획은 목표달성 성과극대화를 이룩하기 위한 경영관리 과정(계획－실행－통제)의 시발점이 되며 최종 단계인 경영 통제의 기준이 되기도 한다.

계획수립은 기관의 비전, 사명 그리고 장·단기적 목표를 설정하고 그리고 기관의 목표를 달성하기 위한 부서(또는 팀)혹은 구성원 개인의 목표를 정한다. 이러한 목표를 달성하기 위한 전략이나 전술적 선택을 하며, 전략 전술을 달성하기 위해 경영자원의 수요 예측을 결정하는 공식과정을 말한다.

경영계획의 필요성은 첫째, 미래의 불확실성과 변화에 대응, 둘째, 조직의 목표 지향성 셋째, 경제성과 유효성 창출 다섯째, 통제의 표준을 말할 수 있다.

□ 경영 계획의 유형은 조직 계층에 따라 전략계획, 전술계획, 운영계획, 그리고 계획 기간에 따라 장기계획, 중기계획, 단기계획으로 구분되며 사용기준에 따라 일시적 계획, 지속적 계획으로 구분되는데 이 유형들은 독립적인 것이 아니라 상호의존적이며 보완적이다.

조직계층에 따른 유형에서 첫째, 전략적 계획은 기관의 전사적 차원에서 이루어지며 기관조직의 사명, 목표 및 전략, 경영자원의 할당에 관하여 분석하고 결정하는 과정이다.

둘째, 전술적 계획은 전략적 계획을 실행하기 위한 방법론이다. 즉 기관조직의 최우선 목표를 성취하기 위한 각 부문별 목표의 상호조정이라 할 수 있다.

셋째, 운영적 계획은 전술적 계획을 효율적으로 달성하기 위한 단기적이며, 반복적이고 구체적 계획으로서 주로 프로그램이나 서비스 생산 활동에 집중되는 계획이다.

계획기간에 따른 유형에서 첫째, 장기계획은 5년 이상의 계획을 뜻하며 미래 예측에 의거한 전략적, 종합적인 계획으로서 기관조직 전체의 기본구조에 영향을 미친다.

둘째, 중기계획은 1년에서 5년 미만의 계획을 뜻하며 장기계획보다 환경변화를 적극 반영하는 계획으로서 계획 활동의 중심으로서 전술계획 영역의 계획을 중점계획으로 한다.

셋째, 단기계획은 1년 이내에 달성할 계획을 뜻하며 이는 결산기간과 계절 변동을 고려해서 계획이 수립된다. 따라서 대부분의 일상적인 업무계획이나 실행계획 그리고 예산은 이에 속한다. 사용기준에 따른 유형에서 첫째, 일시적 계획은 임시계획이라고도 하며 이는 단일목적계획이라고도 하는데 비교적 단 기간 내에 보다 구체적인 목표의 달성을 위한 계획이다. 둘째, 지속적 계획은 상설계획이라고도 하며 일정기간 동안 정기적, 일상적으로 계속, 반복 활동을 위해 수립된다. 이는 정책, 절차, 규칙, 규제 등이 대표적이다.

□ 경영 계획 수립과정은 여러 단계를 거쳐 이루어지며 이는 경영전략 수립 과정을 의미하기도 한다. 따라서 수립된 계획은 성과 평가를 통하여 새로운 계획을 위한 기초가 된다.

경영 계획 수립 과정에서 첫째, 환경 분석 및 기회 인식은 일반적으로 SWOT분석을 통하여 현재의 상황 속에서 주어진 기회나 문제에 대한 인식에서 출발한다. 둘째, 목표설정은 기관이 달성해야 할 목표를 구체화 하는 단계이다. 이는 기관 부서별 또는 팀별 목표를 수립하는 것이다. 셋째, 계획안의 개발은 계획 전체의 설정으로서 목표가 구체적으로 설정된 다음 계획에 필요한 요건들을 검토해야 하는데 여기에는 기본방침, 예측자료, 기존계획안 등이 포함된다. 넷째, 계획안의 탐색, 평가, 선택이다. 계획안을 심층 분석한 후 목표와 계획의 적합성을 여러 경영의 내·외부 환경 요인들과의 상호작용을 고려하여 대안을 평가하여야 한다. 그리고 목표달성에 적합한 최적의 계획안을 선택한다. 다섯째, 계획수립이다. 최적의 계획안이 선택이 되면 실행에 옮기기 위한 즉, 활동조정을 위한 하위계획 수립을 말한다. 경영계획 수립 기본원칙은 ① 목표달성의 합목적성 원칙 ② 계획 수립 우선의 원칙 ③ 계획 수립 일반성의 원칙 ④ 계획수립 효율성의 원칙 등이 있다.

□ 목표 관리란 기관구성원들의 적극적인 참여의식을 고취시켜 목표를 각 개인에게 할당해 줌으로서 조직의 목표 달성 성과극대화가 나타날 수 있도록 유인하는 경영관리 기법이다.

목표 관리 특징의 구성요소는 목표의 구체성, 부하가 참여한 의사결정, 계획기간의 명시, 실적에 대한 피드백을 말한다.

첫째, 목표 관리에서 목표는 달성정도를 구체적으로 간단명료하게 그리고 이해하기 쉽게 제시해야하는 목표의 구체성이다.

둘째, 목표 관리는 구성원이 다함께 참여 합의하여 실현 가능한 지표를 결정하게 되는 부하의 참여 의사결정이다.

셋째, 과업의 진행 상황에 따라 정기적으로 평가 통제할 수 있는 근간이 되는 계획기간의 명시이다.

넷째, 피드백이 효과적으로 나타나기 위해서는 모든 상황과 정보를 구성원 모두에게 공유하고 제공해 주어 목표달성을 위한 행동수정을 원활하게 할 수 있는 성과에 대한 피드백이다. 목표관리의 필요성은 기관의 효율적, 효과적으로 경영하기 위해서는 목표관리의 필요성이 대두된다.

목표 관리 필요성의 첫째는 급격한 환경의 변화에 대응하고 적응하기 위해서는 목표 관리는 불확실성을 감소시킨다. 둘째, 구성원 참여를 원칙으로 하고 있으며 설정한 목표를 달성하기 위해 노력하기 때문에 기관 구성원의 동기를 유발시킨다. 셋째, 목표 관리는 바로 성과관리를 의미하기 때문에 목표관리는 객관적 인사관리를 할 수 있다. 넷째, 현재 운영되고 있는 프로그램에 대하여 더욱 현실성 있는 목표를 달성하기 위한 프로그램운영 관리상의 많은 요인을 고려하게 됨으로 목표 관리는 프로그램 운영개선을 가져오게 한다.

□ 목표 관리의 절차는 목표의 발견, 목표의 설정, 목표의 확인, 목표의 수행, 목표의 평가의 단계를 거치며 동시에 이 단계들은 피드백 과정을 거치게 되며 목표 관리는 장점을 적극 활용하고 실패(단점)원인을 소거해야 한다.

목표 관리의 첫째는 목표의 발견이다. 목표의 발견은 미래에 성취하고자 하는 희망에 대하여 목표설정 이전에 기관의 현황을 심층 분석하여 조직의 생존, 성장, 개선을 확인하는 첫 단계이다.

둘째, 목표의 설정이다. 목표의 설정은 목표 관리의 시발단계로서 조직구성원의 성과를 평가하고 피드백 시키는 기준이 된다.

셋째, 목표의 확인이다. 목표의 확인은 목표설정을 확인하는 단계이다.

넷째, 목표의 실행이다. 목표의 실행은 목표를 달성하여 성과극대화를 이룩하기 위한 실행전략을 수립하고 의사결정을 하여 실제의 구체적인 행동으로 옮기는 목표관리 과정이다.

다섯째, 목표의 평가이다. 목표의 평가는 계획대로 실행되었는가를 측정하고 통제하는 단계이다.

목표관리의 장점은 ① 경영관리의 개선 ② 조직의 명확화 ③ 자기목표에 대한 몰입 ④ 효과적인 통제의 개발을 들 수 있으며 단점(실제 원인)은 ① 목표관리 철학에 관한 교육의 실패 ② 목표설정자의 지침 제공의 실패 ③ 목표설정의 곤란성 ④ 장기적 목표 등한시 ⑤ 비 탄력성의 위험 등을 들 수 있다.

제 7 장

평생교육기관의 경영 전략

※ 이 장을 끝마칠 때 다음 내용들을 이해해야 한다.

- ☐ 기관경영에서 경영 전략의 중요성 및 구성, 그리고 과정의 내용을 알고 있는가?
- ☐ 기관경영에 있어서 환경 분석이 왜 중요한지 알고 있는가?
- ☐ 평생교육경쟁이 되는 기관 경쟁구조분석기법이 왜 경영 전략에 중요한가?
- ☐ SWOT분석 전략을 이해하고 있는가?
- ☐ 경쟁전략에서 경쟁우위 전략을 알고 있는가?

경영 전략(business strategy)은 오늘날 평생교육기관에서 이론적·실무적 측면에서 그 중요성은 더욱 증대되고 있다. 급격하게 변화하는 경영환경에 잘 적응하고 대처해 나가기 위해서는 경영 전략이 중요하다. 본 장에서는 평생교육기관의 지속적인 발전과 성과 극대화를 이룩하기 위한 경영 전략에 대하여 살펴보기로 한다.

역발상은 바로 발상의 전환인 것이다

모든 사람들은 어떻게 사는 것이 잘 사는 것이고, 잘 살기 위해서는 어떻게 생각하고 행동하는가에 대해 많은 고심을 한다.

인간은 불안전하고 실수를 하는 사회적 동물이다. 따라서 늘 완벽해지고자 하는 끊임없는 노력이 필요한 것이다.

한 할머니에게 우산을 파는 큰아들과 염색 공장을 경영하는 작은이들이 있었다. 할머니는 하루 종일 근심 걱정으로 무엇을 해도 기쁘지 않았는데, 날씨가 맑으면 우산 파는 큰아들이 걱정이었고 비가 내리면 작은아들의 염색 천들이 비에 젖을까 염려스러웠기 때문이다. 할머니는 날마다 아들들을 걱정하느라 결국 병에 걸렸고, 고심 끝에 현자에게 도움을 청하였다.

현자가 말했다. "할머니는 정말 복이 많으시군요. 한번 생각해보세요. 비 오는 날이면 큰아들의 장사가 잘 될 것이고 맑은 날이면 작은아들의 장사가 잘 될 테니 궂은 날이나 맑은 날 모두 할머니에게는 좋은 날이 아닙니까."

할머니는 곧 그동안 자신이 단 한 번도 긍정적인 방향으로 생각하지 않았다는 사실을 깨달았다. 그 뒤로 할머니의 병은 깨끗이 나았고, 매일매일 즐겁게 생활했다, 할머니는 만날 때마다 큰아들의 장사가 잘된다거나 작은아들의 장사가 잘된다는 자랑을 하며 보냈다.

할머니를 둘러싼 환경이 변한 것은 아무것도 없고 상황은 그대로이다. 생각을 조금 바꾸었는데 할머니의 삶은 행복해졌다.

오늘보다 내일의 발전과 더 나은 행복을 위해서는 생각의 각도를 조금만 바꾸면 현실이 달라진다. 생각의 각도를 바꾼다는 것은 혁신을 위한 발상의 전환이 필요한 것이다. 180도를 돌려보면 새로운 가치가 보이고 그리고 자신은 물론 조직의 경쟁력을 만들 수 있기 때문이다.

혁신적인 변화의 첫 걸음은 무엇보다도 일상적으로 자신이 가지고 살아가는 고정관념에 대한 의문을 품어야 한다. 위대한 업적도 고정관념에서 탈피한 역발상에서 시작되었다. 뉴턴의 만유인력 법칙도 사과나무 밑에서 쉬는 동안 발견되었다. 뉴턴이 머리위에서 떨어지는 사과를 보고 만유인력의 법칙을 생각해낸 것이 통찰력에서 온 발상전환의 대표적인 예라 할 수 있다.

발상의 전환은 우리의 생활 속에서 늘 존재한다. 미처 깨닫지 못하고 있었던 진리와 사실들이 아주 조그마한 변화를 불러일으킴으로써 발상의 전환을 가져오게 되고 이것이 새로운 진리를 만들어낸다.

발상의 전환을 가져오기 위한 역발상은 무엇보다도 조감도를 바라보는 시각을 가져야 하며, 기존 사고에서 해답을 찾지 말고 새로운 대안을 찾아내야 한다. 그리고 접목과 통합을 하는 과정에서 또 다른 시너지 효과를 찾을 수 있다는 사고를 가져야 한다.

잘 짜진 정형화된 틀 속에서는 결코 창의적인 발상이 나오기가 어렵다. 발상의 전환은 자유와 자율성이 보장된 환경 속에서 가능하며 통제된 사고 속에서는 불가능하다.

– 백 석 –

1. 경영 전략의 정의

경영 전략은 학자들마다 각기 다양하게 정의하고 있기 때문에 아직까지 합의되어 하나로 통일된 정의는 없는 실정이다.

전략의 의미는 어느 위치에서 무엇을 어떻게 보느냐에 따라 달라질 수 있지만 경영실무 현장에서는 다음과 같은 의미로 쓰인다.

첫째, 평생교육기관의 장기적 존속, 발전과 이를 이룩하기 위한 중·장기 계획수립, 둘째, 현재의 시장경쟁에서 이기기 위해 필요한 경쟁력 및 핵심역량의 확보 및 유지 그리고 확보된 경쟁력의 운용방법에 대한 계획, 셋째, 경영개선 및 혁신을 통한 평생교육기관의 체질 강화 계획 등으로 정의를 정리할 수 있다.

2. 경영 전략 구성 및 과정

경영 전략은 일반적으로 평생교육기관 사명 및 비전설정 → 평생교육기관 목표 설정 → 전략 수립 → 전략 선택 → 전략실행 → 전략 통제의 구성과 과정을 통해 이루어진다. 특히 전략 수립 후 전략 선택은 매우 중요하다.

1) 평생교육기관 사명 및 비전 설정

경영 전략에서 평생교육기관 사명(mission)및 비전(vision)은 평생교육기관이 존재하는 이유를 밝혀 주는 정체성(identity)을 확인시켜 주고 사업의 범위를 결정하는 역할을 한다. 즉, ① 우리 평생교육기관은 어떤 가치 있는 사업을 하고 있는가? ② 우리 기관의 고객은 누구인가? ③ 우리기관의 사업이 고객들에게 어떤 가치를 제공하는가? ④ 우리기관의 사업이 앞으로 어떻게 되어야 할 것인가? 등 전사적으로 추구하는 장기적 목표와 바람직한 미래상을 말한다. 이것은 막연한 꿈이나 희망이 아니라 언젠가는 반드시 달성해야 할 실질적인 목표이다.

따라서 비전을 통해 평생교육기관의 모든 구성원은 미래에 자기 평생교육기관이 어떻게 되고 그 안에서 구성원 자신의 모습은 어떻게 될 것인지 예상할 수 있다. 비전이 수립되면 비전에 도달할 수 있는 구체적인 실천방안을 모색하기 위하여 조직사명을 만들어야 한다. 사명은 핵심이념의 구현을 위해 지금 당장 해야 할 과제를 말하며 따라서 평생교육기관의 성격과 문화, 최고경영자의 경영철학, 그리고 조직이 갖고 있는 핵심역량을 종합하여 비전에 도달할 수 있는 실천적인 방안을 모색하여야 한다.

2) 평생교육기관 목표설정

평생교육기관의 미래상인 비전이 형성되게 되면 그것을 장기적으로 실천하기 위한 목표설정이 필요하다. 이 때 평생교육기관의 목표는 전략적 의사결정이 이루어지는 환경을 설정하고 이를 통해 전략적 의사결정에 대한 방침을 제공하는 역할을 한다. 따라서 평생교육기관의 전체 목표를 설정하기 위해서는 첫째, 평생교육기관의 목표는 달성가능(achievable)해야 한다. 평생교육기관의 목표는 자신들이 가지고 있는 경영자원이 뒷받침되어야 하고 또한 경영환경의 변화예측과 대응을 잘 하여야 도달할 수 있다.

둘째, 평생교육기관의 목표는 도전적(challenging)이어야 한다. 평생교육기관의 목표는 모든 구성원들이 동기부여를 받을 수 있고 주인의식을 갖도록 하며 기관 활동이 정체되지 않고 변화와 혁신이 되도록 하여야 한다. 또한 목표는 외부적으로도 경쟁기관의 목표와 비교하여 경쟁우위를 창출할 수 있도록 설정되어야 한다. 셋째, 평생교육기관의 목표는 구체적(specific)이어야 한다. 기관의 목표는 언제까지, 얼마만큼, 무엇을 달성할 것인가 등에 대하여 구체적으로 명시되어야 한다.

3) 경영 전략 수립

경영전략 수립(strategy formulation)이란 평생교육기관의 목표를 달성하기 위해서는 어떤 행동을 취해야 할 것인가를 계획하고 결정하는 것을 의미한다. 전략을 수립하는 궁극적 목적은 목표달성의 성과 극대화를 위해 신속하고 체계적으로 달성방법을 모색하기 위한 것이다. 한정된 시간과 주어진 여건 상황 속에서 기관의 목표를 달성 성과 극대화를 이룩하기 위한 전략을 수립하는 것이다.

전략 수립의 핵심은 경쟁우위(competitive advantage)있으며 이를 위해서 전략 수립 단계에서는 내부의 환경의 강점과 약점 그리고 외부환경의 기회와 위협을 파악하는 SWOT분석이 필요하다. 경쟁우위 확보는 경영전략에서 핵심적 위치를 차지한다. 특정 평생교육기관이 치열한 시장경쟁에서도 불구하고 지속적으로 우수한 경영성과를 달성한다는 것을 의미한다.

경쟁우위의 원천으로는 가치 활동(value activities)과 핵심역량(core competence)을 들 수 있다. 여기에서 전자의 가치 활동은 근본적으로 평생교육기관 활동이라 할 수 있고, 후자인 핵심역량은 평생교육기관 경영자원이라 할 수 있다. 이 양자는 본질적으로 밀접하게 관련되어 있다. 즉 평생교육기관의 활동은 경영자원을 기초로 이루어 질 수 있으며, 반면 경영자원은 기관 조직 활동을 수행함으로서 획득되어지고 적재적소 배치될 수 있다.

예를 들면 평생교육기관의 프로그램개발 기술능력은 연구 개발 활동을 통해 축적되며 평생교육기관 이미지와 프로그램 브랜드 가치 같은 무형의 자원은 광고 및 홍보활동을 통하여 획득된다.

(1) 핵심 역량의 종류

핵심 역량은 평생교육기관이 시장에서 경쟁을 벌이는 기반이 되는 중요한 역량을 말하며 이는 평생교육기관의 상황에 따라 적절하게 변경되거나 추가된다. 그렇지 않으면 틈새를 노린 경쟁자의 도전에 쉽게 무너지게 된다.

평생교육기관이 가진 독특한 경영자원이나 차별적인 기술·지식·시스템은 물론, 그 기관만의 독특한 일처리 방식이나 기관의 문화, 기관에 대한 지역사회와 학습자의 신뢰와 애정, 브랜드에 대한 평판이나 학습자의 규모

등도 핵심역량이 될 수 있다.

(2) 핵심 역량의 조건

일반적으로 평생교육기관이 가진 경영자원이 다음과 같은 조건을 충족시킬 때 핵심역량으로 간주된다.

① 자기 기관만이 가지고 있는 독특하고 탁월한 차별화 역량 중 경쟁기관이 쉽게 모방할 수 없어야 한다.

② 학습자의 입장에서 의미 있고 가치가 있어야 한다.

③ 다양한 부분에서 응용하고 활용할 수 있어야 한다. 특별한 경우에만 활용되는 자원은 핵심역량이라 할 수 없다.

④ 지속적으로 축적되고 강화될 수 있어야 한다. 시간이 지남에 따라 소멸되는 자원은 핵심역량이라 할 수 없다.

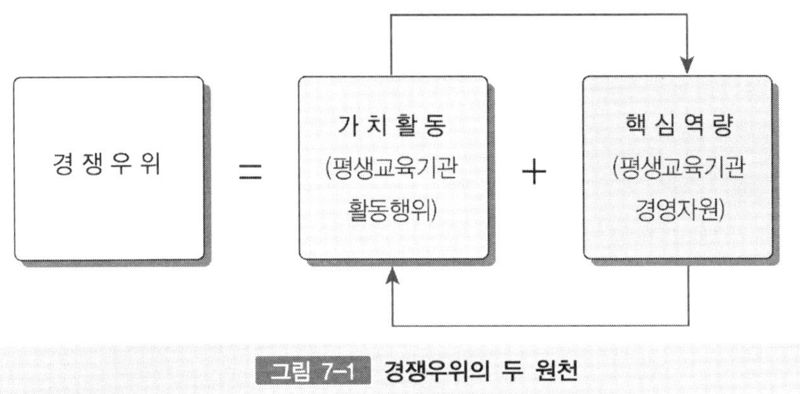

그림 7-1 경쟁우위의 두 원천

4) 경영 전략 선택

평생교육기관이 보유하고 있는 자원과 능력 중 경쟁우위의 핵심이 되는 것에 초점을 맞추어 그것들을 최대한 이용하기 위한 전략대안을 도출한다는 것이다. 이렇게 핵심적 자원과 능력들에 기초하여 전략을 입안하는 것은 기관이 보유하고 있는 분명한 경쟁우위와 관련된 곳에 초점을 맞춘다는 것을 의미한다. 하나는 경쟁 장소의 선택이고, 다른 하나는 경쟁방법의 선택이다. 경쟁 장소의 선택은 비단 지역적인 장소에 한정하지 않고 다음과 같은 것을 포함한다. ① 어느 지역 혹은 어느 지방에 있는 평생교육기관과 경쟁할 것인가? ② 어떤 프로그램 혹은 서비스에서 경쟁할 것인가? ③ 어떤 세분시장에서 경쟁할 것인가? 등이 포함된다.

경쟁방법의 선택은 ① 보편적이고 일반적 프로그램을 만들어서 가격 면에서 승부할 것인가? ② 기능이 탁월한 프로그램을 만들어 가치측면에서 승부할 것인가? ③ 타 기관과 경쟁을 포기하고 틈새시장을 발굴할 것인가? 등이 해당된다.

5) 경영 전략의 실행

경영 전략을 수립하고 실행하는 것은 평생교육기관 목표의 성과 극대화 이룩이다. 전략이 아무리 탁월하고 훌륭하다 하더라도 실행되지 않으면 단지 보고서에 불과할 뿐이다. 경영전략은 실행되어야만 비로소 가치를 획득하게 된다.

효과적인 전략 실행을 하기 위해서는 ① 경영 전략의 도입을 통해 기관 조직의 성과를 개선하려면 전략의 내용보다는 실행가능성을 높이는 방향으로 고민해야 한다. ② 경영 전략의 실행가능성을 높이기 위한 방법에는 전략 실행 담당자를 경영전략수립 과정에 참여시키는 것이다. 이것은 목표를 설정할 때와 실제 실행방법을 개발할 때 모두에 해당된다. 참여는 실행담당자의 의견을 반영시켜 실무적 관점에서 실행가능성을 높여 준다.

한편 실행담당자의 입장에서 보면 경영 전략이 외부에서 도입되는 것이 아니라 내부조직에서 자신이 직접 계획 입안한 것이기 때문에 이해하기 쉽고 실행에 대한 자긍심과 책임을 느끼게 된다. ③ 경영 전략 도입의 우선순위 이다. 경영 전략의 실행은 가장 시급하고 중요한 영역부터 우선적으로 도입되어야 하는 것은 당연하다. 그러나 문제는 어떤 영역이 가장 시급하고 중요한 영역인지 판단하는 것이다. 이와 관련된 실무적인 판단기준으로는 실행의 용이성과 성과의 크기가 있다. 실행하기 쉽고 성과가 크다면 당연히 가장 우선순위로 실행해야 할 것이다. 문제는 성과가 큰 영역보다는 실행하기 쉬운 영역의 과제를 우선하라는 점이다. 이것은 작은 성공을 통해서 어렵고 큰 성공으로 나갈 수 있는 힘을 얻을 수 있기 때문이다. 최근의 경영 전략의 과제는 과거와는 달리 완전한 장기적인 전략을 세우고 그 장기적인 전략 달성을 하기 위한 단기성과를 우선시 하는 맥락과도 일치하는 것이다.

6) 경영 전략의 통제

평생교육기관이 기관의 사명과 비전을 설정하고, 목표를 정하고, 전략을 수립 및 선택을 하고, 이를 실행하는 단계와 아울러 관심을 가져야 할 사항은 전략적 경영이 제대로 이루어지고 있는가의 여부를 감독 및 평가하는 전략적 통제 시스템의 체계이다.

이것은 평생교육기관의 전략과 조직구조가 소기의 성과목표를 달성하고 있는지의 여부를 파악하기 위함인 것이기도 하다. 이러한 전략적 통제시스템이 효과를 발휘하기 위해서는 경영자가 예기치 못한 상황에 잘 대응할 수 있을 만큼 충분히 유연해야 하며 정확한 정보를 시기적절하게 제공하여야 한다. 전략적 통제시스템은 대체로 다음의 4단계를 거쳐 설계된다.

첫째, 성과를 평가하기 위한 목표와 정확한 기준을 마련해야 한다.

둘째, 목표의 달성정도를 알려주는 정량적, 정성적 시스템을 개발하여 중간, 중간에 평가를 한다.

셋째, 설정된 목표와 실제 성과의 차이를 비교한다. 1단계에서 설정된 목표와 실제 성과의 차이가 크다면 그 원인을 분석하여 2단계 계획목표를 조정하여야 한다.

넷째, 결과를 평가하고 개선전략을 개발한다. 개선전략은 계획에 대한 전반적인 개선전략과 실행에 대한 전반적인 개선전략을 수립하여야 한다.

3. 환경 분석

평생교육기관 환경은 기관 내·외부에 존재하면서 기관이 보유하거나 활용할 수 있는 자원에 지대한 영향을 주며 기관 경영 활동에 직·간접으로 광범위한 영향력을 행사하고 있다.

평생교육기관이 성공적인 경영을 위해서는 기관은 환경변화를 예측하고 적절한 대응과 적응을 잘 해야 한다. 기관경영이 가져오는 성장기회와 위협은 기관이 가지고 있는 강점과 약점을 잘 활용하여 대응방법에 따라 결과가 달라진다.

기관 환경의 특징은 질적 변화, 양적 변화, 시간적 변화로 구분된다.

첫째, 질적 변화는 평생교육기관을 둘러싼 환경이 복잡해질수록 환경변화의 방향을 예측하기가 어렵다는 것을 말한다. 이러한 변화 방향예측의 불확실성은 통제 불가능한 외부환경이 어떻게 변화 할지 모르는데서 기인한다. 따라서 기관이 지속적인 발전을 이룩하기 위해서는 경영자는 개념적인 능력을 가지고 기관을 둘러싼 외부 환경 즉 일반 환경과 과업 환경의 대처방안 및 적응노력이 필요하다.

둘째, 양적 변화는 외부 환경 변화가 발생하였을 때 기관에 영향을 주는 범위를 적확히 예측하기가 어렵다는 것을 의미한다. 동일한 환경변화가 찾아 오드라도 어떤 기관은 기회를 잘 활용하고 위협을 회피하여 기관에 유리하도록 적응을 잘 하여 더욱 성장하기도 하고 그렇지 못한 기관은 극심한 어려움을 겪기도 한다. 따라서 외부환경이 기관경영에 미치게 될 영향력의 범위를 예측하고 분석하여 대처 및 적응을 잘하는 것이 생존방법이다.

셋째, 시간적 변화는 프로그램 수명주기의 단축과 정보기술 등의 혁신적인 변화로 인하여 기관을 둘러싼 환경의 시간적 변화는 점차 빨라지고 있다.

새로운 경쟁기관, 새로운 기술변화의 동태적환경은 빠른 속도로 변화 하면서 기관 경영에 지대한 영향을 미치게 된다. 따라서 기관은 이러한 환경변화에 예측하고 분석하여 능동적으로 적응 및 대응하여야 한다.

1) 평생교육기관 경영환경

(1) 외부환경 – 일반환경

일반 환경은 거시환경이라 한다. 거시환경은 기관조직에 기회와 위협을 제고하는, 공통적인 영향을 미치는 광범위한 환경을 말한다. 이러한 환경은 기관에서 통제가 불가능하기 때문에 환경변화를 최대한 예측, 노력하여 적응 및 대응방안을 강구해야 한다.

① 인구 통계학적 환경

인구 통계적 환경이란 잠재 학습자 규모를 결정짓는 가장 중요한 요인으로서 성별, 연령별, 인구 밀도, 인구 증가율, 직업별, 가족 구성, 지역별, 평균수명, 교육 수준 분포, 외국인 증가율 등과 같은 측정 가능한 인구 특성들을 말한다. 이러한 인구 통계적 변수는 잠재 학습자 세분화 기준으로 많이 사용된다. 현대사회는 글로벌시대이다 따라서 외국인들이 많이 유입되어 생활의 터전을 마련하고 있기 때문에 인구 통계적 환경에 외국인 증가율에 대한 환경반영을 해야 할 것이다.

② 경제적 환경

경제적 환경은 학습자의 참여와 학습자 참여 패턴에 영향을 미치는 요인들로 구성되며 경제의 전반적 성격과 방향을 의미한다. 경제적 환경요인에는 경제 성장율, 이자율, 인플레이션, 소득 증가율 등을 들 수 있다.

③ 사회 문화적 환경

사회 문화적 환경이란 사회 구성원들이 성장해 나가며 그 사회에 형성되는 문화적, 사회 심리적, 종교적 조건 등을 의미한다. 이러한 환경요인은 사회구성원의 가치관 태도 등에 영향을 미침으로써 기관경영에 기회 또는 위협이 되기도 한다. 예를 들자면 사회문화의 발전으로 종교단체, 경제단체, 학습자단체, 지역사회 단체 등 각종 이해관계 집단들의 역할이 증대 된다. 이들 집단은 자신의 추구하는 이익과 가치를 추구하기 위해 기관 경영에 압력 요소로 작용할 수 있다.

④ 기술적 경영

기술적 환경이란 새로운 프로그램 개발로 새로운 잠재 학습자에게 욕구충족을 시켜주는 새로운 창의적 요인들을 말한다. 혁신적인 프로그램 개발은 기존 프로그램을 진부화 시키는 동시에 새로운 프로그램을 출현시키며 기존 프로그램의 수명주기를 단축시킬 수 있다. 따라서 기관은 기술변화가 어떠한 영향을 미치게 될 것인지 예측하고 분석하여 대응하여야 한다.

⑤ 정치·법률적 환경

정치적, 법률적 이유로 인하여 평생교육에 영향을 미치는 각종 법규 및 제도에 따른 규제조치가 추가되거나 제거됨에 따라 기관은 위협과 새로운 기회를 맞이할 수 있다.

(2) 외부환경 – 과업환경

과업환경이란 일반 환경보다 기관경영의 목적 달성과 직접적인 영향을 주고받으며 밀접한 관계성을 구축하고 있는 환경을 의미 한다. 기관경영의 과업환경에는 잠재적 학습자 집단, 경쟁기관, 지역사회 및 유관 집단, 언론 매체 등이 있다.

① 잠재적 학습 집단

기관경영환경의 이해집단 중에서 가장영향을 미치는 환경은 잠재적 학습자 집단이다. 잠재적 학습 집단은 프로그램 선택 및 서비스를 구입하여 기관 생존에 기본적인 영향을 미치기 때문이다.

기관들은 잠재적 학습자의 만족을 위해 잠재적 학습자들의 욕구와 취향의 변화를 인식하고 대응하는 것은 기관성장에 절대적이다. 또한 잠재적 학습자에 영향을 미치는 라이프스타일은 과거에는 획일적이지만 새로운 라이프스타일은 다양화 되고 있기 때문에 기관경영에 차지하는 비중이 커지고 있는 것이다. 이제 기관의 핵심역량은 잠재적 학습자가 원하는 시간과 가격, 프로그램의 종류를 잠재적 학습자들로부터 시장조사하여 신속하게 제공할 수 있는 능력에 달려있다.

② 경쟁기관

경쟁기관이란 동일한 잠재적 학습자를 대상으로 학습자 확보율 경쟁을 하는 기관을 의미한다. 경쟁이 심한 프로그램이나 서비스를 생산 공급하는 기관 일수록 경쟁기관에 미치는 영향은 커진다. 따라서 경쟁기관의 수강료, 프로그램의 품질, 서비스, 학습자 확보율, 프로그램개발 기술혁신, 기관 인적자원개발, 연구개발 등에 대하여 지속적인 동향 파악 및 대응을 하여야 한다. 한편 경쟁기관의 경쟁은 단기적으로는 어려움에 봉착할 수 있지만 장기적으로는 기관의 체질을 강화시켜 기관 존속, 발전을 꾀하는데 성장 통이 될 수 있다.

③ 정부 및 지방자치단체

기관경영의 과업환경으로서 정부의 역할과 기능은 기관경영에 많은 영향을 미친다. 정부는 기관경영활동에 대해 통제기능역할도 하지만 지원하는 역할도 한다. 즉 평생교육 시장의 효율성제고, 공공정책수행 등을 통하여 기관경영활동에 영향을 미친다. 이러한 정부의 개입은 국민의 삶의 질 향상과 사회적 혜택을 증진시키는 긍정적 측면과 그리고 기관을 위협하는 부정적 측면도 갖는다. 따라서 기관경영자는 정부의 활동에 순응해야 하지만 정부의 정책수립 방향설정에도 기여해야 한다.

④ 지역사회 및 유관집단

지역사회 및 유관집단은 각종 후원회 및 기부금재단, 기업체, 종교단체, 시민단체, 교육 이수자, 고용집단, 교육컨설팅기관, 학회 등을 들 수 있다. 이 지역 사회 및 유관집단들은 기관경영에 호(好), 불호(不好)의 지대한 영향력을 행사하게 된다. 따라서 기관은 공공성 및 사회적 책임성을 다하면서 지역사회 발전 및 지역사회 구성원들의 욕구를 충족시켜주는 사고로 전환하여 삶의 질 향상을 위한 평생교육으로 지속 발전을 모색하여야 한다.

⑤ 언론 매체

언론 매체는 TV, 라디오, 신문, 잡지, 인터넷 등 각종 SNS를 들 수 있으며 이는 기관 경영 성과에 다양한 영향을 미친다. 기관은 언론 매체를 이용하여 적극적인 광고·홍보를 통하여 기관 브랜드 및 기관에서 공급하는 프로그램 및 서비스의 가치를 극대화시켜 기관 경영 성과를 극대화 시킬 수 있다.

반면 기관이 반드시 수행하여할 공공성 및 사회적 책임을 다하지 않고 비윤리적 기관 경영을 하게 된다면 언론 매체들은 공개적으로 기관을 비판함으로써 특정 기관의 경영성과에 지대한 영향을 미치게 된다.

(3) 내부 환경

내부 환경은 기관내부의 정책이나 각 부문들의 능력을 의미 하는 것으로 새로운 기관 시장 기회에 기관마다 서로 다른 강점과 약점을 가지고 있으며 내부 환경 요소로서는 기관정책, 기관의 조직구조, 기관의 평판, 학습제공능력, 재정 및 자금, 잠재학습자 교섭능력, 마케팅 능력, 평생교육프로그램 개발·관리 및 유통능력, 유능한 평생교육구성원 등을 들 수 있다. 이 내부 환경이 양호할 때는 기관경영의 강점이 되는 것이고 양호하지 못할 경우에는 약점으로 작용한다. 따라서 기관에서는 내부 환경이 강점으로 작용할 수 있도록 최선의 노력을 아끼지 말아야 한다.

거시적인 안목으로 환경의 변화에 대한 세밀한 예측과 대응만이 성공의 지름길

「여씨춘추(呂氏春秋)」 우언(寓言)의 연작지지(燕雀之志: 제비의 안목)에 관한 얘기다.

제비들이 다투어 처마 밑의 안전한 곳을 찾아 집을 지었다. 어미와 새끼가 서로 먹이를 먹여주고 지지배배 거리며 서로 즐겁게 지냈다. 그들은 스스로 안전하다고 생각하였다.

부뚜막의 아궁이 굴뚝이 깨져 불길이 올라와 대들보를 태워도 제비들은 안색조차 변하지 않았다. 그것은 왜일까?

장차 자기들에게 재앙이 닥친다는 것을 몰랐기 때문이다. 인간이 성공하려면 자신을 둘러싼 환경을 알고, 긴 안목과 원대한 포부를 가져야 한다는 것을 시사하는 바가 크다고 볼 수 있다.

모든 사람들은 오늘보다 내일이 좀 더 나은 행복한 삶이 되기를 희망한다. 그래서 모두는 그 행복한 삶을 성취하기 위해 부단히 노력한다.

개인이든 조직이든 추구하는 목표를 달성하기 위해서는 삶을 영위해 나가면서 수시로 점검해야 할 사항이 꼭 있다. 그 무엇보다도 선행되어야 할 것은 삶의 질에 영향을 미치는 내부 환경과 외부 환경을 파악해야 한다.

내부 환경은 자신이 갖는 삶의 철학 그리고 삶의 목표달성이나 문제해결하는데 있어서 합리적 수단의 도구인 "역량(力量)"을 의미한다. 따라서 내부환경이 건전하고 튼튼하면 그 사람의 강점이 되고, 그중 하나라도 약하면 약점으로 작용하는 것이다.

또한 외부환경은 자신과의 경쟁자 및 외부세력들, 즉 경제적 환경, 정치 법률적 환경, 사회 문화적 환경 등이 자신의 삶의 계획에 간접적으로 삶을 영위해 나가는데 영향을 미치는 요인이 된다.

사람들은 내부 환경 변화에 의해 어려움이 닥치면, 대체로 자신의 능력을 발휘하여 잘 대처해 나가는 편이다. 그러나 외부환경 변화에는 예측을 잘못하고 대응하는데 한계에 부딪치게 된다.

세상은 급변하고 있다. 오늘의 환경과 내일의 환경은 다르기 마련이다. 그리고 경쟁은 나날이 더욱 심화되고 있다. 이러한 급격한 환경변화와 경쟁사회에서 지속적으로 발전하여 생존을 이룩하기 위해서는 환경의 변화를 예측하고 대응을 잘할 수 있는 역량을 키워나가야 한다.

「여씨춘추(呂氏春秋)」 우언(寓言)의 연작지지(燕雀之志: 제비의 안목)에 관한 얘기에서 시사하는 바가 또 하나 있다.

사람들은 누구나 할 것 없이 자기가 추구하는 삶의 목표가 있다. 그리고 그 목표를 달성하여 자아실현 욕구를 희망한다.

어떤 사람들은 중장기적인 목표를 설정하고 그 목표에만 매달리다 보면 단기적인 성과 창출을 못하는 경우가 있다. 반면에 어떤 사람은 당장 눈앞에 보이는 것에만 집중하여 단기적인 성과에만 급급하기도 한다. 이런 사람들은, 당장은 자신이 원하는 것을 얻을 수 있고 일정기간동안에는 버틸 수 있다. 그러나 시간이 지날수록 그 사람들은 더 이상 성과를 낼 수 없고 얼마 지나지 않아 자신이 세운 비전은 물거품이 되고 마는 것이다.

그러므로 행복한 삶을 성취하려면 자신이 미래에 바라는 비전을 설정한 후 중장기적인 목표를 세우고 노력하면서 동시에 단기적인 성과를 창출해야 한다.

– 백 석 –

4. 경영 전략 모형

1) 평생교육 경쟁구조 분석

평생교육기관의 입장에서는 평생교육 분야의 포괄적인 상황적 특성을 파악함으로서 어떤 전략이 바람직한가에 대한 윤곽을 파악할 수 있다.

산업구조를 분석하는 기법을 처음으로 경영전략에 도입한 사람은 하버드 경영대학원의 포터(Michael Porter)이다. 이에 따라 산업구조 분석을 평생교육기관에 적용하기 쉽도록 변형시킨 [그림 7-2]와 같은 평생교육 경쟁 구조 분석 모형을 제시한다.

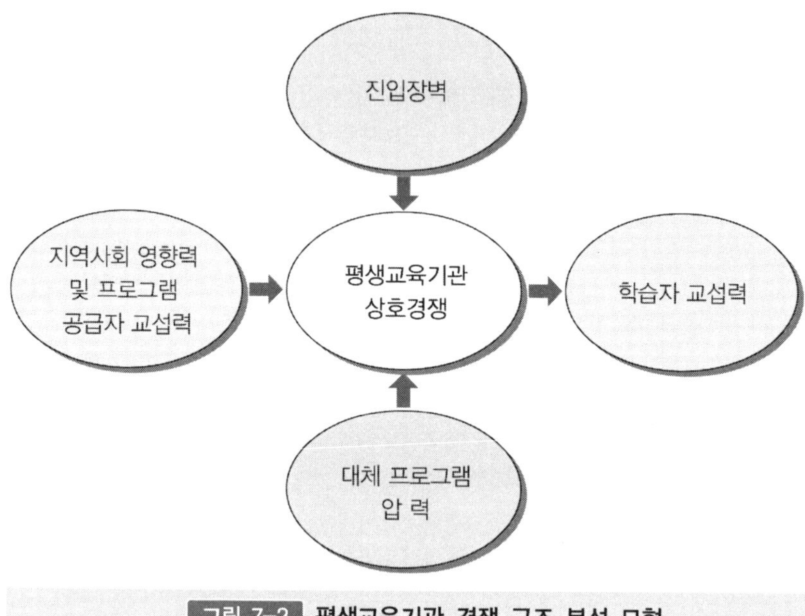

그림 7-2 평생교육기관 경쟁 구조 분석 모형

(1) 평생교육기관 상호경쟁

대부분의 평생교육기관 경쟁은 자기기관의 성과극대화를 결정짓는 중요한 요인이다. 평생교육시장에서 기존 기관조직 간의 경쟁 양상과 강도를 결정하는 요인은 다음과 같이 정리할 수 있다.

첫째, 자기기관이 속한 지역사회에서의 기관의 수와 규모이다.

자기 평생교육기관이 속한 지역사회에서 기관의 수가 적을수록 전반적으로 성과는 상대적으로 높아지게 된다. 반면, 기관들이 경쟁적일수록 성과는 상대적으로 낮아지게 된다. 즉, 시장의 크기는 한정되어 있고, 공급자 수는 많기 때문에 시장점유율이 낮아지는 것은 일반적 현상이다.

둘째, 프로그램 차별화 요인이다. 프로그램 차별화가 된 기관일수록, 그리고 학습자들의 프로그램 브랜드에 대한 선호도가 높을수록 수강료 등 가격으로 경쟁하는 것을 억제하고, 광고와 새롭고 혁신적인 프로그램 출시 등으로 경쟁하게 된다. 이렇게 선택과 집중의 차별화 전략을 할수록 성과가 높고, 반면 차별화가 적은 일반적 프로그램 및 서비스는 성과가 낮아지게 된다.

셋째, 평생교육기관의 경영자원 구조이다. 모든 기관에서 인적자원과 물적, 재무적 자원은 경쟁을 결정짓는 또 하나의 중요한 요인이다. 자질과 능력 있는 구성원 및 각종 보조금, 지원금, 후원금 등은 기관의 경쟁에서 성과를 좌우하게 되는 요인이 된다.

(2) 진입 장벽

기존 평생 교육기관들이 신규 진입 평생교육기관에 비해 상대적으로 갖게 되는 우위를 진입 장벽(entry barrier)이라고 한다. 즉, 이는 신규 진입 평생교육기관들이 기존 평생교육기관들에 비해 상대적으로 경쟁에서 불리함을 의미한다.

진입 장벽은 평생교육시장에서 경쟁기관의 진입을 약화시키고 그 평생교육시장에서 높은 성과를 유지할 수 있게 한다. 이에 대해 신규 진입 기관들은 여러 가지 방법을 동원하여 피하려고 노력하는데 그 노력 방법들은 새로운 프로그램 개발 기술, 차별화된 경영능력, 차별화된 프로그램 내용 인지도 강화 등과 같은 새로운 방식으로 시장 진입을 시도한다.

(3) 대체 프로그램 압력

만일 평생교육시장의 성과는 학습자가 그 프로그램이나 서비스에 대해 기꺼이 지불하려는 가격과 만족도에 따라 결정된다면 평생교육 시장의 성과는 대체 프로그램 내용의 질에 따라 달라진다.

일반적으로 평생교육시장에서 대체 프로그램이 많으면 많을수록 자기 기관들의 프로그램이나 서비스에 성과를 극대화시키는 것은 어렵게 된다. 이와 같이 대체 프로그램의 존재가 평생교육시장의 성과에 미치는 영향은 학습자들이 자신들의 욕구에 맞는 새로운 프로그램으로 옮겨가느냐에 따라 달라진다.

(4) 지역사회의 영향력 및 프로그램 공급자의 교섭력

평생교육기관에서의 외부 환경 중 과업 환경의 하나인 지역사회의 영향력이다. 지역사회 영향력의 요인은 평생교육 환경에 대한 직·간접으로 간

섭 및 평가 그리고 지역사회에서의 지원금 및 후원금 등의 크기는 경쟁 요인이 될 수 있다.

그리고 프로그램 공급자의 교섭력이 높아질수록 평생교육기관의 수익성은 위협을 받게 되며 따라서 평생교육기관시장의 매력은 낮아진다. 한편 프로그램 공급업자의 교섭력이 취약하다면 가관은 프로그램 공급자에게 가격 인하나 품질향상의 요구를 하기 쉽기 때문에 기관의 수익성을 향상 시킬 수 있다. 프로그램 공급자의 교섭력은 다음과 같은 경우에 높아진다.

① **대체프로그램이 없는 경우** : 공급자의 프로그램을 대체할 만한 다른 프로그램이 없다면 그만큼 공급자에 대한 의존도가 높아지고 공급자의 요구를 수용하여야 되는 경우가 많다.

② **공급자의 프로그램이 기관의 운영 및 경영활동에 중요한 요인이 될 때** : 이 경우 경영활동에 차질을 일으키지 않기 위하여 어쩔 수 없이 공급자의 요구를 수용하여야 하는 경우가 많다.

③ **프로그램 차별화 되어 있는 경우** : 프로그램이 차별화되어 다른 공급자로 쉽게 전환할 수 없는 경우 공급업자에 대한 의존도가 높아진다.

④ 공급자의 수가 적거나 공급자들이 조직화된 경우를 들 수 있다.

(5) 학습자 교섭력

학습자들은 평생교육기관에서 제공하는 프로그램 또는 서비스를 선택하거나, 타 기관의 프로그램에 대해 만족에 힘을 입어 이동하는 의사결정의 힘을 가지고 있다. 이러한 기관의 프로그램이나 서비스에 대한 학습자의 압력은 학습자의 교섭력이 된다. 학습자가 상대적으로 기관경영보다 힘이 있을 때 학습자는 기관경영을 악화시킬 수 있다.

다음과 같은 상황에서 학습자는 높은 교섭력을 갖게 된다.

① 특정학습자 집단이 기관전체 학습자 수에 큰 비중을 차지한다면 자연히 영향력은 커지고 특정집단 학습자들의 요구를 수용하지 않을 수 없게 된다.

② 프로그램이 차별화 되지 않은 경우 학습자들은 타 기관이 제공하는

프로그램을 제공받을 수 있기 때문에 학습자 자신에 유리한 조건을 제안하고 요구하는 경향이 있다.

③ 학습자들이 타 기관의 학습비, 프로그램의 질 및 각종 서비스 구조 등을 파악하고 있다면 학습자들의 협상능력이 보다 커질 수 있다. 한편 학습자의 교섭력이 구조적으로 취약하다면 기관은 보다 유리한 조건으로 기관 경영선과 극대화를 이룩할 수 있다.

④ 그밖에 학습자의 교섭력을 결정하는 데에는 학습자 몰입의 정도, 프로그램에 대한 학습자 자신의 라이프사이클, 학습장소, 편의시설, 학습에 필요한 제반 장비 및 학습 도구 등이다.

2) SWOT 분석

SWOT 분석은 기관을 둘러싼 외부환경에서 도출된, 기회(opportunity), 위협(threat)그리고 기업내부 환경에서 도출된 강점(strength), 약점(weakness)을 결합하여 얻어내는 전략수립방법이다.

강점과 약점의 구성요소는 경영자원, 조직문화, 구성원역량, 조직구조 등을 들 수 있으며, 기회와 위협구성요소로서는 프로그램수요, 시장규모 및 시장수요, 정부정책, 경제상황, 사회문화적 환경, 지역사회, 인구통계학적 특성, 프로그램개발 공급업체 등을 들 수 있다. SWOT 분석은 경영전략 목표수립 ⇨ SWOT 분류 및 정리 ⇨ SWOT 매트릭스 작성의 절차를 걸쳐 SWOT 분석의 전략수립이 이루어진다.

(1) SWOT 분류 및 정리

① 기회(opportunity)

외부환경 가운데 기관에 유리하거나 우호적인 현재나 미래의 상황으로서, 프로그램이나 서비스에 도움이 되고 기관의 경쟁포지션을 개선할 수 있도록 하는 트렌드나 변화 및 간과 했던 니즈 등이다. 기회요인의 예를 들면, 잠재적 학습자 증가, 소수의 기관경쟁자, 기존 경쟁 교육기관 성장, 지방자치단체 평생교육 활성화 의지, 지역사회 문화행사와 평생교육 연계 증대, 지역주민 학습요구 증대 등을 들 수 있다.

② 위협(threat)

외부환경 가운데 기관의 경쟁력을 침해하거나 불리한 상황 추세 또는 임박한 변화를 포함하며, 현재 혹은 미래에 기관의 경쟁능력을 저해하거나 위험을 초래하는 요소들이다. 위협요인을 예를 들면, 지자체 및 기타 관공서의 무료강좌 증가, 신규 경쟁기관, 경제 불황에 따른 자원부족, 학습자 기호의 변화, 새로운 평생교육 법규, 대체적 프로그램, 평생교육기관의 감독기관의 통제강화 등을 들 수 있다.

③ 강점(strength)

기관을 경쟁기관들보다 경쟁력 있게 만들어 주는 요소로서 기관이 성과목표를 달성하기 위해 효과적으로 사용할 수 있는 능력과 자원 등이다. 강점은 기존 또는 예상되는 고객 니즈를 충족시키는데 유용하게 쓰일 때만 의미가 있으며, 기관의 능력이 된다. 강점의 예를 들면, 우수한 명성, 특성화된 프로그램, 강력한 자금조달, 프로그램 시장 점유율 넓음, 숙련되고 우수한 구성원, 업무의 효율성 제고, 기관문화 수용성 일체감, 기관 이용에 대한 접근 용이성 등을 들 수 있다.

④ 약점(weakness)

목표달성을 저해할 수 있는 기관 스스로의 한계, 오류, 단점 등을 가리킨다. 이는 기관이 경쟁기관에 비해 성과가 좋지 않거나 능력이나 자원이 열세일 때 나타난다. 약점의 예를 들면, 열약한 시설, 노후 된 프로그램개발, 경영노하우 미흡, 지역사회와 소통 미흡, 기관이용 접근 취약성 등을 들 수 있다.

(2) SWOT 매트릭스

① SO전략(내부 강점과 외부 기회의 합치)

기관의 자원과 외부경쟁 기회 간에 최고의 적합 도를 나타내는 이상적인 상황이다. 이때의 전략은 경쟁 우위 달성에 필요한 자원조합을 찾아내거나, 경쟁우위를 강화시킬 수 있도록 자원을 증강함으로써 내부 강점을 보호하는 것이 된다. 또한 강점을 활용하여 약점을 강화할 수 있는 기회를 모색한다.

② WO전략(외부 기회 대비 내부 약점)

약점을 강점으로 전환하기 위한 투자, 경쟁우위가 없는 약점 부문의 아웃소싱 또는 해당부문을 경쟁기관에 양보하는 것 가운데에서 최선의 득실을 선택하는 것이다.

③ ST전략(내부 강점과 외부 위협의 합치)

기관이 자원을 교체, 변경 또는 재구성함으로써 외부위협을 기회로 바꾸는 것이 될 수 있다. 또 다른 방법으로는 방어적 전략을 유지함으로써 다른 매트릭스 분석 보다 유망한 기회에 집중 하는 것이다.

④ WT전략(외부 위협대비 내부약점)

WT전략은 외부적 위협요인과 기관 내부의 약점을 고려하여 위협요인을 회피하고 약점을 보완하는 전략이다. 보다 신중한 대응과 모니터링이 필요하다. SO전략이 성과를 높이는데 필요한 전략이라면 WT전략은 위험을 줄이는데 관계된 전략이라고 할 수 있다.

이상의 SWOT 매트릭스 분석 전략을 종합 정리해 보면, WO전략은 후발주자 기관으로써 외부적 기회를 자신이 것으로 만들기 위해 부족한 자원을 창조적으로 활용하는 단계이다. 이 전략은 선발주자의 경쟁력 획득이라는

		내부요인	
		강점(Strength)	약점(Weakness)
외부요인	기회요인 (Opportunity)	SO전략	WO전략
	위협요인 (Threat)	ST전략	WT전략

그림 7-3 SWOT 매트릭스 분석모형

기대효과를 갖는다. SO전략은 확보된 경쟁력을 기반으로 강점과 기회를 매칭시켜 성과를 지속적으로 높이고 현재위치를 지키는 단계이다. WT전략은 ST전략에 의해 감소된 위험을 기반으로 자신이 약점이 경쟁우위의 유지에 장애가 되지 않도록 한다. ST전략은 현재위치를 지키기 위한 전략적 방편의 하나로 외부적 위협요인을 자신의 강점을 통해 줄이려는 노력이다.

(3) SWOT 분석 시 주의사항

① 리스트가 지나치게 길 경우에는 전략적 이슈들 가운데 중요한 정보를 걸러내 주는 기준이 지나치게 느슨하다는 것을 의미한다.
② 가중치 요소가 없다는 것은 우선순위가 없음을 의미한다.
③ 각각의 SWOT요소 내에서 짧고 모호한 기술은 전략적 의미를 숙고하지 않았음을 의미할 수 있다.

5. 경쟁 전략

평생교육기관에서의 경영 전략은 평생교육경쟁 구조 분석을 통해 외부환경의 기회와 위협을 파악하고 기관내부분석을 통해 기관 내부의 강점과 약점을 파악한 다음에 이를 기초로 기관 목표를 달성, 성과극대화를 이룩하기 위해서는 어떠한 전략을 선택할 것인가를 의사결정하게 된다.

경영 전략의 유형은 전략분야에서 일정한 유형으로 분류하여 그 특성적인 면과 상황적합성을 파악할 때 전략 유형의 수는 너무 많으나 여기에서는 평생교육기관에 적합한 경쟁우위전략인 원가 우위 전략, 차별화 전략, 집중화 전략과 평생교육기관 전사적 전략인 다각화 전략에 대하여 살펴보기로 한다.

1) 원가 우위 전략

가격 경쟁 전략은 기본적으로 원가 우위를 바탕으로 한다. 평생교육시장 경쟁의 가장 기본적인 요소는 가격이며 학습자는 프로그램의 질 및 서비스의 평가 기준을 가격에 둔다. 가격경쟁은 경쟁 우위 전략의 한 종류일 뿐이며,

평생교육시장을 파괴시키고 질서를 어지럽히게 만드는 전략 행위가 아니다.

원가 우위 전략은 학습자들에게 질 좋은 프로그램과 서비스를 저렴하게 공급하고 평생교육기관의 지속적인 존속, 발전을 제공하며 지역사회 전체에 긍정적 영향을 미치는 훌륭한 전략이다. 따라서 원가 우위 전략은 경쟁기관에게는 아주 두려운 전략이 된다.

(1) 원가 우위 전략의 진정한 의미

원가 우위 전략은 자칫하면 가격을 낮춰 타 기관과 무한 경쟁을 벌이는 것으로 인식될 수 있으나 그렇지는 않다. 가격인하는 단지, 가격 경쟁의 한 방법과 수단일 뿐이다.

가격 경쟁 전략을 이해하기 위해서는 우선 가격은 원가와는 전혀 다른 개념이라는 것을 우선 이해되어야 한다. 원가는 평생교육기관에서 얼마나 많은 돈이 투입 했는지 분석하는 것이다. 하지만 가격은 학습자의 입장에서 얼마를 지불해야 하는가를 따지는 것이다.

따라서 원가 우위 전략은 학습자가 보다 적은 돈을 지불하게 하는 것을 목표로 하고, 그리고 프로그램 공급가격을 경쟁기관 프로그램 공급가격보다 낮추는 것을 목표로 하지는 않는다. 즉, 학습자가 느끼는 효용의 크기에 비해 가격이 저렴하다는 것을 학습자 자신이 느끼도록 만드는 것이다. 이것을 원가 우위 전략 즉 숨겨진 가격 경쟁이라고도 한다.

(2) 원가 경쟁력

원가 경쟁력이 경쟁기관에 비해 떨어진다면 원가 우위 전략을 수행하기 위한 기본 체력을 갖추지 못한 것이다.

원가절감은 다양한 방법으로 이룩할 수 있지만 대체로 학습곡선효과나 규모의 경제(economic of scale)그리고 타켓 코스팅 기법 등을 이용할 수 있다.

(3) 가격과 품질과의 관계

가격경쟁은 프로그램의 질을 희생시켜서는 안 된다. 가격경쟁은 타 기관과 비교할 때 프로그램 및 부가서비스의 질 등 모든 것이 같고 단지 가격만 다르다는 것을 철저히 준수하는데서 시작되는 경쟁 전략이다. 따라서 질이 낮은 프로그램이나 부가서비스를 학습자들에게 공급하는 전략이 아닌 것이다.

2) 차별화 전략

차별화 전략(differentiation)은 가격이 고정된 상태에서 프로그램의 질, 서비스, 프로그램 개발 기술적 우위 등을 어떻게 하면 학습자에게 더 많은 것을 차별화하여 제공할 수 있는가가 가치경쟁의 핵심이다.

즉 경쟁기관에 비해 더 좋은 프로그램 및 서비스를 제공하는 것이다. 여기에서 '더 좋다'라는 개념이 차별화인데 이 차별화는 프로그램에 대한 충성심을 학습자들로부터 이끌어 낼 수 있는 강점이 있다.

차별화 강점의 확보방법은 학습자의 요구수준자체를 높이면 차별화가 가능하다. 차별화의 몇 가지 예를 들어보면 첫째, 학습자의 인식을 이용한 차별화가 가능하다. 타 기관에 비해 특정 프로그램이나 서비스가 전문화된 평생교육기관이라는 인식은 중요한 차별화 초점이 된다. 둘째, 프로그램 자체의 차별화이다. 학습자들의 욕구와 요구에 맞는 내용과 질로 바꾸어 자기기관의 과거 프로그램이나 경쟁기관의 프로그램과 차별화하는 것이다.

3) 집중화 전략

집중화 전략(focus strategy)은 평생교육시장 전체를 대상으로 하는 것이 아니다. 특정시장 즉, 특정 학습자 집단, 일부 프로그램 종류 특정지역 등을 집중적으로 공략하는 것을 말한다. 원가 우위 전략과 차별화 전략이 평생교육시장 지역사회 전체를 대상으로 한 전략인데 반해 집중화 전략은 특정 학습자에만 집중하는 전략이다. 집중화 전략은 일반적으로 다음과 같은 경우에 성공가능성이 높다.

첫째, 평생교육활성화 및 관심도의 크기나 학습자 및 잠재 학습자 수의 크기 그리고 성과에 있어 매우 다양한 형태를 가지고 있는 경우이다. 둘째, 틈새시장 성과를 낼 수 있을 만큼 충분한 인구분포가 크기를 갖추고 있어야 한다. 셋째, 평생교육기관이 특정 틈새시장에서 경쟁할 수 있는 경영자원을 보유하고 있어야 한다. 마지막으로 경쟁기관들이 틈새시장을 공격할 경영자원 및 경영노하우가 부족하거나 노력을 기울이지 않을 경우에 집중화 전략은 유용하다.

4) 다각화 전략

(1) 다각화 전략의 의의

다각화(diversification)전략은 평생교육기관이 사업 확장을 추구하면서 관련 있는 사업에 참여하여 복합적인 사업을 경영하는 것이다.

다각화 전략의 진정한 의미는 기관의 규모를 단순히 늘려 나가는 의미의 다각화가 아니라 보다 장기적인 안목에서 규모의 경제나 범위의 경제를 실현하는 기본적인 목적을 두고 있다.

(2) 다각화 전략의 목적

① 위험분산(경영의 안정)

여러 가지 사업을 병행하면서 특정한 환경의 변화가 각각의 프로그램사업에 미치는 영향이 분산되기 때문에 경영의 안정을 가져올 수 있다.

② 시너지 효과

시너지 효과는 기존 사업과 새로운 프로그램사업 간에 경영자원의 공유를 함으로서 범위의 경제(economic of scope)를 발생시킬 수 있다. 이 때 범위의 경제란 둘 이상의 사업프로그램을 함으로서 프로그램의 개발시스템, 공급망, 광고 및 홍보활동, 프로그램 개발 기술, 강사활용 등의 경영자원을 공유함으로서 투자비용을 절감하는 것을 말한다.

③ 시장 지배력의 강화

평생교육시장 지배력이 강화되면 새로운 경쟁기관의 출현을 억제할 수 있으며 시장가격을 자기 기관에 유리하게 움직일 수 있다.

④ 성장 욕구 충족

현재 기관에서 펼쳐지는 프로그램사업이 어느 정도 경쟁상태가 침전되면 학습자 수의 증가를 꾀하는 등 성과극대화를 이룩하는 데에는 한계에 봉착하게 된다. 하지만 다각화를 하면 간단하게 시장점유율 즉, 학습자 수를 늘릴 수 있다.

⑤ 지명도의 활용

자기기관이 지역사회 및 학습자, 잠재 학습자에 비춰지는 평판 그리고 기존의 프로그램 내용의 질에 대한 만족도 및 인지도는 새로운 사업을 하는데 지대한 정(正)의 방향으로 영향을 미치게 된다.

본 장의 정리

☞ 본 장의 학습을 완료했다면 다음 내용들을 구체적으로 이해할 수 있어야 한다.

□ 기관의 존속발전과 성과극대화를 이룩하기 위해서는 급격한 경영환경 변화에 잘 적응하고 대처해 나가기 위해서는 경영전략은 매우 중요하다.

경영 전략은 기관의 사명 및 비전 설정 → 전략수립 → 전략선택 → 전략실행 → 전략통제의 구성과 과정을 통해 이루어진다.

□ 평생교육기관 환경은 기관경영에 지대한 영향을 주며 경영활동에 직·간접으로 광범위한 영향력을 행사하고 있다.

기관이 성공적인 경영을 위해서는 기관은 환경변화를 예측하고 적절한 대응과 적응을 잘 해야 하다.

기관경영환경의 특징은 질적 변화, 양적 변화, 시간적 변화로 구분된다. 따라서 기관을 둘러싼 외부환경의 변화를 예측하여 적응하고 대응 노력의 여부에 따라 기관경영의 성패가 좌우된다.

□ 평생교육기관의 입장에서는 평생교육 분야의 포괄적인 상황적 특성을 파악하고 기관의 경쟁을 유발하는 요인을 분석하여야 경쟁에서 이길 수 있는 경영전략을 수립할 수 있다.

평생교육기관 경영을 함에 있어 경영성과에 직·간접으로 영향을 미치는 요소는 첫째, 기관의 상호 경쟁이다. 경쟁 양상과 강도를 결정하는 요인은 ① 자기기관이 속한 지역사회에서의 기관 수와 규모 ② 프로그램차별화 요인 ③ 기관의 경영자원 구조이다.

□ SWOT 분석은 기관을 둘러싼 외부환경에서 도출된, 기회(opportunity), 위협(threat) 그리고 기업내부 환경에서 도출된 강점(strength), 약점(weakness)을 결합하여 얻어내는 전략수립방법이다.

강점과 약점의 구성요소는 경영자원, 조직문화, 구성원 역량, 조직구조 등을 들 수 있으며, 기회와 위협구성요소로서는 프로그램수요, 시장규모 및 시장수요, 정부정책, 경제상황, 사회문화적 환경, 지역사회, 인구통계학적 특성, 프로그램개발 공급업체 등을 들 수 있다.

□ 경영전략 선택은 평생교육경쟁구조 분석을 통해 외부환경의 기회와 위협, 내부 환경의 강점과 약점을 파악한 후, 기관목표달성 성과극대화를 이룩하기 위한 기관에 적합한 경쟁우위 전략 등을 활용한다. 경쟁우위 전략은 원가 우위 전략, 차별화 전략, 집중화 전략과 전사적 전략인 다각화 전략 등을 활용한다.

제 3 부

평생교육기관 경영의 실행

평생교육기관의 목표달성 성과극대화를 이룩하기 위해서는 경영의 관리과정 즉, 목표달성을 위한 계획을 세우고, 실행하며, 성과에 대항 평가를 피드백(feed back)하여 차기계획에 반영시키는 일련의 순환 과정을 이룩한다. 이에 경영자는 목표달성 성과극대화를 이룩하기 위한 구체적인 전략을 수립하고 의사결정을 하여 실행에 들어간다. 따라서 본 장에서는 실행에 필요한 요소를 다룬다. 제8장은 기관조직에 대하여 살펴보며, 제9장은 기관 경영의 리더십을 살펴본다. 제10장은 기관경영의 의사소통을 살펴보고 제11장은 기관경영의 동기부여를 살펴본다.

참 빛 한마디

리더십이란 흐르는 물길을 돌릴 수 있는 기술이며 그리고 잠겨 있는 물의 물꼬를 터서 잘 흐르도록 만들어 가는 노력이다.

– 백 석 –

말은 씨앗이 되며, 그 씨앗은 보약과 독약을 발아 시킨다.

– 백 석 –

줄다리기는 힘이 강한 사람 쪽으로 상대방이 끌려가지만 리더십에서는 힘(직급)이나 권력(직책)이 강하다고 해서 반드시 리더가 되는 것은 아니다.

그러므로 직급이나 직책만을 가지고 "내가 리더이다"라고 외쳐대면 그 사람은 직급과 직책을 다 잃는 것이다.

– 백 석 –

제 8 장

평생교육기관의 경영조직

※ 이 장을 끝마칠 때 다음 내용들을 이해해야 한다.

- □ 조직의 개념 및 특성에 관하여 알고 있는가?
- □ 조직구조와 조직화를 구분하여 이해하고 있는가?
- □ 조직설계를 할 때 고려해야 할 다섯 가지 요소를 알고 있는가?
- □ 조직구조 특성 요인에 대한 중요성 및 내용에 관하여 알고 있는가?
- □ 조직의 부문화를 위한 구성요소에 관하여 알고 있는가?
- □ 조직의 운영원칙을 이해하고 있는가?
- □ 공식 조직과 비공식 조직과의 관계를 이해하고, 비공식 조직의 영향력에 대하여 알고 있는가?
- □ 조직의 유형 및 각 유형의 특징을 이해하고 있는가?
- □ 조직구성원들의 개인학습이 기초가 되어 조직의 힘으로써 시너지를 발휘하기 위해서 필요한 원칙을 알고 있는가?

우리 인간은 조직을 떠나 혼자 존재할 수도 없고 살아 갈 수도 없다. 따라서 현대사회를 조직사회라고 할 정도로 수많은 각 조직에서 각양각색의 조직을 형성하여 조직을 경영해 나간다. 이에 따라 평생교육기관도 성공적으로 조직을 경영하기 위해서는 기관의 사명과 경영이념, 그리고 조직의 크기와 경영방식에 따라 내부적으로 체계화된 조직구조와 조직 설계가 이루어져야 한다.

1. 조직의 개념

조직(organization)이란 둘 이상의 사람이 모여 특정한 목적을 달성하기 위해 상호 협력을 통해 과업을 수행하는, 의도적으로 정립한 체계화된 단체를 말한다. 즉 공동체 목적을 달성하기 위해 존재하면서 필요한 기능을 배분하고 직급과 직책을 정하여 그에 따른 책임과 권한을 규정화한 짜임새(틀)를 갖추고 구성원들의 활동을 합리적으로 조정 하는 사람들의 집합체를 말한다.

2. 조직의 특성

조직은 반드시 조직이 존재해야 하는 합당한 이유와 의사결정의 기준이 되는 공동체 목적을 갖고 있으며 또한 어떤 형태의 조직이든 모든 조직은 다음과 같은 공통적 특성을 지니고 있다.

1) 조직은 여러 사람들의 협력적 집합체이다

개인의 목표와 부서의 목표 그리고 조직의 목표가 일치되어 조직의 성과 극대화를 이룩하기 위해서는 적재적소 배치 즉, 조직화가 이루어진다.

2) 조직은 공통의 목표를 가지고 목표 지향적 활동을 한다

조직의 목적은 개인의 가치와 조직의 가치를 모두 충족시킬 수 있다는 전제에서 출발한다. 또한 조직의 목적은 구성원들에게 태도의 방향을 제시하여 개인의 태도, 그리고 성과측정에 기준이 된다. 따라서 상호 작용이라는 역동적 과정을 통해 가치관과 태도를 형성하여 행동양식을 배우고 생활을 영위해 간다. 조직은 규범에 의해 안정성과 계속성, 통합성을 유지할 수 있다.

3) 조직은 조직 구조화를 이룬다

조직 구조는 횡적 분업화, 종적 계층화의 모습을 띠게 된다. 즉 조직은 최고 경영층부터 하위 실무자까지 모든 직위에 역할과 책임이 부여된 직무 구조를 가지고 있다. 직무구조는 조직을 움직이는 공식적 중추적 역할인 뼈대이며 그 내용은 조직의 성향과 조직의 크기에 따라 조직 표준 규정 등에 명시하고 있다.

4) 조직은 공식적인 권한 구조를 기반으로 한다

권한은 직무를 수행할 수 있는 공식적인 힘이며 대체로 직무수준과 상응하게 주어지는데 직무내용과 함께 권한의 범위는 조직 표준 규정 등에 명시되고 있다.

5) 조직은 정부나 학습자 및 유관 집단 등과 같은 이해관계 집단 등의 조직 환경과 경계를 가지면서 상호작용 한다

즉 조직은 하나의 사회체계이기 때문에 조직 내의 환경요소 상호간은 말할 필요도 없거니와 조직 외부의 환경과 서로 영향을 주고받은 상호작용적인 역동 관계 속에서 유지·발전하는 개방 체계이다.

3. 기관경영의 조직화

1) 조직 구조 및 조직화

조직화(organizing)란 기관경영의 관리과정에서 계획 수립이 끝나면 확정된 계획이 목표 달성의 성과 극대화를 이룩하기 위해 계획을 실행에 옮기는 단계이다. 조직 내에서 업무의 공식적인 배정을 조직 구조(organizational structure)라고 하고, 이러한 조직 구조를 생성하는 절차를 조직화(organizing)라고 한다. 즉 조직화는 조직을 설계하여 조직이 추구하는 기능과 성격 그리고 조직의 크기에 따라 조직 구조화 하고 자원을 조달하여 적재적소에 배치하는 기관 경영 활동이다.

이에 조직 구조는 목표를 달성하기 위한 전략에 적합한 조직 구조가 되어야 하고 실행과정에서 급격한 환경의 변화로 인한 전략이 바뀌게 될 때는 즉시 조직 구조도 바꿀 수 있도록 신축적인 틀을 마련해야 한다.

조직화에는 일반적으로 계획된 목표를 달성하는데 필요한 구체적인 활동을 확정하고, 그 활동을 구성원 각자가 담당업무를 수행 할 수 있도록 일정한 패턴이나 구조로 집단화 시킨 다음 그들 활동을 해당업무에 적합한 구성원에게 배분함과 동시에 책임과 권한관계를 확정하는 것이 포함된다. 조직화 절차는 ① 업무결정 ⇨ ② 업무세분화 ⇨ ③ 업무결합⇨ ④ 업무조율 ⇨ ⑤ 관찰 및 재 조직화 과정을 거쳐 이루어진다.

2) 조직 설계

조직 설계(organizational design)는 조직화와 유사한 개념을 가지고 있지만, 이를 구분하자면, 조직화 절차의 전반부, 즉 업무를 결정하고, 세분화하고, 결합하여 하나의 조직 구조가 완성되는 단계까지를 조직설계의 범위로 볼 수 있다. 조직 구조를 개발하거나 변경하기 위한 조직을 설계할 경우에는 일반적으로 다음과 같은 다섯 가지 요소를 고려한다.(Robbins and Coulter, 2008)

(1) 업무 전문화(work specialization)

조직 설계 시 하고자하는 전체사업을 어느 정도의 개별적인 업무로 세분화·분업화할 것인지를 고려한다. 일반적으로 분업화가 구체적, 세밀화가 될수록 작업의 효율성은 증가하지만 장기적 반복 수행에 따른 직무 불만족이란 단점이 발생할 수 있다.

(2) 부서화(departmentalization)

같은 종류의 업무를 수행하는 구성원을 그룹화 하여 조직의 한 단위인 부서 또는 부문으로 만들 수 있다. 그룹화의 기준으로 기능적, 지리적, 프로그램 등의 측면을 고려할 수 있다. 조직 설계시 해당 조직의 특성에 알맞은 부서화 방법을 고려해야 한다.

(3) 명령 계통(chain of command)

조직 설계 시 상위계층에 속한 구성원은 누구에게 지시를 할 것인지, 하위계층에 속한 구성원은 누구에게 보고를 할 것인지를 결정되어야 한다. 명령계통은 조직 내에서 효과적인 커뮤니케이션이 될 수 있도록 잘 이루어져야 한다.

(4) 통제 범위(span of control)

일반적으로 조직의 구성원들은 자기가 속한 라인의 상사경영자 한 명에게 보고를 하지만 그 보고를 받는 상사는 여러 명의 부하 구성원들로부터 보고를 받고 통제를 한다. 같은 규모의 조직에서 한 상사 경영자가 담당하는 부하 구성원의 수가 많다면, 명령계통은 짧지만 많은 구성원들을 적절히 통제할 수 있는 경영자의 자질과 능력이 필요하다.

(5) 집중화·분산화(centralization·decentralization)

조직을 경영함에 있어서 최고 경영층에 의해서 많은 의사결정이 내려진다면 이는 집중화된 구조를 갖고 있다하고, 중간 경영자나 현장 경영자에게 많이 위임이 되어있다면, 분산화 된 조직이라 할 수 있다. 대부분의 조직은 분산화 된 조직을 가지고 있지만, 조직을 둘러싼 환경의 변화가 심할수록, 그리고 모든 구성원들의 능력이 뛰어날수록 더욱 많은 분산화 된 조직을 갖도록 해야 한다. 분산화 조직을 이룩하려면 상사의 통제·명령에서 벗어나 부하 구성원들이 스스로 업무를 처리할 수 있는 업무의 위임(empowerment)이 전제되어야 한다.

요행을 쫓는 사람은 성공할 수 없다

삶을 영위해 나가면서 어느 누구나 요행을 바라는 것은 일반적인 희망사항이라 할 수 있다. 그러나 노력을 하지 않거나 게을리 하면서 뜻밖의 요행을 바라는 것은 신기루를 쫓는 것과 다를 바 없다.

요행을 바라는 사람들의 속성을 들여다보면, 무슨 일이든 요행을 기대하며 자신이 바라는 것을 노력 없이 얻기를 기대하고 희망한다. 그리고 힘들게 일하고 머리 쓰며 고민하는 것을 원치 않는다. 이러한 사람들에게는 가끔 주사위에 의한 수학적 확률의 운이 따를지 몰라도 대부분은 원하는 것을 얻지 못한다.

성공과 행복은 그냥 얻어지는 것이 아니다. 허망한 기대에 매달려 요행만을 바라본다면 그것이야말로 삶의 노예가 되는 것이다. 그러므로 성공하려면 반드시 그에 상응하는 대가를 지불해야 하고 노력해야 한다. 절대 요행을 바라서는 안 된다.

어려운 환경에 처해 있을 때 어려움과 괴로움을 극복하기 위해 마음의 기도를 통해서 요행을 기대해 볼 수는 있지만 그것도 근본적으로 문제를 해결할 수는 없는 것이다.

요행을 바라는 것은 조직에서 리더의 통제성향에 따른 통제 위치에서도 마찬가지이다. 통제위치(Locus of control)는 자신이 처한 환경과 일어나는 일에 대한 통제를 누가 할 수 있다고 믿는가의 문제이다. 요행을 바라지 않는 사람들의 성향은 내부통제론자들이고, 요행을 바라는 사람들은 외부통제론자들에 해당된다 할 수 있다.

요행을 바라지 않는 내부통제론자(Internal)들은 자신이 처한 환경과 일어나는 모든 일은 자신이 통제할 수 있다고 믿는 성격이다. 그러므로 이들은 일의 성공과 실패는 자신이 노력한 결과라고 믿는다. 그러므로 "혼자 일을 처리할 수 있어"라고 생각하기 때문에 리더는 부하들에게 신뢰와 믿음, 즉 사람중심 리더십을 발휘한다. 반면에, 요행을 바라는 외부통제론자(External)들은, 세상에 모든 일들은 운이나 다른 힘이 있는 사람들 또는 신에 의해서 통제된다고 굳게 믿는다. 그러므로 "당신은 당신 스스로 일을 처리할 수 없어"라고 생각하기 때문에 이들은 일에 대해 스스로 노력하지도, 주도하려 하지도 않는다. 이런 사람들은 남에게 배려적인 행동을 보이지 못하고 강압적 방법, 즉 일 중심 리더십을 발휘하며 추종자들을 통제하려는 모습을 보이기도 한다.

만약, 요행을 바라는 외부통제론자들이 안고 있는 문제점을 스스로 발견하지 못하여 수정하지 못한다면 조직을 이끌어 가는 리더들은 추종자들로부터 특수신용을 상실하게 된다. 그렇게 되면, 결국에는 조직이 추구하는 목표달성도 실패로 끝나기 십상(十常)이다.

삶의 이치는 지극히 원인에 의해서 결과로 나타난다. 최선을 다하여 노력하게 되면 성공과 행복이 찾아올 수 있지만 노력하지 않으므로 나타나는 그 결과는 실패와 불행만이 초래할 뿐이다.

행운의 여신은 노력하지 않는 사람에게는 다가가지 않는다. 오로지 주어진 일에 최선을 다하는 사람에게 다가가기 마련이다. 세상에는 피나는 노력 없이 그저 쉽게 얻어지는 것은 하나도 없기 때문이다.

– 백 석 –

4. 조직 구조의 특성요인

조직 구조의 특성요인은 조직의 궁극적 목표인 성과 극대화를 이룩하기 위해 자원을 적재적소에 배치하는 과정으로서 조직 활동의 틀(frame work)을 어떻게 구성할 것인가를 결정하는 것이다.

조직 구조화의 구성요소는 복잡성(complexity), 공식화(formalization), 집권화(centralization)등 세 가지 구성 요소의 정도에 따라 그리고 조직에 따라 차이 및 결합의 정도가 다르다.

1) 복잡성

조직 구조의 복잡성이란 조직 내 과업의 분업화 정도를 의미한다. 기관 조직이 발전, 성장해감에 따라 조직의 업무는 많아지고 복잡성은 더욱 증대된다. 즉 업무량이 증대함에 따라 업무의 확대(수평적) 분업화가 이루어지고, 업무의 충실화가 증대되면서 수직적(계층의 수) 분업화도 확대된다. 이것은 업무의 분업화가 수평적·수직적으로 아주 세밀하게 이루어져 차별화(differentiation) 정도를 의미하기도 한다.

2) 집권화

집권화(centralization)는 의사 결정 권한이나 통제의 권한이 어느 계층의 한 곳에 집중되어 있는 정도를 말한다. 집권화가 큰 조직은 의사 결정이나 통제의 권한이 상위 계층에 집중되며, 반대로 의사결정이나 통제의 권한이 하위계층에 집중되어 있다면 이는 분권화 정도가 큰 조직을 의미한다. 집권화는 일반적으로 직무가 고도로 전문화 되어 있고, 임파워먼트가 되어있지 않고 관리 감독의 폭이 넓은 경우에 발생되며 이는 상위 계층에서 의사 결정하여 결정된 사항을 일방적으로 하위 계층에 지시, 명령, 통제하는 것이다.

3) 공식화

공식화(formalization)는 조직이 구성원의 행동을 지휘, 명령, 통제하는데 표준화(규정, 규칙, 절차 등)를 적용하는 수준을 의미한다. 공식화 수준은 일반적으로 수행하는 직무가 단순, 반복적일수록 공식화 정도는 크다. 그러나 전문화 수준이 높은 직무일수록 공식화 수준은 낮아지는 경향이 발생한다. 또한 상위 계층으로 갈수록 의사 결정은 비정형화 되고 있는 반면, 하위 계층으로 갈수록 정형화 된 업무를 하게 된다.

공식화는 모든 계층에서 표준화의 기본 틀 위에서 조직의 환경변화에 따라 신축적으로 공식화 수준을 달리해야 한다.

5. 조직의 구성요소

조직이 각종 기능과 경영활동을 원활히 수행하기 위해서는 조직의 구성요소들이 합리적으로 조화를 이루어야 한다. 보편적으로 모든 조직은 직능이라는 개념을 사용하고 있는데 여기에서 말하는 직능이란 곧 수행되어져야 할 일을 의미하며 따라서 직능 분화라고 할 때는 업무의 부문화를 의미한다. 조직의 경우 업무 부문화를 위한 구성 요소를 살펴보면 다음과 같다.

1) 직무 할당

조직에 있어 부문화가 이루어지려면 모든 업무는 각 부문의 구성원들이나 각 부문에 직무로서 할당되어져야 한다. 즉 직무는 조직 구성원들에게 각 각 분할된 업무의 기술적 단위 또는 업무의 총체를 의미한다. 직무가 할당되면 각 구성원은 자기가 해야 할 일을 나누어 받게 된다. 그런 후에 각 구성원들에게 직무를 수행하는데 필요한 조직상의 지위가 부여되는데 이것이 바로 직위이다. 직무할당과 지위할당이 되고 나면 조직은 경영활동을 할 수 있는 준비가 된다.

2) 권한 배분

권한은 일정한 할당된 직무를 스스로 수행하거나 또는 다른 사람으로 하여금 직무를 수행할 수 있도록 하는 공적인 힘이나 권리이다. 이러한 힘은 일을 효과적, 효율적으로 처리하기 위해 합리적으로 배분되어야 한다. 이때 만약 직무의 양과 질에 비해 권한 배분이 잘못된다면 조직의 성과나 분위기 측면에서 비효율성과 악영향을 미치게 된다.

3) 책임 배분

책임은 주어진 직무와 권한을 일정기준에 따라 수행해야 할 책무와 의무를 말한다. 책임에 관한 개념은 크게 책임내용(responsibility)과 책임정도(accountability)로 구분하기도 하는데 전자가 책임 사항으로 이해된다면 후자는 권한 이양의 원칙에 따라 각 개인이 각 지위에서 직무를 수행하게 되는 결과로 발생되는 책임 정도를 의미한다. 책임은 권한과 달리 다른 사람에게 위임될 수 없다.

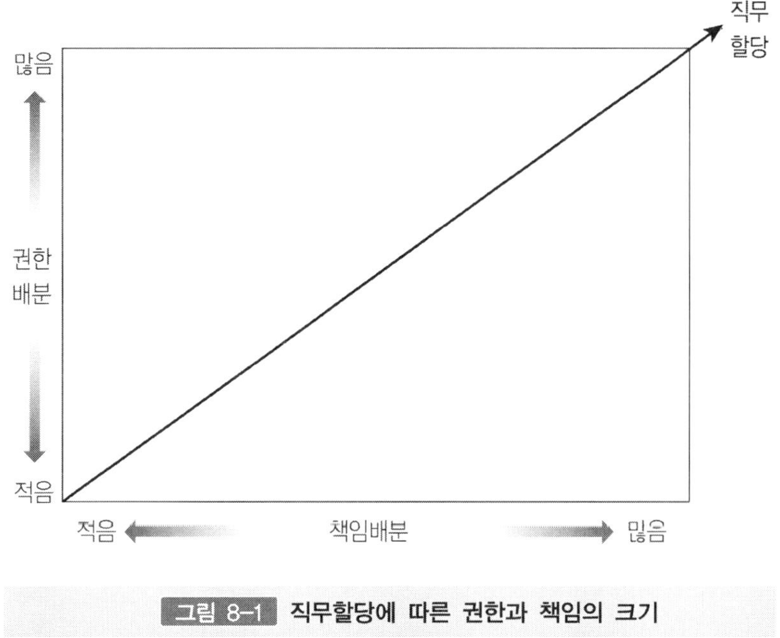

그림 8-1 직무할당에 따른 권한과 책임의 크기

6. 조직의 운영 원칙

조직의 운영 원칙이란 조직이 추구하는 가치와 성격 그리고 조직의 크기에 따라 합리적이고 적절하게 구조화하고 그것을 보다 능률적으로 관리함으로서 조직 목표를 효율적 효과적으로 달성하는데 적용되는 경영 원칙을 말한다.

조직 운영 원칙은 학자마다 다양하게 설명하는데 종합하여 보면 다음과 같다.

1) 명령 일원화의 원칙

명령 일원화의 원칙이란 조직에서의 명령 및 보고의 일원화 체계를 의미한다. 특히 보고의 체계가 2명 이상일 경우 업무 진행의 혼선과 분열이 발생되어 효율적 조직의 성과를 이룩할 수가 없다. 현대 사회에서는 명령을 내리는 리더의 자질과 능력에 따라 한 사람이 명령을 내리는 결정이 과연 전부 옳은 것인가에 대한 재론이 대두되고 있다.

2) 통제 한계의 원칙

조직의 효율적 관리를 위하여 지휘자가 지휘, 통제할 수 있는 이상적인 구성원의 규모가 통제 한계의 원칙이다. 통제 가능한 구성원의 수는 학자마다 조금씩 다르지만 진정한 통제 범위를 정하려 할 때는 통제자의 자질과 능력, 감독해야 할 내용, 현장 여건, 지리적 범위 등을 고려해야 한다.

3) 계층화의 원칙

계층화는 조직의 효율적 관리를 위해 각 계층이나 등급 간에 권한과 책임을 배분하고 명령 계통과 지휘 감독 계통을 확립함을 의미한다. 오늘날 모든 조직은 계층화의 원칙을 갖추고 있다.

그러나 조직 관리에 있어 계층화의 수가 많은 것은 바람직하지 못하다. 계층이 많아지면 의사소통의 장애가 발생되며 의사결정을 신속하게 할 수 없어 업무의 효율성이 떨어져 조직의 성과극대화를 이룩하는데 결정적 원인이 되고 있다.

4) 권한 이양의 원칙

권한 이양의 원칙이란 권한을 가지고 있는 상급자가 부하에게 직무수행에 관한 일정량의 권한을 위임해주는 것이다. 권한이 특정부서나 어떤 한 사람에게 집중되어 있으면 조직에서 성과 극대화를 이룩하는데 저해 요인이 된다. 권한을 위임함으로서 위임받은 구성원의 잠재능력까지 발휘할 수 있도록 하여 소속감 증대, 자부심과 자긍심을 불러일으켜 조직과 개인의 모두 만족을 가져올 수 있게 하기 위해서이다.

5) 전문화의 원칙

복잡 다양한 경영 환경 속에서 효율적 업무를 처리하기 위해 한 개인이 지닌 전문적 지식, 기술, 기능 등을 직무 충실화하여 조직성과에 공헌할 수 있도록 하여야 한다는 것이다. 이는 업무의 세분화, 분업화와도 맥을 같이 하며 기능의 원리라고도 한다.

6) 권한과 책임의 원칙

권한과 책임의 원칙은 각자의 직무와 직위에 적합한 권한과 책임의 상호관계를 명확히 하여야 한다는 것이다. 권한과 책임을 부여받은 경우 지시·명령·자율의 질서 확립에 따른 한계를 명확히 하여야 조직성과를 이룩하는데 효과적이다.

7) 조정의 원칙

조직의 성과 극대화를 이룩하기 위해서는 개인의 목표, 부서의 목표, 그리고 조직의 목표가 일치되어야 하나 사실상 일치 하는 데는 한계가 있다. 이에 따라 목표가 일치되지 않아 발생되는 마찰과 갈등을 최소화하여 개인의 만족, 부서의 만족, 조직의 만족을 가져오게 하는 인간관계 측면에서의 통합을 의미한다.

7. 공식 조직과 비공식 조직

기관이 활성화되려면 기관 내의 구성원들 간의 관계가 좋아져야 할 뿐만 아니라 조직 내·외의 다양한 집단들 간의 관계가 원활히 이루어져야 한다. 조직의 집단은 구조화된 정도에 따라 상대적 개념의 공식 조직과 비공식 조직으로 분류된다. 공식 조직과 비공식 집단의 존재는 바다에 떠 있는 빙산에 비유하여 설명될 수 있으며 바닷물 속에 묻혀 보이지 않는 더 큰 부분을 비공식 조직이라 하여 무의식으로 설명할 수 있다. 조직은 이러한 두 집단이 합쳐져 상호작용을 하면서 조직체로서 존재하는 것이다.

1) 공식 조직(formal organization)

공식 조직이란 조직 구성원들의 권한, 책임, 의무관계가 명확히 표준화되어 있는 조직으로 공식적 의사소통 경로를 갖고 있으며 구체적인 과업수행이나 목적 달성을 위해서 의도적으로 형성된 공식 집단을 말한다.

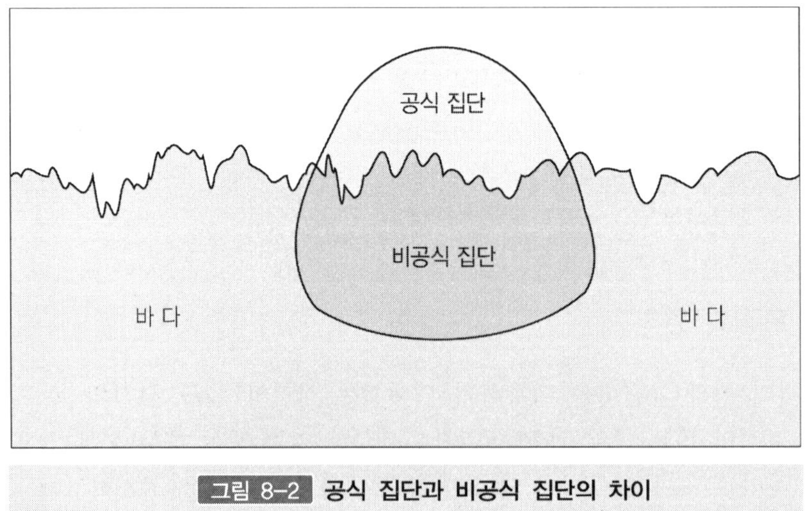

그림 8-2 공식 집단과 비공식 집단의 차이

이러한 공식 집단은 명령집단(command group)과 과업집단(task group)으로 나눌 수 있으며 이는 이미 설정된 목적, 방침, 절차, 규칙 등에 따라야 하므로 유연성이 낮으며 대체적으로 능률과 비용의 논리에 의해 운영된다.

2) 비공식 조직(informal organization)

비공식 조직이란 밀접한 대면 접촉을 통해 자연발생적으로 형성되고 태도, 감정, 관습, 가치 기준 등에 따라 지배 받는 조직이며 조직 목표 달성 외에 다른 목적을 달성하기 위해 자연스럽게 형성된 집단을 말하며 이는 구성원 자신의 이해와 요구에 의하여 구성된다. 따라서 구조화 정도는 낮고 신축성이 높은 조직이다.

비공식 조직은 공식 조직의 표준화 규정과 조직의 가치추구와 조직의 문화 등에 커다란 영향을 미친다. 그러므로 조직 목표를 효율적 효과적으로 달성하기 위해서는 공식 조직과 비공식 조직 접합 관계에서 발생되는 전반적 요소를 경영자는 이해하고 조정하는 꾸준한 노력이 필요하다. 또한 비공식 조직 내에서 발생되는 문제의 요소는 주로 권력(power)이나 지위(status)가 대부분이다.

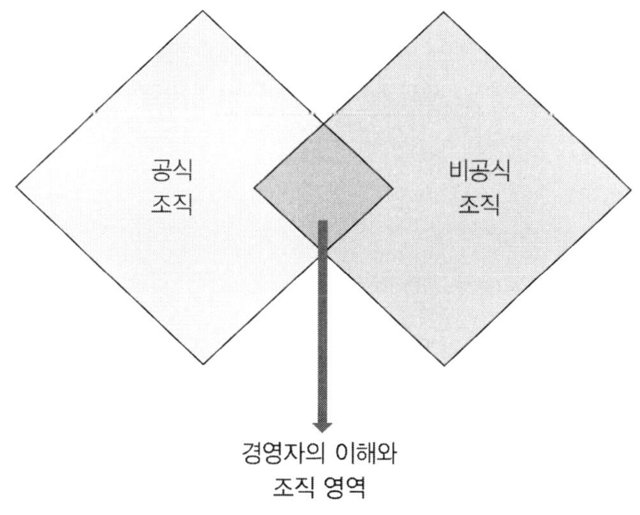

그림 8-3 공식 조직과 비공식 조직과의 관계

조직 역할은 조직 내에 확실한 지위와 권력을 갖게 한다. 조직은 공식적인 과업의 위계나 권한 관계뿐만 아니라 비공식적이며 사회적인 지위 관계도 가지기 때문에 경영자들은 항상 조직의 성과 극대화를 위해 공식 조직과 비공식 조직의 모두를 특히 이해하고 조정을 해야 하며 또한 조직 설계에 있어 경영자는 구성원에게 조직의 성과를 극대화 시키는 비공식적인 방법을 제공하거나 동기 부여를 증가시키기 위한 비공식 조직의 영향력을 충분히 고려해야 한다.

(1) 비공식 조직의 순기능과 역기능

① 순기능

공식 조직에서의 소통의 벽을 뛰어넘어 자유로운 의사표현과 소통을 통해 구성원들이 자기의 만족과 불만족 요인을 토로함으로써 조직은 구성원 개인의 정보를 획득하여 공식 조직에서의 바람직한 개선사항을 반영할 수 있고 구성원 개인은 불만과 소외감, 좌절감의 해소의 장이 될 수 있으며 이로 인하여 구성원의 개인의 만족과 조직의 만족의 일치를 가져올 수 있다.

② 역기능

비공식 집단에서의 자유로운 소통은 왜곡된 정보에 의해 공식 집단에서의 목표와 불일치되는 태도와 가치관 형성으로 인하여 조직을 파벌 및 적대감을 형성하여 공동체를 파괴하고 사기가 저하되어 그 결과가 정실주의 조장을 하게 된다.

8. 조직의 유형

평생교육기관 조직의 유형은 기본분류 기준 유형에 해당하는 일반적 구조 조직과 다원적 구조 조직 그리고 전체조직이 팀 단위로 나누어진 팀 조직 등을 대표적으로 들 수 있으며 그리고 그 모든 조직에서 공통적으로 존재하는 학습조직으로 대별할 수 있다.

평생 교육 기관 조직의 기본 분류 기준 유형의 모델은 다음 〈표 8-1〉과 같다.

표 8-1 평생 교육 조직의 유형

구 분	조 직 유 형
일반적 구조 조직	직능(기능)부제 조직
	사업부제 조직
다원적 구조 조직	프로젝트 조직
	매트릭스 조직

1) 일반적 구조 조직

일반적 구조 조직은 직능(기능)부제 조직과 사업부제 조직이 있는데 직능(기능)부제 조직은 기능별로 단일 구조를, 사업부제 조직은 목적별로 단일 구조를 형성하고 있다.

(1) 직능(기능)부제 조직

직능부제 조직은 조직의 유형 중 가장 일반적인 형태의 조직이이며, 수직적 분화에 중점을 두고 관리자의 업무를 기능화의 원칙 또는 기능별 전문화의 원칙에 따라 부문별로 전문적인 관리자를 두고 지휘, 감독하는 조직형태이다. 구조적 특성은 권한과 권력이 최고 경영자 층에 집중되어 있는 것이 특징이며 대체로 경영규모가 작고 과업이 일상화 되어 있으며 그리고 업무 내용이 명확히 구분되어 있으므로 업무의 양이 많으면서 공식화 정도가 높은 경향이 나타난다. 직능(기능)부제 조직 구성은 기관마다 경영 특성상 차이는 있지만 일반적으로 [그림 8-4]와 같다.

(2) 사업부제 조직

사업부제 조직의 특성은 전문화의 정도가 목적별로 높으며 사업 단위별로 분권화 되어있다. 즉 경영 규모가 커지고 프로그램 종류의 다양성과 복잡성에 따라 부문화 하여 조직 구조가 만들어지는 형태를 말한다. 예를 들면 장애인 교육사업부, 청소년 교육사업부, 여성 교육사업부, 노인 교육사업부,

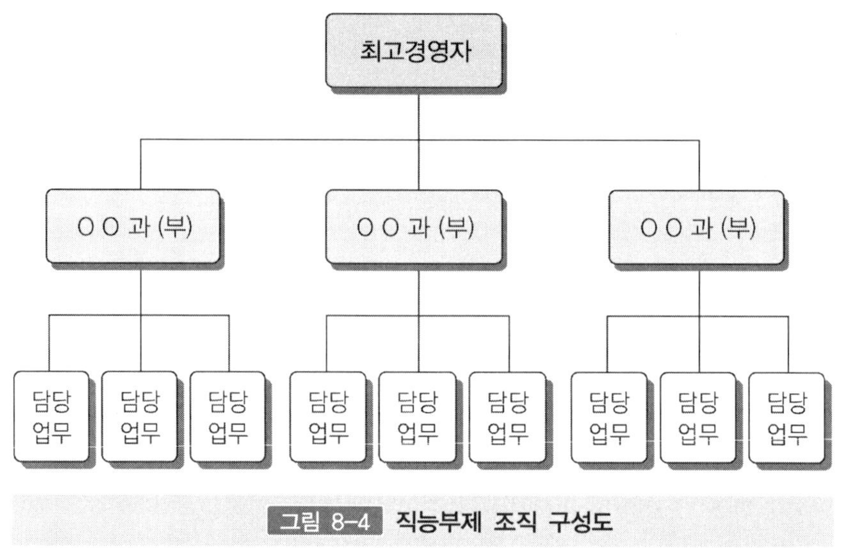

그림 8-4 직능부제 조직 구성도

원격 교육사업부 등이 있으며 이러한 목적별 사업부 안에서 기능별 담당부서 즉 총무부, 프로그램개발부, 홍보부, 운영부 등이 하위 부서로 존재하며, 각 사업부에게 의사결정 권한이 위양되어 관리적 효과를 거두게 하는 조직구조이다.

사업부제 조직의 장점은 사업부 단위별로 책임과 권한이 집중되기 때문에 환경이 불확실하고 비교적 시장의 요구에 빠르게 반영할 수 있을 뿐 아니라 성과에 대한 책임 소재가 분명하다. 따라서 상황과 기관 조직의 목표가 명확한 상태에서의 적합한 조직 모델이다. 단점으로는 사업단위별로 분권화되기 때문에 각 사업부별 목표가 일치가 되어 조직 전체의 목표와 일치시키는데 어려움이 있으며, 부서간의 과다한 경쟁유발 및 사업부간의 유사기능 중복으로 자원낭비 등이 따른다.

사업부제 조직을 그림으로 표시하면 [그림 8-5]와 같다.

2) 다원적 구조 조직

다원적 구조 조직은 프로젝트 조직과 매트릭스 조직이 있는데 다원적 구조 조직은 조직을 기능별 또는 목적별로 단일하게 조직을 구성하는 것이 아니라 기능별, 목적별 구조를 의사계통별로 다양하게 결합시키는 형태이다.

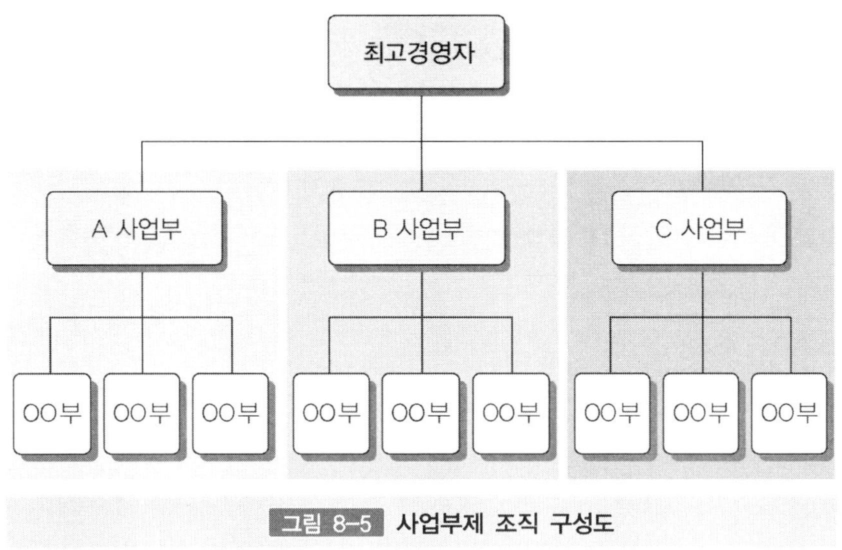

그림 8-5 사업부제 조직 구성도

(1) 프로젝트 조직

프로젝트 조직의 특성은 직능부제 조직과는 달리 전문화의 정도가 낮고 권력이 프로젝트별로 분권화되어 있다는 점이다.

프로젝트 조직은 경영규모가 크고 기술이 일상화되어 있지 않으며 프로그램의 라이프 사이클(life cycle)이 짧고 환경이 불확실한 상황과 조직 목표가 명확하지 않으며 과업이 불확실한 상태에서의 적합한 조직 형태이다. 즉 기술이나 지식을 가진 구성원들이 상호보완성과 자율성을 갖고 신속한 의사 결정을 하여 조직의 목표를 달성하는 일시적 조직이며 목표 달성이 완성되면 팀 조직은 해체 되는 것을 원칙으로 한다. 그러므로 시한성과 혁신성이 높은 사업을 중심으로 조직이 형성된다.

예를 들면 어느 평생교육기관에서 평생교육기관 경영의 성과극대화를 위한 이벤트 행사를 일정기간 계획하고자 할 때 각 사업부 또는 각 부서에서 필요한 인력을 선발하여 팀을 구성하고 행사가 끝나면 팀을 해체하여 팀원들은 자기가 속한 조직으로 원대 복귀하는 조직 형태이다. 이 조직은 기관에서 추진하는 프로젝트 성향과 크기 그리고 양에 따라 조직 구성 도는 다르지만 위 예를 설명한 내용의 일반적 프로젝트 구성 도를 살펴보면 [그림 8-6]과 같이 나타낼 수 있다.

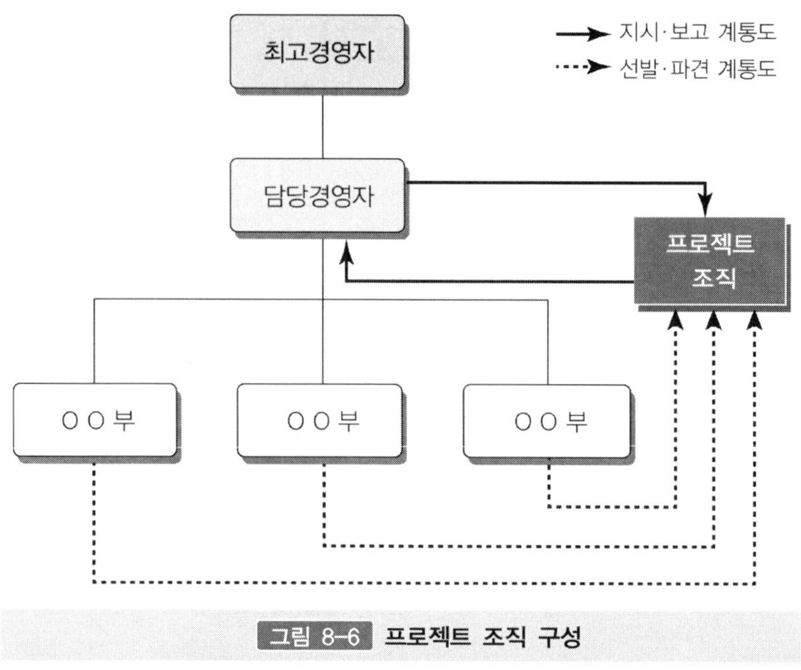

그림 8-6 **프로젝트 조직 구성**

(2) 매트릭스 조직

매트릭스 조직의 특성은 대체로 프로젝트 모델과 유사한 성격을 지닌다. 권력이 분권화 되어 있으며 복잡성은 상대적으로 낮은 편이며 전문화, 집권화, 공식화 정도도 낮은 편이다. 그러므로 이 조직은 경영규모가 크고 기술이 일상화 되어 있지 않으며 환경이 불확실한 상황과 조직 목표가 불확실한 상태에서 적합한 조직이다. 그러나 이는 프로젝트 조직에 비해 상대적으로 명확하고 정형화 된 목표, 상황 및 구조적 특성에 적합하다 할 수 있다.

매트릭스 조직은 일반적 조직 즉 직능(기능)부제 조직과 사업부제 조직을 결합하여 지시·명령·체계와 성과의 책임, 보상 체계를 갖춤으로서 급변하는 환경에 대처하기 위한 조직 형태이다. 매트릭스 조직의 장점으로는 인적자원의 적재적소 배치에 따른 업무의 효율성을 창출할 수 있으며 단점으로는 직능(기능)별, 목적(프로젝트)별에서 발생하는 지시. 명령. 보고 체계가 이원화 될 가능성이 높다. 매트릭스 조직 구조도를 예를 들어 살펴보면 다음 [그림 8-7]과 같이 나타낼 수 있다.

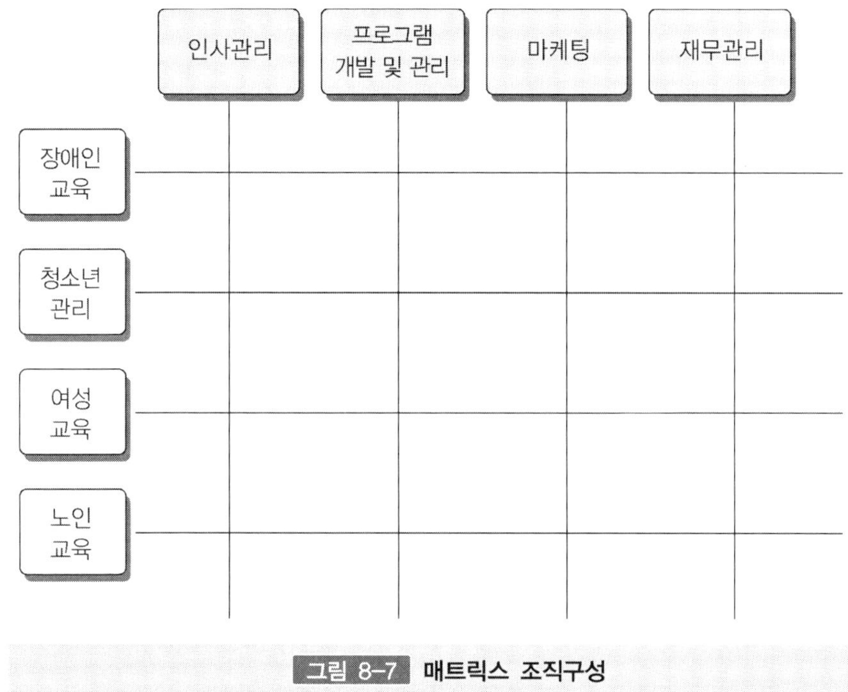

그림 8-7 매트릭스 조직구성

3) 팀 조직

전체조직이 팀 단위로 나누어진 조직을 말한다. 팀의 각 구성원은 팀이 담당하는 과제에 전문가이면서 여러 가지 업무를 수행 할 수 있어야 한다. 팀 구조를 갖는 조직은 급속히 변하는 경영환경을 신속히 수용할 수 있어야하기 때문에 의사결정이 신속히 이루어지며, 명령계통이 짧고, 조직구성원 간에 전체적으로 수평적인 관계를 갖는다. 조직 전체를 팀 단위로 구성하기보다는 기존 조직 구조인 일반적 구조 조직과 다원적 구조 조직을 보완하기 위해 부분적으로 도입되는 것이 일반적이다.

팀조직을 효과적으로 경영하기 위해서는 다음의 요건을 갖추어야 한다.

첫째, 팀 구성원의 공통성(community)이다. 이는 팀 구성원들이 팀의 목표업무의 경험의 유사성 과 기술보유의 유사성 등을 말한다. 지식의 의사소통이 장애를 받지 않고 신속히 의사결정을 할 수 있고 다각적인 사고가 상호 가치 교환을 이루어 하나의 융합된 창의성이란 산출물을 창조할 수 있다.

둘째, 민주적·수평적 조직이다. 이는 상사가 지시와 명령으로 팀을 이끄는 것이 아니라 주어진 목표를 달성하기 위해서 당해 목표업무에 최고 경력을 많이 가지고 있고 능력이 있는 구성원 중 한명이 팀장 역할을 맡아 팀을 이끌어나간다. 민주적·수평적인 조직을 이끌어 효과적인 집단 의사 결정 방법인 브레인스토밍(brainstorming), 고든법(Gordon method), 명목집단(Nominal Group Technique)법, 델파이(Delphi)법 등을 사용하여 아이디어를 창출할 수 있는 팀 경영 분위기를 권장한다.

4) 학습조직

학습조직(learning organization)은 1980년대 말 미국 MIT대학의 피터 센지(peter Sange) 교수에 의해 처음으로 제시되었다. 급변하는 경영 환경 속에서 승자로 살아남기 위해서는 조직 구성원이 학습할 수 있도록 조직이 모든 기회와 자원을 제공하고 학습 결과에 따라 지속적 변화를 이루어 조직, 즉 학교의 모습을 지녀야 한다는 것으로 요약된다. 학습조직은 환경변화에 능한 조직구축의 필요성이 갈수록 커지고 있다는 데에서 출발한다. 거창한 구조개혁이나 인원감축에 의한 기존의 혁신이 지속적인 변화를 유발하지 못한 채 단발성으로 끝나고 있다는 반성으로부터 태동했다.

경쟁사회에서 승리하여 생존할 수 있는 유일한 방법은 학습뿐이라는 것이 강조됨에 따라 항상 배우는 문화와 조직을 구성하는 데 역점을 둔다. 학습조직은 조직도 개인과 마찬가지로 지식과 정보에서 힘을 발휘한다고 전제한다.

따라서 학습조직은 인간, 조직, 기술을 유기적으로 통합하여 조직의 성과를 극대화하며 지식의 경제적 가치를 효과적으로 관리하는 데 역점을 두고 있다. 학습조직은 일정한 시점에서 완료되는 것이 아니라 조직 구성원들 간에 끊임없이 학습을 통해 지속적으로 변화해가는 것을 추구한다.

센지(peter Sange) 교수는 조직 구성원들의 개인학습이 기초가 되어 조직의 힘으로써 시너지를 발휘하기 위해서는 다음과 같은 원칙이 필요하다고 제시하였다.(박광량 외 역, 1996)

(1) 개인적 숙련

개인적 숙련(Personal Mastery)은 개인의 지식, 기술의 고도화 및 바람직한 태도를 형성하기 위해 개인적 잠재역량을 키워나가는 노력의 행위를 의미한다. 개인적 숙련은 미래에 이루고자하는 비전 및 목표와 현재 상태 사이에 존재하는 차이를 충족시키기 위해 끊임없이 학습활동을 전개하여 삶의 전반에 걸쳐 만족할만한 전문가 수준으로 도달하는 것을 의미한다.

여기에서 구성원들의 자기숙련을 위해서는 조직의 리더는 구성원들을 위해 외적(물적), 내적(정신적)인 동기부여로 이끌어줘야 하며, 구성원들은 이상적 자아(ideal self)와 자긍심을 향상시키는 방안에 대해 스스로 노력해야 한다. 그리고 조직이 경영자는 수직적인 의사소통구조에서 수평적 의사소통구조의 문화를 정착시켜 구성원들에게 업무의 위임(empowerment)을 해야 한다.

(2) 정신모델

정신모델은 주변에서 발생하는 현상들을 이해하는 인식체계로서 학습조직을 위한 철학적, 심리학적으로 정의될 수 있는 정신기능의 총체로서의 기초가 되는 기반을 의미하며, 무엇을 어떻게 보느냐를 결정하고 어떻게 행동할지를 이끈다. 일단 개인이 어떤 지식이나 관점을 가지고 세계를 근본적으로 인식하는 방식이나 틀이라고 하는 세계관(worldview)이 정립되면 그것을 바꾸는 일은 쉽지 않으나, 학습문화 속에서는 자신이 가지고 있는 기존의 정신모델을 지키고 정당화하려는 요구에서 벗어나 새로운 정신모델에 도전하고 시도해 볼 수 있다.

(3) 비전공유

비전은 조직이 나가야할 미래희망의 지향점이며 좌표인 것이다. 비전은 조직의 핵심가치를 반영해야 하며 현재지향하고 있는 가치에 혁신을 더해야 한다. 또한 비전은 성과 창출보다 더 근본적이고 상위의 가치인 조직의 존재목표 또는 사명, 유지해야할 핵심가치, 그리고 도전할 만한 목표 등의 요소로 구성된다.

따라서 비전공유는 지속적이고 혁신적인 학습활동을 전개할 수 있는 에너지를 제공한다. 조직이 추구하는 방향이 무엇이며, 그것이 왜 중요한지에 대해 모든 구성원들이 공감대를 형성하는 것이다. 따라서 비전은 특정개인이나 소수집단에 의해 제시되는 것이 아니라 구성원개개인의 비전과 조직의 비전 간에 끊임없는 대화통해 형성된다. 기존의 사고방식을 넘어 새로운 전략적 기회를 발견해 내는 생성적 학습을 위해서 빈전이 반드시 필요하다.

(4) 팀 학습

팀 학습(Team Learning)은 개인수준에서 학습을 증진시키는 동시에 개인학습이 합보다 더 큰 학습효과를 달성하는 것이 목적이다. 팀 학습은 구성원들 간에 대화와 공동사고로부터 시작되며, 대화와 토론이 팀 학습의 핵심요소가 된다. 이는 정신활동의 발달 즉, 혼자 머릿속에서만 생각했을 때 보다 대화나 토론을 통해서 주변사람들과 소통을 하다보면 자신의 논리점이 발견되어 올바르게 수정하게 되는, 논리성 향상을 가져다준다.

따라서 팀 학습은 개개인의 노력보다는 팀 구성원들의 합쳐진 노력이 단순한 개인의 힘을 더한 것 보다 나은 시너지 효과를 가져 온다. 이러한 팀 학습이 개인학습과 조직학습을 연결시켜 줌으로써 학습조직의 모습을 갖추게 된다.

결론적으로 학습조직을 이해하려면 체제적 사고의 개념을 이해해야한다.

체제적 사고함은, 현상을 이해하고 이를 바탕으로 문제를 해결하려는 수단이다. 이러한 사고는 단순한 선형적인 관계가 아닌 복잡한 변인사이의 상호 의존관계와 역동적 변화과정을 이해하는데 초점을 둔다. 또한 시스템사고는 전체를 인지하고 포함된 부분들 사이의 순환적 인과관계 또는 역동적인 관계를 이해할 수 있게 하는 사고의 틀을 의미한다. 따라서 학습조직이란 환경변화를 감지하여 조직의 지혜로 축적하고 이를 일상적인 경영활동에서 실천해 가는 '知行조직(알고 행하는 조직)'에 오히려 근접하며, 더 나아가 축적된 지혜를 바탕으로 창조성을 발휘하여 환경을 이끌어 나가는 창조적인 조직이라 할 수 있다.

이에 따라 성공적인 학습조직이 되려면, 기존의 고정관념에서 탈피(정신모델)하여 개인의 지속적인 자기개발을 위해 노력하며(개인적 숙련), 조직의 시스템에 대한 완벽한 이해를 바탕으로(시스템 사고) 누구나 동의 할 수 있는 미래의 이미지를 설정하여 공유하고(비전공유), 조직구성원들이 개인의 능력을 뛰어넘어 지혜와 능력을 구축할 수 있도록 함께 노력해야 한다는(팀 학습) 것을 알 수 있다. 그리고 학습조직은 일반구조 조직인 직능(기능)부제 조직과 사업부제 조직, 다원구조 조직인 프로젝트 조직과 매트릭스 조직 그리고 전체 조직이 팀 단위로 나누어지는 팀 조직 등에 공통적으로 존재하는 조직으로 이는 공식 조직(formal organization)뿐 아니라 비공식 조직(informal organization)에서도 중요성이 더해가고 있다.

본 장의 정리

☞ 본 장의 학습을 완료했다면 다음 내용들을 구체적으로 이해할 수 있어야 한다.

□ 조직이란 공동체 목표달성을 하기 위해 존재하며 필요한 여러 가지 활동을 분담하고 상호 협력하여 수행하는 사람들의 집합체이며 모든 조직은 공통적 특성을 지니고 있다.

조직의 공통적 특성의 첫째는 조직은 여러 사람들의 협력적 집합체이다. 둘째, 조직은 공통의 목표를 가지고 목표 지향적 활동을 한다. 셋째, 조직은 조직구조화를 이룬다. 넷째, 조직은 공식적인 권한구조를 기반으로 한다. 다섯째, 조직은 정부나 학습자 및 유관집단 등과 같은 이해관계 집단 등의 조직 내·외부 환경과 경계를 가지면서 상호작용하는 하나의 사회체계이다.

□ 조직 내에서 업무의 공식적인 배정을 조직구조(organizational structure)라고 하고, 이러한 조직구조를 생성하는 절차를 조직화(organizing)라고 한다.

즉, 조직화는 조직을 설계하여 조직이 추구하는 기능과 성격 그리고 조직의 크기에 따라 조직 구조화 하고 자원을 조달하여 적재적소에 배치하는 기관 경영 활동이다. 이에 조직구조는 목표를 달성하기 위한 전략에 적합한 조직구조가 되어야 하고 실행과정에서 급격한 환경의 변화로 인한 전략이 바뀌게 될 때는 즉시 조직 구조도 바꿀 수 있도록 신축적인 틀을 마련해야 한다.

□ 조직 구조를 개발하거나 변경하기 위한 조직을 설계할 경우에는 일반적으로 다음과 같은 다섯 가지요소를 고려한다.

1) 업무전문화(work specialization)
2) 부서화(departmentalization)
3) 명령계통(chain of command)
4) 통제범위(span of control)

5) 집중화 · 분산화(centralization · decentralization)

□ 조직 구조의 특성요인은 목표를 달성하여 성과극대화를 이룩하기 위해 경영자원을 적재적소에 배치하는 과정으로서 조직 활동의 틀을 어떻게 구성할 것인가를 결정하는 것이다.
조직구조화의 구성요소는 첫째, 조직 내 과업의 분업화 정도를 의미하는 '복잡성'을 들 수 있으며 둘째, 의사결정권한이나 통제의 권한이 어느 계층의 한곳에 집중되어 있는 정도를 말하는 '집권화'이다. 셋째, 조직구성원의 행동을 지휘, 명령, 통제하는데 표준화(규정, 규칙, 절차 등)를 적용하는 수준을 의미하는 '공식화'이다.

□ 조직이 각종 기능과 경영활동을 원활히 수행하기 위해서는 조직의 구성요소들이 합리적으로 조화를 이루어야 한다.
조직에서의 업무 부문화를 위한 구성요소는 첫째, 직무할당이다. 직무할당은 수행하여야 할 업무에 대하여 일의 질과 양, 그리고 일의 기능에 따라 구성원들이나 각 부문에 직무할당 부여를 말한다. 둘째, 권한배분이다. 권한은 일정한 할당된 직무를 스스로 수행하거나 또는 다른 사람으로 하여금 직무를 수행할 수 있도록 하는 공식적인 힘이나 권리이다. 셋째, 책임 배분이다. 책임은 주어진 직무와 권한을 일정기준에 따라 수행해야 할 책무와 의무를 말한다.

□ 조직의 운영원칙이란 조직이 추구하는 가치와 성격, 그리고 조직의 크기에 따라 합리적이고 적절하게 구조화 하고, 보다 능률적으로 관리함으로서 조직목표를 효율적 효과적으로 달성하는데 적용되는 경영원칙을 말한다.
조직의 운영원칙은 ① 명령일원화의 원칙, ② 통제 한계의 원칙, ③ 계층화의 원칙, ④ 권한이양의 원칙, ⑤ 전문화의 원칙, ⑥ 권한과 책임의 원칙, ⑦ 조정의 원칙 등을 말한다.

□ 공식 조직은 구체적인 과업수행이나 목적달성을 위해 의도적으로 형성된 공식 집단을 말하며, 비공식 조직은 밀접한 대면 접촉을 통해 자연발생적으로 형성되며 조직 목표 달성 외에 다른 목적을 달성하기

위해 자연스럽게 형성된 집단을 말한다.
비공식 조직은 공식조직경영에 커다란 영향을 미친다. 따라서 조직목표를 효율적, 효과적으로 달성하기 위해서는 공식조직과 비공식 조직 접합관계에서 발생되는 전반적 요소를 경영자는 이해하고 조정하는 노력이 필요하다.

□ 기관조직의 유형은 일반적 구조 조직인 직능(기능)부제 조직과 사업부제 조직이 있으며 다원적 구조 조직인 프로젝트 조직과 매트릭스 조직이 대표적이다. 그 이외에 팀 조직이 있다.
일반적 구조조직인 직능(기능)부제 조직은 기능별로 단일구조를, 사업부제조직은 목적별로 단일구조를 형성하고 있다. 또한 다원적 구조조직인 프로젝트 조직과 매트릭스 조직은 조직을 기능별, 또는 목적별로 단일하게 조직을 구성하는 것이 아니라 기능별, 목적별 구조를 의사계통별로 다양하게 결합시키는 형태이다. 팀 조직은 기존 조직구조인 일반적 구조조직과 다원적 구조조직을 보완하기 위해 부분적으로 도입되는 것이 일반적이다.

□ 조직구성원들의 개인학습이 기초가 되어 조직의 힘으로써 시너지를 발휘하기 위해서는 다음과 같은 원칙이 필요하다.
성공적인 학습조직이 되려면, 기존의 고정관념에서 탈피(정신모델)하여 개인의 지속적인 자기개발을 위해 노력하며(개인적 숙련), 조직의 시스템에 대한 완벽한 이해를 바탕으로(시스템 사고) 누구나 동의 할 수 있는 미래의 이미지를 설정하여 공유하고(비전공유), 조직구성원들이 개인의 능력을 뛰어넘어 지혜와 능력을 구축할 수 있도록 함께 노력해야 한다는(팀 학습) 것을 알 수 있다.

제  장

평생교육기관 경영의 리더십

※ 이 장을 끝마칠 때 다음 내용들을 이해해야 한다.

- □ 리더, 리더십 개념 그리고 리더십 개념 범위를 이해하는가?
- □ 리더십의 속성과 지향점을 이해하는가?
- □ 리더십 전통이론을 알고 있는가?
- □ 리더십 현대이론 중 구성원의 자율능력과 개발을 중시하는 이론이 왜, 중요하게 대두되는가?
- □ 리더십 현대이론 중 리더의 변화주도 역량을 중시하는 이론이 왜 중요하게 대두되는가?
- □ 리더십 현대이론 중 리더의 윤리적 품성과 봉사를 중시하는 이론이 왜 중요하게 대두되는가?
- □ 글로벌 사회에서 그리고 같은 나라 내의 각 조직에서의 문화 차이에 따른 리더십이 왜 존재하고 중요한가?

훌륭한 팀을 이룩하기 위해서 리더가 할 수 있는 유일한 방법은 구성원 모두가 한 결 같이 비전의 맛을 느끼게 하고 그 맛을 스스로 사랑하게 만드는 것이다.

\- 백 석 -

리더 자질과 능력의 기본이 되는 "신언서판(身言書判)"은 조직의 성과를 극대화시키는 성장 동력이다

"신언서판(身言書判)"은 사람의 풍채와 언변과 문장력 그리고 판단력으로서, 선비가 지녀야 할 네 가지 미덕을 말한다. 이는 중국 당나라 때 관리를 선발하는 시험에서 인물 평가 기준으로 삼았다고 한다.

우리 인간은 조직을 떠나서 살 수가 없으며, 모든 조직은 그 조직이 추구하는 비전과 목표를 세워놓고 그 목표달성 성과극대화를 이룩하기 위해 부단히 노력하고 있다.

성과극대화를 이룩하기 위해, 무엇보다도 가장 중요한 것은 그 조직을 이끌고 지휘하는 리더의 리더십이라고 말 할 수 있다. 이에 "신언서판(身言書判)"은 현대사회 각 조직에서 리더 들이 지녀야 할 자질과 능력의 기준으로 삼아도 아무런 손색이 없을 것 이다.

첫째, "신(身)"이란 사람의 풍채와 용모를 뜻하기도 하지만, 조직 속에서의 리더는 무엇보다도 자신의 정체성을 분명히 표출해야 하며, 신체적인 건강과 정신적인 건강, 이 모두가 튼튼하고 건전해야 한다는 것이다. 그래야 스스로 능력이 있고 믿는, 믿음의 정도가 커져서 조직을 이끌어 나가는데 수월한 반면, 구성원들로부터 리더의 자격을 인정을 받을 수 있기 때문이다.

둘째, "언(言)"이란 말을 잘 하는 재주나 솜씨를 말하기도 하지만, 조직 속에서의 리더는 말을 잘해야 한다는 의미를 뛰어넘어 아름답고 고운 말과 정직하고 균형 잡힌 말솜씨 그리고 상대방에게 감동을 주어 흡입력이 강한 언변술을 발휘하여야 리더십이 효과를 창출해 낼 수 있는 것이다.

셋째, "서(書)란 글씨를 잘 써야 한다는 필적(筆跡)의 의미도 있지만, 조직 속에서의 리더는 글을 많이 알아야 한다는 것이다. 이는 바로 지식을 말하며, 그 지식은 다방면에서 해박한 지식과 그리고 그 지식은 전문가 수준 이상으로 깊이가 깊어야 된다는 것이다. 그래야 부하들이 상사를 리더로 인정하고 따르게 되는 것이다.

넷째, "판(判斷)"은 '문리(文理)' 곧 사물의 이치를 깨달아 아는 판단력을 뜻하기도 하지만 조직 속에서의 리더는 신속하고 정확한 의사결정능력과, 원칙은 갖되 유연성도 함께 유지하여야 하며, 환경에 따라 상황 적합한 리더십을 발휘해야 한다는 것이다. 아무리 '신언서(身言書)'가 훌륭하고 뛰어나다 하더라도 사물의 이치를 깨달아 아는 능력이 없으면 리더는 리더로서의 자격을 인정받지 못하게 된다는 것이다.

리더의 자질과 능력은 리더 자신이 기준을 정하고 평가하는 것은 결코 아니다. 리더의 자질과 능력의 평가는 리더가 평소에 조직과 구성원들을 위해서 리더의 역할을 수행해 나가는 과정에서 구성원들이 리더를 평가하여 '특수신용'이란 사회적 자본을 부여 했을 때 비로소 리더의 자질과 능력을 인정받게 되는 것이다.

리더의 자질과 능력의 가장 기본이 되는 "신언서판(身言書判)"을 완벽하고 지속성 있게 유지하기란 그리 쉽지는 않을 수도 있다. 그러므로 다른 사람들을 이끌려하기 전에 자기스스로부터 제대로 이끌 줄 아는 방법을 알아야 한다. 따라서 리더는 자기관찰을 섬세히 하여 문제가 발생할시 자기벌칙이란 셀프리더십을 통해서 자신을 바람직한 방향으로 이끌어 나가줄 아는 능력을 키워나가야 한다는 것이다.

"'특수신용'이란 커다란 사회적 자본을 쌓기는 어렵지만 잃는 것은 한순간이 될 수 있다."라는 말을 조직생활 속에서 늘 명심한다면 틀림없이 성공리더로 거듭 탄생 할 수 있을 것이다.

(한국서예신문, 2019. 12. 1. 백석)

리더십은 기관 경영의 관리과정에서 계획 수립이 완료되고 그 확정된 계획을 성공적으로 목표를 달성하기 위해 조직화의 실행이 이루어지면 구성원을 대상으로 조직의 목표와 개인의 목표가 일치되어 개인의 만족과 조직의 만족 모두를 가져오게 하는 의사소통 그리고 동기부여와 함께 일련의 기관 경영 지휘 활동이다. 아무리 계획 수립이 잘 되어 있고, 조직화가 잘 되었다 하더라도 구성원을 대상으로 리더십이 잘 이루어지지 않으면 성과 극대화는 이룩할 수가 없다.

1. 리더의 개념

리더는 우리말로 지도자, 지휘자, 인솔자 등을 총칭하여 이는 조직 속에서 사람들을 이끌어 가는 사람을 뜻한다. 리더는 공식리더(formal leader)와 비공식 리더(informal leader)로 나누어진다. 공식리더란 조직라인상의 책임자를 말한다. 기관의 기관장, 팀장, 부서장, 그리고 교육 부문 책임자, 프로그램 운영 책임자, 교육프로그램 담당자, 시민사회 단체의 간사, 각종 연수원 및 수련원의 교관 등이다. 이들은 조직이나 부서의 목표달성을 위해 구성원들을 이끌어야 하며 이에 대한 공식 권한을 가진다. 이들은 본인의 의지에 관계없이 리더십을 발휘하게 되는데 리더개인에 따라 리더십의 차이가 발생한다. 비공식리더는 공식적인 라인상의 책임자는 아니지만 조직 구성원들에게 실질적인 영향력을 발휘하여 조직을 이끄는 사람이다.

예를 들면 기관에서 팀장보다 부 팀장이 구성원들에게 더 영향력을 발휘하여 팀을 이끌어 간다면 그 부 팀장은 비공식리더이며, 실질적 리더라고 하며 팀장은 공식적 리더, 형식적 리더라고 한다. 비공식리더는 공식리더로부터 권한위임을 받아 팀을 이끄는 경우와 또 다른 하나는 공식 리더보다 다른 영향력으로 구성원들의 추종과 지지를 받고 문제 해결능력이 뛰어난 경우에 비공식 리더가 존재한다.

2. 리더십 개념

리더십은 조직경영의 관리과정에서 계획 수립이 완료되고 그 확정된 계획을 성공적으로 목표를 달성하기 위해 조직화의 실행과정에서 구성원을 대상으로 조직의 목표와 개인의 목표가 일치되어 개인의 만족과 조직의 만족 모두를 가져오게 하는 의사소통 그리고 동기부여와 함께 일련의 조직경영 지휘 활동이다. 아무리 계획 수립이 잘 되어 있고, 조직화가 잘 되었다 하더라도 구성원을 대상으로 리더십이 잘 이루어지지 않으면 성과극대화는 이룩할 수가 없다.

리더십의 다양한 정의를 찾기란 참으로 어렵고 또한 한 가지로 국한시키는 것도 바람직하지는 않은 것 같다. 이것은 리더십을 바라보는 시대의 환경변화와 리더십을 바라보는 학문적 관점이 다르기 때문일 것이다. 이러한 상당한 이유는 리더십에 대한 풍부한 개념의 영역이 넓다는 방향으로 해석하면 바람직할 것이다. 따라서 심리학자들이 이해하는 리더십, 사회학자들이 바라보는 리더십, 그리고 정치학적 측면에서 해석하는 리더십의 초점은 다를 수밖에 없다. 이에 본서에서는 풍부한 개념의 영역의 리더십을 리더십과 인간관계 측면에서 접근하여 리더십 개념을 다음과 같이 정리한다.

리더십은 일정한 상황 하에서 조직의 목표나 내부 구조의 유지를 위하여 구성원들이 자발적으로 조직 활동에 참여하여 그들의 역량발휘와 잠재역량 개발을 통해 직무성과가 향상되도록 변화시키는 활동을 통하여 조직의 목표를 성과 극대화 할 수 있도록 유도하는 능력을 말한다.

3. 리더십 개념의 범위

리더십의 중요한 논점은 경영과의 관계이다. '경영을 잘 한다'와 '리더십이 좋다'라는 말은 차이가 있다. 경영의 대상은 조직이고 리더십의 대상은 사람이다. 가령 경영자가 기관 경영을 하기 위해서는 기관의 비전 및 사명 설정, 경영환경 분석, 재무관리, 인사관리, 마케팅, 프로그램 개발 및 관리, 정보시스템 관리 등 조직의 전반 운영에 요구되는 모든 활동이 포함된다. 한편 리더십은 경영이 조직 운영에 요구되는 모든 활동임에 비해 본질적으로 인간을 통솔하는 활동이다. 일반적으로 프로그램 개발, 관리 및 재무관리를 잘한다고 해서 리더십이 뛰어나다고 말하지는 않지만 프로그램 개발, 관리 담당자나 재무관리 담당자를 잘 다루는 능력은 리더십이라 말한다.

4. 리더십의 속성과 지향점

모든 조직이 있는 곳에 리더십은 존재한다. 리더십은 조직과 인간의 내적, 외적의 속성이 복합적으로 이루어져 형성된 사회적 개념이므로 단편적으로 리더십의 속성과 지향점을 이해하기는 그리 쉽지는 않지만 대체로 살펴보면 다음과 같다.

1) 리더십의 속성

(1) 리더십은 모든 조직이 있는 곳에 존재하는 일반적 현상이다. 사람들이 상호작용하는 곳에는 리더와 리더십이 존재한다.

(2) 리더십은 불확실한 상황에서도 구성원들을 주도적으로 이끌어 갈 수 있는 능력이다. 리더십은 평상시보다 조직이 어려운 환경에 처한 때에 더욱 가치가 나타난다.

(3) 리더십은 리더와 구성원 간에 유·무형의 가치거래적 교환이 이루어지는 활동이다. 리더는 구성원들을 대상으로 구성원들이 추구하는 가치제공과 동기부여를 통해 구성원들의 더 큰 성과를 기대한다. 반면 구성원들은 노력의 투입가치보다 얻고자 하는 산출 본능이 더 크다. 즉 인간은 이타주의보다 이기주의적 본성이 강하기 때문에 리더십은 거래적 교환의 속성을 갖게 된다.

(4) 리더십은 리더와 구성원 간 상호작용의 동태적 과정이다. 리더가 구성원들을 대상으로 일방적 영향을 주는 고정된 역학 관계가 아니라 구성원들이 리더에게 오히려 영향을 주어 리더십을 발휘하는 동태적 상황이 발생하기도 한다.

(5) 리더십은 리더의 독특한 개성적인 특성이 갖추어졌을 때 더욱 리더십이 영향력이 커진다. 리더십은 리더의 자질과 능력을 골고루 모두 갖추어졌을 때 보다 몇 가지 독특한 카리스마적 특성이 강하게 작용할 때 더욱 영향력이 커진다.

(6) 리더십은 사용의 정도와 방법에 따라 효용이 달라진다는 점에서 가치중립적인 것이다. 가령 리더의 높은 지능은 리더의 덕목이 될 수 있지만 부하들을 무시하게 되면 오히려 리더십 장애가 된다. 그리고 용기는 리더의 자질과 능력이 될 수 있지만 잘못 사용하면 오히려 나쁜 결과가 나올 수 있다. 또한 리더십은 늘 좋은 리더십만 의미하는 것은 아니다. 히틀러나 사이비 교주처럼 나쁜 리더가 얼마든지 존재한다.

리더십의 속성 : 인격은 특수신용의 원천이다

상당수의 사람들은 훌륭한 인격을 갖추어 타인으로부터 존경과 인정받기를 희망하고 노력하는가 하면, 또 한편으로는 명예와 권력과 부를 쫓기에 여념이 없다. 그러나 아무리 명예와 권력 그리고 부를 축적했다 하더라도 인격이 상실되면 그 모든 것을 잃게 되는 것이다.

인격의 사전적 의미는 '사람의 됨됨이'로 표현할 수 있다. 그리고 '사람의 됨됨이'는 품격, 인품, 인성, 인간성 등과도 밀접한 관련이 있으며, 이러한 관련된 단어를 종합하여 요약한다면, 도덕적 행위의 주체로서, 진위(眞僞)·선악(善惡)을 판단 할 수 있는 능력과 자율적 의지 등을 지닌 존재로 정리할 수도 있다.

비윤리적이고 비도덕적인 사람, 줏대 없고 의리도 없는 기회주의자, 원칙 없는 처세술 등은 인격을 상실한 사람이다. 이러한 사람들의 처세술과 행동은, 당장은 별다른 문제없이 도움이 될지 모르지만 결국에는 자신을 파멸의 지름길로 몰고 가는 것이다.

인격은 그릇의 크기와 같다고 말 할 수 있다. 그러므로 인격의 크기도 그릇의 크기와 같이 모두 다르기 마련이다. 그릇의 크기가 작은 사람들을 한 꺼풀 벗겨놓고 보면, 그 중심에는 무능과 비인격적 요소가 자리 잡고 있다. 무능하고 비인간적인 사람이 자신의 본질을 감추기 위해 인격이라는 가면을 쓰고 있는 것이다. 그렇기 때문에 자신은 인격자라고 자신하지만, 타인이 평가할 때는 인격자가 될 수 없는 것이다.

인격을 상실한 사람은 삶의 방향을 잃어 결국에는 버림받게 된다. 특히 조직에서 리더는 부하 구성원들로부터 '특수신용'을 상실하게 되어 더 이상 리더로서의 존재가치를 잃게 된다. 특수신용은 리더가 부하구성원에게 믿음을 제공해주고 기대와 욕구를 충족 시켜줄 때 바로 특수신용이 발생하는 것이다. 사람의 마음은 잔인하게도 백번 잘해도 한번 실수를 기억하고 좋았던 그 수많은 기억보다, 단 한 번의 서운함에 오해하고 실망하게 하여 상대의 믿음에 대한 특수신용을 철회하게 되는 것이다.

'특수신용'이라는 것은 쌓기는 어렵지만 잃는 것은 한 순간이다. 선출된 대통령이 초기에는 인지도가 높다가 시간이 지나면서 임기가 가까워질수록 점차 인기가 떨어지게 되는 현상을 볼 수 있다. 그 상당한 이유를 살펴보면, 초기에는 국민들이 대통령에 대한 기대와 신뢰 그리고 욕구가 높아졌다가 시간이 흐름에 따라 점차 낮아지기 때문이다.

그렇다면, 리더는 어떻게 인격을 소중히 보관하여 '특수신용'을 쌓을 수 있단 말인가?

항상 공명정대하며 청렴결백하고 자신의 인격을 소중히 보전한다는 것은 분명 그리 쉬운 일은 아니다. 인격을 지키는 일은 가장 위대한 힘과 인내가 필요한 것이다. 인내는 온갖 미움, 증오, 분노, 배타심 그리고 탐욕들을 마음 속에서 싹틀 때마다 빨리 인지하고 과감히 결단력 있게 퇴치시키는 것이다. 그리고 리더 스스로 인간이 갖추어야 할 높은 도덕적 의무와 윤리의식을 함께 키워나가야 한다는 것이다. 인격은 명예와 권력 그리고 재산보다 소중함을 명심해야 한다. 인격이 상실되면 그 모든 것을 잃게 되기 때문이다.

(한국서예신문, 2021. 1. 1. 백석)

2) 리더십의 지향점

(1) 리더십은 부하와 성과의 긍정적인 변화를 지향하는 노력이다. 리더십의 일반적 과정은 마음의 변화 → 행동의 변화 → 성과의 변화이다. 즉 리더십은 마음과 행동의 바람직한 긍정적 변화를 거쳐 성과의 극대화가 이루어질 때 더욱 가치가 커지는 것이다.

(2) 리더십은 리더 자신이 움직이는 것이 아니라 구성원들을 움직이게 하는 것이다. 리더십의 본질은 구성원들이 자기 일에 책임을 가지고 솔선수범하게 만드는 것이 지향점이다. 그리고 리더십은 리더 자신이 우수한 능력을 직접 발휘하는 것이라기보다는 우수한 능력을 가진 구성원들로 하여금 그들의 능력을 열성적으로 발휘하게 만드는 것이다. 리더는 만능인간이 아니다. 리더는 구성원들과 과업의 핵심을 파악하고 누가 어떤 일에 유능한지를 판단하여 그들이 그 일을 잘 할 수 있도록 열정을 불어넣는 견인차 역할을 하는 사람이다.

(3) 리더십은 리더의 개입보다 구성원 스스로 과업을 수행할 때 더욱 효과적이다. 진정한 위임은 일과 책임만 주어지는 것이 아니라 권한과 자원 지원을 함께 해줘야 한다.

(4) 리더십은 개인의 목표와 조직의 목표가 합치되도록 한 방향으로 움직이는 것을 지향한다.

(5) 리더십은 리더의 추종을 우선적으로 지향하며 사람에 대한 흡입력이자 유혹의 과정이다. 리더십이란 당신의 연인이 당신에게 빠져들어 당신의 뜻대로 움직이도록 유혹하는 것과 동질적이다. 이러한 의미에서 당신의 부하가 당신에게 빠져들수록 당신의 리더십은 효과적이다라고 볼 수 있다

(6) 리더십은 매듭을 묶는 것이 아니라 얽힌 매듭을 풀어가는 노력이다. 리더십이란 좋은 인간관계를 만들고 어려움을 해결해가는 과정이다. 상황에 따라 규정과 격식도 뛰어넘는 것이 리더십이다.

(7) 리더십은 사랑의 마음과 사랑의 기술의 결합체이다. 사랑의 마음 없이 사람을 다루는 기술만 있으면 마치 씨앗 없이 만든 조화같이 화려하지만 생명력과 따뜻함이 없다.

반대로 사랑하는 마음만 있고 사람을 다루는 기술이 없으면 그것은 좋은 씨앗을 심었지만 제대로 아름다운 꽃을 피우지 못하는 것과 같다.

(8) 리더십은 융합효과(synergy effect)를 창출하고자 하는 활동이다. 리더십은 오케스트라 연주와 같이 구성원들의 개별적 노력을 빛내면서 전체의 조화가 이루어져 성과에 기여하도록 하는 것이다. 즉 구성원 개인의 만족과 조직 전체의 만족을 충족시키는 활동이다.

리더십의 지향점 : 성공의 핵심은 중심을 바로 잡는 리더의 균형감각

한 조직이 성공을 이룩하기 위해서는 조직구성원들의 능력도 물론 중요하지만 조직을 이끄는 리더의 역할은 더욱 중요한 것이다.

부화뇌동(附和雷同)은 자신의 주체적인 의견과 객관적인 기준을 도외시한 채 물질적인 이해관계 또는 남의 주장이나 의견을 맹목적으로 추종하는 것을 경고하는 고사성어(故事成語)이다.

부화뇌동은 개인의 삶과 집단에 모두에서 영향을 미친다. 그러나 개인의 삶에서의 부화뇌동은 개인이 갖는 고유의 특성에서 기인한 삶의 철학이기도 하기 때문에 그 미치는 영향은 집단에서 보다는 덜 하다고 볼 수 있다.

집단에서의 부화뇌동은, 그 조직은 물론이거니와 조직 구성원 모두에게 지대한 영향을 미치게 된다. 우선 국회조직만 해도 그렇다. 국회의원들은 나라

의 안위와 국민들에 대한 생각은 뒷전인 채, 각 정당들은 그릇되고, 위험하고, 문제가 되는 것을 인지하면서도 무조건 패거리가 형성되어 한목소리를 내며 행동한다. 이러한 부화뇌동은 각 정당의 정치 이념에 따라 나타나는 집단 이기주의 현상에서의 '들쥐 떼 근성'때문이라 말할 수 있다.

그 다음에는 기업조직을 비롯한 그 이외 모든 조직에서 나타나는 부화뇌동이다. 각 조직에서 리더와 부하의 역할 모두는, 조직에서 일어나는 크고 작은 일 모두에 지대한 영향을 미치는 주요요인이다. 의사결정 할 때 리더는 부하구성원들의 제안에 대해 무조건 수용적 태도를 보이는 리더가 있는가 하면, 부하직원들은 리더가 주장하는 것을 이것저것 따지지 않고 무조건 수용적 태도를 보이는 경우도 있다. 이러한 모두는 리더와 부하구성원들의 부화뇌동이라고 할 수 있다.

타인의 의견을 수용하고 존중하며 따라간다는 것은 타인을 위한 배려이고 아름다운 미덕이라 할 수는 있다. 그러나 타인의 생각에 따라 자신의 행동을 결정한다면 자아를 잃는 타인의 노예로 전락하는 것이다.

뚜렷한 주관 없이 다른 사람들의 선택을 따라하는 '편승효과'는 바람에 흔들리는 갈대와 비유를 할 수 있다. 즉 리더와 부하구성원들은 소신 있게 행동해야지 부화뇌동(附和雷同)하면 안 된다는 것을 의미하기도 한다. 다른 사람이 말하는 것을 듣고, 그것이 옳고 그른지 생각조차 해보지 않고 경솔하게 그 말에 동조해서는 안 된다는 것이다.

조직에서 의사결정은 성공과 실패를 좌우한다. 그만큼 의사결정이 중요하다는 방증(傍證)이기도 하다. 그렇다면 각 조직의 리더는 의사결정 할 때 어떤 자질과 능력을 갖추어야 한단 말인가?

훌륭한 리더십 브랜드의 평판을 얻기 위한 리더의 중요한 과제는 무엇보다도 업무상에 발생하는 여러 가지 일에 대하여 어떻게 균형을 잡고 어떤 의사결정을 내릴 것인가이다. 리더가 취해야할 균형은 어느 한쪽에 치우쳐서 어느 한 가지만 선택 하는 것이 아니다. 전체적인 청사진과 세부적인 일의 균형과 그리고 신중함과 신속성사이의 균형을 이루어 객관적인 의사결정을 해야 한다는 것이다.

리더는 구성원 모두에게 영향을 미치는 존재이며, 다양한 측면을 관리하는 존재이기 때문에 리더의 역량은 매우 중요하다 할 것이다. 그러므로 위대한 리더가 되기 위해서는 객관적이고 합리적인 균형감각을 갖추도록 노력하고 실천적 행동을 해야 한다.

(한국서예신문, 2020. 12. 1. 백석)

5. 리더십 전통이론 접근

리더십 이론은 인간과 사회 현상에 관한 것이므로 사회변화와 맥락을 같이하는데 리더십 전통적 이론은 리더의 특성, 리더의 행동유형, 그리고 상황적합으로 넓혀가면서 확장되어 왔다.

특성 이론은 우수한 리더들의 자질과 능력만 가지고 있으면 리더가 처해 있는 상황과 환경이 바뀌어도 훌륭한 리더가 될 수 있다는 것이다. 그러나 리더 특성연구의 한계와 문제점 때문에 리더 행동에 대한 관심으로 영역이 확장 되었다. 그리고 특성 이론이나 행동 이론은 모든 상황에서 리더십 효과를 이룩할 수 있는 특성과 행동유형을 찾으려 했지만 상황에 따라 효과적인 리더 특성과 행동이 달라질 수 있다는 점을 인식하게 되어 리더십 상황이론으로 확장하게 되었다.

또한 전통적 리더십 이론의 확장을 다음과 같이 설명할 수도 있다. 리더의 특성과 행동, 그리고 리더십 상황은 모두가 리더십 효과를 창출해 내는 리더십 이론들이다. 특히 리더의 특성은 리더가 갖고 있는 인간존재로서의 모든 요인들은 리더십 행동에 직·간접적으로 지대한 영향을 미친다. 그렇지만 리더가 리더십을 발휘할 수 있는 훌륭한 자질과 능력을 가지고 있다 해도 그 특성만을 가지고 리더십을 말한다는 것은 한계가 있다. 왜냐하면 그 특성이 직·간접적인 행동으로 이어져야 바로 리더십이 발휘되기 때문이다. 또한 그 리더십이 발휘된다고 해서 리더십 효과가 창출되는 것은 또한 한계가 있다. 그러므로 리더십 효과 창출 극대화를 이룩하기 위해서는 상황에 적합한 리더십을 발휘해야 한다는 데서 전통적 리더십 이론이 확장되었다고 말할 수 있다.

1) 리더의 특성 이론

특성 이론은 우수한 리더들의 자질과 능력 등 특성을 추출하여 규명하고자 하는 연구로서 일명 '자질론'이나 '위인론'이라고도 한다. 이 이론에 따르면 리더는 고유한 개인적인 특성만 가지고 있으면 그가 처해 있는 상황이나 환경이 바뀌더라도 훌륭한 리더가 될 수 있다는 것이다. 스톡딜(R. M.

Stogdill)은 1904년부터 1948년 사이에 124번의 연구를 통하여 리더가 될 수 있는 자격 요인으로 능력, 성취감, 책임감, 참여성, 지휘 등을 열거하였다. 그리고 이어서 1949년부터 1970년 사이에 자료를 바탕으로 163개의 리더십 특성을 발견하여 1974년에 발표하였다. 스톡딜의 연구에 의한 리더의 주요 특성 요인들을 요약하면 〈표 9-1〉과 같다.

표 9-1 리더의 중요 특성 분류

번호	구 분	내 용
1	신체적 특성	연령, 체중, 키, 외모
2	사회적 배경	교육정도, 기동성, 사회적 지휘, 가정 배경
3	지적 능력	능력, 판단력, 결단력, 설득력
4	성격	독립심, 지배력, 자신감, 적극성
5	과업 수행 특성	성취욕구, 책임욕구, 과업지향성, 내구심
6	사회적 특성	감독 능력, 통합력, 협동성, 대인관계

특성 연구의 관심은 3가지로 요약되는데 첫째는 우수한 리더들이 지닌 공통적 특성은 무엇인가이고, 둘째는 리더와 일반 사람을 구별하는 특성은 무엇인가이며, 셋째는 리더의 지위에 있으면서 효과적인 리더와 비효과적인 리더의 차이는 무엇인가를 연구하는 것이다. 리더의 특성에 관한 연구들은 우수한 리더 특성에 관해 일관성 있는 집약적 결론을 도출하지는 못하였지만 리더십 연구와 실무에 크게 기여하였다. 특성연구의 한계점과 긍정적 평가들은 다음과 같다.

(1) 특성 이론의 한계점

① 우수한 리더들의 특성을 명료하게 집약하지 못한다는 점이다. 이는 리더십의 대상과 상황이 워낙 다양하고 연구 방법의 한계 때문에 간명한 집약이 불가능한 것이 오히려 당연한 것으로 생각된다.

② 리더의 특성과 리더십 효과성간에 상관관계만을 제시하고 있을 뿐 그

과정을 밝히지 못하고 있다. 또한 리더의 특성은 같은데도 리더십 효과성의 상관관계가 다른 경우도 흔히 있다. 이는 한 개인이 어떤 특성들을 소유하였기 때문에 리더가 되는 것이 아니라 그 특성들이 발휘 상황에 적합하여야 한다는 것을 의미한다.

③ 성격이나 가치관 같이 리더특성에 관한 많은 요소들이 내면적인 것이어서 외적인 언행을 통해 추정하지만 내면의 실체를 정확하게 진단하기 어렵다.

④ 리더의 특성들은 유전적 또는 선천적 영향도 있고 또한 후천적으로 획득 및 개발되기도 하는 것 즉, 계속 변화하는 것인데 대부분 연구자들은 리더 특성을 고정적인 것으로 간주하고 연구하기 때문에 실제 현상과 다를 수 있다.

⑤ 리더의 자질을 추종자와는 구별되는 선천적이거나 유전적인 것으로 인식하면 후천적 개발의 효용성을 부정하는 것이며 윤리적인 면에서 정당하지 못하다.

(2) 특성 이론의 공헌

① 리더의 특성은 동서고금의 관심주제이며, 직관적으로 흥미를 끈다. 그것은 '리더들은 보통 사람과 차별되는 우수한 특성이 있을 것이다.'라는 우리들의 일반적인 이미지와 부합되기 때문이다. 이러한 이미지와 부합하면서 특성 연구들은 매우 많고 다양한 특성들을 도출하였다.

② 우수한 리더들의 공통점을 집약적으로 밝히지는 못했지만 일반적인 우수자질들의 윤곽을 그려내었다. 연구 결과들은 리더에게 요구되는 특성, 리더의 선발 및 평가기준, 리더개발의 방향과 소요 판단 등을 설정하는데 기준표 역할을 하고 있다. 기업조직 등 각 조직에서 승진 심사 요소로 활용된다.

③ 리더 특성 연구는 리더십의 핵심적 구성 요소인 리더에게 초점을 맞추어 리더의 역할과 자질에 대한 중요성을 일깨움으로서 많은 리더들에게 리더십개발의 동기를 부여하였다.

④ 특성 연구는 시대적으로 요구되는 리더의 자질에 대해 방향을 제시하고 있다. 가령 산업사회에서 필요한 자질과 정보사회에서 필요한 자

질들을 계속 추적함으로서 시대적 변화 속에서 요구되는 리더십을 판단하고 정립하는데 도움을 준다.

리더 특성 연구는 여러 한계와 문제점에도 불구하고 오늘날에도 중요하게 인식되고 있다. 리더의 특성들은 리더의 자격을 판단하는데 평가기준으로 활용하고 있으며, 리더에 대한 대외적 이미지나 평판을 결정하는데 작용하므로 여러 조직에서도 계층별 리더십 개발프로그램을 체계적으로 시행하고 있는 것이다. 또한 최근 카리스마적 리더십 이론이 활발히 연구되면서 카리스마와 관련된 리더의 특성 개발에 관심이 쏠리고 있다. 한편 현장의 리더들도 자신의 이미지를 구축하고 이미지에 적합한 특성들을 개발해 나간다면 리더십 효과성 증진에 도움이 될 것이다. 리더 특성 연구는 충분히 성공하였다고 평가하기는 어려워도 리더십 연구사에 중요한 초석을 놓으며 실무에도 많은 공헌을 했다고 평가할 수 있다.

2) 리더의 행동 유형 이론

리더 특성 연구의 한계와 문제점 때문에 1940년대 이후 리더십 연구는 리더의 행동에 대한 관심으로 영역을 확장하였다. 그 배경은 다음과 같다.

첫째, 우수한 리더들의 특성을 집약하는 것이 어려웠다.

둘째, 성격이나 가치관 등 내면적 특성들의 관찰이 어렵다는 점이다. 내면적 특성은 외면적 언행을 통해 추정하는데 내면의 태도와 외적인 행동이 일치하지 않는 경우가 흔하다. 외면적인 행동은 관찰과 측정이 비교적 쉬우므로 이를 토대로 리더의 유형을 구분하는 것이 가능하다는 것이다.

셋째, 하급자들이 영향을 받는 것은 리더 내면의 실체가 아니라 외면으로 보여주는 행동이므로 리더십 효과성의 탐구에는 리더의 행동이 더욱 적절하다는 것이다. 즉 리더의 외적 행동이 부하의 행동이나 성과에 어떤 영향을 미치는가를 규명하는 것이 더욱 간명하다는 것이다.

넷째, 사람의 내면적 특성인 성격이나 가치관 등은 한번 형성되면 수정하기가 매우 어렵다. 리더십 연구 목적의 하나가 리더십 개발인데 사람의 행동은 상대적으로 수정하기가 쉽다는 것이다.

다섯째, 심리학에서 행동주의가 유행하면서 환경조건에 대한 반응요인인 행동을 변화 시킬 수 있다는 이론적 기초가 제공되었고 연구 방법론도 발달하였기 때문이다. 이러한 배경으로 등장한 리더 행동 유형 이론의 목적은 첫째, 리더들의 다양한 행동들을 관찰하여 그 정도를 측정하는 척도를 기술하고 만드는 것이었다. 둘째는 리더의 행동을 유형으로 분류하여 어떤 유형이 조직성과에 효과적인 유형인가를 밝히는 것이고 셋째는 효과적인 리더행동유형에 맞추어 교육훈련 등을 통해 효과적인 리더십을 개발하고자 하는 것이다. 그러므로 리더십 행동이론은 '리더는 선천성을 타고 난다'라는 가정에 무게를 두었던 특성이론에 비해 '리더는 교육훈련 등을 통해 만들어 질 수 있다'는 전제에 더 많은 무게를 두고 있다. 그리고 상황적 요소를 고려하지 않고 어느 상황에나 효과적인 보편적 리더십 유형을 발견하고자 하였다. 대표적인 연구는 미국의 Iowa대학교와 Ohio주립대학교의 연구이다. 리더의 행동 유형 연구는 인간관과 연계되어 매우 괄목할 만한 주목을 받았으며 대중적으로 어필하였다. 그러나 보편적으로 효과적인 리더의 행동유형을 발견하는 것이 어려워 상황이론으로 발전되었다.

(1) 미국 Iowa대학교의 연구

지능과 사회배경이 비슷한 초등학생 소년들을 대상으로 리더의 스타일에 따라 어떤 행동이 보이는가를 실험적으로 연구하였다. 이 실험에서는 3명의 대학생을 훈련시켜 각각 권위형(authoritarian)과 민주형(democratic) 및 방임형(laissez-faire)의 리더로 리더십을 발휘하도록 하였다. 권위형 리더십은 명령적이고 의사결정에 구성원의 참여를 허용하지 않는 독단적 스타일로서 과업수행방식은 리더의 지시에 대한 구성원의 복종으로 이루어진다. 민주형 리더십은 의사결정과정에서 구성원들의 참여나 집단토의 및 합리적 절차를 권상하고 구성원들에게 강제보다는 자발적 참여를 유도하는 형이다. 방임형 리더십은 과업수행에서 구성원 집단에게 거의 완전한 자유를 주고 리더 개입을 최소화 하는 유형이다.

세 유형의 리더십에 대한 학생들의 반응은 다르게 나타났다. 권위형 리더에 대한 반응은 ① 리더에 대한 반감의 표명, ② 작업량은 많으나 질은 다소 저하, ③ 구성원간 의견의 상호작용 제한과 공동체 의식의 결여, ④

구성원간적대감과 공격성 증가, ⑤ 의존적이며 복종적 행동으로 자발성 저하 ⑥ 자기개성발휘의 저조 등이었다. 민주형 리더에 대한 반응은 ① 리더에 대한 호감, ② 작업량과 질의 우수, ③ 구성원 간 상호작용과 공동체 의식의 증가, ④ 자발성의 증가, ⑤ 통찰력 발휘 등이었다. 방임형 리더에 대한 반응은 ① 리더를 타인처럼 여김, ② 낭비와 파손품의 증가 및 낮은 작업성과, ③ 구성원 간 상호작용 미약 및 독자적 행동증가, ④ 도구 등의 정돈 상태 불량, ⑤ 구성원들의 개성 표현 및 조직 질서 미 정립 등이 있다.

연구결과 학생들은 민주형 리더를 가장 선호하였다. 학생들은 '권위형 리더는 학생들이 원하는 일을 못하게 했고, 자신들은 그저 일만 빨리 해내야 했다.'고 불평하였다. 반면 '민주형 리더는 윗사람 행사를 하지 않았지만 항상 할 일이 많았다.'고 말했다. 이 연구는 리더십이 작업 생산성에 미치는 과정을 상세히 밝히지는 못하였지만 민주적 리더십과 구성원 만족간의 긍정적 상관관계를 밝혀내었다. Ohio대학교 연구 결과와 비슷한 결과가 나타났지만 상황에 따라 권위형과 민주형 리더십간의 우열을 명확히 가리지 못하는 경우도 많은 것으로 나타났다.

(2) 미국 Ohio 주립 대학교의 연구

Ohio주립대학교의 리더행동유형 연구는 리더십 연구의 역사에서 가장 주목을 받은 연구의 하나이다. 이 연구는 '리더들이 집단을 지도할 때 어떻게 행동하는가'를 분석하기 위해 리더행동기술 설문지(LBDQ)를 개발하였다. 최초의 설문지는 리더 행동을 종합적으로 관찰하여 기술한 1,800개의 문항이었는데 나중에 150개 문항으로 축소하였으며, 추가적으로 요인분석을 한 결과 두 척도가 강하고 일관성 있게 나타났다. 최종적으로 집약된 두 유형은 구조 주도(initiating structure)와 배려(consideration)라는 포괄적인 범주였다.

구조 주도란 목표달성을 추구하는 과정에서 리더가 자신의 역할과 부하의 역할을 정의하고 작업, 작업관계, 그리고 목표를 조직화하려는 행동을 말한다. 가령 구조 주도 행동에 높은 비중을 두고 있는 리더는 구성원들에게 특별한 과제를 할당하고 종업원들이 명확한 성과기준을 유지할 것을 기대하며 마감일 준수를 독려한다. 배려는 부하에게 우호적인 태도로 존중하고 상호 신뢰에 바탕을 둔 직무관계를 갖고 있는 정도를 말한다. 예를 들면 종업원에게 관심을 보이고 온화하고 다정하며 종업원의 지지를 나타내는 분위기를 확립하려는 리더의 행동스타일을 의미한다. 여기에서 어떤 유형이 과업성과에 유익한지는 단정하기 어렵다는 것이다. 그러나 리더의 배려와 구조 주도가 모두 높은 경우 다른 경우에 비해 성과와 부하만족이 높았다.

그 밖의 행동유형이론은 Michigan대학교의 연구와 Black & Mouton의 관리격자 모형이 있는데 첫째, 미시간 대학교 연구의 초점은 집단의 성과를 높이는데 가장 효과적인 리더 행동을 밝히는 것인데, 이는 리더행동유형을 과업 지향적 행동(job – centered behavior)과 종업원 지향적 행동(employee-centered behavior)의 두 범주로 유형화 하였다.

미시간 대학교 연구는 미국 오하이오주립 대학교의 연구와 유사한 개념으로 설명된다. 둘째, Black & Mouton의 연구는 수평축에 '생산에 대한 관심'과 수직축에 '인간에 대한 관심'의 두 차원으로 나누어 설정하고 리더의 행동유형을 ① 무관심형(1.1), ② 컨트리클럽형(1.9), ③ 과업형(9.1), ④ 중도형(5.5), ⑤ 팀형(9.9)으로 분류하고 있다.

Black & Mouton은 리더들이 관리자 훈련을 거친 조직에서 종업원의 행위가 더욱 협동적인 관계로 변화하고 생산성도 증가한다고 밝히고 리더십 개발 훈련의 중요성을 강조하였다.

3) 리더십 상황이론

특성이론이나 행동이론은 모든 상황에서 성과극대화를 이룩할 수 있는 특성과 행동유형을 찾으려고 했지만, 상황에 따라 효과적인 리더 특성과 행동이 달라질 수 있다는 점을 인식하게 되었다. 따라서 리더십을 발휘하는 과정에서 조직성과의 창출에 영향을 주는 상황변수에 대한 관심을 갖게 되었다.

상황이론은 어떤 상황에서나 효과적인 최선의 리더십 유형은 없으며 리더의 행위가 구체적인 상황에 가장 잘 부합될 때 리더십은 효과적인 것이 될 수 있다고 본다. 가령 민주형과 권위형을 비교하면 어느 유형이 좋다고 단정할 수는 없고, 어떤 상황에서 어떤 유형이 더욱 적합한가를 살펴야 한다는 것이다. 요컨대, 구성원들의 능력이 뛰어나고 시간도 넉넉한 상황이라면 민주형 리더십이 적합할 수 있다는 것이다. 이와 같이 리더십 상황 연구는 리더에게만 초점을 두는 것이 아니라 리더와 리더십을 발휘하는 상황과의 적합성에 초점을 둔다.

상황이론에서 고려되는 일반적인 상황변수는 리더의 특성(리더의 성격, 가치관, 욕구, 동기, 과거경험 등), 구성원의 특성(구성원의 성격과 가치관, 과업숙련도, 심리적 성숙도 등), 과업의 특성(구조화정도, 난이도, 과업절차, 명확성 등), 그리고 조직 및 집단의 특성(리더의 권력, 공식성, 의사결정구조, 보상체계, 응집력 등) 등이다.

리더십 상황이론은 대표적으로 피들러(Fiedler)의 상황적합성 이론, 하우스(House)의 경로-목표이론, 허시(Hersey)와 브랜챠드(Blanchard)의 상황적 리더십이론이 있다.

(1) 피들러(Fiedler)의 상황적합성 이론

피들러는 리더 유형과 상황간의 적합성을 판별하는 상황적합성 이론(Contingency model of leadership effectiveness)을 개발하였다.

첫 번째는 리더 유형과 상황간의 적합성을 판별을 위한 LPC 조사표라는 일종의 리더의 태도 조사표를 만들어 리더 유형을 확인하였다. 두 번째는 리더십 효과성이 리더 유형과 상황의 변수라고 보기 때문에 상황이 리더에게 얼마나 유리한 가를 판단하기 위해 상황변수들을 평가 확인하였다. 마지막으로 이러한 단계를 거쳐서 리더유형과 상황간의 적합성을 판별하는 것이다.

구체적으로 살펴보면, 첫 번째 단계는 리더유형(과업지향형, 관계지향적)을 분류하기 위해서 LPC척도에 의한 리더유형 진단표에 응답하여 자신의 리더십 유형을 판별하는 것이다.

LPC측정에서 응답자가 상대적으로 높은 점수(64점 이상)를 주면, 그는 관계지향적 리더, 낮은 점수(57점 이하)는 과업지향적 리더로 분류된다.

높은 점수는 조직을 이끌어 나갈 때 구성원들을 호의적인 태도, 즉 인간중심적으로 리더십을 발휘할 가능성이 높다는 것이고, 낮은 점수는 일 중심적으로 리더십을 발휘 할 가능성이 높다는 것이다.

◆ 주문 : 선생은 어떤 조직에서 많은 사람들과 함께 일해 본 경험이 있을 것입니다. 어떤 동료들과 함께 일하기 쉬웠고 즐거웠던 반면, 어떤 동료들과는 함께 일하기가 매우 어렵고 힘들었던 적이 있었을 것입니다. 그중에서 함께 일하기가 싫었던 사람을 생각해 보십시오. 지금 함께 일하는 사람도 좋고 과거에 함께 일했던 사람도 좋습니다. 개인적으로 감정적으로 가장 싫어할 사람일 필요는 없지만, 다만 함께 일하기에 가장 어려웠던 사람이어야 합니다.
그러면, 이제 그 사람을 가장 잘 묘사된다고 생각되는 점수에 X표를 해 주십시오. 표시하기 전에 주의 할 점은, 척도의 양쪽에 있는 말을 읽은 다음에 하나도 빠짐없이 모든 문항에 응답해 주셔야 합니다. 응답할 때는 너무 깊이 생각하지 말고 가능한 빠른 속도로, 그리고 처음 생각한 느낌대로 응답하면 됩니다. 왜냐하면, 처음에 생각하고 선택한 답이 가장 정확한 판단일 가능성이 높기 때문입니다.

표 9-2 LPC척도에 의한 리더유형 진단표

1. 쾌활한 사람	8	7	6	5	4	3	2	1	불쾌한 사람
2. 친절한 사람	8	7	6	5	4	3	2	1	불친절한 사람
3. 거부적인 사람	1	2	3	4	5	6	7	8	포용적인 사람
4. 긴장시키는 사람	1	2	3	4	5	6	7	8	편안함
5. 거리를 두는 사람	1	2	3	4	5	6	7	8	친근한 사람
6. 냉정한 사람	1	2	3	4	5	6	7	8	다정한 사람
7. 지원적인 사람	8	7	6	5	4	3	2	1	적대적인 사람
8. 따분해 하는 사람	1	2	3	4	5	6	7	8	흥미가 있어 하는 사람
9. 싸우기 좋아하는 사람	1	2	3	4	5	6	7	8	화목하고 조화하는 사람
10. 우울한 사람	1	2	3	4	5	6	7	8	늘 즐거워하는 사람
11. 개방적인사람	8	7	6	5	4	3	2	1	폐쇄적인 사람
12. 험담을 잘하는 사람	1	2	3	4	5	6	7	8	너그럽고 관대한 사람
13. 신뢰할 수 없는 사람	1	2	3	4	5	6	7	8	신뢰할만한 사람
14. 사려 깊은 사람	8	7	6	5	4	3	2	1	사려 깊지 못한 사람
15. 심술궂고 비열한사람	1	2	3	4	5	6	7	8	점잖고 신사적인 사람
16. 마음에 맞는 사람	8	7	6	5	4	3	2	1	마음에 맞지 않는 사람
17. 성실하지 않는 사람	1	2	3	4	5	6	7	8	성실한 사람
18. 친절한 사람	8	7	6	5	4	3	2	1	불 친전한 사람

자료: Fiedler, F.E. & Chemers, M.M.(1982), Improving Leadership Effectiveness, The Leadr Match Concept(2nd ed, NY : John Wiley.

두 번째는 상황이 리더에게 얼마나 유리한 가를 판단하기 위해서 상황변수들을 평가하는 것이다. 피들러는 리더유형(과업지향형, 관계지향적)과 집단성 간에는 리더의 통제력에 영향을 미치는 세 가지 상황 변수가 있다고 보았다. 그 세 가지 상황 변수들은 리더의 직위권력, 과업구조, 리더-구성원 관계로 구체화하였다.

① 리더의 직위권력(Position power)은 리더의 직위가 구성원들로 하여금 명령을 받아들이도록 할 수 있는 정도를 의미한다. 즉 리더가 부하들을 평가하고 상벌 등으로 통제할 수 있는 직책에 부여된 권한의 정도를 의미한다. 이를 강·약으로 구분하여, 리더의 직위 권력이 클수록 리더에게 유리하고 작을수록 불리한 것으로 평가한다.

② 과업구조(task structure)는 과업이 어느 정도 명확하고 구체적으로 규정되어 있는가 하는 정도를 의미하며, 구조적·비구조적으로 구분하였다. 즉 과업의 목표, 달성방법, 성과 기준, 평가방법 등의 명확성 정도를 의미한다. 과업의 구조화가 높을수록 리더에게 유리하고 낮을수록 불리한 것으로 평가한다.

③ 리더－구성원 관계(leader-member relations)는 구성원들이 리더를 어느 정도 신뢰하고 좋아하는가 하는 정도를 의미하며, 좋음·나쁨으로 구분하였다. 즉 관계가 좋으면 리더에게 유리하고 상황 통제력도 높아지며 관계가 나쁘면 리더에게 불리한 것으로 평가한다.

피들러는 상황 변수를 중요도에 따라 가중치를 부여하고 있다. 리더-구성원과의 관계, 과업 구조, 리더의 직위 권력 순으로 4:2:1로 부과 하였다. 따라서 종합적으로 리더십 상황은 이 세 가지 상황 변수가 결합되어 8개 상황으로 나뉜다.

가중치의 합인 7에 10점을 곱하면 70점 반점이 되는데, 51점 이상이면 상황 유리성이 높은 것으로, 31~50점이면 중간, 30점 이하면 낮은 것으로 구분하고 있다.

세 번째는 리더 유형과 상황간의 적합성을 판별하는 것이다. 피들러의 연구 결과는 [그림 9-1]과 같이 나타났다. 결과는 LPC점수가 낮은 과업 지향적 리더십은 상황이 유리하거나(1, 2, 3) 불리한 경우(8)에는 효과적이며,

LPC점수가 높은 관계지향적인 리더십은 상황 유리성이 중간 수준(4, 5, 6)인 경우에 효과적이라는 것이 피들러의 견해이다.

피들러(F. E. Fiedler)의 상황적합 모형의 개념적인 프레임웍(framework)은 다음의 네 가지 변수로 구성되는데, 이는 원인 변수로서의 리더십 유형, 상황변수로서의 리더-부하의 관계, 과업구조, 직위권력 등이다. 원인변수로서의 리더십 유형의 측정은 리더의 동기적 측면(the motivational aspects of the leader)을 측정하려는 것이며, 나머지 세 가지 상황변수들은 상황유리성(the situational favorableness for the leader)을 측정하려는 것이다. 따라서 피들러의 상황적합 모형의 개념 틀은 LPC 척도에 의한 리더십 유형의 세 가지 변수를 고려한 상황 유리성 정도와 리더의 유형의 결합에 의한 결과변수인 집단성과로 구성된다.

표 9-3 리더십 상황 적합 모형

리더-구성원 관계	좋음				나쁨			
과업구조	높은 과업구조		낮은 과업구조		높은 과업구조		낮은 과업구조	
직위권력	강한 권력	약한 권력	강한 권력	약한 권력	강한 권력	약한 권력	강한 권력	약한 권력
	1	2	3	4	5	6	7	8
선호되는 리더십유형	낮은 LPC 중간정도의 LPC			높은 LPC				낮은 LPC

자료: F. E. Fiedler, A Theory of Leader ship Effectiveness, 1987, New York: Mc Graw-Hill

피들러의 상황적합성이론은 LPC의 객관적 논쟁이 있음에도 불구하고 독창적이고 새로운 리더유형 분류방법을 창안한 것으로 평가되며, 세 가지 상황변수와 측정방법을 개발하여 제시함으로서 리더십의 연구방법론을 발전시켰다.

첫째, 많은 실증 연구자들에 의해 지지를 받고 있다는 점이다. 그동안 많은 연구자들이 이 이론을 검증하였고 이 이론이야말로 효과적인 리더십이 어떻게 발휘될 수 있는가를 잘 설명해 주는 타당성과 신뢰성이 있는 이론이라는 것을 발견하였다.

둘째, 상황적합 이론은 상황이 리더에게 미치는 영향을 고려하도록 함으로써 우리의 리더십 이해의 지평을 넓혀주고 있다는 점이다.

셋째, 상황적합 이론은 예측력을 가지고 있다는 점이다. 어떤 상황에서 가장 효과적인 리더십이 무엇인가에 대한 유용한 정보를 제공하고 있다.

넷째, 이 이론은 어느 한 리더십이 모든 상황에서 효과적일 수 있다는 것을 주장하지 않고 있다는 점이다. 조직은 리더를 최적의 상황에 배치해야 하고 그의 리더십 유형과 적합한 상황에 리더를 배치해야 한다는 것이다.

다섯째, 상황적합 이론은 리더십 유형에 관한 유용한 데이터를 제공하고 있다는 점이다. LPC 점수는 활용될 수 있는 하나의 정보가 될 수 있다. 그리고 그것은 인적 자원 계획에 활용될 수 있으며 리더들이 조직의 어느 부서에서 가장 잘 그리고 가장 효과적으로 리더십을 발휘할 수 있는가를 결정하는데 활용될 수 있다.

(2) 하우스(House)의 경로-목표이론

경로-목표이론(path-goal theory)은 동기부여 이론의 하나인 기대이론(Expectancy Theory)에 기반을 두고 있는데, 리더가 구성원의 작업 목표를 명확히 해 주고 보상과 작업 성취를 연계시키며, 목표와 보상이 어떻게 성취될 수 있는지를 설명함으로서 구성원에게 동기부여를 제공한다는 가정에서 연구하게 된 것이다.

어떤 일을 할 때, 잘 할 수 있다는 자신감이 있고 목표를 달성했을 때 자신이 원하는 보상을 받을 수 있다는 확신을 갖게 되면 사람들의 동기는 높아진다. 그러므로 리더는 구성원들의 목표달성에 대한 자신감과 보상에 대한 확신, 그리고 보상의 가치를 높여주는 역할을 해야 한다. 즉 리더의 역할이 구성원들이 보상을 받을 수 있는 통로를 분명히 해 주고 구성원의 가치와 원하는 보상을 증가시켜 동기를 제고하는데 있다고 본다.

통로의 명확함이란 리더가 구성원들이 과업을 성취함으로서 보상을 성공적으로 얻을 수 있는 방법을 분명히 알게 하는 것을 의미한다. 보상의 증가라는 것은 리더가 구성원에게 그들이 일 그 자체로부터 내재적인 보상을 바라든지 승진, 진급 같은 외재적인 보상을 바라든지, 그들이 중요하게 생각하는 보상을 알려주는 것을 의미한다. 경로를 안내하는 과정에서 리더가 구성원들에게 보여 줄 수 있는 리더십 행동에는 네 가지가 있다.

지시적 리더십(directive leadership), 후원적 리더십(supportive leadership), 참여적 리더십(participative leadership), 성취적 리더십(achievment oriented leadership)이 그것이다.

지시적 리더십은 해야 할 직무를 명확히 해 주고 규정과 일정을 수립해 주는 리더의 행동이다. 후원적 리더십은 구성원들의 욕구와 복지를 우선 생각해주고 친구나 동지처럼 구성원들의 의견을 듣고 반영해 주는 리더십 행위이다. 참여적 리더십은 의사결정을 할 때 구성원들의 의견을 듣고 반영해 주는 리더십 행위이다. 그리고 성취적 리더십은 구성원들이 도전적 목표를 수립하고 자신감을 가지고 그 목표에 도달하도록 돕는 리더십 행동이다.

House는 이러한 리더십 행동의 적합한 상황을 제시하였다. 개인 특성으로는 구성원들의 자신감과 욕구를 들고 있으며 작업환경으로는 직무의 모호성, 도전성 등을 들었다. 이론의 핵심을 정리하면 구성원들이 일이 어려워 스트레스를 받고 좌절하여 자신감을 갖지 못하고 있을 때는 후원적 리더십이 효과적이다. 자신감 결여된 상황에서 후원형 리더십이 발휘되면 구성원들은 목표달성에 대한 자신감이 생겨 더 노력하게 되고 만족도와 성과가 상승한다는 것이다.

직무가 모호하여 뭘 해야 할지 모르는 상황에서는 목표에 이르는 방법과 경로를 분명히 해 주고 규정과 절차를 제시하여 따르도록 하는 지시형 리더십을 발휘하는 것이 바람직하다. 특히 일에 미숙한 초보자에게는 목표에 이르는 경로를 명확히 해주는 지시적 행동이 효과적이다. 도전적 목표 없이 그럭저럭 생활하는 구성원에게는 도전적 목표와 미래에 대한 원대한 비전을 심어주는 리더가 필요하다. 끝으로 보상에 대해 불만이 있는 구성원들에게 리더는 참여형 리더십을 발휘해 상황을 이해할 수 있게 잘 설명해 주고 보상에 대한 불만 때문에 동기가 떨어지는 일이 없도록 보상 재설계를 해줘야 한다.

(3) 허시(Hersey)와 브랜챠드(Blanchard)의 상황적 리더십 이론

허시와 브랜챠드(1982)의 상황이론은 구성원들의 준비성(readiness)수준에 따라 적절한 리더십 형태가 결정된다는 이론이다. 이들은 행동이론의 관점에서 리더십을 4개로 유형화하였으며, 상황변수로서는 구성원의 성숙도(maturity)로 설정하여 4개의 유형으로 나누어서 구성원의 성숙도에 맞추어 적합한 리더십 유형을 연계하는 것이 필요하다고 보았다.

첫째 단계는 리더의 유형을 구분하는 것이다. 이는 오하이오 주립대학의 구조주도-배려모형을 토대로 리더의 행위를 과업 지향적 행위와 인간관계 지향적 행위 두 축으로 하여 리더십 유형을 지시형(telling : S1), 설득형(selling : S2), 지원형(supporting : S3), 위임형(delegating : S4)으로 [그림 9-1]과 같이 제시하였다.

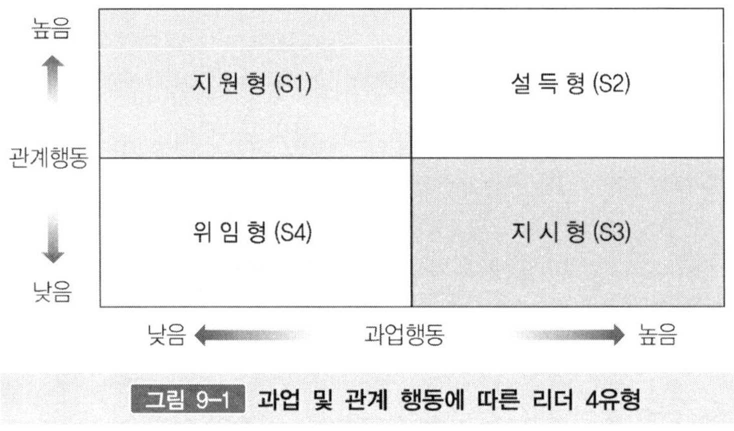

그림 9-1 과업 및 관계 행동에 따른 리더 4유형

지시형은 '높은 과업행동－낮은 관계행동'으로 리더가 구성원들의 역할을 결정하고 과업의 종류나 과업수행의 시기 및 방법을 지시하고 통제하는 유형으로 일방적 커뮤니케이션이 이루어진다. 설득형은 '높은 과업행동－높은 관계행동'의 유형으로 의사소통의 초점을 목표달성과 정서적 지원 양쪽에 동시에 맞추고 있다. 이는 구성원의 자주성과 주체성을 인정하고 배려하면서 여전히 과업목표 달성에 대한 통제적 행동을 유지한다. 지원형은 '높은 관계행동－낮은 과업행동'의 유형으로 배려형 또는 구성원 지향적 리더와 같은 유형이다. 이는 리더와 구성원들이 서로 의견을 교환하고 리더는 구성원들의 자발적 행동을 조장하는 유형이다. 위임형은 '낮은 관계 행동－낮은 과업행동'의 유형으로 과업활동은 물론 인간관계를 원활하게 하는 지원적 행동도 적극적으로 하지 않고 구성원들에게 위임하여 자율에 맡기는 유형이다. 리더의 4유형 중에서 어떤 유형이 가장 효과적인지는 상황과의 적합성을 따져봐야 알 수가 있다.

둘째, 상황변수는 부하유형을 구분한다는 것이다. 이는 성숙도로서

① **직무 성숙도(job matunity)** : 직무 경험과 직무 지식 및 직무 요구의 이해도 등 세 요소로 구성된 직무수행 능력을 의미한다.

② **심리 성숙도(psychological maturity)** : 책임감 성취동기 및 직무 전념도의 세 요인으로 구성된 직무수행의 자발성과 자신감을 의미한다. 구성원들은 성숙도에 따라 [그림 9-2]와 같이 4개의 유형으로 구분된다.

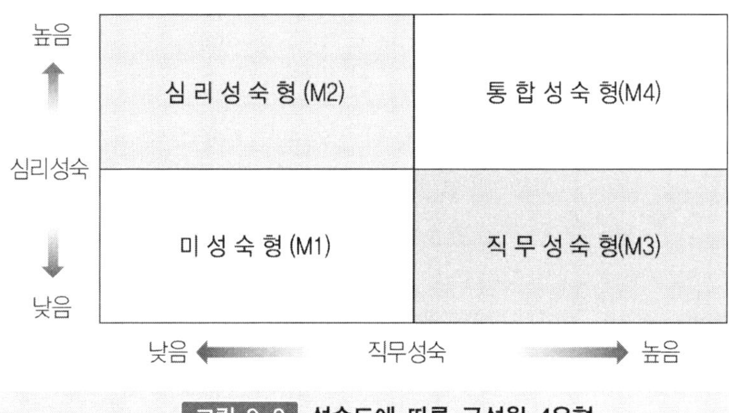

그림 9-2 성숙도에 따른 구성원 4유형

M1은 능력과 자발적 의지가 모두 낮은 구성원이며, M2는 능력은 낮으나 자발적 의지는 강한 구성원이다. M3는 능력은 높으나 자발적 의지가 약한 구성원이며, M4는 능력과 의지가 모두 높은 유형의 구성원이다. 리더유형에서 가장 효과적인 유형은 M4이며, 가장 바람직하지 않은 유형은 M1이다.

셋째는 리더 유형과 구성원 유형의 적합성을 연계하는 것이다. 연구결과는 〈표 9-4〉와 같다.

M1형의 미성숙한 구성원은 과업을 수행할 자발적 의지와 능력이 모두 부족하기 때문에 리더가 과업 목표를 설정해 주고 수행방법을 지도하여 주기적으로 확인하고 통제하는 것이 성과 달성에 바람직하다는 것이다.

표 9-4 리더 유형과 구성원 유형의 적합관계

상황변수(구성원 유형)		리더유형
미 성 숙 형(M1)	→	지 시 형(S1)
심 리 성 숙 형(M2)	→	설 득 형(S2)
직 무 성 숙 형(M3)	→	지 원 형(S3)
통 합 성 숙 형(M4)	→	위 임 형(S4)

반대로 성숙한 M4형의 구성원들은 스스로 과업을 수행할 의지와 능력이 있으므로 리더가 지나치게 구체적으로 개입하는 것이 오히려 방해 요소가 될 수 있다고 보아 위임형이 적합하다고 본다. 직무수행의 자발적 의지는 있으나 직무능력이 다소 미흡한 M2형의 구성원에게는 적극적으로 과업수행을 지도하고 동시에 관계지향적인 설득형의 리더행동이 과업성과 증진에 바람직하다고 본다. 마지막으로 직무능력은 있으나 자발적 의지가 약한 M3형의 구성원에게는 자발적 의지를 북돋을 수 있는 관계 지향적 행동으로서의 지원형이 적합하다고 주장하였다.

상황 적합한 리더십이 주는 교훈 : 공자(孔子)와 안회(顔回)의 일화

-상황과 리더십의 조화-

안회는 배움을 좋아하고 성품도 좋아 공자의 마음에 든 제자중의 하나였다. 하루는 공자의 심부름으로 시장에 들렀는데 한 포목점 앞에 많은 사람들이 모여 있고, 시끄럽기에 무슨 일인가 해서 다가가 알아보니 가게 주인과 손님이 시비가 붙은 것이다.

포목 사러온 손님이 큰 소리로 '3×8은 분명히 23'인데 당신이 왜 나한테 24전(錢)을 요구하느냐 말이야~, 안회는 이 말을 듣자마자 그 사람에게 정중히 인사를 한 후 '3×8은 분명히 24'인데 어째서 23입니까? 당신이 '계산을 잘못한 것입니다.'라고 말을 했다. 포목 사러 온 사람은 안회의 코를 가리키면서 누가 너더러 나와서 따지라고 했냐? 도리를 평가하려거든 공자님을 찾아야지, 옳고 틀림이 '그 양반이 정확한 판단을 내릴 수 있지.'라고 말했다. 이어서 안회는 좋습니다. 그럼 만약 '공자께서 당신이 졌다고 하시면 어떻게 할 건가요?'라고 하니 그 사람이 '그러면 내 목을 내 놓을 것이다. 그런데 너는?' '제가 틀리면 관(冠)을 내려놓겠습니다.'라고 하고 두 사람은 내기를 걸고는 공자를 찾아갔다. 공자는 사유 전말을 듣고 나서 안회에게 웃으면서 하는 말 왈 '네가 졌으니 이 사람에게 관을 벗어 내 주거라.'하였고 안회는 순순히 관을 벗어 포목 사러 온 사람에게 주었다. 그 사람은 의기 양양히 관을 받아들고 돌아갔다.

안회는 공자의 판정에 대해 겉으로는 내색을 할 수 없었지만 속으로는 도저히 이해할 수가 없었다. 그는 자기 스승이 이제 너무 늙었고 우매하니 더 이상 배울게 없다고 생각했다. 다음날 안회는 집안일을 핑계로 공자에게 고향을 잠시 다녀올 것을 요청하였다. 공자는 아무 애기도 하지 않고 고개를 끄덕이면서 허락하였다. 떠나기 직전에 공자에게 작별인사를 하러 갔었는데 공자가 '일을 처리하고는 즉시 바로 돌아오라.'라고 당부하면서 안회에게 두 마디 충고를 해주었다.

"천년고수막존신(千年古樹幕存身)"
"살인부명물동수(殺人不明勿動手)"

안회는 작별인사를 한 후 집으로 향해 달려가다가 길에서 갑자기 천둥소리와 번개를 동반한 큰 소나기를 만나 잠시 비를 피하려고 급한 김에 길옆에 오래된 고목나무 밑으로 들어가려는데 순간 스승의 첫마디인 "천년고수막존신(千年古樹幕存身) 천년 묵은 나무에 몸을 숨기지 말라"는 말이 떠올랐다. 그래도 그동안 사제(師第)의 정을 생각해서 그가 해준 충고쯤은 들어줘야지 하면서 그곳을 다시 뛰쳐나왔는데 바로 그 순간에 번쩍하면서 그 고목이 번개에 맞아 산산조각이 되어 버렸던 것이다. 안회가 놀라움에 금치 못하고 스승님의 첫마디가 적중이 되었고 그러면 두 번째의 충고에 의하면 과연 내가 살인을 할 것인가?

한참 달리다 집에 도착하니 이미 늦은 심야였다. 그는 집안으로 들어가 조용히 보검으로 아내가 자고 있는 내실의 문고리를 풀었다. 컴컴한 침실 안에서 손으로 천천히 더듬어 만져보니 아니 침대 위에 두 사람이 자고 있는 것이 아닌가?

순간 화가 치밀어 올라와 검을 뽑아 내리치려는 순간 공자가 두 번째 충고한 "살인부명물동수(殺人不明勿動手) 명확치 않고서는 함부로 살인하지 마라"

의 충고가 생각이 났다. 얼른 촛불을 켜보니 침대 위에 한쪽은 아내이고 또 한쪽은 자신의 누이동생이 자고 있었다. 안회는 다음날 날이 밝기 무섭게 공자에게 되돌아가 스승을 만나자 마자 무릎을 꿇고 하는 말이 '스승님이 충고한 두 마디 말씀 덕분에 저와 제 아내와 누이동생을 살렸습니다.'라고 했다. 그리고 '어떻게 사전에 그런 일이 일어날 수 있다는 것을 알고 계셨습니까.'라고 했다. 공자는 안회를 가리키면서 왈 어제 날씨가 무더워서 다분히 천둥번개가 내릴 수가 있을 것이고 너는 분개한 마음에 또한 보검을 차고 떠나기에 그런 상황을 미리 예측을 할 수가 있었던 것이다. 이에 공자는 '사실 나는 이미 다 알고 있었지. 네가 집에 돌아간 것은 그저 핑계였고 내개 그런 판정을 내린 것에 대해 내가 너무 늙어서 사리판단이 분명치 못해 더 이상 배우고 싶지 않기 때문에 그런 것이 아닌가?'

안회야! 한번 잘 생각해 봐라! 내가 3×8= 23이 옳다고 하면 너는 지게 되어, 그저 관하나 내준 것뿐 이지만, 만약에 내가 24가 맞다고 하면 그 사람은 목숨하나를 내 놓아야 하지 않겠는가? 안회야 말해 보거라! 관이 더 중요하더냐? 아니면 사람목숨이 더 중요하더냐?

안회가 비로소 이치를 깨닫게 되어 '쿵'하고 공자 앞에 다시 무릎을 꿇고 큰절을 올리면서 말을 했다. 부끄럽기 짝이 없습니다. 스승님의 대의(大義)를 중요시하고 보잘 것 없는 작은 시비를 무시하는 그 도량과 지혜에 탄복할 따름입니다. 그 이후부터 공자가 가는 곳에서 안회가 그의 스승 곁을 떠난 적이 없었다. 우리가 한평생을 살아가면서 어떤 때에는 당신이 고집한 소위 자신이 옳다고 하는 도(道)를 억지로 이기기도 하겠지만 그로 인하여 가장 소중한 것을 잃게 될 수도 있으며 매사에는 경중완급(輕重緩急)이 있는 법, 아무 의미 없는 체면, 쟁의, 분개, 때문에 후회 막급한 일이 절대로 발생해서는 안 되겠다.

이상의 "공자와 안회의 일화"가 주는 교훈은 과연 무엇일까? 상황 적합한 리더십은 사람목숨도 살릴 수 있다. 그리고 상황 적합한 리더십은 작은 것을 잃더라도 큰 것을 득(得)하게 하며 상황 적합한 리더십은 편견과 지각오류의 올무에 걸려들지 않고 공명정대한 대의(大義)를 추구한다. 또한 상황 적합한 리더십은 구성원의 능력과 의지를 키워서 개인의 목표(만족)와 조직의 목표(만족)를 일치되게 하여 조직의 목표달성과 성과 극대화를 이룩하게 하는 원동력이 된다.

실을 밀면 구부러져 제자리에 있고 당기면 끌려온다. 즉 리더는 부하를 올바른 방향으로 갈수 있도록 이끌어주고 안내해 주는 사람이다. 따라서 리더는 부하의 잘못과 실수를 지적해주는 것이 아니라 잘못과 실수를 하지 않도록 일깨워줘야 한다는 것이다. 결국은 리더는 부하를 리더 자신보다 더욱 능력이 뛰어나도록 이끌어 주는 사람이라는 것을 깨닫게 된다.

벼는 익을수록 고개를 숙인다. 인간도 벼가 고개를 숙이는 겸손과 마찬가지로 그런 노력을 해야 한다. 인간은 평생 동안 배우고 익혀도 모두 채워지지 않는다. 평생 동안 지혜를 채우는데 노력하고 겸손해야하며 교만해서는 안 된다.

6. 리더십 현대적 이론

사회와 조직은 꾸준히 변화한다. 산업사회에서는 조직과 인간을 '기계적 조직'과 '나사못 인간'이라고 부르기도 하였다. 조직 가치가 개인 가치보다 우선시하였으며 개인들은 조직의 요구에 순응하는 것은 당연한 것으로 받아들였다. 즉, 리더십은 상사가 지시한 목표달성을 위해 주어진 직무만 잘하도록 부하들에게 영향력을 행사하는 과정으로 인식되었다.

민주화와 정보화의 진전에 따라 ① 개인 가치 중시, ② 평등의 확산, ③ 자율능력 중시, ④ 소수의 리더가 조직의 주체가 아니라 구성원 모두를 주체로 인식, ⑤ 아날로그형 상급자가 디지털형 구성원들을 이끌어 나가기 어려움 등으로 인하여 이론의 다양성을 요구됨에 따라 현대적 리더십 이론이 등장한 배경이다.

1) 구성원 자율능력과 개발을 중시하는 이론

(1) 슈퍼 리더십(super leadership)

Manz & Sims가 이론체계화를 이룩하였는데 이는 구성원들이 리더의 지시와 통제에 따라 움직이는 것이 아니라 스스로 자신이 과업을 수행하고 통제하는 자율 리더십(self leadership)을 갖도록 하는 리더십이다. 리더는 부하의 잠재력의 개발을 지원 및 발휘기회제공 즉, 인간을 잠재력, 자율성, 창의성을 가진 존재로 인식하고 규제를 최소화하고 잠재적 가능성 개발 발휘를 할 기회를 지원해 주는 것이다.

슈퍼 리더는 구성원들을 자율 리더로 육성한다. 슈퍼 리더십이 잘 이루어지면 구성원들은 셀프 리더가 되고 각 부문은 자율 관리팀으로 성장하여 자율 능력을 발휘한다.

❒ 슈퍼 리더에 이르는 7가지 단계

첫째, 스스로 효과적인 셀프 리더십 실행

리더가 먼저 셀프 리더십을 실행한다. 즉, 자기관찰, 자율적 자기목표 설정, 자기평가에 근거한 보상과 처벌 등의 전략을 스스로 실행한다.

둘째, 역할모델과 학습조직조성

구성원들에게 자율 리더십을 행동으로 보여주면서 역할 모델이 되어 구성원들의 학습을 유도하는 것, 즉, 리더 자신이 자기 업무 목표 설정, 자기 업무 성과통제, 전체조직의 흐름을 이해하여 개념적 능력 시스템 각 부문들 간의 관계를 간과하고 배움은 물론 창조가 가능하도록 학습 환경 조성을 위해 노력한다.

셋째, 구성원 스스로 자율 목표 장려

조직의 비전 리더의 비전에 기초하여 구성원 개인들이 자신들의 성과 및 목표를 설정하도록 장려하고 코치 역할을 수행한다.

넷째, 적극적인 사고방식을 창출하도록 격려

구성원들이 현재 이상의 능력을 향상하도록 능력에 대해 자신감을 주고 적극적인 격려로서 지원한다.

다섯째, 보상과 건설적 제제를 통해서 자율 리더십 촉진

구성원들이 직무에서 내재적 보상을 받을 수 있도록 과업의 다양성, 분명한 과업 내용, 과업 중요성의 의미, 과업 수행의 피드백 등을 고려하여 과업을 설계한다. 제제가 필요한 경우에는 문제가 있는 행동의 수정에 국한하고 교정에 초점을 두어 스스로 자기 통제하도록 한다.

여섯째, 팀워크를 통하여 자율 리더십 증진

자율 관리팀으로 육성하도록 하여 팀 활동을 통해 책임감과 만족감을 느끼고 그러한 감정을 증진하도록 한다.

일곱째, 자율 리더십 문화조성

조직전반에 자율적 분위기를 촉진하고 자율 업무 시스템을 구축하여 신입 구성원들도 동화될 수 있는 교육 및 운영체제를 발전시킨다.

(2) 임파워먼트(empowerment)

임파워먼트는 '권한 부여' 또는 '권한 위임'의 뜻이며 다양하고 정의하고 있다. 임파워먼트가 갖는 중요한 의미는 권한을 업무실행자에게 맡기는 것이고 그리고 권한을 받는 하급자의 자신감과 자율역량을 키워야 한다는 것이다. 임파워먼트의 목표는 수동적이고 상황적응적인 관리에서 능동적이고 상황주도적인 관리를 추구하면서 구성원들은 능동적 삶을 살게 하며 조직성과를 증진시키는 것이다. 단순히 권한 위임이 아니라 파워를 부여하고 파워를 키워주는 것이다. 구성원들의 현재 능력은 물론 잠재능력까지 최대한 활용하는 것이며, 아울러 지속적인 교육과 학습이 병행되어야 한다.

임파워먼트의 실천핵심은 리더가 구성원들로 하여금 자기 업무에 대해 권한을 가지고 모든 과정을 직접 실행해 보도록 기회를 부여하고 시행착오를 거치더라도 자기 평가를 통해 자신의 장단점을 식별하여 스스로 개발함으로서 자율 역량을 갖추어 나가도록 여건을 만드는 것이다.

임파워먼트는 슈퍼 리더십의 가장 중요한 수단이며 과정인데 이에 임파워먼트 실행에 어려운 2가지 문제가 있는데 첫째는, 권한을 위임할 경우 리더의 권력과 통제 약화 우려이며, 둘째는 하급자의 성과가 기대에 못 미치고 실패했을 때 성과의 책임, 실패의 책임에 대한 우려 때문이다.

임파워먼트를 하게 되면 초기에는 성과가 저조할 수 있다. 이 때 권한 회수나 책임을 물면 셀프 리더로 키울 수 없다. 시행착오를 겪고 극복하는 과정에서 판단력과 결단력, 실천력을 기르고 평가안목과 더불어 책임을 가지게 될 때 자생이라는 임파워먼트 열매를 맺을 수 있다.

임파워먼트를 해야 하는 이유

-권한과 책임을 주어지지 않으면 어떠한 현상이 나타나는가?-

독일의 심리학자 링겔만은 집단 속에서 개인의 공헌도를 측정하기 위해 줄다리기 실험을 했다. 1대1 게임에서 1명이 내는 힘을 100%로 할 때 참가 수가 늘면 개인이 어느 정도 힘을 쏟는가를 측정했다. 2명일 때는 93%, 3명일 때는 85%, 8명일 때는 49%의 힘밖에 쓰지 않았다. 집단 참가자가 늘수록 1인당 공헌도가 낮아지는 현상을 '링겔만효과'라고 한다. 여러 명 중의 한사람 일 때는 익명성이라는 환경에서 개인은 숨는 것이다.

미국에서는 다른 실험이 있었다. 바닷가에서 한 청년이 휴양객 옆에서 녹음기로 음악을 즐기다 바닷물에 뛰어든다. 다음엔 도둑 역할을 맡은 사람이 녹음기와 그 청년의 소지품을 챙겨 달아난다. 누가 봐도 도둑임에 분명했지만 20회 실험 중 4명의 휴양객만이 도둑을 잡으려고 했다. 똑같은 상황에서 하나만 바꿔봤다. 청년이 "제 물건 좀 봐주세요."라고 직접 부탁하고 바닷물에 뛰어 들었다. 그랬더니 놀랍게도 19명이 도둑을 잡으려고 시도했다. 미국 심리학자 치알디니 박사는 이것을 '일관성 원리'라고 했다. 약속한 자신의 말에 일관성을 유지하기 위해 애쓰게 된다는 것이다.

2) 리더의 변화주도 역량을 중시하는 이론

리더의 변화주도역량을 중시하는 이론에는 카리스마적 리더십(Charismatic Leadership)과 변혁적 리더십(Transformational Leadership)이 있는데 이 두 리더십은 조직 환경이 안정되어 있는 평상시에 필요한 리더십 이라기보다는 조직변화가 필요한 시기에 변화를 주도해 나갈 수 있는 리더십으로 평가 받고 있다.

(1) 카리스마적 리더십(Charismatic Leadership)

카리스마적 리더에 대한 현대적인 최초의 연구는 Max Weber에 의해 시작되었다. 카리스마적 리더의 특성에 대한 Weber의 견해를 정리하면 다음과 같다.

① 카리스마적 리더는 숭고한 사명(mission)을 내세워서 사람들로 하여금 그 사명을 자신의 사명과 동일시하도록 영향력을 행사하여 따르도록 한다.
② 비범한 성과를 이루거나 사건을 만들어 추종자들에게 자신의 카리스마를 부각하고 확대시킨다.
③ 자신을 정점으로 하여 계층적으로 중간에 자신보다 낮은 카리스마적 리더를 둠으로서 최정점으로서의 자신의 이미지를 더욱 높인다.
④ 영향력은 시간이 지나면서 일상 속에 침전되어 관료화로 연결된다.
⑤ 카리스마는 가치중립적이어서 공동체를 발전시키는 긍정적인 것일 수도 있지만 히틀러나 사이비 종교의 교주처럼 파멸과 쇠퇴의 길로 이끄는 부정적인 것일 수도 있다.

(2) 변혁적 리더십(Transformational Leadership)

변혁적 리더십은 부하의 욕구를 충족시키며 성과를 유도하는 교환관계의 수준을 넘어서, 부하의 욕구와 내재적 동기 수준을 높이고 나아가 자유, 평등, 정의, 평화와 같은 도전적 동기를 지향하게 함으로서 부하의 가치체계 변화를 통해 개인집단, 조직의 변화를 이끌어가는 리더십이다.

Bass(1985)는 Burns가 정치적 리더들을 대상으로 했던 연구를 기초로 리더십 7요인을 개념화하였다.

표 9-5 Bass의 리더십 7요인

구분	방임 / 비거래적 리더십	거래적 리더십	변혁적 리더십
요인	① 자유방임 또는 비거래	② 성과와 연계한 보상 ③ 예외적 관리	④ 카리스마 ⑤ 영감적 동기부여 ⑥ 지적자극 ⑦ 개별적 배려

변혁적 리더십에서는 카리스마를 기본으로 하고 영감적 동기부여, 지적자극, 개별적 배려의 4요인으로 개념화하였다.

① 자유방임 또는 비거래

리더가 부하들의 업무수행방법과 성과에 대하여 거의 개입하지 않는 유형이다. 또한 보상약속이나 처벌 위협 등을 통해 부하들을 이끌어 가는 거래적인 동기부여 활동도 매우 미약한 상태이다. 이 리더십은 리더의 개입이 가장 적은 리더십 유형이다.

② 성과와 연계한 보상

부하의 노력과 성과는 그에 상응한 보상과 교환된다. 리더는 구성원에게 수행 목표를 명확히 제시하고 수행결과에 따라 주어지는 보상에 대해 거래적인 교환으로서 계약적 합의를 한다.

③ 예외의 관리

구성원의 성과가 계획에 도달하지 못하거나 수행과정이 적정 범위를 벗어날 때 리더가 개입하는 것을 말한다. 예외 관리는 두 가지로 구분된다. 첫째는 적극적인 예외 관리인데 이는 사전적 관리, 예방적 관리라고도 하며, 구성원의 과업수행이 목표달성에 미치지 못할 것으로 예측될 때 개입하는 것이다. 둘째는 소극적인 예외 관리인데 이는 사후관리, 교정적 관리라고도 하며 구성원의 과업성과가 기준에 미달하거나 문제점이 발생한 후에 리더가 개입하는 것을 말한다.

④ 카리스마

카리스마는 변혁적 리더십의 가장 핵심적이며 필수 불가결한 요인이다. 카리스마 요인 때문에 변혁적 리더십이 카리스마적 리더십과 동질적인 이론으로 평가되기도 한다. 부하들을 끌어당겨 리더와 비전에 몰입과 헌신하게 하는 카리스마적 매력은 변혁적 리더십의 핵심 에너지이다.

⑤ 영감적 동기부여

리더가 추종자들로 하여금 개인적 이익을 초월하여 새로운 비전과 전체 이익 실현에 헌신하도록 만드는 특유의 감성적 커뮤니케이션 능력을 말한다. 상징의 활용이나 호소력 있는 연설 등을 통해 정서적인 공감을 형성하여 부하들로 하여금 도전적 인식과 이상에 대한 기대 수준을 높이고 이상적 가치 실현에 참여하는 것에 자부심을 갖게 한다.

⑥ 지적자극

부하들로 하여금 낡은 가치에 대해 의문을 갖게 하고 자신과 조직이 처한 상황을 올바르게 인식하도록 하며, 당면한 문제를 새로운 방식으로 보게 하여 해결을 위한 창의적이고 혁신적인 방안을 모색하도록 한다. 부하들이 현재 가지고 있는 신념과 가치관의 타당성에 대해 문제점을 부각시키고 상황분석과 대안 창출에 있어서 기존의 인식의 틀을 넘어 새로운 시각을 갖도록 격려한다.

⑦ 개별적 배려

부하들에 대해 개인이나 집단별로 그들의 욕구와 희망에 대해 관심을 표명하고 배려함으로서 동기수준을 높인다. 개별적인 관심과 배려는 부하들로 하여금 그들의 리더에게 각별한 대상이라는 느낌을 갖게 함으로서 전체적인 관심과 배려보다 동기수준과 책임감에 미치는 긍정적 영향이 크다. 이는 리더가 부하들과 개별적 관계를 발전시키되 부하들이 리더에게 의무감을 더 갖도록 만드는 것을 의미한다.

3) 리더의 윤리적 품성과 봉사를 중시하는 이론

21세기에 들어오면서 우리나라에서도 리더십의 윤리는 경영윤리와 더불어 필수주제가 되었다. 리더의 윤리적 자질요소는 많이 제시되고 있지만, 다섯 가지 원칙을 표준으로 제시한다. 첫째는 타인을 존중하는 것이다. 타인의 존중은 어떤 일의 수단이 아니고 그 자체가 목적이다. 내가 존중받고 싶듯이 타인을 존중해야한다는 것이다. 둘째는 타인을 위한 봉사이다. 이는 이기적 동기보다도 이타적 동기를 높게 평가하는 것이다. 셋째는 공정성을 견지하는 것이다. 이는 타인을 자신의 이해에 따라 차별적으로 대하지 않으며 사람들이 지닌 가치를 올바르게 평가해 준다는 것이다. 넷째는 정직해야 한다는 것이다. 정직성은 리더에 대한 신뢰의 가장 중요한 기반이다.

신뢰를 잃는다는 것은 모두 잃는다고 해도 과언이 아니다. 다섯째는 공동체를 일구는 것이다. 리더십은 혼자 달리고 혼자 연주하는 일이 아니다. 목표를 향해 달리고 협주를 하며 화음을 만드는 일이다.

전통적으로 리더십은 부하가 리더에게 봉사하고 헌신하는 것으로 정착되어왔다. 그러나 현대사회에서는 리더가 부하를 대상으로 지시, 명령하고 위에서 군림하는 것이 아니라 조직과 부하를 위해 봉사하고 희생하는 것으로 변화되었다. 이는 부하가 리더를 추종하고 조직과 리더를 위해 헌신하게 하는 근본적인 지향점이 변화한 것은 아니라 리더의 자질과 능력을 발휘하는 실행방법이 변화한 것이다. 따라서 부하를 위한 봉사와 희생의 근본은 리더의 윤리적 품성이 전제되어 있다.

서번트 리더십이 전통적 리더십과 차별적 특징은 첫째, 부하를 진심으로 사랑하고 이끌어주어 발전을 돕는 것이다. 둘째, 타인의 삶과 가치관을 존경하고 인정한다는 것이다. 셋째, 리더 개인의 이익과 권위보다 공동체이익과 발전을 중시한다는 것이다. 그러나 분명한 것은 서번트 리더십의 차별적 특징 때문에 무조건 부하에 대한 배려로 일관하고 성과를 경시하는 것은 아니며 오히려 상대에 대해 배려와 봉사를 함으로써 상대에 감동을 주어 부하의 태도와 행동의 변화를 추구하여 리더를 더욱 신뢰하고 따르게 하는 것이다.

봉사의 어원은 하인(servant)에서 비롯되었다고 한다. Greenleaf는 서번트 리더십의 기본아이디어를 헤르만 헤세(Herman Heesse)의 작품인 "동방으로의 여행(Journey to the East)"에서 얻었다고 한다.

"동방으로의 여행"은 여러 명이 모여 여행하면서 여행을 하는 동안 구성원 중 한명이 여행자들을 위해 온갖 어렵고 힘든 허드렛일을 하는 레오(Leo)라는 인물에 초점을 맞추고 있다. 여행 중에 레오가 사라지기 전까지는 모든 이리 잘 되어갔지만, 어느 날 그가 사라지자 일행은 혼돈에 빠지고 결국 여행은 중단되었다. 사람들은 레오가 없어진 뒤에야 그가 없으면 아무것도 할 수 없다는 사실을 깨달았다. 레오는 아주 특별한 존재였던 것이다. 일행 중 한사람은 몇 년을 찾아 헤맨 끝에 한 종교 교단에서 레오를 만나게 되었다. 거기서 그는 심부름꾼으로만 알았던 레오가 그 교단의 정신적 지도자이며 훌륭한 리더라는 것을 알게 되었다. 레오는 서번트 리더의 전형으로 제시된 것이다.

(1) 서번트 리더십(Servant Leadeship)

서번트 리더십은 '타인을 위한 봉사의 마음에 초점을 두고 종업원과 고객 및 커뮤니티를 우선으로 여기며 그들의 욕구를 만족시키기 위해 헌신하는 리더십'으로 정의된다.

그린리프 연구센터의 연구소장인 spears는 다음과 같이 서번트 리더의 주요 특성을 제시하였다.

① **경청(Listening)** : 경청은 부하를 존중과 수용적인 태도로 이해하는 것이다. 적극적이고 능동적인 경청을 통해 부하의 욕구를 정확히 알게 된다.
② **공감(Empathy)** : 공감이란 차원 높은 이해심이며 리더는 부하와의 감정의 공감을 형성하여 일체감을 갖는다.
③ **치유(Healing)** : 치유는 리더가 부하들을 이끌어가면서 보살펴주어야 할 문제가 무엇인가를 살피는 것이다.
④ **스튜어드십(Stewardship)** : 부하들을 위해 자원을 지원하고 봉사해야 한다.
⑤ **부하의 성장을 위한 노력(Commitment to the growth of people)** : 부하들의 성장과 전문적 발전 및 정신적 성숙의 기회와 자원을 제공한다.
⑥ **공동체 형성(Building Community)** : 조직 구성원들이 서로 존중하며 봉사하는 진정한 의미의 공동체를 만들어 간다.

(2) 자기희생적 리더십(Self-Sacrificial Leadership)

자기희생적 리더십은 조직이 어려움에 처한 경우에 리더가 자기희생적인 리더십을 발휘하여 구성원들의 태도와 행동의 변화적 반응을 통해서 조직성과에 영향을 미친다는 것이다.

모든 조직은 늘 호황을 누리며 항상 잘 나갈 수는 없다. 환경변화에 따라 그리고 내부의 경영관리 측면에서 어려움에 봉착 할 수가 있게 마련이다. 이때 기관 경영자는 자신의 편익과 권한 등을 포기하거나 반납하고 기관구성원들과 숙식을 함께하면서 어렵고 힘든 일을 함께함으로써 구성원들에게 감동을 주어 함께 열심히 일하여 기관의 어려움을 극복해낸 사례에서도 이러한 자기희생적 리더십을 발견 할 수가 있다.

리더의 자기희생은 세 가지 범주에서 이루어진다.

첫째, 업무분장(division of labor)상의 자기희생 : 위험하고 힘들며 기피되는 업무, 역할, 순번 등을 자청하는 희생이다.

둘째, 보상분배(distribution of rewards)상의 자기희생 : 자기에게 정당하게 분배되어야 할 금전적, 비금전적 보상을 포기하거나 미루고 줄이는 희생이다.

셋째, 권한행사(exercise of power)상의 자기희생 : 리더에게 합법적으로 주어진 자원과 권한 등의 사용을 자제하거나 포기하는 희생이다.

이러한 리더의 자기희생적 리더십은 구성원의 가치관과 태도에 영향을 미치게 된다. 자기희생적 리더십은 단기간에 희생을 보여주는 일시적 리더십 스타일과 오랜 기간에 걸쳐 꾸준히 보여주는 지속적 리더십스타일로 구분된다. 일시적 리더십 스타일은 갑작스런 환경변화에 어려움이 처해 있을 때 나타고 지속적 리더십 스타일은 꾸준히 계속적으로 일상생활 속에서 자기희생적 리더십이 침전되어 하나의 문화로 토착화 될 가능성이 높다.

남에게 베풀고 돕는 삶은 자신과 사회를 행복하게 하고 살찌게 한다

우리가 살아가는 사회는 혼자만이 존재하여 살아갈 수는 없기 때문에 공존의 사회라고 한다. 또한 공존의 사회는 공동체를 의미하기도 한다. 따라서 참된 마음으로 다른 사람의 입장을 헤아려서 배려하고 베푸는 정신을 바탕으로 하는 공동체 의식이 저변에 깔려있어야 한다.

그러나 어떤 사람은 즐겁고 행복한 마음으로 남을 돕는가 하면, 어떤 사람들은 다른 사람에게 관심을 가지고 돕기보다는 오히려 다른 사람들로부터 도움을 받고자 애쓰는 사람이 있다.

베푸는 것은 결코 손해 보지 않고 늘 아름다움과 행복만 가득하다. 그러나 상대방에게 무관심하고 도움을 주는데 인색한 사람은 삶을 영위해 나가면서 인간관계에 나쁜 영향이 초래된다.

남을 돕고 베풀면서 살아간다는 것은 아름다운 사회를 펼쳐나가는데 있어서 너무나도 일반적이고 보편적인 참 진리이다. 다만 알면서도 실제 행동으로 옮기지 못할 뿐이다.

남을 돕는다는 것은 무엇보다도 봉사정신이 투철해야 가능하고 양보와 배려 그리고 헌신과 희생정신이 기본적으로 가슴속 깊이 침전되어 있어야 한다. 또한 이기주의에서 벗어나 늘 남을 이롭게 하려는 생각과 사상을 가지고 있어야 가능하다.

베푸는 방식도 차이를 나타낸다. 머리가 작용하여 베푸는 것은 지극히 형식적이며 이해타산적일 수 있기 때문에 주게 되면 받는다는 전제가 깔려있을 수 있다. 그러나 마음속 깊이 뜨겁게 우러나서 베푸는 것은 진정한 인간적 선행과 공공선이며, 주게 되면 받는다는 전제가 성립되지 않는다. 즉 자신이 남에게 준다는 것은 어떤 대가나 보답도 바라지 않고 그저 베푸는 것이 되어야 한다는 것이다.

베풀고 돕는 것은 모든 조직에서도 마찬가지이다. 현대사회에 들어와서 봉사와 희생정신 리더십이 각광받고 있는 것도 그 이유 중 하나이다. 상사는 부하를 대상으로 위에서 군림하는 것이 아니라 오히려 부하를 섬김으로서 그들의 욕구를 충족시켜주고 잠재력과 정의감을 발동시켜 오히려 상사를 따르게 만들고 성과도 낼 수 있기 때문이다.

리더 자신이 부하들로부터 인정받고 그리고 성과를 내기 위해서 부하들을 몰아붙이고 힘들게 하는 것은 봉사의 자세가 아니다. 다른 사람들의 행복과 복리를 위해서는, 자신이 합법적으로 갖는 권력과 권한을 포기해야 부하를 위한 희생이 되고 진정한 봉사가 될 수 있는 것이다. 탈무드에서도 뒷받침할 만한 내용이 있다. '진정한 사랑이란 뭔가를 바라지 않고 온전히 희생하는 것'이라고 말이다.

베푼다는 것은 물질적인 도움도 중요하지만 정신적으로 따뜻한 마음과 사랑을 주는 것이 진정한 봉사이다. 이러한 봉사야말로 사회구성원들에게 희망과 보람을 갖게 하는 것이다.

베풀게 되면 기쁨과 진실한 사랑을 발견할 수 있다. 베푸는 것은 결코 손해보지 않고 늘 아름다움과 행복만 가득할 뿐이다. 베풀면 자기도 모르는 사이에 곧바로 자기에게 돌아오기 때문이다.

– 백석 –

세상에서 가장 아름다운 모습

시장의 작은 분식집에서 찐빵과 만두를 만들어 파는 어머니가 있었습니다. 어느 날 소나기가 내리기 시작하자 어머니는 서둘러 우산을 들고 딸이 다니는 미술학원으로 갔습니다. 학원 문을 열려다 말고 자신의 옷차림을 살폈습니다. 작업복에 낡은 슬리퍼, 앞치마엔 밀가루 반죽이 덕지덕지 묻어 있었습니다. 감수성이 예민한 여고생 딸을 생각한 어머니는 학원이 파할 때까지 기다리기로 했습니다.

어머니가 문득 3층 학원을 올려다봤을 때, 마침 창문에서 어머니를 내려다보던 딸과 눈이 마주쳤습니다. 어머니는 반갑게 손짓을 했지만 딸은 잠시 보다가 얼굴을 돌렸습니다. 초라한 어머니가 기다리는 걸 원하지 않는 것 같아 어머니는 고개를 숙인 채 그냥 돌아섰습니다.

한 달 뒤 어머니는 학생회관에서 미술학원 학생들의 작품 전시회가 있다는 연락을 받았습니다. 딸이 부끄러워할 것만 같아 망설이던 어머니는 저녁에야 이웃집에게 가게를 맡기고 전시회장에 갔습니다. "끝나버렸으면 어쩌지……" 다행히 전시회는 끝나지 않았습니다. 벽에 걸린 그림들을 살펴보던 어머니는 한 그림 앞에서 그만 가슴이 덜컹 내려앉았습니다.

제목은 "세상에서 가장 아름다운 모습"

비, 우산, 밀가루 반죽이 허옇게 묻은 앞치마, 그리고 낡은 신발, 그림 속엔 학원 앞에서 딸을 기다리던 자신의 초라한 모습이 고스란히 들어 있었습니다. 어머니에게 다가온 딸은 환하게 웃고 있었고 모녀는 그림을 보며 꼭 껴안았습니다.

- 사랑은 표현할 때 더욱 빛나는 것입니다. -

7. 문화 차이에 따른 리더십

문화는 인간의 행동, 의사 결정 방법, 감정, 생각에 영향을 미치고 그리고 우리를 둘러싼 세계를 어떻게 인식하는가를 결정짓는다. 리더십은 이 문화 속에서 이루어진다. 그렇기 때문에 문화와 인간관계에서의 리더십은 매우 중요하다. 인간관계를 잘하기 위해서 리더십을 원만하게 발휘하기 위해서는 우선 그 사회의 문화와 그 사회에 속한 각 조직의 문화에 대한 이해와 학습이 선행되어야한다.

특히 글로벌사회는 다양성의 사회이다. 따라서 문화의 차이에 따른 리더십은 나라별로 분명히 존재한다. 그러나 문화의 차이에도 불구하고 모든 나라에서 공통적인 리더십의 요소들이 있고, 나라별로 문화적 특성에 따라 각자 독특한 리더십이 또한 존재하기도 한다. 그러므로 각 나라의 리더십 스타일이 차이를 보이며, 한 나라 안에서도 조직마다 독특한 문화의 차이에 따라 리더십 스타일이 차이를 보이기도 한다. 따라서 각국의 문화에 따른 리더십 특성과 스타일을 이해하고 대인관계를 한다면 문화차이로 발생하는 제반 문제를 방지하여 성공적인 인간관계를 이룩할 수 있을 것이다.

조직문화 차이에 따른 리더십 스타일 유머

-사무실에 뱀이 들어왔을 때 반응-

- 현대: 우선 때려잡고 고민 한다.
- 삼성: 때려잡을까? 쫓아버릴까? 의사결정 후 치밀한 계획을 세워 행동한다.
- LG: 삼성의 처리결과를 지켜본다.
- 두산: 트위터로 물어 본다
- 한화: 회장에게 어떻게 할지 물어본다.

- 네이버: 뱀이 사무실에 들어왔다고 뉴스캐스트에 올린다.
- 다음: 아고라에 뱀 잡는 방법을 물어본다.
- 구글: 뱀을 잡은 직원에게 포상한다.
- 애플: 뱀 잡는 방법을 특허신청 한다.
- 닌텐도: 뱀을 잡는 새로운 방법을 내놓는다.

1) 국가 간 문화적 특성 비교

국가 간 문화의 특성에 따라 리더십의 차이를 조사하고 연구한 사례 중 대표적으로 홉스테드(Hofstede)의 문화모형과 홀(Hall)의 모형 그리고 트롬페나아스(Trompenaars)의 문화 분류를 보면 다음과 같다.

(1) 홉스테드(Hofstede)의 문화 모형

네델란드 출신인 홉스테드(G. Hofstede)는 40여개 국가의 IBM 현지 구성원들 100,000명을 대상으로 연구하여 발표한 것은 "국가 문화의 홉스테드 모델(Hofstede's Model of National Cuture)"이었다. 홉스테드는 국가 간 문화차이를 4가지 차원에서 문화를 비교하고 분석하는 4가지 차원 분석모형을 제시하였다. 4가지차원이란 개인주의와 집단주의, 문화적 수용의 적극성 또는 소극성을 의미하는 권력 간 거리, 불확실성에 대한 회피선향, 남성적 문화와 여성적 문화이다. 홉스테드는 1980년에 4가지 문화 차원을 제시한 후 이어서 1988년에 5번째 문화 차원으로 유교적 동적자원을 추가하였다.

(2) 홀(Hall)의 모형

문화적 차이를 분석하기 위해서 문화를 비교하는 다른 하나의 비교문화적인 분석 방법으로 홀(E. T. Hall)의 모형을 들 수 있다.

홀은 소통을 할 때 사람들이 얼마나 주변배경을 중시하는가에 따라 각 국가의 문화를 고 배경문화(hight-context culture)와 저 배경문화(low-context culture)로 이원화하고 있다. 여기에서 '배경'이란 각 국가의 문화를 분류하는데 기준으로 삼은 몇 가지 문화요소 또는 차원을 중심으로 양자의 차이점을 분석 평가하는 것이다.

고 배경문화는 삶의 배경이나 정황 등이 보다 중요하게 여겨지는 문화이고, 저 배경문화는 배경이나 정황보다는 문서나 문장의 표현 그 자체가 중요한 문화를 말한다.

(3) 트롬페나아스(Trompenaars)의 문화 분류

폰스 트롬페나아스는 수평주의 vs 수직주의, 인간중심 vs 과업중심의 두

축을 가지고 문화를 분류하였다. 수평주의는 모든 사람들을 평등하게 대하는 가치관에 초점을 맞추었고, 수직주의는 상하간의 계급과 권위를 존중하는 가치관에 초점을 맞추었다. 그리고 리더가 리더십을 발휘하는데 있어 일보다 사람중심에 초점을 두는가 아니면 사람보다 일 중심에 초점을 두는가에 따라 문화를 분류하였다. 그림에서 본 인큐베이터 문화는 수평적 가치와 사람중심에 비중을 많이 두고 리더십을 발휘하는 리더십 스타일 문화이다. 이 인큐베이터 문화의 예를 들면, 리더는 부하직원들을 대할 때 개개인의 인격을 최대한 존중하고 자율적 조직분위기 속에서 평등을 추구하며 조직을 이끌어가는 리더십 문화이다.

미사일문화는 자율적 조직분위기 속에서 평등을 추구하면서 과업성취에 역점을 두고 선의의 경쟁을 불러일으켜 개인의 발전은 물론 조직의 발전 모두를 추구하는데 초점을 맞추어 리더십을 발휘하는 문화이다. 미사일문화의 예를 들면, 우선 외국에서는 NASA조직문화를 대표적으로 들 수 있고 국내에서는 SK케미칼 연구소와 포스코 부설 연구소인 POSRI 등을 들 수 있다.

에펠탑문화는 상하간의 계급과 권위를 존중하는 가치관에 초점을 두고 과업을 달성할 수 있도록 강력한 통제의 틀 속에서 조직을 이끌어가는 리더십 문화이다. 과업 달성을 위해 질서와 복종을 강조하며 부하직원들에 대한 배려와 애정보다는 리더의 강한 통제와 조직 내 규정 및 규칙 등을 중시한다. 에펠탑문화의 예를 들면, 프랑스에서 이러한 형태의 리더십이 발견되기도 한다. 그리고 우리나라의 군부대 문화를 한 예로 들 수도 있다.

가족문화는 권력 지향적이면서도 사람중심적인 문화이다. 가족문화를 소위 회초리문화라고도 한다. 가족문화의 예를 들면, 한 가정에 가장은 가족 구성원들을 대상으로 의식주 해결의 책임은 물론 교육과 건강을 책임지고 그리고 올바른 삶을 살아가도록 관리하고 훈시하고 상황에 따라서는 체벌도 가하는 경우도 있다. 가장의 이러한 모든 일련의 행동은 애정과 사랑이라는 밑바탕에서 시작되는 것이다. 한국, 일본, 그리스, 이태리, 싱가포르 등이 가족문화권에 속한다. 한국의 기업들 중 자본과 경영을 모두가지고 있는 소유경영자들에서 이러한 문화를 엿볼 수 있다.

	사람	과업
수평	〈인큐베이터〉 • 사람중심 • 애정 • 리더는 장애물제거 • 개인성장에 초점	〈미사일〉 • 과업성취 • 자율성 • 리더는 가이드 • 공동발전에 초점
수직	〈가족〉 • 권력지향 • 사람중심 • 리더는 애정어린 부모 • 관계형성에 초점	〈에펠탑〉 • 강력한 권력통제 • 권위존중 • 리더는 절대적·합법적 보수 • 과업성과에 초점

그림 9-3 트롬페나아스의 문화 분류

2) 한국인의 리더십

한국인의 리더십을 말하고자 하다면 문화(文化)란 무엇이고 어떤 특성을 지니고 있는지 부터 출발해야 한다.

장자는 "문화는 소위 코뚜레"라고 하였듯이 문화는 인위적이고 인간의 창조물이라 할 수 있으므로 문화는 인간이 만들어낸 것이며 따라서 인간이 만들어낸 문화로부터 인간은 자연스럽게 영향을 받는 것이라 할 수 있다. 그러나 문화의 개념이 너무 포괄적이기 때문에 문화의 정의를 하나로 내린다는 것은 쉽지만은 않다.

문화의 개념이 다양하다는 전제로 하여 문화 인류학자 테일러(E. B. Taylor)는 문화를 "지식·신앙·예술·법률·도덕·관습 그리고 사회의 한 구성원으로서의 인간에 의해 얻어진 다른 모든 능력이나 습관들을 포함하는 복합적인 총체"라고 말하고 있다. 이는 문화란 지구상의 모든 곳에서 인간이 살아가는 삶의 형태, 형식의 복합적인 총체를 의미하며 어느 국가, 어느 사회, 어느 조직이든 간에 공통적이고 차별적이며 독특한 문화를 모두 갖는다고 말할 수 있다.

문화가 지닌 독특하고 차별적인 문화의 특징 및 특성에 대해서는 많은 논란이 있지만 대체적으로 살펴보면 다음과 같다.

첫째, 문화는 공동체로 말할 수 있다. 인간은 개개인 마다 독특한 인간이 지닌 내재적 속성이 있다. 즉 성격, 능력, 가치관, 인지적 특성, 전문성 등은 다를 수밖에 없다. 그러나 한 집단에 소속되어 있는 개인은 그 개인의 특성이 다름에도 불구하고 타 집단과 구별되는, 그 집단만의 공통적인 경향을 발견할 수 있다. 이러한 현상을 문화의 공동체라 말할 수 있는 것이다.

둘째, 문화는 후천적으로 형성되는 태도변화이다. 인간은 태어날 때부터 선천적으로 문화의 특성과 공유함을 지니고 태어나지 않는다. 문화는 후천적으로 사회생활을 통하여 조직 속에서 자연적으로 침전되어 형성되는 것이다.

셋째, 따라서 문화는 적응적인 속성을 지녀 조직마다 독특한 전통문화가 정착되는 것이다.

모든 국가는 각 국가마다 문화의 차이는 있다. 그러나 한 국가의 문화를 똑같은 것으로 단순화 시킬 수는 없다. 한 국가 내에서도 문화의 유형은 다양하고, 많은 리더십 유형들이 존재한다. 그리고 특정 조직 안에서도 사업부나 부서마다 상이한 문화와 상이한 리더십을 찾아 볼 수 있다.

홀(Hall)이라는 학자는 소통을 할 때 사람들이 얼마나 주변 배경을 중시하는가에 따라 고 배경문화(hight context culture)와 저 배경문화(low context culture)로 나누었다.

고 배경 문화인 우리나라에서는 타인에세 싫은 소리를 힐 때 상대방의 처지와 상황과 관계 등을 고려하여 애써 에둘러 대하는 성향이 있으며, 저 배경 문화인 미국과 영국 같은 나라에서는 상대방의 정황 그리고 그간의 관계 등을 불문하고 원칙적이면서 편견 없이 직설적으로 대하는 경향이 있다. 그러나 우리나라 모든 조직에서 고 배경 분화로 단순화시켜 해식할 수는 없다. 예를 들면 삼성그룹이나 현대그룹 조직의 문화가 차이가 있으며 더 나아가 그 조직의 연구부서와 마케팅부서 간의 문화의 차이를 보일 수도 있다.

우리나라에서 고 배경 문화는 아마도 정(情)의 문화에서 찾아 볼 수가 있을 것이다. 우리나라 조직에서 정(情)의 리더십은 관행적, 전통적으로 몸속 깊숙이 젖어있는 독특한 문화적 영향이 바탕이 된다. 정을 주는 측면에서 받는 것을 전제로 하지 않는, 이해타산 없이 주는 개념과 겉마음이 아니라 마음속 깊이 우러나오는 진정성 그 자체이다. 이는 조직에서 상대가 불법을 저질렀을 때 그리고 어려운 환경과 상황에 처해 있을 때 리더는 법을 어기면서까지 구성원을 관대하게 용서하는 소위 '의리(義理)의 정(情)'이라는 부정적 결과가 초래할 수도 있지만 인간적 유대강화, 파격적 성과, 진정한 의미의공동체 형성이란 긍정적 결과를 획득할 수도 있다.

그렇다면, 우리나라에서 고(高) 배경문화와 정(情)의 문화는 현대사회에서 어떻게 평가하고 적용해야 하는 것일까.

고(高) 배경문화와 정(情)의 문화는 인간관 및 조직관과 그 관점이 조직에서 리더십 행동에 미치는 영향요소 중 동양의 맹자와 프랑스의 Rousseau에 주창된 성선설(性善說)과 맥을 함께 한다고도 볼 수도 있다. 성선설은 인간의 존엄성을 중시하는 사람들에게 지지를 받으며 인본주의 심리학에서 인간관계에 대한 기초를 제공해주기 때문이다.

현대사회는 글로벌화 사회이다. 사상과 이념의 벽이 무너지고 무역장벽이 허물어진지 오래이다. 따라서 전 세계는 한울타리에서 무한경쟁, 피나는 경쟁을 벌이고 있다. 이러한 환경 속에서 우리나라 모든 리더들의 자질과 능력을 어떻게 변화 발전시켜 나가야 하는가 하는 것은 다음과 같다.

첫째, 우리나라에서의 정의 문화에서 솟구쳐 나오는 정의 리더십이라는 우리고유의 것을 간직하고 지켜가면서 부정적 측면은 개선하고 긍정적 측면은 강화시켜 나가는 또 다른 우리나라만의 지닌 독특한 신문화 정착이 필요한 것이다. 즉 조직에서 구성원을 대하고 평가할 때 정의 문화에 대한 장점만 보고 행동하지 말고 구성원들의 능력과 성과를 살펴보고 편견과 지각오류가 발생 되지 않는 21세기 한국의 '정의 신 문화정착'이 필요한 것이다.

둘째, 한 가지 리더십에 고착되지 말고 많은 리더십 기술을 체득해 놓았다가 상황에 맞는 리더십을 발휘해야 한다는 것이다. 카멜레온은 빛, 감정, 온도에 따라 변화를 이룩하고 그리고 눈이 360도 움직인다. 이는 상황이 다르면 리더십도 달라져야 한다는 의미를 지닌다. 여기에서 카멜레온처럼 유연한 것은 우유부단(優柔不斷)이 아니고 주체성, 정체성 없이 변신과 배신과는 원칙적으로 다르다. 즉 카멜레온의 변화 형상은 곧 리더는 진정성 있는 유연함을 말해 주는 것이다.

현대사회에서 조직문화와 경영환경은 깊고 넓은 상관관계를 지니고 있다. 모든 조직은 아무리 경영능력과 전략을 잘 구사한다 해도 급격한 환경변화에 대응과 적응을 못하면 조직이 추구하는 목표달성 성과 극대화는 이룩할 수가 없다. 조직문화의 울타리와 벽이 약하면 예측할 수없는 환경변화의 급격한 습격에 견디어 낼 수 없다. 특히 우리나라만이 독특한 정의 문화는 조직이 어렵고 위험에 처해 있을 때 조직을 하나로 묶고 어려운 환경을 극복하고 바로 세우는데 있어서 가장 무엇보다도 강한 전략요소라고 평가할 수 있다. 따라서 고 배경문화와 정의 문화가 지닌 가치의 위력과 위대함은 누구도 부정할 수가 없을 것이다.

'낮은 곳을 찾아 흐르는 겸손(謙遜)'이 주는 인간성공경영

물은 결코 낮은 곳에서 높은 곳으로 거슬러 올라가지 않고 그저 낮은 곳을 추구할 뿐이다. 이것은 곧 물의 겸손을 뜻한다. 가장 높은 곳에서 머무는 물보다 흐르고 흘러 가장 낮은 곳에 모아진 물은 지저분하지만 그 물은 열을 받아 기화가 되면 높은 곳으로 올라갔다가 다시 아래로 내려와 대지위에 생명을 키우는 선(善)한 일을 하며 또다시 낮은 곳을 추구 한다. 이는 상대방을 존경하고, 상대를 인정하고 자기를 낮추고 살아가게 되면 자연적으로 자기에게 존경과 인정으로 다시 돌아온다는 뜻이기도 하다. '남을 돕는 것은 결국 자신을 돕는 길이다.'라는 참 진리인 것이다.

어떤 사람은 즐거운 마음으로 남을 돕는가 하면 어떤 사람은 상대방에게 도움을 주기는커녕 상대방으로부터 도움을 받기를 원하고 도움을 청한다. 이런 현상은 개인이 갖는 사고방식의 차이라 볼 수도 있지만, 인간의 본성인 이기적 발로인 것이다.

남을 돕는다는 것은 아름다움이요, 행복인 것이다. 남을 돕는다는 진정한 의미는 상대방이 도움을 받기를 원하거나 도움을 청할 때 주는 것보다 도움이 필요하다는 사실을 먼저 알아차리고 도움의 손길을 내밀고 조건 없이 도움을 주는 것이다. 높은 곳에서 아래를 처다 보는 것보다 낮은 자세로 아래를 처다 보면 더 많은 것을 볼 수 있고 더 자세히 볼 수가 있기 때문인 것이다.

자연이든, 조직이든, 사람이든 흐름이 막히면 병이 생긴다. 좋은 인간관계를 만들고 어려움을 해결하는 과정에서 남을 돕는 것 즉, 봉사와 자기희생은 21세기에 들어오면서 우리나라에서도 경영윤리와 더불어 필수주제가 되었다. 타인을 위한 봉사와 자기희생은 인간이 살아가는데 있어서 가장 기본이 되는 윤리적 자질요소로부터 시작되며 이는 겸손이라는 덕목이 전제되어야 가능한 것이다.

'사람은 완전히 합리적일지 모르지만 그 합리적인 것이 어떻게 보면 인간은 제한된 능력 때문에 주어진 역량 범위 내에서 합리적 이려고 노력할 따름이다.'라고 해야 더욱 설득력이 있는 것 같다. 이에 뒷받침할만한 상당한 이유는 여러 학자들의 선행 연구이론과 선각자들의 내용에서도 많이 등장한다.

인간은 순진하고 티 없이 착한 성품을 지니고 태어나지만 성장해 나가면서 오염된 학습을 함으로써 악(惡)한 성향을 가지게 된다는 것이 동양의 맹자와 프랑스의 루소(Rousseau)에 의해 주창되었다. 이에 오염되지 않는 학습에서 벗어나려면 도가(道家)의 창시자인 노자(老子)의 물의 육덕 중 하나인 '낮은 곳을 찾아 흐르는 겸손'을 평소에 실천하여 타인을 위하고 배려하는 마음가짐을 키워나가야 할 것이다.

'물은 스스로 길을 내고 자기가 가야 할 길, 가지 못할 길을 스스로 알아서 판단하고, 행동한다. 그리고 모든 것들을 쉼 없이 키워 낸다.'라는 명언을 생각하고 행동한다면, 아름다운 사회를 만들어 가는데 틀림없는 21세기 선도자(先導者)의 주인공이 될 것이다.

(한국서예신문, 2020. 1. 1. 백석)

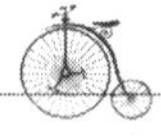

리더의 성공요인 : 생명의 유연함을 간직하라

'지극히 유연한 것은 유연한 것이 아니고 지극히 강한 것은 강한 것이 아니다.' 강인함과 유연함을 함께 갖추어야 한다.

갈대와 고무나무는 서로 자기가 더 강하다며 한 치의 양보도 없이 싸우고 있었다. 고무나무는 바람이 조금만 불어도 쓰러지는 갈대가 무슨 힘이 있냐며 비난했다. 마침 갈대가 반발하려 할 때 갑자기 강풍이 불어왔다. 갈대는 허리를 굽히고 바람에 몸을 맡겨 뿌리가 뽑히는 것을 막을 수 있었다. 하지만 바람에 꼿꼿이 맞선 고무나무는 뿌리째 뽑혀버렸다.

고무나무는 왜 쓰러진 것일까? 강풍에 맞설 용기는 있었지만 유연함이 없었기 때문이다. 그러나 갈대는 유연함이 있었기 때문에 화를 면할 수 있었다. 이 이야기를 통해 인성의 강함과 유연함을 생각해볼 수 있다. 강함을 추구해야 하는가, 아니면 유연함을 지녀야 하는가를 …….

문화혁명 당시 잘못된 정책으로 인해 많은 젊은 지식인들이 무고하게 목숨을 잃었다. 어떤 이들은 부당한 대우에 참지 못하고 자살이라는 극단적인 방법을 택했다. 하지만 똑같은 상황이지만 다른 모습을 보여준 이도 있다. 첸중수[錢鐘書 전종서]의 부인 양장[楊絳 양강] 여사도 문화혁명 당시 다른 지식인들처럼 부당한 대우와 갖은 핍박을 받았다. 그러나 그녀는 항상 낙관적인 태도로 고통 속에서도 희망을 찾으려 했다. 역경 속에서 융통성과 유연함을 발휘하여 당시의 상황을 견뎌냈으며 당시의 삶을 소재로 한 우수한 작품을 많이 남겼다.

우리는 강함뿐만 아니라 유연함도 가져야 한다, 그래야 어떤 환경에 처하더라도 꿋꿋하게 살아갈 수 있다, 유연함은 누구나 가지고 있는 선천적인 것이지만 그것을 발휘하기 위해서는 후천적인 노력이 필요하다. 그것은 밀가루 반죽과도 같다. 밀가루에 물을 넣고 몇 번 치대다 말면 밀가루는 뭉쳐지지 않는다. 그러나 천 번 만 번 계속 치대다보면 밀가루에 점성이 생겨 쉽게 뭉친다. 인생을 살아갈 때도 생활 속에서 끊임없이 자신을 단련시켜야 삶의 유연함이 생겨 어떤 고통도 충분히 이겨내고 실패에도 좌절하지 않을 것이다.

현대사회의 경쟁이 갈수록 치열해짐에 따라 스트레스도 심해졌다. 끊임없이 증가하는 지식의 물결 속에서 도태되진 않을까 하는 두려움, 바쁜 생활로 교류와 소통이 단절되어 서로 간에 생긴 거리감, 정리해고 후 처자식과 부모를 부양해야 하는 스트레스 등이 우리를 힘들게 한다. 이런 것들을 견디지 못해 범죄를 저지르는 이도 있고, 자살로 현실을 도피하는 이도 있다며, 제멋대로 살아가는 이도 있다. 이런 비극이 생겨나는 이유는 바로 유연함과 인내심이 부족하기 때문이다. 실패와 고독, 시련과 충격을 견뎌낼 능력이 없다면 다른 능력이 아무리 강하고 훌륭하다 해도 여지없이 무너질 수밖에 없다.

어떤 사람들은 고난을 직시할 줄 알고 시련이 닥쳐도 금방 이겨내리라 믿으며 자신을 끝까지 부정하지 않는다. 그들은 자신의 충만한 생명력과 열정, 강한 의지를 믿고 다시 시작하는 마음으로 차근차근 목표를 실천하여 새로운 인생을 펼쳐나간다. 삶의 유연함은 어떤 도전도 극복할 수 있도록 도울 뿐 아니라 나약한 인생을 강하게 만든다.

'지극히 유연한 것은 유연한 것이 아니고 지극히 강한 것도 강한 것이 아니다.' 강인함과 유연함을 함께 갖추어야 한다. 그래야 삶의 모진 풍파를 견디며 다시 웃을 수 있다.

이상의 리더 성공요인인 "생명의 유연함을 간직하라"에서도 살펴보았듯이 우리조직 속에서도 마찬 가지이다. 제임스 오트리(james A. Autry)의 "리더"라는 시에서도 리더의 성공요인인 "부드러운 터치와 균형 있는 행동"은 시사하는 바가 너무 커서 모든 리더들에게 경종을 울리고 있다.

리 더

제임스 오트리(james A. Autry)

하늘이 크게 보이는 휑한 사장실
소파에 마주 앉아
헬스를 하고나서 온통 땀으로 뒤범벅이 된 얼굴
이슬 맺힌 눈으로.
내 두 손을 꼭 잡고
"당신은 내 사람이오,
절대 떠나지 마시오."------
이런 CEO 라면 내 인생을 걸어도 좋으리.

하지만 경영은 만만치 않아
힘든 나날 속, 그를 짓누르는 것은
회의(懷疑)와 외로움.
옛말에도 있었듯이,
정상(top)의 고독, 그것은
부드러운 터치는 강한 팔보다 더 어렵고,
균형 있는 행동은 생각보다 지루하기 때문일까,

그러나 인내하는 마음으로 들여다보니,
그것은 아직도 그와 함께 있네.
내가 꼭 간직하고 싶은 그것.

이 시의 끝에 나오는 "그것"은 무엇을 뜻하는 것일까? 결국 조직을 이끌어 성공하려면 리더는 어떤 성공요인을 갖춰야 한단 말인가?

리더의 행동은 사람마다 색깔이 다르고 향기에 있어 차이가 난다. 그리고 크기가 다르고 생김새도 다르다. 나아가는 방향과 지향하는 목표도 차이가 있다.

위의 "리더"라는 시(詩)에서 리더는 때로 회의에 빠져 좌절하기도 하고 정상을 차지한 사람들이 느끼는 고독과 외로움 때문에 방황하기도 한다. 하지만 외롭고 힘들다고 해서 강한 팔을 휘두르며 끌고 가는 강압적인 스타일을 보여서는 안 된다. 리더는 "부드러운 터치"를 통해서 다른 사람들이 스스로 따라 오도록 하는 성공 기술을 실천해야한다. 강한 것보다 부드러운 것이 더 어렵다. 또한 균형 있는 행동은 지루해보이지만 리더가 반드시 갖추어야 하는 리더십 행동의 핵심이다. "그것"은 바로 부드러운 터치와 균형 있는 행동을 뜻한다. 과업 중심(생산중심)과 배려(인간 중심)의 균형, 단기 목표 추구와 장기비전 추구의 균형, 독단과 참여와 위임의 균형을 추구해야 한다. 효과적 성공 리더십은 이처럼 다양한 역할 간의 균형에 의해서 이루어지는 것이다.

본 장의 정리

☞ 본 장의 학습을 완료했다면 다음 내용들을 구체적으로 이해할 수 있어야 한다.

□ 리더의 리더십은 기관경영 지휘활동으로서 의사소통, 동기부여와 함께 기관조직의 목표 성과극대화를 이룩하는데 중요한 요인이다.
리더는 조직 속에서 사람들을 이끌어 가는 사람을 뜻하며, 리더는 공식리더, 비공식리더로 나누어진다. 또한 리더십은 조직의 목표나 내부구조의 유지를 위하여 구성원들이 자발적으로 조직 활동에 참여하여 역량 및 잠재 역량 개발을 통해 조직의 목표를 달성할 수 있도록 유도하는 능력을 말한다. 리더십의 중요한 논점은 경영의 대상은 조직이고, 리더십의 대상은 사람이다.

□ 리더십은 조직과 인간의 내적, 외적의 속성이 복합적으로 이루어져 형성된 사회적 개념이다.
리더십의 속성은 ① 리더십은 모든 조직이 있는 곳에 존재하는 일반적 현상이다. ② 리더십은 불확실한 상황에서도 구성원들을 주도적으로 이끌어 갈 수 있는 능력이다. ③ 리더십은 리더와 구성원 간에 유·무형의 가치거래적 교환이 이루어지는 활동이다. ④ 리더십은 리더와 구성원 간 상호작용의 동태적 과정이다. ⑤ 리더십은 리더의 독특한 개성적인 특성이 갖추어져 있을 때 더욱 리더십의 영향력이 커진다. ⑥ 리더십은 사용의 정도와 방법에 따라 효용이 달라진다는 점에서 가치중립적인 것이다.
리더십의 지향점은 ① 리더십은 부하와 성과의 긍정적인 변화를 지향하는 노력이다. ② 리더십은 리더 자신들이 움직이는 것이 아니라 구성원들을 움직이게 하는 것이다. ③ 리더십은 리더의 개입보다 구성원 스스로 과업을 수행할 때 더욱 효과적이다. ④ 리더십은 개인 목표와 조직의 목표가 합치되도록 한 방향으로 움직이는 것을 지향한다. ⑤ 리더십은 리더의 추종을 우선적으로 지향하며 사람에 대한 흡입력이자 유혹의 과정이다. ⑥ 리더십은 매듭을 묶는 것이 아니라 얽힌 매듭을 풀어가는 노력이다. ⑦ 리더십은 사랑의 마음과 사랑의 기술의 결합체이다. ⑧ 리더십은 융합효과를 창출하고자 하는 활동이다.

□ 리더십 이론은 사회변화와 맥락을 같이하는데 리더십 전통이론은 리더의 특성, 리더의 행동 유형, 그리고 상황적합으로 확장되어 왔다. 리더십 전통이론 중 첫째, 리더의 특성이론은 우수한 자질과 능력 등 특성을 찾아내어 리더십 효과성을 연구하는 이론이다. 여기에서 특성 즉 내재적 속성이란 인지적 특성, 성격, 경험, 전문성, 가치관 등을 포함하여 다른 사람들과의 차별되는 속성들의 집합을 말한다. 둘째, 리더의 행동이론은 특성이론의 한계를 극복하기 위해서 발전되었다. 즉 내면적 특성은 관찰하기 어렵지만 행동은 관찰 가능하므로 리더의 행동유형을 찾아내어 리더십 효과성을 살펴보는 것이다. 셋째, 리더십 상황이론은 특성이론과 행동이론은 모든 상황에서 조직성과를 높여주는 특성과 행동유형을 찾으려 했지만 상황이론은 상황에 따라 특성과 행동유형이 달라져야 한다는 이론이다.

□ 조직목표 달성 성과극대화는 리더가 부하 직원에게 통제·지시·명령의 획일적, 수직적이 아니라 위임을 하여 자율 리더로 키워야 한다. 슈퍼 리더십은 부하 스스로 통제할 수 있는 셀프 리더십을 갖도록 하여 셀프 리더로 키우고자 하는 리더십을 말하는데 여기서 슈퍼 리더는 구성원들을 자율 리더(셀프 리더)로 육성 즉, 슈퍼리더십이 잘 이루어지면 구성원들은 셀프 리더가 되고 조직은 자율관리팀으로 성장하여 자율능력을 발휘하게 된다. 따라서 셀프 리더십의 기초는 권한을 업무실행자에게 주는 임파워먼트이다.

□ 리더의 변화주도 역량을 중시하는 이론은 조직 환경이 안정되어 있는 평상시에 필요한 리더십이라기보다는 조직변화가 필요한 시기에 변화를 주도해 나갈 수 있는 리더십으로 평가받고 있는데 카리스마적 리더십과 변혁적 리더십이 이에 해당된다.
카리스마 리더는 숭고한 사명을 내세워 사람들로 하여금 자신의 사명과 동일시하도록 영향력을 행사하여 따르도록 하는 것 즉 비범한 성과, 사건을 만들어서 자신의 카리스마를 부각하고 확대하는 것이다.

변혁적 리더십은 부하의 욕구를 충족시키면서 성과를 유도하는 교환관계의 수준을 넘어 부하의 욕구와 내재적 동기수준을 높이고 나아가 자유, 평등, 정의, 평화와 같은 도전적 동기를 지향하게 함으로서 부하의 가치체계 변화를 통해 개인, 집단, 조직의 변화를 이끌어 가는 리더십이다.

□ 리더십 윤리는 경영윤리와 더불어 필수주제가 되었는데 이에는 서번트 리더십과 자기희생적 리더십을 들 수 있다.
서번트 리더십은 타인을 위한 봉사의 마음에 초점을 두고 구성원과 고객 및 커뮤니티를 우선 여기며 그들의 욕구를 만족시키기 위해 헌신하는 리더십이다.

□ 인간관계를 잘하기 위해서 리더십을 원만하게 발휘하기 위해서는 우선 그 사회의 문화와 그 사회에 속한 각 조직의 문화에 대한 이해와 학습이 선행되어야한다.
각국의 문화에 따른 리더십 특성과 스타일을 이해하고 대인관계를 한다면 문화차이로 발생하는 제반 문제를 방지하여 성공적인 인간관계를 이룩할 수 있을 것이다.

제 10 장

평생교육기관 경영의 의사소통

※ 이 장을 끝마칠 때 다음 내용들을 이해해야 한다.

- □ 왜 평생교육기관 경영에서 의사소통이 중요한가?
- □ 의사소통의 유형에 관하여 알고 있는가?
- □ 효과적 의사소통을 방해하는 장애요인에 대하여 알고 있는가?
- □ 의사소통의 장애를 극복하기 위한 방안에 대하여 알고 있는가?
- □ 의사소통 개선방안에 대하여 알고 있는가?

감정에 많은 투자는 소통의 관계를 더욱 원활하게 하여 성과를 극대화하는 가장 훌륭한 윤활유이다.

– 백석 –

인간은 조직을 떠나 살 수 없다. 가정조직, 학교조직, 직장조직, 평생교육기관 조직 등 어떤 조직에서든지 사람과 사람 사이에는 끊임없이 상호작용이 이루어진다. 이러한 상호작용의 근본적인 수단이 의사소통(Communication)이다.

조직에서 의사소통은 우리 인간이 살아가는데 있어서 빼놓을 수 없는 물과 공기와도 같으며, 그리고 마치 우리 인체의 신경계통이나 혈관과 같아서 평생교육기관 조직의 성과 극대화를 이룩하는데 있어서, 계획을 수립한 후 실행을 옮기는데, 리더십 그리고 동기부여와 함께 지휘 기능으로서의 중요한 역할을 담당하게 된다.

경청(傾聽)의 인생 성공경영학

일반적으로 사람들은 하고 싶은 말은 많이 하는데 듣기는 잘못한다는 비판을 받는다. 잘 듣지 않는다는 것은 상대방이 전달하려는 내용의 진실과 상관없이 자기 마음대로 해석하고 편리하게 결론을 내버린다는 뜻이다. 누구든지 상대방의 말이 채 끝나기도 전에 말을 자르고 나름대로 상상하여 결론을 내린다면 그것이야말로 상대방을 무시하는 것이다. 그리고 그 무시는 고스란히 본인에게 다시 돌아오기 마련이다.

동서고금을 통하여 위대한 성인(聖人)의 삶과 사상은 후대(後代)에 지대한 영향을 미쳤다. 聖人(성인)은 듣고 난 후 입을 연다. 그래서 "聖(성)은 인간이 도달할 수 있는 최고 경지이다"라 하고 있다.

'聖'자를 살펴보면 참으로 뜻이 깊다. 耳(귀)·口(입)·王(왕)자(字)의 3요소가 합해진 글자이다. 耳를 먼저 쓰고 口자를 나중에 쓰는 것은 우연한 일이 아니다. "聖人은 먼저 타인의 얘기에 관심을 기울이며 그리고 역사의 소리와 진리의 소리를 조용히 모두 듣고 난 후에 입을 열어 말씀을 한다"라는 의미가 담겨 있다고 한다.

그리고 경청(傾聽)의 사전적 정의는 '귀를 기울여 듣는다'는 뜻이다. 聽(청)을 측자파자(測字破字 – 한자가 만들어지면서부터 이미 각각의 뜻을 가진 여러 글자로 분리되고 결합)형식으로 풀어보면 다음과 같다. 耳(귀이)·王(임금왕)·十(열십)·目(눈목)·一(한일)·心(마음심)으로 구성되었다. 즉, '임금의 귀를 듣고, 열 개의 눈으로 듣고, 일관된 마음으로 들어야 한다'는 뜻이다.

이 뜻이 주는 또 다른 의미는 지위가 높고 존경 받는 위치에 있을수록 상대방에 대한 말을 먼저 들어야 하며 또한, 편견과 지각오류 없이 모든 사람을 똑같이 대하며 일관되게 경청해야 된다는 의미가 담겨 있는 것이다.

성공하는 사람과 그렇지 못한 사람의 대화 습관에는 뚜렷한 격차가 있다. 그 차이점이 무엇인지 단 하나만 꼽는다면 그것은 당연히 '경청하는 습관'을 들 수 있다. 권력을 추구하는 것은 인간의 본능이다. 때문에 누구나 어느 정도 지배력과 통제력을 갖고 싶어 한다. 따라서 대부분의 사람들은 상대방과 대화를 나눌 때 먼저 얘기하고 싶어 하며, 더 많이 얘기를 하려고 애쓰는 것이다.

인간은 누구나 경청하려고 하면 혈압이 상승하고 맥박이 빨라지며, 땀이 분비된다고 한다. 그만큼 경청하기란 그리 쉽지 않다는 것을 대변하는 것이다. 그렇다면 경청으로 상대를 존경해주고, 상대로부터 존경을 받아 인간성공을 이룩할 수 있는 방안은 무엇일까.

우리는 지금껏 말하기, 읽기, 쓰기에만 골몰해왔지만 듣는 것은 배우지 못했다. 하지만 정작 우리의 감성을 지배하는 것은 '귀'라는 것을 깨달아야 한다.

감성의 풍요는 세상을 가슴으로 받아들이기 때문에 타인을 이해하고 배려하며 어울리는 것부터 생활화해야 한다. 그러기 위해서는 '지혜의 학습'과 '체험이란 훈련'을 통해 꾸준히 습득해 나가야 한다.

경청하는 만큼 상대방은 자신을 신뢰하게 만드는 것이다. 자기 말을 들어주는 사람을 싫어하는 이는 세상에 없다. 사회생활을 하면서 상대를 알고, 설득하고, 내가 존중받는 유일한 방법은 경청임을 잊지 말아야 한다.

(한국서예신문, 2019. 6. 01. 백석)

1. 의사소통의 정의

의사소통(Communication)은 '공동(Common)의 것으로 만든다.'라는 라틴어 코무니스(Communis)에서 유래되어 오늘날의 커뮤니케이션(Communication)이란 말이 만들어졌다(임창희 외 2인, 2004). 의사소통은 2인 이상의 사람들 간에 정보(informations), 의견(opinions), 감정(Sentiments)을 주고받으면서 공통의 이해를 이룩하는 것인데 이 때 의사소통은 단순히 송신자가 수신자에게 전달되는 것이 아니라 송신자의 전달하고자 하는 내용이 수신자가 정확히 받아들여 공유하는 것을 의미한다. 이러한 맥락에서 평생교육기관조직의 의사소통이란 평생교육기관의 조직 상황에서 관리자, 구성원, 학습자, 잠재학습자, 자원봉사자, 후원자 및 기관, 지역사회 감독기관 등에 대해 이루어지는 상호 공통의 이해를 이룩하는 의사소통을 말할 수 있다.

2. 의사소통의 과정

의사소통의 과정이란 자신이 생각하고 있는 의미나 아이디어를 특정한 상징으로 바꾸어 그것을 전달매체란 도구를 이용하여 타인에게 전달하는 과정을 말한다.

의사소통이 이루어지기 위해서는 필수적으로 송신자, 수신자, 메시지, 매체의 4개 구성요소가 존재하며 그 밖에 피드백과 장애요인(잡음)이 있다. 여기에서 커뮤니케이션의 필수적 요소인 4가지 구성 요소 중 하나라도 빠지게 되면 의사소통이 안 되며, 그 밖의 피드백과 장애요인(잡음)이 결여되든가 발생되면 정확한 의사소통은 기대할 수 없다. 이러한 구성요소들을 보다 구체적으로 나타내면 [그림 10-1]과 같다.

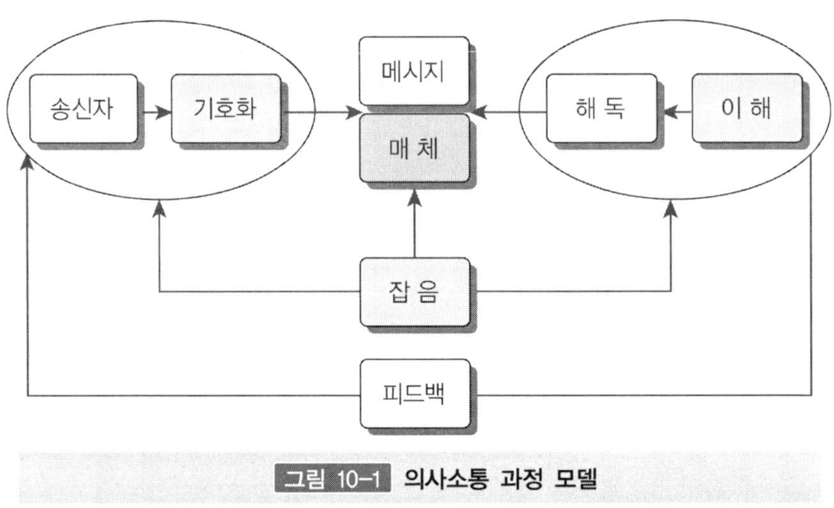

그림 10-1 의사소통 과정 모델

1) 송신자(Sender)

발신자는 자신이 갖고 있는 생각이나 의사, 정보 등을 상대방에게 전달하고자 하는 사람을 말하며, 의사소통과정에서 메시지를 보내는 주체로서 정보의 원천(source)이라고도 한다.

2) 기호화(encoding)

기호화는 송신자가 수신자와의 의사소통을 정확히 전달하기 위해 메시지 내용을 시각적 또는 청각적인 부호(code)나 또는 언어적 혹은 비언어적 부호나 상징으로 전환시키는 과정을 말한다. 즉 전달하고자 하는 생각이나 감정, 정보 등을 몸짓, 기호 등 특정 형태의 체계화된 메시지로 변환시키는 것을 의미한다.

3) 메시지(message)

메시지는 기호화 과정의 결과로 나타나는 것으로 이것은 언어적인 것과 비언어적인 것이 있다. 언어적인 메시지는 조직생활에서 가장 빈번히 활용되고 있으며, 이는 구두메시지와 문서화된 메시지로 나뉜다. 구두메시지는 직적접인 말을 이용한 것이며, 문서화 메시지는 서류, 보고서, 편지 등 문서의 형태로 나타낸 것이다. 한편 비언어적인 메시지를 가리키는데 예를 들면 표정, 자세, 음성의 고저, 눈짓, 몸짓 등을 들 수 있다.

4) 해독(decoding)

송신자가 기호화하여 전달한 의미를 수신자가 해석하는 것이다. 메시지를 전달받으면 수신자는 마음속에서 그 메시지가 자신에게 어떠한 의미를 주는 것으로 변환하게 되는데 이 때 수신자는 자신의 과거 경험과 준거의 틀(frame of reference)에 비추어 해석하게 된다. 해독은 수신자가 송신자의 메시지를 지각한 의미이기 때문에 송신자는 수신자의 입장을 고려한 의사소통을 해야 한다.

5) 피드백(feedback)

의사소통은 자연발생적인 것이 아니라 계획적이고 의도적인 것이어서 전달자의 의도를 체크하는 과정이 필요한데 이는 의사소통에 대한 수신자의 반응이 다시 송신자에게 되돌아가는 과정이다. 피드백의 과정은 송신자와 수신자가 서로 입장을 바꾸어 메시지가 정확하게 의도한 바를 전달되었는지를 쌍방적(two-way)으로 점검해 주는 역할을 한다.

6) 잡음(noise)

잡음은 의사소통과정에서 메시지가 의도하는 바를 왜곡, 혼란시킬 수 있는 요인 모두를 의미한다. 의사소통과정을 상세히 살펴보면 모든 단계에서 잡음이 발생할 수 있음을 알 수 있다. 의사소통의 효과성은 의사소통 장애요인인 잡음을 어떻게 통제할 수 있는가에 달려 있다.

3. 의사소통의 기능

의사소통은 개인의 생활은 물론 조직이나 집단의 경영에 있어서 중요한 기능을 수행한다. 특히 조직에서 리더가 의사소통을 활용하여 조직을 성공적으로 이끌기 위해서는 의사소통의 기능을 수행해야 한다. 댄스와 라슨(Dance & Larson)은 리더십과 관련한 의사소통의 기능 3가지를 다음과 같이 제시하고 있다.

첫째, 사람과 사람, 사람과 환경을 연결시켜준다.

- **감정표현기능** : 의사소통은 인간의 욕구나 불만, 만족 등의 표현을 통해 정서적인 기능을 수행한다. 특히 조직에서의 리더는 이성적인 논리적용이 반드시 필요하다. 하지만 때로는 구성원들과 원만한 관계를 형성하고, 또한 조직이 반드시 해야 만이 바람직한 목표를 달성하는 것에, 적극적인 반응을 보이지 않는 구성원들을 대상으로 설득하기 위한 정서적 노력이 필요한 것이다.
- **동기부여 기능** : 조직에서 리더는 구성원을 대상으로 동기부여 해야 마음을 움직일 수 있다. 그러기 위해서는 구성원들에게 비전을 제시하고 일의 참 의미를 부여해야만 한다. 이 역할을 의사소통이 하는 것이다. 따라서 조직이 추구하는 목표달성을 위해 구성원 개인의 만족과 조직 전체의 만족이 일치되어 성과극대화를 이룩하기 위해서는 동기부여를 해야 한다.
- **정보기능** : 정보전달의 기능이 상실되면 의사결정은 이루어질 수 없다. 개인이나 집단이 의사소통을 통해 필요한 정보를 수집하여 주고받는 것은 가장 기본적이며 중요한 요소이기 때문이다. 리더는 주변 사람들과

주변 환경으로부터 빠르고 정확한 정보를 획득하여 구성원들에게 정보를 전달해야 한다. 그리고 구성원들은 전달받은 정보를 활용하여 정확한 의사결정을 하게 된다. 정보 없는 리더는 청각장애인, 시각장애인이다. 많은 정보를 수집하고 정보를 분류하고 활용하는 것은 조직 공동의 목표를 달성하기 위한 의사결정의 중요한 기초자료가 되는 것이다.

둘째, 정신 작용이 발달하게 된다.

- 논리성 향상 기능 : 자기만이 견해나 관점이 주변 사람들과 대화나 토론을 통하여 빈번한 소통을 하다보면, 자신의 논리점이 발견되어 그동안 모르고 부족했던 점이 채워지고 잘못된 것들이 정확하게 수정되게 된다. 학교에서의 수업도 마찬가지이다. 수강생들 각자는 충분한 학습능력을 갖추었기 때문에 혼자의 학습을 통하여 소기의 목표달성을 할 수도 있겠지만, 교수와 동료 수강생들과 함께 어우러져 발표와 토론수업을 함으로써 혼자 공부하는 것보다 정확하고 빠른 논리점이 발견되어 학습효과가 증대되는 것이다.

셋째, 말하는 사람이나 듣는 사람의 행동을 규제하는 기능을 한다.

- 통제기능 : 의사소통은 조직에서 구성원들의 권한이나 책임을 명확히 함으로써 구성원을 통제하는 기능을 수행한다. 조직에서 리더가 구성원을 대상으로 업무를 정해주고, 직위를 부여하고, 책임과 권한을 명시하는 등 지시, 명령하여 통제하는 기능을 수행한다. 리더가 통제력을 잃어버리면 지체장애자이다. 조직이 추구하는 바람직한 방향으로 나가기 위해 불가피하게 해야 할 일과 해서는 안 되는 일 또한 소통으로의 통제기능에 속한다.

4. 의사소통의 유형

1) 언어적 형태와 비언어적 형태의 의사소통

발신자가 수신자에게 정보가 담긴 메시지를 전달, 표현하는 유형은 언어적 형태의 의사소통과 비언어적 형태의 의사소통이 있다.

언어적 의사소통은 전달하고자 하는 메시지를 발신자가 수신자에게 제한된 정보를 제공하게 되는 경우도 있기 때문에 수신자는 발신자가 전달하는 정보의 정확성을 확인하는 차원에서 의도적으로 비언어적 의사소통에 의존하는 경우가 있다. 따라서 원활하고 더욱 정확한 의사소통을 위해서는 언어적 의사소통과 비언어적 의사소통의 의미가 서로 일치해야 하며, 기능한 동시에 사용하게 되면 더욱 효과적일 수 있다

(1) 언어적 형태의 의사소통

말이나 글과 같이 언어를 사용하여 생각이나 감정을 표현하는 것으로, 말하기와 듣기, 쓰기와 읽기, 문자 메시지, 전자 우편 블로그 등이 해당한다. 언어적 형태의 의사소통은 소통하는 과정에서 자신이 마음먹은 생각이나 감정을 조절하기 쉽다. 그러나 반면에 그러한 영향으로 오히려 매우 애매하고 불확실한정보가 전달되는 경우도 발생한다.

듣기의 한 예를 들면, 듣기는 단순히 듣는 것을 뛰어넘어 경청을 의미한다. 이는 말 하는 사람에 대한 예의(禮儀)이며 동시에 바람직한 소통을 위한 자세인 것이다. 최대한 관심을 기울여 집중하고 기록 및 메모를 하는 태도를 가진다. 특히 경청 10계명 등은 말하기와 듣기에 있어서 가장 중요한 실천요소이다.

(2) 비언어적 형태의 의사소통

비언어적 형태의 의사소통은 글과 통신수단이 없는 사회에서 유일한 소통방법이었기에 '시원적이며 원시어(primal and primitive)'인 몸짓 말은 언어적 형태의 의사소통에 앞서, 가장 먼저 생겼다. 메시지를 전달, 표현하는 비언어적 형태의 의사소통은 자신의 생각이나 감정을 표현하는 방법으로서 다음과 같이 대별된다.

첫째, 신체 각 부위를 통한 비언어적 의사소통이다. 이는 시선 마주치기, 얼굴 표정, 신체동작과 자세, 신체접촉, 반복적 행동 등을 말한다.

신체어는 '몸의 언어'이지만, 말과 글의 세계로 집요하게 침투한다. 신체언어에서 유래한 말들이 글자화 되기도 했다. 예컨대 우리말 '눈살(눈살에

독기를 띠며 쏘아보는 시선)이 따갑다'는 표현을 들 수 있다. 영어에서도 몸짓말에서 유래한 표현들이 많다. 예컨대 승인·찬성·격려를 뜻하는 'thumbs-up'이 있다. 우리말로 '엄지척'이나 '엄지 올리기' '좋아요'로 번역된다. 하이파이브(hight five)'는 "승리나 성공을 기뻐하는 뜻으로 두 사람이 손을 들어 손바닥을 마주치는 일"(우리말샘)이다. 또한 "윙크(wink)는 상대에게 무엇인가 암시하거나 추파(秋波)로서 한쪽 눈을 깜박거리며 하는 짓"이다.(표준국어 대사전)

시선을 마주쳤을 때의 눈빛의 강함과 약함 그리고 부드러움, 응시하는 시선의 방향이나 시간의 빈도 등은 소통의 의미가 다르다는 것을 말해준다. 눈빛도 보디랭귀지(body language)이다. 남녀 간에 서로 눈빛만 잘 쐈도 사랑에 빠질 수 있다.

상대방의 말을 모르면 '손짓 발짓'으로 의사소통을 한다. 손짓, 발짓은 호모사피엔스의 원초적 언어이기 때문이다. 또한 유아는 모유를 실컷 먹은 다음에는 '싫다', '이제 그만'의 의미로 고개를 돌린다.

둘째, 음성을 통한 비언어적 의사소통이다. 이는 음색, 소리의 높낮이와 강약, 말의 속도, 말씨 등을 들 수 있다. 소통의 의미가 다르다는 것을 말해준다.

음성에 대한 한 예를 들면, 단조로우며, 투명스러움 그리고 생기가 있으면서 부드러움 등은 상대에 대한 호(好)·불호(不好)를 나타내기도 한다.

셋째, 환경을 통한 비언어적 의사소통이다. 이는 성대방과의 거리나 공간, 실내에서의 위치, 옷 차림, 물리적 환경, 이모티콘(emoticon) 등을 말한다.

환경에 대한 한 예를 들면, 상가 댁 조문을 할 때 검정 옷과 검정 넥타이는 슬픔을 함께 한다는 의미가 담겨있으며, 대통령의 빨강 옷이나 빨강 넥타이 차림은 어려운 경제를 살리는데 최선을 다하겠다는 강조의 메시지가 담겨있는 것이다. 따라서 이는 바로 국민들께서도 경제를 살리는데 최선을 다 해달라는 호소의 의미가 함축되어 있는 것이다.

또 하나 이모티콘(emoticon)의 예를 들자면, 웃는 얼굴은 :) 또는 :-)로 나타낼 수 있는데, 왼쪽으로 돌려 보면 웃는 얼굴이 나타나게 되어 좋음, 기쁨, 행복감 등을 표하기도 한다.

2) 일방적 의사소통과 쌍방적 의사소통

(1) 일방적 의사소통

일방적 의사소통(one way communication)은 정보가 일방적으로 흐르는 커뮤니케이션으로써 조직에서는 명령, 지시 등과 같은 것이 이에 속한다. 그리고 개인이 많은 사람들을 상대로 일방적으로 이야기를 진행하는 것이다. 이에는 강의, 연설, 발표, 설교 등이 있다. 예로부터 웅변 또는 연설로서 일방적 의사소통은 준비된 혹은 계획된 의사소통이다.

따라서 일방적 의사소통의 경우, 전달자 개인의 판단이 상당히 중요하다. 그래서 전달 과정에서 상대방의 비언어적 의사소통 채널인 얼굴표정, 눈 접촉 등을 세심히 파악하는 것이 필요하다.

(2) 쌍방적 의사소통

쌍방적 의사소통(two way communication)은 수신자로부터 송신자에게로 정보가 피드백 되는 것이다. 일방적 의사소통 보다 시간이 걸리고 감정적인 문제가 발생될 가능성이 높다. 그러나 쌍방향 의사소통은 일방적 의사소통에 비해 다른 사람의 말을 좀 더 정확히 들을 수 있고 자신의 의사를 정확히 표현할 수 있기 때문에 높은 정확성, 유효성, 신뢰성 등을 확보할 수 있어 더욱 효과적이다. 일방적 의사소통에서는 전달자 개인에 비중이 주어졌다면 쌍방적 의사소통은 전달자, 수신자 양쪽의 역할이 중요하다.

5. 조직 차원의 의사소통

조직에서의 의사소통은 공식적인 의사소통과 비공식 의사소통으로 나눌 수 있다. 공식조직에서 이루어지는 의사소통 즉, 공식적인 업무를 수행해 나가는 과정에서 이루어지는 의사소통을 공식적인 의사소통이라고 하고, 공식적인 업무활동 밖에서 즉, 비공식 조직에서 이루어지는 것을 비공식 의사소통이라 한다. 이러한 조직 차원 의사소통 도구는 언어적 의사소통이 되며, 상황에 따라서는 비언어적 의사소통도 언어적 의사소통과 함께 사용하기도 한다.

1) 공식적 의사소통

공식 조직에서의 업무와 관련된 공식적 의사소통은 상향, 하향, 수평, 대각선 의사소통으로 구분된다.

(1) 상향식 의사소통

공식적 경로를 통한 수직적 의사소통의 하나인 상향식 의사소통은 하급자로부터 상급자에게 전달되어 조직 계층을 따라 계속 위로 진행되는 하의상달(下意上達) 의사소통 형태이다. 이는 의견제시, 아이디어 제안, 담당업무 보고 등이 이에 해당한다.

상향식 의사소통은 하급자의 자발적인 의사전달과 일선 경험을 통한 혁신적인 업무 및 사고 배양 등을 들 수 있지만, 반면에 바람직하지 않은 정보를 상급자에게 전달하는 것을 꺼려하거나 타인에게 전가시켜 조직에서의 잘못된 의사결정을 초래할 수도 있다. 또한 하급자가 직속상관으로부터 외집단(out-group)에 속해 있다면 하급자는 하급자가 가진 모든 가치를 제대로 인정받지 못하는 문제점도 지니고 있다. 조직의 문화는 구성원들에 많은 영향을 받게 되므로 상급자가 내집단(in-group)을 형성할 때는 우선적으로 부하직원의 능력과 성과를 기초로 하여 내집단을 형성하는 것이 바람직하다. 그래야만 상급자는 조직 구성원들로부터 훌륭한 리더로 인정받을 수 있는 것이다.

(2) 하향식 의사소통

공식적 경로를 통한 수직적 의사소통의 하나인 하향식 의사소통은 업무와 관련된 상급자의 의견이나 전달사항이, 공식적인 의사결정 경로를 거쳐 하급자에게 전달되는 것을 의미한다.

하향식 의사소통은 일반적으로 지시적 의사소통이라고도 한다. 이에는 조직이 추구해야 하는 각종 방침지시, 업무지시, 각종 명령, 목표달성을 위한 전략선택 공유 등이 포함된다. 이 의사소통은 명령체계의 확립과 책임소재의 명확화를 확보할 수 있지만, 반면에 직무에 대한 계층별, 개인별 견해 차이로 인하여 지시나 명령의 수용성 문제가 대두되기도 한다. 그리고 명령, 지시의 경로를 거치는 과정 속에서 정보의 왜곡, 정보의 누락, 정보의 손실 등이 발생하여 최하위 일선 경영자에게 도달한 정보는 최고 경영자의 의도와는 다를 수 있는 문제가 발생되기도 한다. 이를 방지하기 위해서는 피드백이 필수적으로 이루어져야 한다.

(3) 수평적 의사소통

수평적 의사소통은 한 조직 내에서 공동의 전사적 목표를 달성하기 위해, 공식적 경로를 통한 민주적 의사소통의 한 방법이다. 이는 같은 직급, 같은 지위와 대등한 부서 간 이루어지는 의사소통을 말한다.

프로그램개발 부서와 마케팅 부서의 수평적은 의사소통 부서 간, 서로의 업무 흐름을 파악하고 업무협조를 함으로서 동질성을 회복하고, 경쟁으로부터의 갈등을 해소할 수 있으며, 목표를 달성하는데 시너지 효과를 창출할 수 있는 수단으로 유용하다. 이에 반해 수평적 의사소통을 함으로서 문제점도 존재한다. 마케팅 부서는 개발된 프로그램의 판매 확대나 서비스 증대를 위하여 촉진비용이 필요로 하지만, 재무부서에서는 자금의 한계에 따른 우선순위 지출에 중점을 두어, 두 부서간의 갈등과 충돌로 인하여 조직 분위기를 좋지 않게 하는 경향이 발생한다. 이것을 해결하기 위해서는 최고경영자 층에서의 조정과 설득전략이 필요하다.

(4) 대각선 의사소통

대각선 의사소통은 같은 직급, 같은 지위와 대등한 부서 간 이루어지는 수평적 의사소통이 아니라 직급이 다르고 지위가 다른 부서 간 이루어지는 대각선적인 정보의 경로를 말한다. 이 방법은 다른 공식적 의사소통이 효과적이지 못할 때 사용되고 있다. 따라서 이 의사소통은 신속한 정보의 경로를 촉진하고 전사적 차원의 부서 간 이해 증진 및 기관조직이 추구하는 목표달성 성과 극대화를 위한 노력을 조정하고 협력을 위해 존재한다.

예를 들면 마케팅 전략을 프로그램개발 업무에 반영하기 위해 프로그램개발부 중간 경영자가 마케팅부 일선 경영자와 정보를 교환하는 경우 등을 들 수 있다.

2) 비공식적 의사소통

비공식 조직에서 이루어지는 비공식적 의사소통은 그레이프 바인, 루머 등이 대표적이다.

비공식 의사소통은 주로 조직 내의 동호회, 학연, 지연, 혈연, 가치관의 동일화 등으로 이루어지며 공식적인 조직의 업무를 벗어나 편안하고 자연스럽게 이루어지기 때문에 비공식 정보를 네트워크 할 수 있다. 비공식적 의사소통은 조직이나 개인의 성장을 도모하기도 하지만 조직에서는 부담을 느낄 수도 있다.

(1) 그레이프 바인(grapevine)

그레이프 바인은 공식적인 의사소통의 경로에 의한 의사소통만이 있는 것이 아니라 비공식적으로 자연스럽게 형성된 의사소통경로도 존재한다. 그레이프 바인을 통한 정보는 조직 내의 불특정 다수인 누구에게서라도 시작될 수 있으며, 그 경로방향도 어떤 곳으로도 전달될 수 있다.

그레이프 바인(grapevine)은 미국 남북 전쟁 당시 전선체계가 엉망이어서 정보가 정확하게 전달되지 못함으로 인해 문제가 발생한 데에서 유래되었다. 이는 의사소통의 경로가 포도 덩굴과 같이 얽힌다는 의미로 조직 내에서 정보나 의사가 원래 뜻과는 다르게 전달되는 것을 뜻한다.

그레이프 바인의 특징은 공식적인 경로를 통해서 전달되는 정보보다 더 많은 영향이, 긍정과 부정이 혼재해 나타난다. 긍정적 측면은 첫째, 조직변화의 둔감에 대해 경고를 주어 조직혁신을 이루게 하는 매개역할을 한다. 둘째, 환경변화에 적합한 조직문화의 변화를 암시해 준다. 셋째, 구성원들의 응집력 강화와 인간관계를 원활하게 하여 조직분위기를 고무시키는 이점이 있다. 넷째, 경영자가 새로운 부정확한 정보를 얻게 될 때, 그 부정확한 정보가 확산되는 것을 방지하기 위해 공식적 의사소통경로와 그레이프 바인을 통해서 새롭고 정확한 정보를 전달하여 문제를 방지 할 수 있다. 반면에 부정적 측면은 공식적인 경로를 통해서 전달되는 정보보다 더 많은 영향이 자생적이고 비계획적이기 때문에 확고한 증거 없이 부정확한 정보가 무질서하고 빠르게 대면적으로 이루어지는 경향이 있다.

이와 같이 그레이프 바인은 공식적 의사소통경로의 효과를 저해할 부정적 측면도 있으나 오히려 의사소통에 좋은 영향을 미칠 수도 있다. 따라서 각 조직의 경영자들은 전사적 차원에서 비공식적 의사소통의 역기능을 방지하고 바람직한 방안 모색을 하는데 심혈을 기울여야 한다.

(2) 루머

루머(rumor)는 사실에 근거하지 않고 거짓이라는 측면에 더 근접한 뜬소문 또는 유언비어를 말한다.

미국의 사회심리학자 G. W. 알포트와 포스트만은, 소문(rumor)의 강도는 그 내용의 중요성(impotance)과 불확실성(ambiguity)의 곱으로 나타낼 수 있다고 하였다. 따라서 "루머는 사실보다는 추측이나 낭설에 근거하고, 불분명하며, 정보의 전달속도가 무척 빨라서 그에 미치는 영향은 지대하다"라고 표현할 수 있다.

소문은 인간의 삶의 모든 분야에 걸쳐 성행한다. 뜬소문으로 인하여 어느 쪽은 이익을 얻을 수 있겠지만, 다른 한 쪽은 상당한 피해를 입기도 한다. 기업을 대상으로 하는 악성루머는 기업의 이미지 및 신뢰도 추락으로 인하여 여러 가지 어려움을 겪게 되기도 한다. 즉 주가의 하락, 제품의 브랜드가치 하락, 매출액 감소, 구성원들의 불안감 초래 등으로 다양하게 존재한다. 이로 인하여 기업은 막대한 희생과 손실이 따르게 되며, 더욱 심한 상태에 도달하면 기업의 파산까지도 초래할 수 있다.

루머의 당면한 문제를 해결하기 위해서는 초기에 루머를 확인하고 대중매체를 통하여 기자회견이나 공식적인 입장의 발표문 등을 내놓아서 확산을 초기에 진화해야 한다.

3) 대인간 의사소통

대인간 의사소통은 개인과 개인이 서로 인접하여 듣기와 말하기 형태로 전개하는 의사소통 형태이다. 이는 불특정 사회구성원 간에 대량적으로 이루어지는 매스 커뮤니케이션과 상대적인 의미를 지니며, 대면 의사소통(face to face communication)이라고도 한다.

(1) 의사소통 네트워크

의사소통 네트워크(communication network)란 메시지가 흐르는 경로의 구조를 미리 설정한 것으로 일종의 의사전달 패턴을 말한다. 의사소통 네트워크에는 사슬형, Y형, 수레바퀴형, 완전연결형, 원형, 완전연결형 등이 있다. 네트워크 형태에 따라 의사소통의 속도나 정확도, 구성원들의 만족도, 권한의 집중도 등이 차이가 난다.

① 사슬형(Chain Type)

사슬형(Chain Type)은 공식적인 계통과 수직적인 경로를 통해서 정보전달이 이루어지는 형태이다. 그러므로 명령과 권한이 체계가 명확한 공식적인 조직에서 사용되는 의사소통 네트워크이다.

조직의 라인(line)이 가장 대표적인 예라고 볼 수 있다. 일반화된 계통을 통해서 최고경영자의 의사가 하위 일선 작업자까지 전달되며 그 반대의 경우도 똑같은 명령 사슬을 통하게 된다. 사장이 직접 과장에게 지시하는 것이 아니라 조직 라인 계통에 따라 연쇄적으로 지시명령이 전달된다. 공식화된 관료적 조직에서 이러한 형태를 쉽게 볼 수 있다. 사슬이 길수록 정보 왜곡 가능성은 높다. 사슬형의 문제점을 보완하기 위해서 팀제 등이 많이 사용되기도 한다.

② Y형

Y형은 수레바퀴형과는 달리 집단 내에서 강력한 리더가 있는 것은 아니지만 어느 정도 대표적 인물을 통하여 팀 구성원 간에 의사소통을 하는 형태이다. 특히 라인 스탭의 혼합 집단에서 찾아볼 수 있으며 단순한 문제를 해결하는데 있어서 정확도는 비교적 높다. 서로 다른 집단에 속한 사람들 간의 의사소통에 있어 조정 역을 필요로 할 때 사용될 수 있다.

③ 수레비퀴형

수레바퀴형(Wheel or Star Type)은 집단 내에 강한 리더가 있어서 팀 구성원 간의 의사소통을 그를 중심으로 하는 형태이다. 특정 리더에 의해서 모든 정보의 전달이 이루어지기 때문에 정보가 특정 리더에게 집중되는 현상을 보인다.

④ 원형

집단 내 구성원들이 서로 동등한 입장에서 의사소통을 하는 형태로서 위원회나 태스크 포스(TF : Task Force) 팀에서 유행하는 형태이다.

원형(Circle Type)은 위원회의 조직이나 테스크포스 조직에서와 같이 권력의 집중도도 없고 지위의 높고 낮음도 없이 특정 문제 해결을 위해서 구성된 조직에서 발생한다. 이 형은 대체로 민주적이라고 할 수는 있지만 집단 사고의 문제점이나 차선의 결정을 내릴 위험은 남아 있다. 예를 들면, 조직 내에서 당면한 문제를 해결하기 위해 팀장이 리더 역할을 하지 않고 직급에 관계없이 그 분야에 경험이 풍부하고 가장 능력이 뛰어난 구성원이 리더가 되어 문제를 해결하고 원위치로 돌아가는 형태도 있다.

⑤ 완전 연결형

완전 연결형(All Channel Type)은 구성원전체가 서로의 의견이나 정보를 자유의지에 따라 교환하는 형태이다. 이 형태는 오늘날 조직에서 이상적으로 추구하는 형태이다. 일정한 규칙 없이 자유롭게 의견교환이 이루어진다. 보다 창의적이고 참신한 아이디어 산출이 가능해진다. 대표적으로 브레인스토밍이나 고든법 과정에서 많이 사용될 수 있다.

(2) E커뮤니케이션

E커뮤니케이션은 급격한 환경변화와 통신의 발달로 인하여 의사소통 환경까지 바꾸어 놓고 있다. 최근 들어 인스턴트 메시징(instant messaging), 텍스트 메시징(test messaging), 이메일, 소프트웨어, 블로그, 비디오 컨퍼런싱 등이 활성화·보편화 되고 있다. 그리고 인스턴트 메시징과 텍스트 메시징은 휴태용 통신기기를 이용하여 실시간으로 이루어지는 의사소통이다. 또한 페이스북, 마이스페이스 등이 전 세계인들을 사회적 네트워크 속으로 끌어 들이고 있으며 블로그나 트위터 등은 조직 구성원들 태도에 많은 영향을 주고 있기도 한다. 한편, 한 장소에 모이거나 집단 근무를 않더라도 비디오, 컨퍼런싱을 통한 영상회의가 보편화 된지 오래이다. 특히 코로나19 창궐로 인하여 각 급 학교와 대학에서 비디오 및 컴퓨터 컴퍼런싱을 활용한 온라인 수업 등 인터넷 강의가 도입되었다.

E커뮤니케이션은 강점과 약점도 함께 지니고 있다. 약점을 소거하여 의사소통 효과를 극대화시키기 위해서는 E커뮤니케이션 도구의 특성이 갖는 한계와 발신자, 수신자의 역량 그리고 의사소통의 방해요소를 어떻게 개선하는가가 의사소통 도구의 개발자와 발신자, 수신자 모두가 감당해야 할 향후과제이다.

6. 의사소통의 장애 및 장애 개선

의사소통이 잘되면 조직이 목표로 하는 목표달성의 성과극대화를 이룩할 수 있지만, 그러나 여러 가지 원인에 의해서 영향 받아 의사소통은 비효과적으로 이루어지는 경우가 발생한다. 이에 의사소통에서 나타나는 장애요인을 살펴보면 다음 4가지 요인으로 나타난다.

1) 언어의 부정확성과 해석상의 요인

(1) 어의상(語義上)의 문제

단어의 추상성이나 난해함으로 인해 송신자와 수신자간의 해석의 차이가 발생한다.

(2) 말의 부정확

정확하지 않은 발음, 정리되지 않고 너무 빠른 말, 속어, 사투리 등에서 소통의 장애가 나타난다.

(3) 글의 부정확

글씨 및 문법상의 오류인데 이는 바르지 못한 글씨체나 띄어쓰기 잘못, 한자의 잘못된 해석에서 장애가 발생한다.

2) 인간의 불완전성에 의한 요인

(1) 지각

사람마다 성장과정에서의 환경의 지배 및 가치관이 다르기 때문에 발생하는 지각 오류이다. 이는 고정관념, 현혹효과(후광효과), 선택적 지각 등이 있으며, 송신자와 수신자 모두에게 발생할 수 있다.

(2) 신뢰성 부족

송신자와 수신자 모두에게 해당되지만 특히 송신자에게 중요하다. 수신자가 갖는 발신자의 메시지에 대한 믿음이나 확신 그리고 발신자의 전문지식, 경험의 정도, 특성 즉 성격, 가치관, 욕구 등은 신뢰성에 영향을 미친다. 이에 따라 인간적인 신뢰의 결여는 메시지를 왜곡하여 해석을 하게 한다.

(3) 여과작용

송신자가 수신자에게 메시지를 전달할 때 자기중심적 사고의 틀에서 자기가 유리하도록 메시지 본질을 왜곡하거나 수신자가 자기에게 불리한 것을 자기에게 유리한 정보만을 해석하여 받아들이는 경우를 말한다.

(4) 의사소통의 분위기

조직 분위기가 좋은 조직 속에서 의사소통이 이루어진다면 수신자는 발신자의 메시지를 좋게 반응하여 메시지 내용이 불충분한 것일지라도 수신자는 호의적인 태도로 부족한 내용을 채워 해석할 가능성이 있다. 반대로 조직분위기가 좋지 않은 조직에서 의사소통은 메시지 내용이 훌륭하다하더라도 부정적 입장에서 왜곡되어 해석되기 쉽다.

3) 메시지의 부적절한 기호화와 매체에 의한 요인

(1) 정보과중

수신자들은 정보의 홍수에 묻혀 정확한 의사결정을 하는데 애로를 겪고 있다. 이때 경영자는 정보를 접하고 분류하는데 시간을 소비하게 되고 적시에 의사결정을 하지 못하므로 어려움을 많이 겪을 수 있게 된다.

(2) 메시지의 복잡성

정리되지 않고 혼합된 여러 개의 메시지가 섞여 있을 때 장애가 나타난다.

(3) 부적절한 기호화

메시지의 뜻을 정확히 기호화 하지 못한 경우에 장애가 발생한다.

(4) 잘못된 매체

메시지에 적합하지 않은 매체를 선택할 때 송·수신자간 올바른 이해에 장애가 발생한다.

4) 물리적 환경요인

(1) 시간의 압박

시간이 부족한 경우에 조직에서 함께 해야 할 구성원을 의사소통 경로에서 제외시킬 수밖에 없는 일이 발생한다. 이 때문에 경영자들이 구성원과 나누는 대화는 피상적일 수 있다. 이는 대인 관계 속에서 의사소통에 영향을 주게 된다.

(2) 물리적 불편

너무 거리가 멀거나 가까움, 그리고 전화기 기능장애 등이다.

(3) 환경의 불편

주변의 시끄러움, 에코현상, 실내공간의 협소함과 넓음, 실내온도와 습도 등은 의사소통의 장애가 된다.

5) 의사소통의 장애 개선

의사소통의 장애요인은 앞에서 언급한 것 이외에도 많은 것들이 존재한다. 따라서 그 개선방법도 많이 존재하기 마련이다.

Lunenberg와 Ornstein은 의사소통의 장애를 극복하기 위한 방법을 반복, 감정이입, 이해, 피드백, 경청의 5가지를 들고 있다.

1) 반복

반복(repetition)은 습관화로 이어지기도 하고 반복학습이 되면 시간이 지나더라도 그 내용을 쉽게 버릴 수 없게 된다는 특징을 지닌다. 의사소통은 어느 정도 왜곡이 있기 마련이므로 전화, 직접대면토의, 메모, 편지 등 의사소통의 도구를 통하여 반복이 이루어지면 상호 이해에 접근하게 되어 개선될 가능성이 높아진다.

2) 감정이입

효과적인 의사소통은 수신자가 메시지를 어떻게 해독할 것인지를 파악하기 위해서 전달자가 수신자의 입장에 서서 생각해 보는 것이다. 즉 감정이입(empathy)이란 자신을 타인의 역할과 관련지어서 그 사람의 관점이나 감정을 파악해 내는 능력이 된다. 발신자와 수신자의 성격, 가치관, 욕구, 성장배경, 교육 및 경험의 정도 차이가 클수록 서로의 공통적인 이해기반을 찾으려는 노력이 더욱 요구되는 것이다.

3) 이해

의사소통의 효과는 발신자와 수신자간에 전달된 메시지에 대한 합의 정도에 달려 있다고 할 수 있다. 그러므로 의사소통의 당사자는 부호화된 메시지보다는 거기에 담긴 의미와 이해(understanding)를 공유할 수 있도록 노력하지 않으면 안 된다. 여기에는 무엇보다도 발신자는 수신자가 읽기 쉽고, 간단명료하게 충분히 의사가 전달될 수 있는 언어를 사용하여야 한다.

4) 피드백

피드백은 송신자가 수신자에게 전달한 메시지가 송신자의 의도대로 전달되었는지 여부를 전달자가 검토할 수 있도록 수신자의 반응을 전달자에게 전하는 통로의 수단을 말한다. 효과적인 피드백을 위해 로빈스(S.Robbins)는 다음과 같이 제시하고 있다.

(1) 특정행동을 지목하자

피드백은 막연한 것 보다는 정확히 구체적으로 지목해 주어야 한다.

(2) 피드백을 업무에 한정시켜라

피드백에 개인감정이 들어가면 안 된다.

(3) 피드백은 목표에 관한 것이어야 한다

부하에게 어떤 피드백을 할 때 그것이 누구에게 가장 이로운가를 생각해보아야 하며 또한 상대방의 목표에 가장 부합되는 것이어야 한다.

(4) 피드백은 적절한 시기에 해야 한다

부하가 저지른 잘못이나 실수를 지적해 줄 때 적절한 시기가 매우 중요하다.

(5) 확실히 이해시켜라

효과적인 피드백이 되기 위해서는 부하나 상사가 의도한 사항을 완전히 이해하도록 해야 한다.

(6) 부정적인 피드백은 부하가 개선할 수 있는 행동에 대한 것이어야 한다.

부하가 어떻게 조치할 수 없는 불가항력적인 사항에 대한 피드백은 효과가 없다. 즉 피드백을 할 때는 단순히 무엇이 잘못인가만을 이해시키는 것이 아닌 개선방향을 구체적으로 지시해 주는 것이 더욱 효과적이다.

5) 경청

대부분의 사람들은 자기가 상대방에 말하는 것은 중요하게 여기지만 반대로 상대방이 말하는 것은 대강 듣는다. 특히 자기중심적 사고가 강한 사람일수록 상대방의 말하는 것을 잘 귀담아 듣지 않으려고 하는 경향이 강하다. 데이비스(K. Davis)는 훌륭한 청취를 위한 십계명(ten commandments)을 제시하였는데 이 십계명의 첫째 계명과 열 번째 계명에서 말하지 말 것(stop talking)을 두 번이나 강조한 점은 유념할 필요가 있다.

(1) 말하지 말 것(말하려고 하면 들리지 않고 말하는 동한 듣지 못한다.)
(2) 말하는 사람을 편하게 해 줄 것
(3) 경청하고 싶어 한다는 것을 상대에게 보여 줄 것
(4) 산만해질 수 있는 요소를 없앨 것
(5) 상대방과 감정 이입을 할 것(상대방의 감정을 이해하는 능력을 가져야 한다.)
(6) 인내심을 가질 것
(7) 자신의 감정을 억제할 것
(8) 주장과 비판을 차분히 할 것
(9) 질문을 할 것
(10) 말을 멈출 것

7. 의사소통의 개선방안

조직에서 효율적인 의사소통은 조직성과 극대화를 위해 이용되는 인적자원, 물적 자원, 재무적 자원, 기술적 자원, 정보적자원 등을 형성 시키는데 원동력이 된다. 그리고 조직에서 효율적인 의사소통을 이룩하기 위해서는 정확성, 적시성, 수용도를 향상시키는 노력을 해야 한다. 여기서는 의사소통의 유효성을 증진시털 수 있는 방법들을 대인간 의사소통의 개선방안, 하향식 의사소통의 개선 방안, 상향식 의사소통 개선방안, 수평적 의사소통

개선방안, 대각선 의사소통 개선방안으로 나누어 살펴본다.

1) 대인간 의사소통 개선 방안

개인 입장에서 효과적인 의사소통을 위한 가장 기본적인 자세는 적극적 경청(active listening)이다. 적극적인 경청은 단순히 상대의 말을 듣는 것과는 다르다. 자신의 입장을 말하기 전에 상대방의 말을 주의 깊게 들을 줄 알아야 한다. 메시지를 적극적으로 해독하고 해석하고 확인하며 듣는 것을 적극적 경청이라고 하다.

(1) 경청스타일

사람들마다 모두 특성이 다르듯이 경청스타일도 사람의 특성에 영향을 받기 때문에 모두 다르다. 경청스타일은 어느 스타일이 좋고 나쁨이 아니라 장·단점을 갖는다. 경청스타일은 다음과 같은 스타일이 있다.

① 결과형(Results style) : 메시지의 최종적 결론 또는 결과에 관심을 두는 스타일이다.
② 합리형(Reasons style) : 메시지 속에 숨겨진 이론적 근거에 관심을 두는 스타일이다.
③ 절차형(Process style) : 특정한 이슈에 대해 자세히 논의하는 것에 관심을 두는 스타일이다.
④ 감상형(appreciative style) : 예술작품 감상하듯이 듣는 사람들의 스타일이다. 들으면서 즐거움, 재미, 영감 등을 추구하지만, 재미가 없으면 관심을 다른 데로 돌리는 경향이 있다.
⑤ 공감형(empathetic style) : 상대방의 입장에서 상대방의 말을 공감하는 감정이입 스타일이다. 즉 상대방의 메시지에 담긴 감정과 정서에 공감하려고 최선을 다하는 태도를 보이는 사람이다. 이형은 MBTI 성격유형에서 상대방에게 주는 영향을 고려하는 편인 감정중심 형과 유사하다.
⑥ 종합형(comprehensive style) : 전달되는 정보를 종합적인 틀을 가지고 판단하면서 듣는 스타일이다. 주어지는 아이디어가 전체적 맥락에서

어떤 의미를 갖는가를 생각하면서 듣는다. 이형은 MBTI 성격유형에서 외부에서 정보를 받아들일 때 통째로 사진 찍듯이 전체줄거리를 중시하는 직관형(intuition style)과도 유사하다.

⑦ **식별형(discerning style)** : 요점을 중심으로 듣는 스타일이다. 즉 상대방의 말을 들으면서 핵심이 무엇인지를 파악하여 거기에 집중하는 스타일이다.

⑧ **평가형(evaluative style)** : 말하는 중간 중간에 끼어들어 자시의 입장이나 견해를 분명히 하고 때로는 도전적 태도를 보이기도 한다.

(2) 적극적 경청 태도

적극적 경청의 태도에는 상대가 무엇을 느끼고 있는가를 상대의 입장에서 받아들이는 공감적 이해가 중요하고, 자신이 가지고 있는 고정관념을 버리고 상대의 태도를 받아들이는 수용의 정신, 자신의 감정을 솔직하게 전하고 상대를 속이지 않는 성실한 태도가 필수적이다.

적극적 경청을 위해서는 상대방이 말하는 의미를 이해하고 내용 이외의 비언어적 표현에도 신경을 써야 한다. 그리고 상대방이 말하는 동안 경청하고 있다는 반응을 보여야 한다. 어떠한 경우에도 검정을 표출하지 말고 비판적이고 충고적인 태도를 취해서는 안 된다.

효과적인 경청의 8가지 방법

① 생각의 속도를 따라가며 열중해서 듣는다. 말하는 사람에게 집중하여 핵심 내용을 요약하고 의중을 파악하며 듣는다.

② 말하는 사람의 처지를 바꾸어 생각하면서 듣는다. 상대가 자신의 의견을 경청하듯이 자신도 상대의 의견을 경청에 몰입해야 한다.

③ 말의 내용과 감정에 주의를 기울인다. 언어적 커뮤니케이션뿐만 아니라 비언어적 커뮤니케이션에도 주의 깊게 살펴야한다.

④ 질문을 통해 정확하게 이해해야 한다. 정확한 핵심 내용을 모르는 경우에는 질문을 해야 한다. 질문을 할 때는 말 흐름을 끊지 말고 메모를 해 놓

앉았다가 적당한 시간에 질문을 한다.

⑤ 섣부른 판단을 하지 않는다. 마음에 들지 않는 정보를 무시하지 말고 좋건 나쁘건 일단 다들은 후 판단·평가한다.

⑥ 지각오류나 편견에서 벗어나야 한다. 상대에 대한 지각과 판단을 함에 있어 그 사람의 특성이나 상황 등 여러 가지 정보를 입수하지 않고 지각하게 되면 왜곡된 평가로 인하여 비합리적 의사결정, 파괴적인 선입관 등과 같은 부정적 결과를 가져와 효과적인 경청을 될 수 없다. 따라서 지각오류를 범하지 말아야 하고 그리고 한쪽으로 치우쳐서 공정하지 못한 생각이나 견해에서 벗어나야 한다.

⑦ 단점과 문제점보다 아이디어 위주로 듣는다. 앞, 뒤 말의 흐름을 연결시켜서 전체 또는 핵심 아이디어 위주로 듣는다.

⑧ 반응을 해야 한다. 반응은 피드백이며, 피드백은 상대방에게 자신이 정확하게 의사소통을 하였는가에 대한 정보를 제공할 뿐만 아니라, 상대방이 자신의 관점을 받아들일 수 있도록 해준다. 반응을 하는 데는 세 가지 규칙이 있는데, 피드백의 효과를 극대화시키려면 즉각적이고, 정직하고, 호응하는 태도를 보여줘야 한다.

2) 공식적 의사소통 개선방안

공식 조직에서의 업무와 관련된 공식적 의사소통의 적시성, 정확성, 수용성 등을 확보하기 위하여 하향, 상향, 수평, 대각선 의사소통의 개선방향을 다룬다.

(1) 하향식 의사소통 개선방안

업무와 관련된 상급자의 의견이나 전달사항이 공식적인 경로를 거쳐 하급자에게 전달되는 지시적 의사소통으로서, 이는 문서에 의한 명령, 구두에 의한 명령, 일반적인 정보 전달 등을 통하여 조직 구성원들이 직무 수행 방식을 정확히 이해하도록 지원해야 한다. 이때 구성원들이 직무내용을 정확히 파악하고 있으면 상급자의 지시나 명령을 쉽게 받아들여 수용도가 높아진다. 수용도를 높여 의사소통을 향상시키는 방법은 다음과 같다.

① 조직이 전사적으로 추구하고자 하는 과업에 대해 팀이나 개인이 해야 할 직무를 명확히 해주어야 한다.
② 조직이 추구하고자하는 과업의 배경을 설명해주고 왜 팀이나 개인이 그 일을 해야 하는가의 당위성을 이해시켜 공유하게 한다.
③ 업적과 관련된 내용을 주기적·지속적 피드백을 제공해 줌으로써 목표관리에 의한 목표추구효과를 높여야 한다.
④ 언어적, 또는 비언어적커뮤니케이션을 상황에 맞게 다양화한다.
⑤ 중요한 내용은 반복하여 전달하고 확인한다.
⑥ 상황에 따라서는 비공식적인 경로를 택할 수 있지만 가능한 공식적인 경로를 이용하고 노이즈가 발생되지 않도록 수신자에게 직접 전달한다.

(2) 상향식 의사소통 개선방안

하급자로부터 의사나 제반 정보가 상급자에게로 흘러가는데 있어서의 문제는 '정보의 과적현상'이다. 이는 구성원으로부터의 보고, 제안제도 등 전달내용이 비체계화 및 단편적인 자료에 지나지 않는 경우가 많다. 따라서 의사결정이 지연되는 결과를 초래할 수 있다는 것이다. 이러한 점들을 보완하기 위해서 여러 가지 방법들이 동원된다.

■ **감별법(screening)**

전달내용의 자료로부터 필요한 자료를 선별해내고 내용의 중요성과 타당성을 구분하여 전달하는 것이다.

① **예외에 의한 관리** : 일상적인 과업이나 일반적인 의사결정 등에 관해서는 규정을 정하여 그에 따르도록 하게하고 특별하고 중요한 사항은 예외적정보로 간주하여 간추려서 상급자에게 전달하는 것이다.
② **공급충족의 법칙** : 공급되는 정보의 효율성을 극대화를 위해서 상급자에게 전달되는 정보의 양과 질을 조정하여 핵심요소만을 전달하게하고 전달소요시간을 최소화한다.
③ **대기행렬법칙** : 정보의 양이 넘치면 정보의 잡음(noise)이 발생한다. 잡음을 방지하기 위해서 정보의 중요도에 따라 순차적으로 전달한다. 단 정보의 중요도는 상황변화에 따라 중요도가 달라질 수 있으므로 상황

에 맞게 중요도를 재배열하여 한다.

■ 조직풍토 개선방법

조직풍토는 조직의 문화이며 조직분위기이다. 조직분위기를 수직적 분위기에서 수평적 분위기로 바꿔야 한다. 그래야 보고하는 하급자가 두려움 없이 상급자에게 보고할 수 있다. 그리고 공식적인 의사소통은 조직의 경직성을 초래할 수 있으므로 비공식적인 의사소통 병행이 필요하다.

■ 정보의 조직화

하급자가 상급자에게 보고되는 정보는 조직화 되어야 한다. 내용이 산만하거나 체계적이지 못하면 정보내용의 질이 아무리 좋다하더라도 받아들이는 입장에서는 평가절하 될 수밖에 없다. 그리고 사회적 신분이나 지위 등에서 오는 거리감이 없도록 하여 지각오류나 편견을 없애야 한다.

(3) 수평적 의사소통 개선방안

조직의 목표달성 성과극대화를 위해서는 수직적 의사소통의 유효성을 높이는 것도 중요하지만, 직급이나 지위가 대등한 집단 간 이루어지는 정보의 공유와 집단 간 협력을 위해서라도 수평적 의사소통의 유효성 제고가 필히 병행되어야 한다. 수평적 의사소통의 개선방법은 다음과 같다.

① 집단 간 형평성의 원리가 작용하여야 되고 갈등이 없어야 한다.
② 집단 간 정보교환을 위한 네트워크 시스템 등이 잘 이루어져야 한다.
③ 조직 환경 변화에 적합한 조직구조 신축성을 지닌 조직구조가 되어야 한다.
④ 작업집단 내 상급자에 대한 리더십의 신뢰도가 높아야 한다.

(4) 대각선 의사소통 개선방안

조직구조상 집단을 달리하고 계층을 달리하는 사람들 간 의사소통의 유효성 창출은 수평적 의사소통 개선방법과도 유사하다. 이에 추가적이고 보완적 개선방법은 조직 전사적 차원의 업무협조 제도·규정을 표준화 할 필요성이 있다. 그래야 집단 간 업무협조가 순조롭게 할 수 있다는 것이다.

예를 들면 마케팅 전략을 생산 업무에 반영키 위해 생산부 중간경영자가 마케팅부 일선 경영자와 정보를 교환하는 경우에 업무협조의 어려움을 극복할 수 있다.

8. 효과적인 의사소통을 위한 10가지 수칙

우리 인간은 조직을 떠나 살 수 없다. 모든 조직은 조직의 목표달성의 성과극대화를 이룩하기 위해 조직마다 특정한 규정, 규칙, 수칙 등이 있듯이 의사소통을 하는 데도 효과적인 소통을 위한 수칙이 있다.

(1) 의사소통을 하기 전에 무슨 말을 전달할 것인가?
(2) 의사소통의 참된 목적이 무엇인가를 검토하라. 그 의사소통을 통해서 무엇을 달성하고 싶은지를 자문해 보라.
(3) 전체적인 물적·인적 여건을 모두 감안하라.
(4) 의사소통의 계획 단계에서 다른 사람들과 상의하라.
(5) 메시지의 기본적 내용에 유의하고 또 지나친 표현을 삼가라.
(6) 수신자에게 도움이 되고 가치가 있는 것을 전달하려고 노력하라.
(7) 의사소통의 결과를 점검하라. 전달내용이 잘 전달되었는가에 대한 피드백을 얻으려고 노력해야 한다.
(8) 오늘을 위해서는 물론이고 내일을 위해서 의사소통하라.
(9) 자신의 행동이 자신의 말을 뒷받침하도록 하라.
(10) 적극적인 경청자가 되어라.

전달과 공유의 차이 : 드라마 왕의 남자 스토리

우리는 의사소통을 할 때 내 생각을 먼저 전달하려고 한다. 그런데 아무리 전달을 잘해도 돌아오는 반응이 기대에 못 미치는 경우가 많다. 왜 그럴까? 전달은 소통이 아니기 때문이다. 일방적인 전달도 메시지가 오가기 때문에 전달받는 사람과 의사소통이 된 것처럼 착각하기 쉽지만 그건 힘에 의한 강제일 뿐이다.

드라마 왕의 남자에서 연산이 광대 패를 만나기 전까지 경험한 것은 일방적인 전달이었다. 신하들은 선왕을 본받으라는 메시지만을 전달했다. 그에게 유일한 소통의 창구는 장녹수 뿐이었기에 그토록 녹수를 사랑한 것일지도 모른다.

그러나 사람을 더 즐겁게 하는 소통은 교환이 아니라 공유에서 나온다. 장생과 공길 이의 광대 패는 청중과 놀이판을 공유한다. 그들은 메시지를 전달하려고 하지 않는다. 설교나 교훈도 없다. 그저 같이 느끼고 즐길 뿐이다. 청중이 반응하고 놀이를 공유할 때 공연의 힘은 더욱 커진다. 광대들의 공연을 통해서 연산은 생전처음으로 공유를 경험한다. 연산은 체통도 잊고 파안대소할 수 있었고 무대에 들어와 공연에 참여하게 된다.

공유란 강한 힘을 가진 소통방법이다. 성공하는 회사(조직)는 직원들과 비전을 공유한다. 사실 영화라는 일방적인 전달매체를 통해 공유하는 느낌을 받기란 쉽지 않다. 그런데 왕의 남자는 해냈다. 연산과 광대패의 공유, 왕의 남자와 관객의 공유는 성공적이었다.

□ 적극적 경청 설문

★ 자신에게 해당되는 난에 표시 하시오.	전혀 아니다	어느 정도 해당 된다	대체로 해당 된다	아주 많이 해당 된다	점수
1. 나는 남의 이야기가 끝날 때 까지 잘 듣는다.					
2. 다른 사람의 의견이 나와 일치하지 않을 경우 기분이 좋지 않다.					

★ 자신에게 해당되는 난에 표시 하시오.	전혀 아니다	어느 정도 해당 된다	대체로 해당 된다	아주 많이 해당 된다	점수
3. 나는 그(녀)가 말한 것이 내 의견과 다를 때 내 의견을 고집한다.					
4. 사람들은 내가 집중하지 않을 때 종종 주의를 주곤 한다.					
5. 나는 타인이 말이 끝날 때 까지 그 의견을 평가하지 않는다.					
6. 나는 타인이 오랜 시간 동안 설명할 때 집중이 잘 안 된다.					
7. 나는 기다리기 보다는 대화 도중 나의 의견제시를 먼저 하는 편이다.					
8. 나는 대화가 흥미로울 때에는 고개를 끄덕이며 제스처를 취한다.					
9. 나는 대개 타인의 말이 흥미가 없더라도 집중하는 편이다.					
10. 나는 대개 타인의 말을 정리하기 보다는 나에게 요약해 주기를 기대한다.					
11. 나는 항상 경청하고 있다는 표시로 이런 말을 한다. "알았어요", "이해했어요"					
12. 나는 의견을 듣는 동안 집중하고 듣는 편이다.					
13. 나는 말 하는 사람의 의견이 좋은지, 싫은지 듣는 즉시 결정한다.					
14. 나는 내가 이미 알고 있는 사항에 대해 타인이 설명 할 때 주의를 기울이지 않는다.					
15. 나는 타인의 의견을 확실히 이해하기 전 까지는 나의 의견을 제시하지 않는다.					

〈해석〉

■ 1단계 : 아래 표에 따라 각 질문항목을 계산하시오.

#3, #4, #6, #7, #10, #13	#1, #2, #5, #8, #9, #11, #12, #14, #15
전혀 아니다 = 3점	전혀 아니다 = 0점
어느 정도 해당 된다 = 2점	어느 정도 해당 된다 = 1점
대체로 해당 된다 = 1점	대체로 해당 된다 = 2점
아주 많이 해당 된다 = 0점	아주 많이 해당 된다 = 3점

■ 2단계 : 아래에 따라 유형별로 계산하시오.

- 말 자르기 자제 : Avoiding Interruption(AI): #3+#7+#15= (　　)
- 관심유지 : Maintaining Interest(MI): #6+#9+#14= (　　)
- 평가유보 : Postponing Evaluation(PE): #1+#5+#13= (　　)
- 정보정리 : Organizing Information(OI): #2+#10+#12= (　　)
- 관심표명 : Showing Interest(SI): #4+#8+#12= (　　)

• 총점 : AI+MI+PE+OI+SI= (　　)

■ 3단계 : 각각의 유형별로 10점 이상의 점수가 나올 경우 그 성향이 강하다고 할 수 있다.

- 말 자르기 자제 : 다른 사람의 말을 끝나기 전에 의견을 제시하는 것을 자제한다.
- 관심유지 : 대화의 화제가 지루하고 이미 알고 있다고 하더라도 끝까지 의견을 경청하고 집중하는 경향이 있다.
- 평가유보 : 다른 사람의 의견을 잘 수렴하여 그 사람의 의견을 다 들은 후에 평가하는 신중한 경향이 있다.
- 정보정리 : 다른 사람 의견의 중요성을 파악하고 중요한 의견을 잘 정리하는 경향이 있다.
- 관심표명 : 간단한 몸짓이나 말로서 자신이 대화에 집중하고 있다는 것을 나타내는 경향이 있다.

☛ **총점이 35점 이상일 경우 적극적 경청성향이 강하다고 할 수 있다.**

출처: 백기복(2011), 조직행동연구, 서울: 창민사

본 장의 정리

☞ 본 장의 학습을 완료했다면 다음 내용들을 구체적으로 이해할 수 있어야 한다.

□ 어떤 조직에서든지 사람과 사람사이에는 끊임없이 상호작용이 이루어지는데 이러한 상호 작용의 근본적 수단이 의사소통이다.
평생교육기관 조직의 의사소통이란 평생교육기관의 조직상황에서 관리자, 구성원, 학습자, 잠재학습자, 자원봉사자, 후원자 및 기관, 지역사회 감독기관 등에 대해 이루어지는 상호공통의 이해를 이룩하는 의사소통을 말할 수 있는데, 의사소통이 이루어지기 위해서는 필수적으로 송신자, 수신자, 메시지, 매체의 4개 구성요소가 존재하며 그 밖에 피드백과 장애요인(잡음)이 결여되든가 발생되면 정확한 의사소통은 기대할 수 없다.

□ 의사소통의 기능을 정확히 이해하면 리더십을 발휘할 때 어디에 문제가 있는지를 보다 분명히 확인할 수 있다.
의사소통의 기능은 첫째, 사람과 사람, 사람과 환경의 연결, 둘째, 정신활동의 발달, 셋째, 자신과 타인의 행동규제를 들 수 있다.

□ 의사소통의 유형은 의사소통의 방법과 방향에 따라 나누어지며 또한 공식적 의사소통과 비공식적 의사소통으로 분류된다.
의사소통의 방법은 첫째, 구두와 문서를 이용해서 상호간에 의사소통을 하는 가장 일반적 유형인 '언어적 의사소통'이며, 둘째, 구두나 문서를 사용하지 않고 메시지를 전달하여 의사소통이 이루어지는 '비언어적 의사소통'이 있다.
의사소통의 방향은 첫째, 통상 공식적 조직에서 상·하로 흐르는 의사소통인 '수직적 의사소통'이고, 둘째, 업무의 원활한 수행을 위해 부서의 구성원간, 타부서 구성원과의 의사소통인 '수평적 의사소통'이며, 셋째, 조직 내의 여러 기능과 계층을 가로질러 이루어지는 의사소통인 '대각선 의사소통'을 말한다.

공식적 의사소통은 의사소통의 방향 즉, 수직적 의사소통, 수평적 의사소통, 대각선 의사소통과 같이 구조적이고 안정적인 반면에, 비공식적 의사소통은 인간의 욕구에 근거하여 자생적으로 형성되기 때문에 전달경로가 불확실하고 내용도 모호하게 나타난다. 비공식 의사소통 채널로는 비공식 내부의사소통과 비공식 외부 의사소통이 있다.

□ 의사소통이 잘 되면 목표달성의 성과극대화를 이룩할 수 있지만 그러나 여러 가지 원인에 의해서 의사소통은 영향을 받아 비효과적으로 이루어지는 경우가 발생한다.
장애요인은 언어의 부정확성과 해석상의 요인, 인간의 불완전성에 의한 요인, 메시지의 부적절한 기호와 매체에 의한 요인, 물리적 환경요인을 들 수 있다. 첫째, 언어의 부정확성과 해석상의 요인에는 ① 어의상의 문제, ② 말의 부정확, ③ 글의 부정확 등이 있다. 둘째, 인간의 불완전성에 의한 요인에는 ① 지각, ② 신뢰성 부족, ③ 여가 작용, ④ 의사소통 분위기 등이 있다. 셋째, 메시지의 부적절한 기호와 매체에 의한 요인에는 ① 정보과중, ② 메시지의 복잡성, ③ 부적절한 기호화, ④ 잘못된 매체 등이 있다. 넷째, 물리적 환경요인에는 ① 시간의 압박, ② 물리적 불편, ③ 환경의 불편 등이 있다.

□ 의사소통의 장애 요인을 극복하기 위한 방안은 ① 반복, ② 감정이입, ③ 이해, ④ 피드백, ⑤ 경청 등을 들 수 있다.

□ 조직에서 효율적인 의사소통을 이룩하기 위해서는 정확성, 적시성, 수용도를 향상시키는 노력을 해야 한다.
의사소통의 유효성을 증진시킬 수 있는 방법들을 대인간 의사소통의 개선방안, 하향식 의사소통의 개선방안, 상향식 의사소통 개선방안, 수평적 의사소통 개선방안, 대각선 의사소통 개선방안 등이 있다.

제 11 장

평생교육기관 경영의 동기 부여

※ 이 장을 끝마칠 때 다음 내용들을 이해해야 한다.

- □ 동기부여 개념을 이해하고 있는가?
- □ 평생교육기관 경영을 함에 있어 왜 동기 부여가 중요한가?
- □ 동기 부여의 내용이론과 과정이론을 알고 있는가?
- □ 목표달성 이론에서 목표 - 성과의 주요 요소에 관하여 알고 있는가?
- □ 구성원들의 기를 살리는 원칙을 알고 있는가?

자신을 신뢰하여 바람직한 방향으로 움직이게 하는 사람은 삶을 노래하는 사람이고, 자신을 부정하는 사람은 삶을 파괴하는 사람이다.

– 백 석 –

숫자로 풀어보는 인간성공 경영

숫자가 주는 의미는 국경을 뛰어넘어 이념과 사상, 종교 그리고 문화와는 관계없이 모든 사람들이 다방면에서 적용한다. 숫자 하나하나에 과학적인 근거는 없다. 그러나 사람들은 이치에 맞지 않는 것을 억지로 끌어대어 자기에게 유리하도록 맞추는 경우도 있다. 어떤 나라에서는 행복과 불행 그리고 성공과 실패의 지표가 되기도 한다. 그러나 숫자의 발음을 이용하여 가치 있는 문장을 만들어서 활용하게 되면 그 자체가 자신에 대한 동기부여가 되어 개인의 인간성공 경영 나침반이 되는 것이다.

1. 일을 열심히 하되, 일의 결과에 대해 자기보상과 자기벌칙을 해라.

자기보상은 자신을 새로운 도전과 성취 그리고 새로운 목표로 이끄는 강력한 방법이다. 그리고 자기벌칙은 자신을 바람직한 방향으로 이끌어 가는데 효과적인 방법 중 하나이다. 자기벌칙을 할 때는 파괴적인 벌칙을 자제하고, 건설적 자기 벌칙을 활용할 줄 알아야 자기 성공을 이룩할 수 있다.

2. 이런 일, 저런 일 끼어들지도 말고 간섭하지도 말라.

남이 하는 일에 무조건 참견하지 말아야 한다. 정의(定義)는 불사르되, 불의(不義)에 불을 댕기면, 자신을 괴멸시키는 유일한 방법일 뿐이다.

3. 삼삼오오 짝지어 놀러 다녀라.

세상을 넓게 보면서 즐기는 것은 더 큰 미래를 창조하는 것이며 새로운 기회를 포착하는 것이다. 여유와 낭만을 즐기게 되면 그 과정 속에서 새로운 아이디어가 창출되고 보다 나은 삶의 가치를 찾을 수 있다.

4. 사생결단 하지 말라.

한 가지 정확한 목표를 정했으면 그 목표를 달성하기 위해 최선을 다해야 하는 것은 당연한 것이다. 그러나 몸과 마음을 희생하면서까지 어떠한 일에 몰입하게 되면, 돌아오는 그 결과는 모든 것을 다 잃는 것이다.

5. 오케이를 생활화 하라. 부정적인 생각을 갖지 말고 매사 긍정의 힘을 가져라.

긍정은 자신과 타인에 대해 긍정적으로 인정하는 건강한 태도를 형성하여 모두에게 선과 행복을 추구할 수 있다.

6. 육체적 스킨십을 즐겨라.

스킨십은 서로간의 깊은 애정의 표현이다. 인간은 원초아의 정신적 에너지인 성적 본능을 가지고 있다. 그러나 무분별한 스킨십은 자제해야 한다. 때와 장소 그리고 질서와 정도를 지키는 스킨십은 우리의 삶을 더욱 풍요롭게 만드는 유일한 요인 중의 하나이다.

7. 칠십%에 만족하라.

욕심이 지나치면 탐욕이 된다. 탐욕은 인간의 본성 중 부정적인 일면으로, 인간의 영혼을 병들게 하고 마비시키는 독버섯 같은 존재이자 온갖 사회악을 불러일으키는 근원이다. 마음의 눈으로 인간의 탐욕을 부추기는 것이 무엇인지를 정확히 볼 수만 있다면 욕망과 유혹에 전혀 동요되지 않을 것이다.

8. 팔팔하고 건강하게 살아라.

다양한 책을 꾸준히 많이 읽고 신체 운동을 하여 근력을 단련시켜야 한다. 그래야 정신적·육체적 건강을 가져와 건전하고 튼튼한 건강을 지키며 장수할 수 있다.

9. 구차한 변명을 삼가라.

변명을 하면 아무리 훌륭하고 능력이 뛰어난 사람일지라도 인정을 받지 못한다. "자신의 잘못이나 실수를 대담하게 인정하고 공개적으로 사과하는 것은 체면을 깎는 것이 아니라 오히려 상대를 감동시키게 한다."라는 말을 잊지 말고 실천해야 한다.

10. 십시일반(十匙一飯)으로 공동체를 추구하자.

인간은 혼자 살아갈 수 없는 것이다. 사회에 봉사하고 공공선(公共善)을 추구해야 한다. 이는 아름다운 사회를 만들며, 이타주의로 이끌어 가는데 초석이 되는 것이다.

이상으로 1~10까지 숫자로 풀어본 인간성공 경영은 분명히 자기를 성공으로 이끄는 자기 동기부여이며 나침반이 되는 것은 틀림없다 할 것이다. 그러나 알고 있는 것은 그저 지식일 뿐이다. 따라서 그 지식을 생활 속에서 꾸준히 실천하여 자기 역량을 키워나가야 진정한 인간성공 경영을 이룩할 수가 있는 것이다.

(한국서예신문, 2019. 11. 1. 백석)

1. 동기 부여의 의의 및 특징

조직이 추구하는 목표달성을 성공적으로 이끌어 구성원 개인 만족과 조직 전체의 만족을 가져오기 위해서는 구성원들을 자극하여 나오는 반응이 바람직한 행동을 불러일으켜 바람직한 방향으로 나타나게 해야 한다. 따라서 동기 부여에서의 자극은 조직이 처한 환경과 구성원 개인의 특성의 차이에 따라 적합한 자극을 가해야하기 때문에 동기 부여는 정적(靜的)이 아니라 동적(動的)이라 할 수 있다.

동기 부여(motivation)는 조직경영 관리과정의 지휘(leading)에서 리더십

(leadership)과 밀접한 관계를 갖는다. 리더십은 지식의 문제가 아니라 실천의 문제이다. 즉 많이 아는 것이 더 중요한 것이 아니라 실천지향 영향력으로 작용해야 비로소 의미가 있는 것이다. 동기 부여는 조직 구성원들에게 경영자들이 조직 목표달성의 성과 극대화를 이룩하는데 있어서 관리행동의 중요한 요소이다. 즉, 동기 부여란 조직이 목표로 하는 바람직한 방향으로 조직 구성원들의 행동이 특정한 방식으로 지속적, 효과적으로 나타나게 하는 강력한 충동적인 힘이며 여기에는 물질적, 정신적 보상에 대한 투자가 포함된다.

동기 부여의 특징은 첫째, 동기 부여는 인간의 행동을 유발하는 '내적인 상태(inner state)'이다. 즉 동기 부여는 '내적인 힘(internal force)'에서 시작되어 태도의 하나인 행동과 관련된다. 둘째, 동기 부여는 의식적, 무의식적 관계없이 인간은 누구나 스스로를 추구하는 바를 위해 동기부여 된다는 것이다. 따라서 동기 부여는 단순한 행동이 아니라 바람직하고 목적지향적인 행동이다. 셋째, 동기 부여는 타의에 의한 강제에 의한 것이 아니라 자의적인 의사로 유발된다. 즉 외부의 자극에 대해 긍정적인 수용적 태도변화이다. 넷째, 조직의 목표달성 성과 극대화는 집단 구성원 개인의 동기부여에 지대한 영향을 받는다.

2. 동기 부여의 중요성

조직에서 조직 구성원들의 성과는 개인이 갖는 역량에 의해서 결정되기도 하지만, 그 역량보다 더욱 성과에 영향을 미치게 되는 요인은 개인의 자발적인 동기 유발(motivation)이라 할 수 있다.

하버드 대학의 제임스(W. James) 교수는 동기 부여에 관한 연구에서 동기부여 활동이 없는 조직 구성원은 자신의 능력을 20~30%밖에 발휘하지 않고도 해고당하지 않는 반면, 동기부여 활동이 활발하여 강한 동기부여를 받는 구성원들은 자신이 갖고 있는 능력의 80~90%까지도 발휘한다는 사실을 밝혀냈다. 따라서 아무리 조직 구성원이 갖는 개인의 역량이 뛰어난다 하더라도 자발적 동기 유발 없이는 개인의 높은 성과를 기대할 수 없는 것이다.

구성원의 자발적 동기 유발 효과가 나타나기 위해서는 그 무엇보다도 구성원들이 원하는 보상을 해줘야 한다. 어떤 구성원은 외재적 보상보다는 내재적 보상을, 그리고 다른 어떤 구성원은 내적 보상보다는 외재적 보상을 원하기 때문이다. 따라서 내재적 동기부여와 외재적 동기부여의 개념을 이해하여야 한다.

1) 내재적 동기부여(intrinsic motivation)

내재적 동기부여는 내적 보상을 위해 이루어지는, 구성원들에게 동기부여 시키는 방안이다. 즉 내적 보상이란 정신적 보상이라고도 한다. 내적 보상의 예를 들면, 과업을 수행하면서 얻는 성취감, 도전감, 만족감, 확신감, 인정, 칭찬 등을 들 수 있다.

2) 외재적 동기부여(extrinsic motivation)

외재적 동기부여는 외적 보상을 위해 이루어지는, 구성원들에게 동기부여 시키는 방안이다. 즉 외적 보상이란 물질적 보상이라고도 한다. 외적 보상의 예를 들면 급여 및 제반 금전적인 요소들, 승진, 보직 등을 들 수 있다.

3. 동기 부여의 주요 이론

동기 부여 이론은 크게 대별하면 내용 이론(Contents Theory), 과정 이론(Process Theory), 그리고 강화 이론(reinforcement theory)으로 분류한다. 내용 이론은 사람들의 동기가 유발하는 요인을 탐색하는 것으로 무엇이 동기를 유발하게 하는가에 관심을 둔다. 과정 이론은 어떤 과정을 통해서 유발되는가에 관심을 둔다. 즉 과정 이론이 사람들의 목표 성취를 위하여 어떻게 각양의 행동을 선택하여 또 어떻게 그러한 목표 달성의 대가로 얻게 되는 보상의 공정성을 평가하느냐에 역점을 두고 있는데 반해 강화 이론은 그러한 보상이 행동을 변화 내지 유지시키는 역할에 관해 설명하고 있다. 여기에서는 내용 이론과 과정 이론을 중심으로 다룬다.

1) 동기 부여의 내용이론

(1) 매슬로우의 욕구 5단계 이론

가장 널리 알려진 대표적인 내용이론이다. 심리학자 매슬로우(A. H Maslow)는 인간 개인이 지닌 욕구가 단계에 따라 일어난다고 보았다. 그가 제시한 욕구를 계층적으로 도식하면 [그림 11-1]과 같은 피라미드형으로 나타난다.

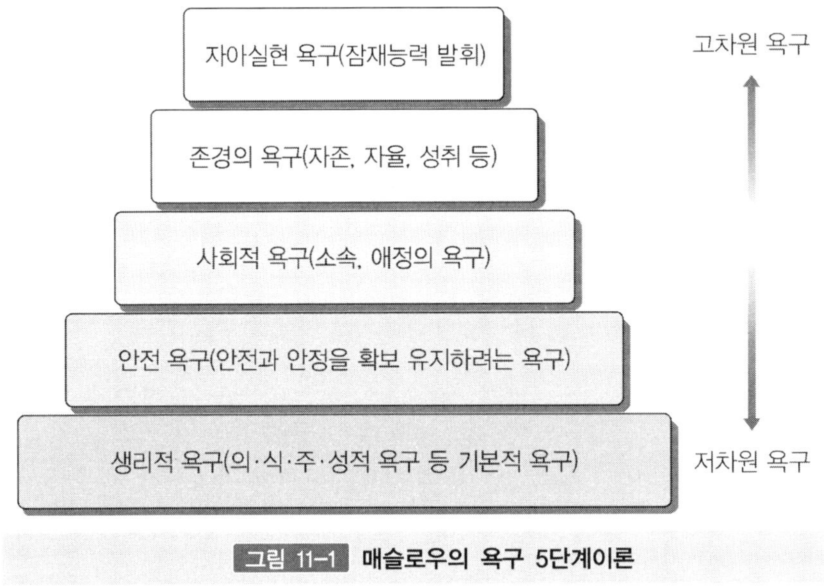

그림 11-1 매슬로우의 욕구 5단계이론

매슬로우의 욕구단계이론은 다음과 같은 기본 전제로 설명된다. 첫째는, 인간은 결합된 욕구를 충족하기 위하여 그 욕구를 충족하고 싶은 방향으로 동기가 유발된다는 것이다. 둘째는, 한번 충족된 욕구는 다시 새로운 욕구가 나타날 때까지 더 이상 동기 유발이 되지 않는다는 것이다. 셋째는, 진행의 원칙으로서 하위욕구가 충족된 후에 상위 욕구의 충족을 향하여 진행된다는 것이다. 그리고 한 번 충족된 욕구는 하위 욕구단계로 향하는 데는 어려움이 발생한다는 것이다.

(2) 알더퍼의 ERG이론

매슬로우의 욕구 5단계 이론의 한계성으로 인하여 ERG이론을 제시하고 있는데 매슬로우의 5가지 욕구들을 세 가지 범주로 구분하고 각 욕구들에 대한 첫 글자들을 따서 ERG라는 명칭을 붙였다.

① 생존욕구(existence needs)

배고픔, 갈증, 수면, 쾌적한 작업환경등과 같은 생리적 욕구와 안전욕구 등과 같은 물리적 측면이 이에 속한다.

② 관계욕구(relatedness needs)

인간답게 살기 위하여 타인과의 관계를 유지하려는 욕구라 볼 수 있다. 여기에는 매슬로우의 안전욕구, 사회적 욕구(소속 및 애정 욕구), 존경 욕구 일부가 포함된다.

③ 성장 욕구(growth needs)

성장욕구의 개념은 대인관계에 있어서 타인과 비교를 통하여 얻은 자존심이 아니라 스스로 얻게 되는 자신감과 욕구 등이 따른 개인적 성장과 관련된 욕구의 총체이다. 매슬로우 욕구 5단계 이론의 자아실현 욕구와 존경 욕구 일부가 포함된다.

(3) 맥그리거의 X·Y 이론

맥그리거(D. McGregor)는 인간의 본성에 대해 두 가지의 구별되는 견해를 제시하였는데 그 범주에 따라서 조직구조의 형성, 정책 수립, 리더십 방향이 달라지게 된다. 즉, X·Y이론은 조직에서 개인을 취급하는 두 가지 상반되는 방식이며 그에 근거하여 조직을 설계하고 운영하는 방식이다. X·Y 이론의 두 관점을 비교하면 〈표 11-1〉과 같다.

표 11-1 맥그리거의 X·Y 이론

X이론 관점	Y이론 관점
① 보통의 인간은 본능적으로 일을 싫어하므로 될 수 있으면 일을 하지 않으려 한다. ② 인간은 일을 싫어하므로 대부분 사람들의 경우 조직목표를 성취하는데 필요한 노력을 그들로부터 이끌어 내기 위해서는 통제, 지시, 벌의 위협, 강압 등의 방법을 써야 한다. ③ 보통의 인간은 지시를 받고 싶어 하고 책임을 회피하려하며 야망도 별로 없고 무엇보다도 안정성(현실안주)를 원한다.	① 육체적 정신적으로 일에 몰두하는 것은 마치 놀이나 휴식처럼 자연스러운 현상이다. ② 외적통제나 벌의 위험만이 개인을 조직목표달성을 위해 노력하도록 할 수 있는 유일한 방법은 아니다. 즉 인간은 자신에게 주어진 목표달성을 위해 스스로 자기 자신을 통제하고 관리해 나갈 수 있다. ③ 목표달성의지는 일로부터 얼마나 큰 성취감을 얻느냐에 달려 있다. ④ 보통의 인간은 적절한 조건만 주어지면 책임을 받아들일 뿐만 아니라 스스로 책임을 찾아 나서기까지 한다. ⑤ 조직의 문제점들을 해결하는데 소요되는 상상력, 창의력 등과 같은 인간의 능력은 보통의 인간들에게 널리 퍼져 있는 인간적인 능력이다.

X·Y이론이 우리 조직에 주는 의미는 X이론은 경제적 욕구와 같은 저차원의 욕구가 Y이론은 쉽게 충족되지 않는 고차원의 욕구가 인간을 지배하고 있으며 그에 따라 동기부여 한다는 가정에 기반하고 있다. 그러므로 X이론은 통제시스템과 상급자의 권한 등 강제적인 관리를 지지하는 반면 Y이론은 구성원에 대한 신뢰와 종업원 스스로의 자주적인 관리를 지지한다. 단 이론의 한계는 개인에 따라 신념이나 욕구에 있어 차이가 많은데 이에 따른 개인차를 고려치 못했다는 점이다.

(4) 허즈버그의 이요인 이론(二要因 理論)

허즈버그(F. Herzberg)는 인적자원의 효과적인 활용을 도모하는데 조직경영자가 고려하여야 할 내용을 시사하기위하여 펜실베니아주의 피츠버그를 중심으로 기업에 고용되어 있는 200명의 회계사와 기술자를 대상으로 작업 동기부여이론 즉 이요인 이론(two factor theory)을 제안하였다(F. Herzberg, 1966). 허즈버그는 연구를 통해서 사람들에게 만족을 주는 직무요인과 불만족을 주는 직무요인이 별개의 범주를 형성하고 있음을 알아냈다. 허즈버그는 첫 번째 범주의 욕구가 환경(위생요인)에 관한 것이며 직무 불만족을 예방하는 기본적 기능을 담당하고 있기 때문에 이를 가리켜 위생요인(hygiene factors)이라 부른다. 두 번째 범주의 욕구는 사람을 보다 우수한 업무수행을 하도록 동기를 부여하는데 유효하기 때문에 이를 가리켜 동기요인(motivators)이라고 부른다. 따라서 이요인 이론을 동기위생이론이라고도 한다.

위생요인의 특성은 이요인의 충족이 불만족의 감소만을 가져올 뿐이며 만족에 이르게 하지는 못한다는 것을 나타내고 있다. 작업환경이 나쁜 상태에서 불만족을 경험하고 있는 종업원에게 작업환경을 아무리 좋게 개선하더라도 불만족 요인이 제거될 뿐이지 환경자체가 만족요인으로 작용하지 못한다는 것이다. 동기요인의 특성은 충족되지 않아도 불만은 없지만 충족되면 만족이라는 적극적인 영향을 줄 수 있고 적극적인 태도를 유도할 수 있다는 것이다(신철우, 1997). 이 연구에서 직무에 대한 만족과 불만족을 결정짓는 요인을 구분하여 제시하면 〈표 11-2〉와 같다.

표 11-2 허즈버그의 2요인이론

위생요인(환경)	동기요인(직무내용)
불만족 ↔ 불만족 해소 • 조직정책과 경영 • 감독 • 작업조건 • 급여 및 복리후생 • 인간관계	만족감소 ↔ 만족 • 직무에 대한 성취감 • 성취에 대한 배려 및 인정 • 증대되는 책임감 • 개인의 성장발전(능력과 지식의 신장) • 직무자체에서 얻는 즐거움

(5) 맥클리랜드의 동기 이론

동기부여에 관한 또 하나의 이론으로서 기본적으로 동기를 부여시키는 욕구를 권력 욕구(need for power), 친화 욕구(need for affiliation), 그리고 성취 욕구(need for achievement)의 세 가지 형태로 접근함으로서 동기부여를 이해하는데 공헌하였다.(D. C. Mcclelland, 1961)

① 권력 욕구

권력 욕구가 강한 사람은 구성원에게 통제력을 행사하거나 행동에 영향을 미치는 욕구 즉, 논쟁에서 이기려 하며 자신이 권위 있는 지위를 얻기 위하여 많은 시간을 보낸다. 권력 욕구를 가진 사람은 지도자로서의 일을 추구하고 또한 다른 사람보다 월등한 성과를 창출하며 자기중심적 사고가 내재되어 있으며 대중 앞에 나서서 말하기를 좋아한다.

② 친교 욕구

타인과 따뜻한 관계를 유지하고 친근한 관계형성에 관심을 가지고 있다. 친교 욕구가 강한 사람일수록 사회적 교호 작용의 기회가 많이 부여되는 직무를 좋아하고 타인의 감정을 중요시하며 가능한 조직 집단으로부터 소외되는 아픔을 피하려는 경향을 지닌다.

③ 성취 욕구

성취 욕구는 성과 극대화를 이룩하기 위하여 높은 목표달성 기준을 설정하고 이를 달성하고자 노력하는 욕구이다. 따라서 고도의 성취 욕구를 지니고 있는 사람은 보다 도전적이고 경쟁적인 작업 상황에 의해 동기가 유발되는 반면에 성취 욕구가 낮은 사람은 직무상 낮은 성과를 보일 것으로 예상할 수 있다.

2) 동기 부여의 과정 이론

(1) 기대 이론

기대 이론이란 개인은 자신의 행동형성 과정에서 여러 가지 가능한 행동대안 또는 행동 전략을 평가하여 자기 자신이 가장 중요시하는 결과를 가져오리라고 믿어지는 행동대안 또는 전략을 선택하게 된다는 것을 특징으로 하는 동기부여 이론이다. 여기에서 개인들이 지니는 어떤 행위에 대한 동기부여 정도는 특정행위가 성과를 가져다줄 가능성(기대감), 성과가 보상을 가져다줄 것 이라는 주관적 확률(수단성), 그리고 행위가 가져다주는 결과의 매력정도(유의성), 결과, 힘 등에 의해 결정되는 이론이다.

House의 경로－목표이론의 개념은 기대이론에 기반을 두고 있는데 첫째, 리더의 역할이란 부하가 과업목표 달성을 위해 노력할 수 있는 경로(높은 성과 달성과 보상의 기대감)를 이끄는 리더십 발휘해야 한다는 것이다. 즉 리더가 어떤 상황에서 어떻게 리더십 행동을 보여주는 것이 부하의 과업수행의 동기와 만족감을 높여서 높은 성과와 연결시킬 것인가를 연구하는 이론이다.

둘째, 상황변수는 부하의 특성(부하의 능력, 성격, 의지)과 과업의 특성(업무의 난이도)을 고려한 리더의 리더십 행동이 필요하다는 것이다.

셋째, 리더십 유형은 지시적, 지원적, 참여적, 성취지향 적 리더십이 있는데 이 4가지 리더십을 부하의 특성과 과업의 특성에 따라 선택하여야 부하의 기대감을 높여 부하의 만족과 성과를 창출할 수 있다는 것이다.

표 11-3 리더십 유형

지시적 리더십	부하가 과업을 감당할 능력과 의지결여 ⇨ 부하 기대감을 리더가 주도(과업지향형)
지원적 리더십	부하의 자율성과 친화욕구 그리고 부하가 과업을 감당 할 능력을 갖춤 ⇨ 부하 기대감을 리더가 지원(인간지향형)
참여적 리더십	부하의 자율적 의사결정 능력과 참여욕구가 강함 ⇨ 의사결정 참여 활성화로 부하의 기대감을 높임
성취지향적 리더십	부하의 높은 능력과 도전의지가 강하고 도전적 과업 ⇨ 신뢰, 성취기회 제공으로 기대감 높임

(2) 공정성 이론

공정성 이론이란 아담스가 개인자신의 투입과 산출을 준거인물의 투입과 산출을 비교하여 크거나 작을 때 불공정성을 느끼며, 이러한 불공정성으로 적지 않은 심리적 불안, 걱정, 근심을 유발하게 되며, 이것을 해소시켜 나가는 과정에서 동기가 유발된다고 주장하였다.

예를 들어 한 조직 내에서 두 구성원에게 연봉에 대한 변화가 있다고 가정해 보자. 만약 A 구성원 연봉보다 B 구성원 연봉이 똑같은 성과를 달성했는데에도 불구하고 더 많이 인상되었다면, A 구성원은 나름대로 변화를 평가하고 불공정성을 인식하며 괴로움과 불만족을 느끼게 될 것이다. 그러나 만약 B 종업원이 더 많은 어려운 일과 힘든 일을 수행해내서 더 많은 연봉이 책정된 것이라고 A 구성원이 판단한다면 A 구성원은 그에 대한 변화를 평가하고 공정성 훼손이 없다고 판단하여 변화에 저항하지 않을 것이다.

(3) 목표설정 이론

목표설정 이론은 개인의 행위가 목표에 의해서 영향을 받음으로 직무를 수행하기 위해서는 달성해야 할 목표를 정확하게 해주어야 한다는 것이다. 목표와 행위와의 관계를 설명하기 위해서는 목표와 속성 이외에도 조직적 지원, 개인의 능력 및 숙련정도, 보상 등과 같은 변수를 고려하여야 한다.

목표설정 이론은 전 구성원의 성취 가능한 목표를 설정하고 그 달성도에 대한 피드백을 제공하는 것이라고 제안하는 동기 부여 이론(motivation theory)으로서 다음의 3단계로 구성된다.

① 1단계

당사자가 수용할 수 있는 범위 내에서 상사와 부하가 상의하면서 가능한 한 어렵고, 도전적이고, 구체적인 목표를 정한다. 이때 목표의 범위, 시기와 함께 정량적, 정성적의 계량화된 목표량을 설정한다.

② 2단계

다양한 보상수단을 이용하여 목표를 수용하고 몰입도를 확보한다.

③ 3단계

적절한 교육과 훈련, 필요정보 등을 제공하고 중간 중간에 목표달성 정도를 통보하며 성과에 대한 구체적인 피드백 제공한다.

4. 목표 설정 이론을 통한 동기 부여

현대사회에서의 조직경영은 목표관리 및 성과관리의 기능이 구성원 개인의 만족 과 조직의 만족을 가져오게 하는 수단과 방법이 되므로 동기부여 과정이론 중 목표설정 이론을 좀 더 구체적으로 다루고자 한다.

1) 목표 설정 이론의 개념

목표설정 이론(goal-setting theory)은 경영자와 구성원이 규칙적으로 함께 조직의 목표를 근간으로 구성원의 목표를 설정할 것을 제시하는 이론으로서 공식적 동기부여의 프로그램과 구성원을 동기화 시키는 일련의 경영관리과정의 중요한 부분이다. 목표이론의 기본 전제는 개인이 갖는 가치관과 의도적인 노력이다. 가치관은 구성원이 조직 속에서 무엇을 원하고 어떠한 목표를 추구할 것인지에 영향을 주고 의도적 노력은 인내심 그리고 집념과 주의 도에 영향을 줌으로서 그의 행동과 나아가 성과에 영향을 준다.

2) 목표 – 성과의 주요 요소

구성원 개인의 목표달성 성과 극대화는 구성원의 동기행동에 달려 있고, 동기행동은 목표가 어떻게 설정되고 어떻게 달성되는가에 달려 있다. 목표설정의 주요 요소들은 다음과 같다.

(1) 목표의 구체성 및 수준

목표가 명확하고 달성 가능성이 높아야 개인의 과업 성과가 높게 나타난다. 달성가능성이 없는 목표는 노력을 게을리 하여 성과가 저하된다.

(2) 구성원의 참여

목표를 설정 시 구성원을 의사결정에 참여시키는 것은 구성원의 잠재능력을 최대한 발휘하게 만드는 원동력이 될 수 있으며 이에 따라 직무 만족도는 높게 나타난다.

(3) 결과에 대한 피드백

목표달성의 결과를 구성원 스스로 통제하여 피드백 하는 것은 목표달성을 위한 의욕을 자극시키고 노력을 증진시키며 성과 극대화를 이룩하는데 지대한 영향을 준다.

(4) 목표에 대한 수용도

구성원이 목표 및 수준에 얼마나 이해하고 동의하느냐에 따라 동기수준과 과업성과가 결정된다. 일반적으로 구성원들이 목표를 수용하고 목표달성에 대한 기대 보상이 뒤 따를 때 조직의 목표 달성에 있어 성과 극대화는 이룩될 수 있다.

3) 상황적 요소

목표설정을 통하여 구성원의 동기행동이 실제로 형성되는 데에는 여러 가지 상황적 요소가 적용된다. 첫째, 보상시스템, 조직구조, 직무구조, 그리고 기술시스템 등 구조적 요소는 구성원들의 동기행동과 목표달성 행동을 조성 또는 제한하는 요소로 작용한다. 둘째, 조직에 리더의 특성과 행동도 목표설정과 목표달성 과정에 상황적 요인으로 영향을 미친다. 셋째, 구성원들의 성격, 가치관 욕구 경험의 정도 등 개인적 차이도 동기행동과 성과 수준에 영향을 준다.

5. 구성원들을 위한 효과적 동기 부여

동기 부여는 현대적 경영관리에서 리더십 그리고 의사소통과 함께 차지하고 있는 비중이 증대됨에 따라 동기 부여를 효과적으로 하기 위한 노력은 계속되고 있다. 사람의 힘은 몸의 힘(體力), 머리의 힘(智力), 마음의 힘(心力)의 결합이다. 기(氣)란 마음의 힘과 관계되면서 체력과 지력에 영향을 미친다. 기가 살아 있으면 용기, 배짱, 자신감, 추진력, 몰입 등이 증가한다. 기 살리기의 목적은 구성원들의 직무 의욕과 자신감이 높아져 조직생활 속에서 개인의 직무만족을 가져와 생산성 향상에 도움이 된다. 이에 따라 구성원의 기를 살리는 리더의 태도와 효과적 동기부여를 위한 원칙을 알아본다.

1) 구성원의 기를 살리는 리더

구성원의 기를 살리는 리더의 지침을 살펴보면 다음과 같다.(조범상, 2006에서 재인용)

① Listen(명령보다 직원들의 이야기를 경청하라)

켈의 법칙(Kel's law)에 의하면 피라미드형 조직에서 직급이 한 단계씩 멀어질수록 심리적 거리감은 제곱으로 늘어난다. 적극적인 경청은 직원들을 자신감을 갖고 자발적이며 창의적으로 일을 하게 한다.

② Express(관심과 기대를 표현하는데 인색하지 마라)

기대감이 성과에 미치는 영향은 '피그말리온 효과(pygmalion effect)'에서 입증된다. 직원들을 존중하면서 유능한 사람으로 대하라.

③ Applaud(못한 것을 질책하기 보다는 잘한 것을 칭찬하라)

칭찬이 중요하다고 생각하지만 칭찬하기란 쉽지 않다. 칭찬에도 기술이 필요하다. 결점을 들춰내기 보다는 칭찬하려고 노력하라.

④ Depend on(의심하지 말고 믿고 맡겨라)

'의인불용 용인불의(疑人不用 用人不疑)' 의심 가는 사람은 쓰지 말고 쓴 사람은 의심하지 마라. 일의 윤락과 방향성만 일러주고 나머지는 맡겨 보라. 때로는 실수를 용인할 수 있어야 한다. 새로운 도약의 에너지로 활용하게 될 것이다.

⑤ Educate(일하는 방법을 가르쳐 주라)

가장 따르고 싶은 상사는 일하는 방법(노하우)을 가르쳐주는 상사라고 한다. 현대사회에서 일에 대해 자신감을 가지는 인재는 만들어지는 것이다.

⑥ Rear(약점을 보완하기 보다는 강점을 육성시켜라)

누구나 강점과 약점을 동시에 가지고 있다. 약점의 보완에 주력하면 강점의 개발과 발휘에 소홀하게 된다. 결점을 40%만 보고 장점은 60%를 보라.

2) 구성원의 기를 살리는 원칙

① 목표와 피드백을 적극 활용하라.

비전과 목표를 공유하고 목표가 달성 가능한 것으로 구성원이 지각이 되었는지 확인하여야 한다. 그리고 성과에 대한 결과를 알려주고 무엇이 좋았고 무엇이 문제였는지를 분명히 알려 주어야 더욱 동기부여 된다.

② 보상의 내용을 달리하라.

모든 사람은 인간의 특성 즉, 내재적 속성 때문에 보상을 달리해야 한다. 어떤 구성원은 외재적 보상을 어떤 구성원은 내재적 보상을 더 원하고 중요시하는 경향이 있다.

③ 인적자원은 '적재적소'화 하라.

구성원들이 가지고 있는 특성 즉, 성격, 가치관, 기술, 경험의 정도 등에 따라 알맞은 직무를 맡겨야 한다. 그래야 직무자체에서 얻는 즐거움과 보람을 가질 수 있어 구성원 개인의 만족이 조직의 만족으로 이어져 성과극대화를 이룰 수 있다.

④ 상담창구를 넓히고 개방하라.

구성원들은 조직생활 속에서 여러 가지 문제 및 이유 때문에 과업을 원활이 수행할 수 없는 상황에 직면하게 될 수도 있다. 이때 문제 해결을 위해 상담창구를 활용하여 의사소통의 벽을 허물고 상사는 부하직원의 멘토역할을 해준다.

⑤ 가능한 한 위임을 하라.

구성원들이 자기가 하는 업무를 계획하고 실행하고 성과에 대하여 평가하여 피드백 할 수 있도록 권한과 책임을 준다. 그래야 자율적 조직 속에서 자기 잠재능력까지 발휘되어 소속감 증대가 개인의 만족, 조직의 만족을 가져와 더 많은 더 좋은 성과를 기대할 수 있다.

조직 구성원을 스스로 움직이게 하는 기술

조직을 이끄는 리더는 구성원들의 의욕을 고취시켜 자율적으로 일하게 만들어 개인과 조직의 만족을 모두 이끌어내야 한다.

리더가 어떠한 의사결정을 할 때는 상황에 따라 리더의 독단, 참여, 위임 등을 선택 할 수 있다. 그러나 특별한 경우를 제외하고는 가능한 참여나 위임을 해야 하는 것이 바람직하다.

그리고 구성원 스스로 일을 찾아서 하게끔 만들고 성과에 대해서는 반드시 내적보상과 외적 보상이 따라야 한다. 구성들의 마음을 움직여서 개인과 조직의 만족을 이끌어내는 방법은 몇 가지가 있다.

그 첫째는 어떠한 일을 하고자 할 때, 구성원들에게 무작정 지시나 명령 그리고 부탁하고 사정을 하여 일을 처리하는 방법이 있다. 이 방법은 가장 보편적이고 일반적인 방법의 하나이다.

둘째는 어떤 일을 하는데 있어서 리더는 부하에게 "내 능력으로는 도저히 불가능하다. 그러니 당신의 지혜가 필요하오니 말해주세요"라고 도움을 청하여 상대방의 아이디어를 얻어서 일을 처리하는 경우이다. 이 방법은 리더가 부하의 능력을 인정하여 내적 보상을 해주는 방안이 되는 것이다.

셋째는 둘째의 방법을 활용하여 하고자 하는 일이 끝난 후 상대방에게 성과에 따라 적절한 외적 보상을 제공한다. 이 방법은 내적 보상과 외적 보상을 동시에 해주는 방안이다.

이처럼 상대를 움직여서 조직이 추구하는 성과를 극대화하는 방안은 첫째보다 둘째와 셋째 방법의 단계를 이룰 때 동기부여가 극대화되어 개인과 조직의 만족을 모두 가져 올 수 있는 것이다.

경영의 과제는 여러 측면에서 중요성이 대두된다. 그러나 그중 최대 문제 중 하나는 언제나 경비절감이다. 이 때문에 경영자들이 장황한 설교도 하고 의무감에 호소하기도 하지만 그럼에도 불구하고 원하는 만큼 협조를 받기 힘든 부분이기도 하다.

위스콘신 마리네트의 앤슬 케미컬 컴퍼니의 35세 사장인 로버트 C. 후드는 이런 문제에 당면했을 때 설교하거나 명령하지 않았다. 직원들에게 무작정 비용을 절감해야 한다고 말하지 않았다. 그의 경영철학은 "사람들은 자신이 스스로 고안한 것을 지지 한다"였다.

그는 먼저 능력 있는 직원 10명으로 위원회를 조직했다. 구체적으로 특정한 분야에서 비용절감을 해야 한다고 말하지 않았다. 그보다는 직원들 스스로 회의를 거쳐 아이디어를 내도록 했다.

위원회의 멤버들은 밤새 머리를 맞대고 아이디어를 짜냈고 출장비용과 전화비, 사무실 집기와 전기세는 물론 우표 값까지 아끼자는 의견을 내놓았다. 얼마 후 후드는 미국 경영자 협회에 이 프로그램의 결과를 보고했는데 매출은 9% 신장했지만 세금을 제한 후 순 이익은 40%나 증가했다고 보고 했다.

후드는 다른 사업상의 문제를 해결할 때도 이와 같은 방법을 사용했다. 그는 이것을 참여 경영이라 한다.

□ 나의 자아실현욕구

☛ 아래의 각 질문항목에 주어진 응답양식(보기)을 참고하여 주어진 질문에 응답하시오.

〈보 기〉

1점: 동의하지 않는다　　2점: 조금은 동의하지 않는다

3점: 조금 동의 한다　　4점: 동의 한다

질문 항목	1점	2점	3점	4점
1.나는 하늘을 우러러 조금도 부끄럽지 않다.				
2. 나는 다른 사람들이 나에 대해서 기대하는 것을 위해서보다 나의 이상을 실현하기 위해서 산다.				
3. 나는 사람이란 근본적으로 선하기 때문에 신뢰할 수 있다고 믿는다.				

질문 항목	1점	2점	3점	4점
4. 나는 내가 사랑하는 사람에게도 자유롭게 화를 낼 수 있다.				
5. 나는 내가 하는 일에 대해서 다른 사람의 승인을 필요로 하지 않는다.				
6. 나는 내 자신의 약점을 있는 그대로 받아들인다.				
7. 나는 나와 생각이 다른 사람들도 좋아할 수 있다.				
8. 나는 실패를 두려워하지 않는다.				
9. 나는 복잡한 문제들을 단순화 시켜서 분석하곤 한다.				
10. 외적으로 유명해지는 것 보다는 자기 자신에게 진실한 것이 더 좋다.				
11. 나는 내가 특별히 헌신하고자 하는 인생의 사명을 갖고 있다.				
12. 나는 비록 그것이 바람직하지 않은 상황을 만들게 되더라도 내 생각을 표현할 수 있다.				
13. 나는 누군가를 돕는다는 것에 대해서 책임의식을 느낀다.				
14. 나는 시대에 뒤 떨어질 수 있다는 두려움 따위에 개의치 않는다.				
15. 나는 사랑을 주기 때문에 사랑을 받는다.				

〈해 석〉

☛ 당신이 남성이면, 응답 총점이 45점 이상이면 자아실현 욕구가 높은 것(高)이고 그 미만이면 낮은 것(低)이다. 여성이하면 높은(高) 점수가 46점 이상, 낮은(低) 점수는 46점 미만이다.

☛ 당신의 자아실현 욕구는 어떤 수준인가?

자료: 백기복이 다음 자료를 인용한 것을 재인용함.
Burger, J. M. 2004. Personality. Thomson-Wadsworth.

□ **나의 목표지향성(goal-orientation)**

☛ 아래의 각 질문항목에 주어진 응답양식(보기)을 참고하여 귀하가 동의하는 곳에 O표 해 주세요.

〈보 기〉

1점: 전혀 그렇지 않다. 2점: 그렇지 않다.
3점: 그렇지 않은 편이다. 4점: 보통이다.
5점: 그런 편이다. 6점: 그렇다.
7점: 매우 그렇다.

질문 항목	1점	2점	3점	4점	5점	6점	7점
1. 나는 다른 사람들보다 공부(일)를 더 잘하는 것을 중시한다.							
2. 나는 공부(일)를 하는 과정에서 가능한 모든 것을 다 배우지 못할까 걱정한다.							
3. 나는 공부(일)를 할 때 최대한 많이 배우려고 노력한다.							
4. 나는 공부(일)를 할 때 잘못한다는 소리 안 듣는 것으로 만족한다.							
5. 나는 공부(일)에서 다른 사람들에 비해 잘하는 것을 중요시 한다.							
6. 때때로 나는 공부(일)에서 알아서 하는 것을 다 알지 못할까봐 두려움을 느낀다.							
7. 나는 공부(일)에서 모든 내용을 완전히 이해하는 것을 중요하게 생각한다.							
8. 공부(일)할 때 나의 목표는 잘못하지 않는 것이다.							
9. 공부(일)할 때 나의 목표는 다른 사라들보다 도 좋은 평가를 받는 것이다.							
10. 나는 종종 공부(일)에서 배워야 하는 것을 다 배우지 못할까봐 걱정을 한다.							
11. 나는 공부(일)에서 주어지는 내용들을 완전히 숙달하려고 노력한다.							
12. 나는 공부(일)에서 잘못 할까봐 두려워하는 마음 때문에 동기부여 할 때가 있다.							

〈해석〉

① 우선 다음 공식을 이용하여 당신의 목표지향성향을 계산하시오.

- 숙련목표 도전성향: 항목 #3+#7+#11= (　　)
- 숙련결핍 우려성향: 항목 #2+#6+#10= (　　)
- 결과목표 도전성향: 항목 #1+#5+ #9= (　　)
- 결과미달 우려성향: 항목 #4+#8+#10= (　　)

② 각 영역 별 고(高), 저(低)를 아래 표를 가지고 평가하시오.

영 역	고·저 평가기준	나의 성향에 체크
숙련도전	• 고: 17점 이상, • 저: 17점 미만	• 고(　), • 저(　)
미숙련우려	• 고: 12점 이상, • 저: 12점 미만	• 고(　), • 저(　)
결과목표도전	• 고: 15점 이상, • 저: 15점 미만	• 고(　), • 저(　)
결과미달우려	• 고: 13점 이상, • 저: 13점 미만	• 고(　), • 저(　)

〈참고〉

☛ 숙련목표 도전 성향(숙련도전) : 최종평가(A+ 학점)를 잘 받는 것보다 많이 배우겠다(즉, 기술을 수령하겠다)는 것을 목표로 세우고 도전하는 성향. 과업목표 추구자이다.

☛ 숙련결핍 우려 성향(미숙련 우려) : 배워야 할 것을 못 배울까봐 걱정하여(즉, 미숙련을 우려하여) 목표를 "배워야 하는 것을 다 따라가는 것"으로 세우는 성향. 과정목표를 추구하나 도전보다는 탈락방지가 목표인 소극적 성향.

☛ 결과목표 도전 성향 : 어려운 최종 목표(예, A+ 학점)에 도전하는 성향. 무엇을 배웠는가보다는 무슨 학점을 받았는가를 중시함.

☛ 결과미달 우려 성향 : 최고 결과를 추구하는 것이 아니라 최종적으로 탈락하지 않는 것을 목표로 하는 성향.

자료: 백기복이 다음 자료를 인용한 것을 재인용함.
Burger, J. M. 2004. personality. Thomson-Wadsworth.

본 장의 정리

☞ 본 장의 학습을 완료했다면 다음 내용들을 구체적으로 이해할 수 있어야 한다.

□ 동기 부여에서의 자극은 조직이 처한 환경과 구성원 개인의 특성의 차이에 따라 적합한 자극을 가해야하기 때문에 동기 부여는 정적(靜的)이 아니라 동적(動的)이라 할 수 있다.

동기부여의 특징은 첫째, 동기부여는 인간의 행동을 유발하는 '내적인 상태(inner state)'이다.

둘째, 동기부여는 의식적, 무의식적 관계없이 인간은 누구나 스스로를 추구하는 바를 위해 동기부여 된다는 것이다.

셋째, 동기부여는 타의에 의한 강제에 의한 것이 아니라 자의적인 의사로 유발된다.

□ 동기 부여는 기관목표달성 성과극대화를 이룩하기 위한 조직경영 관리과정 중 실행에서 리더십 실천의 대표적 활동이다.

동기 부여란 조직이 목표를 하는 바람직한 방향으로 조직구성원들의 행동이 특정한 방식으로 지속적, 효과적으로 나타나게 하는 강력한 충동적인 힘이며 여기에는 물질적, 정신적 보상에 대한 투자가 포함된다.

□ 동기 부여 내용이론은 사람들의 동기가 유발하는 요인을 탐색하는 것으로 무엇이 동기를 유발하게 하는가에 관심을 두며, 과정이론은 동기가 어떤 과정을 통해서 유발되는가에 관심을 둔다.

동기 부여 내용이론의 첫째, 매슬로우 욕구 5단계 이론은 인간개인이 지닌 욕구가 단계에 따라 일어난다고 보았다. 둘째, 알더퍼의 ERG 이론은 매슬로우의 5가지 욕구를 생존욕구, 관계욕구, 성장욕구의 세 가지 범주로 구분하였다. 셋째, 맥그리거의 X·Y이론은 개인을 취급하는 두 가지 상반되는 방식이며 그에 근거하여 조직을 설계하고 운영하는 방식이다. 넷째, 허즈버그의 이 요인 이론은 첫 번째 범주의 욕구가 환경(위생요인)에 관한 것이며, 직무 불만족을 예방하는 기본적 기능을 담당하고 있기 때문에 욕구는 사람을 보다 우수한 업무수행을 하도록 동기를 부여하는데 유효하기 때문에 이를 가리켜 동기요인이라 부른다. 다섯째, 맥클리랜드의 동기이론은 동기 부여에 관한 또 하나의 이론으로서 기본적으로 동기를 부여시키는 욕구를 권력욕구, 친화욕구, 그리고 성취욕구의 세 가지 형태로 접근하였다.

동기 부여 과정이론의 첫째, 기대이론은 개인 자신의 행동형성 과정에서 여러 가지 가능한 행동대안 또는 행동전략을 평가하여 자기 자신이 가장 중요시 하는 결과를 가져오리라고 믿어지는 행동대안 또는 전략을 선택하게 된다는 것을 특징으로 하는 동기 부여 이론이다. 둘째, 공정성 이론은 아담스가 개인자신의 투입과 산출을 준거인물의 투입과 산출을 비교하여 크거나 작을 때 불공정성을 느끼며, 이러한 불공정성으로 심리적 불안, 걱정, 근심을 유발하게 되며 이것을 해소시켜 나가는 과정에서 동기가 유발된다고 주장하였다. 셋째, 목표설정이론은 개인의 행위가 목표에 의해서 영향을 받음으로 직무를 수행하기 위해서는 달성해야 할 목표를 정확하게 해 주어야 한다는 것이다.

□ 구성원 개인의 목표달성 성과극대화는 구성원의 동기행동에 달려 있고, 동기행동은 목표가 어떻게 설정되고 어떻게 달성되는가에 달려 있다. 목표설정의 주요요소들은 ① 목표의 구체성 및 수준, ② 구성원의 참여, ③ 결과에 대한 피드백, ④ 목표에 대한 수용도이다.

목표설정을 통하여 구성원의 동기행동이 실제로 형성되는 데에는 여러 가지 상황적 요소가 적용된다. 또한 구성원들을 위한 효과적 동기부여의 요인은 구성원의 기를 살리는 리더의 자질과 능력발휘 그리고 구성원의 기를 살리는 원칙을 세워 실천하는 것이다.

□ 기가 살아 있으면 용기, 배짱, 자신감, 추진력, 몰입 등이 증가한다. 기 살리기의 목적은 구성원들의 직무 의욕과 자신감이 높아져 조직생활 속에서 개인의 직무만족을 가져와 생산성 향상에 도움이 된다. **구성원의 기를 살리는 원칙은 ① 목표와 피드백을 적극 활용하라, ② 보상의 내용을 달리하라, ③ 인적자원은 '적재적소'화 하라, ④ 상담창구를 넓히고 개방하라, ⑤ 가능한 한 위임을 하라.**

제4부

평생교육기관 경영 성과통제

평생교육기관의 목표달성 성과 극대화를 이룩하기 위해서는 경영의 관리과정 즉, 목표달성을 위한 계획을 세우고, 조직화하고, 지휘를 하여 획득된 성과에 대한 통제를 한다.

통제는 미리 설정한 계획된 목표 일치와 실제 경영활동 성과와 비교하여 검토, 평가, 수정하는 기능을 말하는데 통제의 결과는 다음에 수행할 계획에 반영시킨다. 따라서 본 장에서는 통제의 중요성, 통제과정 및 유형, 효율적 통제원칙, 효율적 통제의 전략적 요소, 효율적 통제의 요건, 통제의 저항과 극복 방안을 살펴본다.

참 빛 한마디

분노는 강가를 달리는 브레이크 없는 자동차의 질주와 같다.

– 백 석–

인생최고의 실패는 자기 자신의 위치를 잃는 것이다.
브레이크 고장을 정비하고 고장 나지 않도록 늘 관리해야 한다.

– 백 석 –

제 12 장 평생교육기관 경영 성과통제

※ 이 장을 끝마칠 때 다음 내용들을 이해해야 한다.

- □ 기관경영에서의 통제가 왜 중요한가?
- □ 통제의 과정과 유형을 이해하고 있는가?
- □ 통제의 목적을 효율적으로 성취하기 위해서는 통제의 어떤 지침을 수립하여야 하는지 알고 있는가?
- □ 통제의 목적을 효율적으로 성취하기 위해서는 통제의 어떤 전략적 실천방안을 설정해야 하는지 알고 있는가?
- □ 통제의 저항 요인과 저항 극복방법을 알고 있는가?

통제는 기관의 경영자가 계획과 일치하는 바람직한 결과의 달성을 위해 진행상황과 성과를 지속적으로 측정하고, 문제나 차이가 발생할 때 즉각적인 조치를 취하는 과정의 단계이다. 이와 같은 통제를 통해서 계획과 일치되는 실행을 확보할 수가 있다. 통제는 기관이 성장하면서 조직이 커질수록 중요성은 증대된다. 따라서 기관이 성장할수록 통제는 미래예측 환경의 변화와 불확실성, 기관 업무의 증대에 따라 복잡성, 구성원 통제에 대한 인간 능력의 한계에 봉착될 수도 있다.

현재와 미래의 윤택한 삶은 자신에게 달려있다

인간은 과거를 먹고 살지 못하면 삶의 의미를 잃는 것이나 마찬가지라고 한다. 그러므로 인간은 과거를 그리워하는 사회적 동물이라고 한다.

인간은 누구나 과거의 경험을 가슴에 안고 살아가기 마련이다. 과거를 돌이켜 보면 누구나 기억하고 싶은 좋은 경험만 있는 것이 아니라 기억하고 싶지 않은 나쁜 경험도 있기 마련이다.

좋은 경험은 자존감으로 이어져 삶에 대한 자신감과 함께 힘이 솟구치고 자랑스럽게 여겨지지만, 부정적인 경험들은 자신을 부끄럽게 만들기 때문에 기억에서 지워버리고 싶은 충동이 강하게 작용하곤 한다.

삶을 윤택하게 하는 요소는 무엇보다도 복지, 안녕, 번영, 행복이라 할 수 있을 것이다. 우리 모두는 이런 윤택한 삶을 영위하기 위해 미래를 설계하고 현재의 위치에서 끊임없이 쉬지 않고 열심히 달려가고 있는 것이다. 그러나 어떤 사람들은 과거의 부정적인 경험의 요소들이 자기발전을 저해하는 요소로 등장할 때도 있다. 과거의 부정적인 경험의 요소들이 미래의 더 나은 삶을 추구하기 위한 보약이 될 수도 있지만, 너무나 과거에 지나치게 집착하게 된다면 오히려 발전을 저해하는 요인이 될 수 있는 것이다.

어두운 과거를 지니고 살아온 사람들이 과거의 부정적인 경험을 잊고, 혹은 반면교사로 삼아, 후에는 위대한 인물로 등장한 지도자들이 많이 있다. 대표적으로 미국 대통령이었던 프랭클린 루스벨트는 부패한 정치인과 결탁하고 점성술을 믿으며 두 명의 부인이 있었고 담배와 폭음을 즐겼다고 한다. 그리고 영국의 수상이었던 윈스턴 처칠은 두 번이나 회사에서 해고된 적이 있고 정오까지 잠을 잤으며, 아편을 복용한 적이 있다고 한다.

과거의 모든 일들은 되돌릴 수도 없고 수정하거나 보정 할 수도 없다. 그러므로 과거에 너무 집착하여 후회하고 자책하게 되면 오히려 마음에 상처만 깊어질 뿐 자신의 발전과 행복한 삶을 추구하는 데는 전혀 도움이 안 된다.

그렇다면, 과거보다 현재와 미래에 더욱 윤택한 삶을 이룩하기 위해서는 어떻게 해야 하는가. 무엇보다도 중요한 것은, 사람은 누구나 부정적인 경험보다 긍정적인 경험이 더 많다는 것을 자신 스스로 알고 있어야한다. 또한 남들도 자신과 똑같은 경험들을 모두 다 가지고 있다는 것을 인정하여야 한다.

그러므로 현재에 처해있는 환경에 대해 슬퍼하거나 괴로워하기 보다는 과거의 자신을 철저하게 버리는 고통의 시간을 갖는 것이 중요하다. 그래야 과거의 부정적인 경험을 현재와 미래에 더 나은 윤택한 삶으로 연결하는데 거울로 삼을 수 있기 때문이다. 루스벨트 전 미국대통령과 영국 수상이었던 처칠 처럼 말이다.

– 백 석 –

1. 통제의 의의

통제는 경영의 관리과정 즉 계획, 실행에 이어 마지막 단계인 경영관리과정으로서 미리 설정된 계획 및 표준과 실제 경영활동에 대한 성과를 비교하여 검토, 평가, 수정하는 기능을 말하는데 통제의 결과는 차기 계획에 반영된다. 여기에서 계획 수립은 사전적인 관리기능인데 반하여 통제는 사후적인 관리기능인 점에서 다르다. 경영활동의 결과가 사전계획보다 높게 성과가 나타났던가, 반대로 낮게 나타난 경우 모두 그 원인을 파악하여 문제해결 방법을 모색하여 차기 계획을 세우는데 피드백(Feed back)정보 자료가 된다.

2. 통제의 중요성

계획에 의해 설정된 목표는 효과적인 통제에 의해 달성될 수 있기 때문에 계획과 통제는 별도 분리하여 독립적으로 다룰 수가 없다. 통제의 기능은 미래 예측의 불확실성 즉, 환경의 변화 때문에 더욱 중요성 인식이 증대되고 있다.

1) 불확실성

아무리 계획과 목표를 잘 설정하더라도 성과는 다르게 나타난다. 따라서 미래예측이 불가능한 것을 적절히 대처하기 위해서 성과에 대한 평가를 통하여 계획이나 목표를 수정하고 달성하기 위해서 통제가 필요한 것이다.

2) 조직 구조화

조직이 성장하여 규모가 커짐에 따라 조직은 더욱 복잡해진다. 이에 따라 구성원들을 통제하고 통합시키기 위해서는 통제가 필요하다.

3) 인간 능력의 한계

인간은 미래를 예측하고 판단하는 데는 인간 능력으로서 한계에 봉착될 수밖에 없다. 이에 따른 잘못이나 실수를 예방하기 위해서는 통제 기능이 필요하다.

4) 임파워먼트(Empowerment)

언제까지 상사가 부하 직원에게 통제와 지시만 할 수는 없다. 현대사회에서는 모든 조직들이 업무 위임을 많이 하고 있다. 위임은 권한과 책임이 동시에 발생되기 때문에 결과에 대한 책임의 한계를 분명하게 위해서 통제는 그 중요성이 더하다.

3. 통제의 과정

통제의 과정은 ① 표준 설정, ② 성과 측정, ③ 성과기준의 비교, ④ 편차 수정의 네 과정으로 구분한다.

1) 표준의 설정(establishment of standards)

일정기간에 조직이 달성해야 할 목표를 나타내는 것으로서 경영활동을 통하여 실제로 성취된 업적을 측정하는 척도의 기준이기 보다는 조직 목표 달성을 위한 경영계획의 구체적인 내용의 설정이 곧 통제의 표준이라 할 수 있다. 이와 같은 표준은 각 계층 각 부서별로 설정되며 이 때 표준을 표현하는 단위는 구체적인 단위에서 추상적인 단위에 이르기 까지 그 범위가 광범위하다.

2) 성과 측정(measuring performance)

성과측정은 통제과정의 두 번째 단계로 앞으로 전개되거나 전개될 것을 미리 측정하여 계획이 어떻게 이루어지고 있는가를 파악하는 것이다. 성과측정은 실제로 전개되고 있는 경영활동을 정확히 측정하여 이미 설정된 계획과 비교, 평가하고 이를 통하여 파악된 편차를 적절하게 수정하는 것이다. 가장 이상적인 성과측정은 결과에 대한 문제를 발견하기 보다는 문제가 발생하기 전에 예측되는 문제를 찾아내어 조정하고 수정하는 예방적 성과 측정이 더욱 바람직하다.

3) 성과와 기준의 비교(Comparing performance with the standard)

성과와 기준의 비교는 정확하게 측정된 실적을 통제기준과 비교하고 평가하는 것이다. 이미 설정한 기준과 비교하여 나타난 결과가 만족스러운 것일 때는 현재의 업무 과정을 계속 유지하도록 하며 만족스럽지 못한 편차가 있을 때에는 그 편차 중 일정한 범위 내에서 받아들여지는 것과 받아들여지지 않는 것을 구분한다. 그리고 받아들여지지 않는 편차에 대해서는 그 편차의 원인에 대해서 면밀히 조사 분석해야 한다. 쿤츠는 그 주된 원인으로 적절하지 못한 기준 설정, 예상치 못한 외부환경의 큰 변화, 계획대로 실행할 수 없는 장애 발생, 종업원의 능력 부족, 종업원의 사기부족 등을 열거하였다.

4) 편차 수정(correcting deviations)

통제의 과제는 장래에 발생할 염려가 있는 차이를 사전에 탐지하고 차이의 징조를 재빨리 발견하는 능력의 양성에 있는 것이다. 편차 수정은 수정활동을 통하여 업무활동에 실제로 무엇이 문제인지를 발견하고 그 문제점 및 원인을 찾아 소거하려고 노력하는 것이다.

4. 통제의 유형

통제의 유형은 ① 사전 통제, ② 동시 통제, ③ 사후 통제로 구분하여 볼 수 있는데 유형별 통제의 특징은 다음과 같다.

1) 사전 통제(feed-forward)

사전 통제는 경영활동이 시작되기 전에 실행되는 통제이다. 이것은 업무가 실제로 진행되기 이전에 실시하는 통제이므로 미래지향적 통제라고 할 수 있다. 사전 통제의 핵심은 문제가 발생되기 전에 예방적인 관리행동을 취한다는 점이다. 이 통제 유형이 효과적으로 수행되기 위해서는 적시에 그리고 정확한 정보를 얻을 수 있어야 한다.

2) 동시 통제(concurrent control)

동시 통제는 경영활동이 진행 도중에 이루어지는 통제를 말한다. 이는 문제가 발생되어 여러 가지 어려움의 징후가 나타날 때 즉각적으로 수정적인 행동을 취할 수 있어야 한다.

3) 사후 통제(feed back control)

사후 통제는 경영목표를 달성하기 위한 경영활동이 완료된 후 취해지는 통제 방식이다. 이는 일정기간이 만료된 후 경영성과를 측정 분석하고 계획과 비교하여 차이가 발생했을 때 그에 대한 원인과 결과를 규명함으로서 책임과 권한 관계를 명확히 하고 동시에 차기 계획 수립에 근거를 제공하는데 그 의미가 부여된다.

5. 효율적 경영 통제 시스템

통제시스템에 있어서 경영통제의 목적을 효율적으로 성취하기 위해서는 통제의 어떤 지침을 확립하고 어떤 전략적 실천방향을 설정하며, 통제에 대한 저항 요인을 파악하여 이를 극복하는 방법을 모색하는 것이다.

1) 효율적 통제의 원칙

(1) 통제의 목적과 성격에 관한 원칙

① 통제 목적 확실성의 원칙

통제 목적 확실성의 원칙은 계획과 성과간의 실제적, 잠재적 편차를 조속히 밝혀냄으로서 통제의 목적이 달성되도록 보장하려는 원칙이다.

② 미래지향적 통제의 원칙

미래지향적 통제의 원칙은 사전 예방적 통제에 근거를 둘수록 관리자는 계획으로부터 바람직하지 않은 편차가 일어나기 전에 그것을 인지할 기회의 편차를 적시에 예방조치를 취할 수 있다는 원칙이다.

③ 통제 책임의 원칙

통제의 원칙은 계획과 집행을 담당하는 경영자에게 책임이 있다는 원칙이다. 과업의 위임에 따라 권한과 책임을 동시에 가지기 때문에 이에 대한 통제의 책임도 마땅히 해당 경영층의 경영자에게 있다는 원칙이다.

④ 통제 능률의 원칙

통제 능률의 원칙은 비용을 최소화하고 신속히 정확하게 처리하여 문제를 해결하기 위해 통제활동을 능률적으로 수행해야 한다는 원칙이다. 통제의 기법과 접근방법은 계획과 성과 사이의 실제적, 잠재적인 차이 원인과 본질을 최저 비용으로 밝혀내고 해명할 때 능률이 향상된다.

⑤ 직접 통제의 원칙

직접 통제의 원칙은 가능한 바람직하지 못한 문제를 사전에 방지하기 위한 직접적인 수단을 사용하여야 한다는 원칙이다. 실제적으로 과업이 시작된 이후에 발생된 과오에 대해서는 어쩔 수 없이 간접적인 통제방법에 의

존할 수밖에 없다. 이에 따라 과오를 미리 예방하기 위해서는 직접적인 통제 방법을 활용하여야만 된다.

(2) 통제의 구조에 관한 원칙

① 계획 반영의 원칙

계획 반영의 원칙은 통제가 어디까지나 계획이 달성되기 위해 필요한 활동인 만큼 그 수법은 반드시 계획을 반영하는 것이라야만 한다는 원칙이다. 계획이 분명하고, 완전하며, 통합적일수록 그리고 통제가 그 같은 계획을 반영하도록 설계될 때 그 통제는 관리자들의 욕구를 더욱 만족시킬 것이다.

② 조직 적합성의 원칙

조직 적합성의 원칙은 계획이 원래 경영자와 그 구성원에 의해 집행되는 것인 만큼 계획과 실적과의 균형을 유지하기 위한 통제수단도 경영자가 가지는 권한의 영역, 즉 조직 구조와 맞춰서 마련되어야 한다는 원칙이다.

③ 통제의 개별성 원칙

통제의 개별성 원칙은 통제가 효과적으로 이루어지려면 비록 동일방향의 통제라 하더라도 경영자의 개별적인 직위, 의무, 책임 및 능력에 따라 달리 활용되어야 한다.

(3) 통제 과정에 관한 원칙

① 표준의 원칙

표준의 원칙은 효율적인 통제가 이루어지려면 계획에 대한 실적을 정확히 평가하기 위한 객관적이고 표준화된 원칙을 세우는 것이다.

실적에 따라 판단기준이 정확하고 구성원이 납득하는 표준원칙을 실천에 옮길 때 구성원이 공정하고 합리적인 것으로 받아들여진다.

② 주요 항목 통제의 원칙

주요 항목 통제의 원칙은 계획에 대한 실적을 평가할 때 중요한 핵심적인 문제에 중점을 두어야 한다는 것이다. 이는 경영자가 통제를 함에 있어 업무의 모두에 관심을 기울이는 것은 오히려 중요한 핵심적인 문제를 오히려 소홀히 할 수 있고 불필요한 시간 낭비가 될 수 있다.

③ 예외의 법칙

예외의 원칙은 유난히 좋거나 나쁜 점과 같은 편차에 대해서 주의를 기울여야 한다는 원칙이다. 이것은 경영자가 예외적으로 매우 중요한 편차에 대해서만 관심을 갖고 통제하여야 한다는 것이다. 전자는 주의를 기울여야 할 문제점을 인식하는 것과 관계가 있다고 하는 점에 비해 후자는 그 같은 문제점에 있어서 편차의 규모에 주의를 기울인다고 하는 차이가 있다.

④ 통제 융통성의 원칙

통제 융통성의 원칙은 통제의 실효를 거두기 위해 탄력성 있는 통제가 이루어져야 한다는 원칙이다. 계획이 잘못되었거나 예측하지 못한 환경변화에 직면하였을 때 통제가 효과적으로 되기 위해서는 융통성 있는 통제가 요구된다. 이와 같이 조직이 의도적으로 원치 안했던 계획과 환경변화 영향을 받은 성과의 통제는 그 실효성을 거둘 수가 없다는 것이다.

⑤ 행동의 원칙

행동의 원칙은 수정활동이 따라야 한다는 원칙이다. 수정행동이 뒤따르지 않으면 통제 자체의 의미는 없는 것이다.

2) 효율적 통제의 전략적 요소

통제는 통제 그 자체에 목표가 있는 것이 아니라 목표를 달성하여 성과 극대화를 이룩하는 것이기 때문에 통제를 위한 통제가 되지 않도록 하여야 한다. 그러므로 통제는 객관적 근거와 기준에 의하여 공정하게 수행하여야 하며 그 원인과 대책에 대한 정보 및 이유를 창출하는 시스템으로 운영하여야 한다.

(1) 정확성

정확성은 확실하고 신뢰할 수 있는 정보를 제공할 수 있어야 된다는 것이다. 부정확한 정보는 통제의 실효성을 거둘 수 없다.

(2) 적시성

적시성은 문제의 요인을 미연에 방지하기 위해서 필요하다는 것이다. 아무리 정확하고 빠른 정보를 획득하였다 하더라도 적시에 이루어지지 못하면 통제의 의미는 사라진다는 것이다.

(3) 경제성

경제성은 통제가 규모의 경제(economic of scale)가 이루어져야 한다는 것이다. 경영자는 최소의 통제 비용으로 최대의 성과를 얻도록 해야 한다는 것이다.

(4) 신축성

신축성은 효과적인 통제가 되기 위해서는 경영환경변화에 신속히 적응하고 대응할 수 있는 통제시스템이 필요하다는 것이다.

(5) 이해 용이성

이해용이성은 통제는 간결하고 이해하기가 쉬워야 한다는 것이다. 통제시스템이 복잡하여 이해하기가 어려우면 실수를 하게 되고 구성원들로부터 불신을 받게 된다.

(6) 합리적 기준

합리적 기준은 통제의 기준이 합리적으로 달성 가능한 목표 및 제도가 되어야 한다는 것이다. 달성할 수 없는 기준의 통제는 오히려 구성원의 근무의욕을 떨어뜨려 조직전체의 경영성과에 막대한 지장을 초래한다.

(7) 전략성

조직 내에서 경영자는 구성원들의 업무과정에서 발생하는 모든 내용을 통제한다는 것은 불가능하다. 따라서 경영성과에 영향을 미칠만한 내용을 통제하는 전략성(strategic placement)을 가져야 한다.

(8) 복수 기준

한 가지 통제 기준 및 기능에 고착되어 통제가 이루어지면 모든 성과의 노력이 그 기준에 맞춰 노력하게 되므로 성과극대화를 기대할 수 없다. 따라서 복수기준에 의해 개관적 측정을 할 경우 정확하게 평가할 수 있는 장점이 있다.

(9) 수정행동

계획과 성과의 차이의 원인을 찾아내어 해결을 위한 전략까지 제시하여 차기 계획에 반영할 수 있어야 한다.

3) 효율적 통제의 요건

효율적 통제의 요건은 통제의 능률성과 효율성의 통제가 충족되어야 효과적이다.

(1) 계획을 반영하는 통제

통제는 계획을 기준으로 성과를 평가 수정하는 것이기 때문에 계획을 반영하지 못하는 통제는 무의미하다. 따라서 통제시스템은 통제대상의 여건과 직무의 특성에 적합한 통제시스템 기법을 활용하여야 한다.

(2) 차이를 발견할 수 있는 통제

이상적인 통제는 성과의 결과에 대해 차이를 발견 수정보다도 실행과정에서 계획과 성과의 차이가 발생하지 않도록 하는 것이다. 따라서 차이를 발견할 수 있는 통제는 발생가능성이 있는 요소를 사전에 인식하여 수시로 조정할 수 있는 미래 지향적 통제가 되어야 한다.

(3) 선택적 통제

경영자는 조직에서 일어나는 모든 업무에 대해 모두 통제할 수 없으므로 계획과 성과의 중요한 차이에서만 통제활동을 할 수 있는 상황을 구분해야 한다.

(4) 객관적인 통제

경영의 관리과정 중에서 계획, 실행, 통제는 모두 사람이 하는 것이므로 모든 사람마다 특성에 따라 성과를 측정하는데 통제의 기준이 다르기 때문에 주관적인 요소가 개입되지 않게 객관적으로 통제가 이루어져야 한다.

(5) 유연성 통제

통제는 조직의 특성에 따라 통제시스템에 따라 획일적으로 고착되어서는 안 된다. 유연성 통제는 조직이 전략적으로 계획을 변경해야 할 경우 또는 갑작스런 환경의 변화, 상황의 변화에 대하여 적응 및 대응할 수 있는 통제의 유연성을 지녀야 한다.

(6) 조직 문화를 반영한 통제

모든 조직은 조직마다 전통적으로 특색이 있다. 따라서 효과적인 통제시스템이나 통제기법은 조직의 문화적 특성을 고려하여 이루어져야 한다.

(7) 경제적 통제

경제적 통제는 통제의 결과 가치에 비하여 비용이 적어야 한다. 다만 단기적으로는 통제의 결과 가치에 비하여 비용이 크고 반면, 중·장기적으로는 비용이 더욱 적을 경우는 예외로 할 수 있다.

(8) 일반적, 보편적 통제

일반적, 보편적 통제는 모든 구성원들이 이해가능한 통제가 되어야 한다는 것이다. 통제의 기법이 정량적·정성적으로 이해할 수 없으면 효율적 통제를 할 수 없게 된다.

(9) 수정 가능한 통제

계획과 성과의 차이에 대해 실행 과정에 있어서 조직구조, 자원의 배분, 지휘 등에서의 문제점 및 차이의 원인을 찾아내어 분석의 결과가 명확히 수정가능한 통제가 이루어져야 그 효율성을 기대할 수 있다.

4) 통제의 저항과 극복

(1) 통제의 저항 요인

① 구성원의 개인차를 고려치 않은 통제

구성원들의 개인적인 특성, 자질과 능력을 고려치 않고 기계적인 통제시스템 기법을 적용할 경우와 사소한 업무, 행동까지 과잉 통제할 경우 저항을 불러일으켜 조직의 목표 달성하는데 있어 악영향을 미치게 된다.

② 합리적 통제의 부재

통제시스템이 너무 관료적이고 지나치게 생산중심이고 인간중심이 안 되는 경우 구성원들로부터 많은 저항을 받게 된다. 그리고 단기적 성과는 장기적 성과의 전략에서 이루어지는데 지나치게 단기적 성과만 치중한다든가, 질보다 양만 추구하는 통제는 구성원들로부터 더욱 저항을 받게 된다.

③ 보상의 불공평

편견과 평가 오류에 의한 부적절한 보상은 구성원들로부터 저항요인이 된다. 이를테면 똑같은 예산을 배정받아서 한 부서는 절약하여 예산이 남았고, 또 한 부서는 예산을 낭비하여 예산이 남지 않았을 때 정확히 진단하지 못하고 후자 부서에 예산을 인상 배정해 주는 예가 그것이다.

④ 권한과 책임 발생

통제시스템은 권한과 책임이 동시에 발생한다. 통제시스템의 기능이 확실할수록 개인이나 팀의 권한과 책임 소재가 명확하기 때문에 비능률적인 개인이나 팀은, 권한을 중시하지만 책임에 대한 통제시스템 도입에 대해서는 저항한다.

(2) 통제 저항의 극복 방법

① 효과적인 통제시스템 도입 및 구성원 참여

통제시스템은 개인 또는 팀에 적용되는 통제기준이 합리적이고 명확하고 또한 통제시스템 설정 시 구성원을 참여 시켜 공유하여야 저항을 최소화할 수 있다. 이러한 효과를 가져 오기 위해서는 조직의 목표 설정 시 조직의 내·외부 환경을 충분히 고려하여 계획을 세우는데 의사결정이 선행되어야 하며 계획을 실천하기 위한 실행의 요소들이 합리성, 적정성, 탄력성을 갖추어야 한다.

② 견제와 균형

자연스러운 견제와 균형은 구성원의 통제에 대한 저항을 극복하기 위한 체계를 유지하려는 것이다. 예컨대 평생교육기관 조직 관리 시스템이 표준화, 객관화되어 그동안 성과 극대화를 이룩해 왔다면 평생교육 기관 조직의 관리시스템은 통제를 위한 견제와 균형을 위한 수단을 제공해 주며 이는 구성원들의 통제에 대한 저항의 여지를 감소시켜 주게 된다는 것이다.

본 장의 정리

☞ 본 장의 학습을 완료했다면 다음 내용들을 구체적으로 이해할 수 있어야 한다.

□ 기관 경영에서 통제의 기능은 미래예측의 불확실성 즉, 환경변화 때문에 더욱 중요성 인식이 증대되고 있다.
통제의 중요성이 대두되는 요인은 첫째, 불확실성이다. 계획과 목표의 설정은 결과가 다르게 성과가 나타난다. 따라서 미래예측이 불가능한 것을 해소하기 위해서 성과에 대한 평가를 통하여 계획이나 목표를 수정하고 달성하기 위해 통제가 필요하다. 둘째, 조직구조화이다. 조직이 성장하여 규모가 커짐에 따라 조직은 더욱 복잡해진다. 따라서 구성원들을 통제하고 통합시키기 위해서는 통제가 필요하다. 셋째, 인간능력의 한계이다. 인간은 미래를 예측하고 판단하는 데는 한계가 있다. 이에 따른 잘못이나 실수를 예방하기 위해서는 통제기능이 필요하다. 넷째, 임파워먼트이다. 위임은 권한과 책임의 한계를 분명히 하기 위해 통제가 필요하다.

□ 통제의 과정은 표준설정, 성과측정, 성과기준의 비교, 편차 수정의 4과정으로 구분되며, 통제의 유형은 사전통제, 동시통제, 사후통제로 구분된다.
통제과정의 첫째는 표준의 설정이다. 이는 일정기간에 조직이 달성해야 할 목표를 나타내는 것이다. 둘째, 성과측정이다. 앞으로 전개되거나 전개될 것을 미리 측정하여 계획이 어떻게 이루어지고 있는가를 파악하는 것이다. 셋째, 성과와 기준의 비교이다. 성과와 기준의 비교는 정확하게 측정된 실적을 통제기준과 비교하고 평가하는 것이다. 넷째, 편차 수정이다. 수정활동을 통하여 업무활동에 실제로 무엇이 문제인지를 발견하고 그 문제점 및 원인을 찾아 소거하려고 노력하는 것이다.
통제유형의 첫째는 사전 통제이다. 경영활동이 시작되기 전에 실행되는 통제이다. 둘째, 동시통제이다. 경영활동이 진행 도중에 이루어지는 통제를 말한다. 셋째, 사후통제이다. 경영목표를 달성하기 위한 경영활동이 완료된 후 취해지는 통제방식이다.

□ 경영통제의 목적을 효율적으로 성취하기 위한 통제의 원칙은 통제 목적과 성격에 관한 원칙, 통제의 구조에 관한 원칙, 통제과정에 관한 원칙이 있다.
통제목적과 성격에 관한 원칙에는 ① 통제목적 확실성의 원칙, ② 미래지향적 통제원칙, ③ 통제책임의 원칙, ④ 통제능률의 원칙, ⑤ 직접 통제의 원칙을 들 수 있다. 통제구조에 관한 원칙에는 ① 계획 반영의 원칙, ② 조직적합성의 원칙, ③ 통제의 개별성 원칙을 들 수 있다. 통제과정에 관한 원칙에는 ① 표준의 원칙, ② 주요 항목 통제의 원칙, ③ 예외의 법칙, ④ 통제 융통성의 원칙, ⑥ 행동의 원칙

□ 통제는 객관적 근거와 기준에 의하여 공정하게 수행하여야 하며 그 원인과 대책에 대한 정보 및 이슈를 창출하는 시스템으로 운영하여야 한다.
효율적 통제의 요소는 ① 정확성, ② 적시성, ③ 경제성, ④ 신축성, ⑤ 이해 용이성, ⑥ 합리적 기준, ⑦ 전략성, ⑧ 복수기준, ⑨ 수정행동
효율적 통제의 요건은 ① 계획을 반영하는 통제, ② 차이를 발견할 수 있는 통제, ③ 선택적 통제, ④ 객관적인 통제, ⑤ 유연성 통제, ⑥ 조직문화를 반영한 통제, ⑦ 경제적 통제, ⑧ 일반적, 보편적 통제, ⑨ 수정 가능한 통제

□ 통제의 저항요인은
① 구성원의 개인차를 고려치 않은 통제, ② 합리적 통제의 부재, ③ 보상의 불공평, ④ 권한과 책임 발생 등을 말할 수 있으며 통제저항의 극복방법에는 ① 효과적인 통제시스템 도입 및 구성원 참여, ② 견제와 균형이다.

제 5 부

평생교육기관 경영 프로세스 관리

평생교육기관 경영프로세스 관리는 기관이 경영관리 기능을 수행하는데 기본적으로 수반되는 경영의 구성요소이다. 프로세스의 넓은 의미는 모든 일이 하나의 프로세스이다. 모든 일은 투입물을 제공하는 공급자(평생교육기관)와 산출물을 받는 고객(학습자)이 있는데 이러한 학습자의 요구사항을 충족시켜주기 위한 일련의 모든 활동을 말하며 좁은 의미에서는 업무의 횡적인 흐름이 프로세스이다. 어떤 업무는 기관조직기능 부서(단위)내에서 끝나지 않고 두 개 이상의 기능 부서를 거쳐야만 처리되는 일이 있다. 이런 업무를 프로세스라고 한다. 이들을 종합해보면 프로세스는 기관내부의 경영활동을 통해 학습자에게 가치를 전달하는 과정을 의미하는데 제 13장은 인적자원 관리 활동, 제 14장은 프로그램개발 및 관리를 살펴보며, 제 15장은 재무관리 활동, 제16장은 마케팅 활동을 살펴본다.

참 빛 한마디

감정에 많은 투자는 관계를 더욱 원활하게 하고, 성과를 극대화하는 가장 훌륭한 윤활유이다.

– 백 석 –

성공의 비결은 험담하지 않고 상대의 장점을 들춰내는데 있다.

– 벤자민 플랭클린 –

제 13 장 평생교육기관 인적자원 관리 활동

※ 이 장을 끝마칠 때 다음 내용들을 이해해야 한다.

- □ 인적자원 관리의 의의 및 목적, 목표를 알고 있는가?
- □ 기관조직에서 업무를 효율적, 효과적으로 달성하기 위한 직무분석이 왜 중요한가?
- □ 직무분석이 완료된 후 인력충원이 이루어지는데 이에 인력충원의 정의를 알고 있는가?
- □ 구성원의 경력 개발이 왜 중요한지, 그 내용을 알고 있는가?
- □ 구성원의 평가 및 보상이 왜 중요한지 그 내용을 알고 있는가?
- □ 구성원의 안전보건관리 및 노사관계관리가 왜 중요한지 그 내용을 알고 있는가?

기관경영은 기관이 보유하고 있는 경영자원을 활용·관리하여 이루어진다. 경영자원의 유형으로는 물적 자원, 재무적 자원, 인적자원, 기술적 자원, 정보자원 등을 들 수 있는데 본 장에서는 기관의 목적달성에 필요한 인원을 확보하고 현재 또는 미래의 잠재능력을 최대한 발전시키기 위한 수단인 동시에 관리의 대상이 되는, 즉 경영자와 구성원들의 정신노동, 관리노동 등을 수행하는 인적자원에 대해 전반적으로 다룬다.

완벽추구보다 최선을 다하는 것이 행복한 삶이다.

인간은 누구나 어떤 일을 실행함에 있어 실수나 실패를 하지 않고 남들과 비교해서 더 나은 성과를 얻고자 노력한다. 이러한 사람들을 일반적으로 완벽주의자라고 칭한다.

인간의 욕망과 욕구는 무한하다 할 것이다. 모든 일을 처리하는 과정에서 완벽을 추구한다는 것은 더 할 나위 없이 바람직한 것이라 할 수 있다. 그러나 완벽주의가 갖는 가치는 역기능과 순기능이 혼재하기 마련이다.

역기능적인 측면에서의 완벽주의자들은 자신이 정한 목표를 완벽하게 달성하지 못하면 삶의 고통과 욕심만 가져다주게 된다. 또한 개인에게 완벽주의 성향이 강할수록 그 개인은 합리적이거나 존재하지 않는 실현 불가능한 목표와 기준을 달성하고자 심한 좌절감과 우울감 그리고 불안감과 분노를 느끼게 되어, 결국 자신을 학대로 몰아가게 된다. 그리고 자기학대는 부정적인 자기 벌칙으로 이어져서 자신을 구속시키게 된다.

반면에 기능적인 측면에서의 완벽주의자는 주변 사람들로부터 인정을 받고 자신의 삶에 대한 행복과 만족을 가져다주는 긍정적인 측면이 있다.

완벽을 추구하는 열망이 강한 사람들은 성격에서도 나타나지만 인간이 자연스럽게 추구하는 욕구들 중에서 최상위 욕구인 자아실현욕구가 강하게 작용하기 때문이기도 하다.

자아실현욕구는 개인의 능력과 기술 및 잠재력을 최대한 실현하고자 하는 욕구이다. 이는 진정한 자신에게 가까워지려는 욕망, 즉 진정으로 정점에 이르고 싶은 욕망이라고 표현할 수 있다.

자아실현욕구가 확실히 나타나려면 그 이전에 최하위 욕구인 생리적 욕구와 단계적으로 안전 욕구, 사회적 욕구, 존경욕구가 충족되어야 비로소 최상위 욕구인 자아실현욕구가 나타나게 된다. 그렇다면 과연 자아실현 욕구충족은 가능할까. 자아실현 욕구충족이란 정해진 기준점은 없다고 해야 맞을 것이다. 그건 개인에 따라 자신이 설정한 기준을 수용하느냐, 수용치 않느냐에 따라 다르기 때문이다.

어느 피아니스트의 최대소망은 세계 권위 있는 콩쿠르대회에서 1등을 하는 것이라고 할 때, 그 피아니스트는 결국 열심히 노력하여 그 대회에서 1등의 영예를 거머쥐게 되었다고 하자, 그렇다면 과연 그 피아니스트는 자아실현 욕구가 충족되었다고 할 수 있을까. 결론적으로 그 피아니스트는 자아실현 욕구충족을 못할 수도 있다. 그 상당한 이유는 비록 1등을 했지만 자신이 노력하여 기대했던 만큼 완벽한 연주가 되지 못했다 생각할 수도 있기 때문이다. 이렇듯 완벽이란 기준은 없다. 그저 최선을 다할 뿐이다. 실현 불가능한 목표를 높게 잡고 완벽을 추구하는 것보다 최선을 다하는 노력의 자세가 더 중요하다. 그래야 완벽이란 속박에서 벗어나 만족과 행복을 찾을 수가 있기 때문이다.

– 백 석 –

1. 인적 자원 관리의 의의

경영자원의 요소 중 가장 중요한 기능은 조직을 이끌어 가는데 있어서 사람을 어떻게 관리하고 어떻게 이끌어 가는가의 인사관리 문제라 할 수 있다.

페퍼는 우량기업의 성공요인을 연구하면서 "사람이 경쟁력이다."라는 결론을 내렸다. 오늘날 급격한 환경변화에 신속하고 유연하게 대응하기 위해서는 기존의 폐쇄 시스템에 의존한 인사관리만으로는 한계가 있다. 따라서 최근 평생교육기관의 규모가 커지고 기능이 복잡해짐에 따라 평생교육기관에서 인적자원관리활동의 중요성은 더욱 증대되고 있다.

인사관리(personnel management) 관점은 기본적으로 조직에서 사람을 비용이라 보고 통제의 대상으로 본다. 한편 인적자원관리(human resource management) 관점은 조직의 구성요소로서 사람을 중요한 핵심자원으로 보고 개발의 대상으로 본다.

이에 따라 평생교육기관의 인사관리는 평생교육기관에서 필요로 하는 인적자원을 계획 수립, 모집 및 선발, 교육훈련, 업무평가를 통한 보상관리까지를 포함하는 계획적이고 조직적인 제 절차의 순환과정을 의미한다.

2. 인적자원 관리의 목적 및 목표

인적자원 관리의 궁극적인 목적은 기관조직 경영의 합리성 존중이념에 기초하여 기관조직 성과 극대화의 목표를 추구하고, 인간성 존중이념에 따라서 구성원의 만족성 목표 및 기관조직의 구성원을 발굴, 육성시켜 적재적소 배치하는 것을 목적으로 한다.

일반적으로 기관조직의 목표달성을 위해 인적자원 관리의 구조는 확보관리, 평가관리, 개발관리, 보상관리, 유지관리의 활동들이 상호 유기적으로 통합되어 있다. 일반적으로 기관조직에서 인적자원 관리의 목표는 ① 기관조직의 성과 극대화 추구, ② 양질의 교육프로그램 개발, 제공, ③ 봉사와 희생정신 고양(高揚), ④ 기관조직의 직무생활 질의 고양, ⑤ 공동체 의식 고취 등을 들 수 있다.

3. 직무 분석

직무 분석(job analysis)이란 기관조직 전체의 업무를 구성하고 있는 일의 내용과 그 업무를 효율적, 효과적으로 달성하기 위해 구성원들에게 어떠한 능력과 행동이 필요한가를 찾아내는 일련의 과정을 뜻한다. 기관조직은 개별 구성원이 수행해야 할 업무를 규정하고 적합한 직급과 직책을 부여해 주며, 일련의 직무 군을 통해 집단과업을 달성할 수 있게 하여 기관 조직 목표달성을 용이하게 한다. 직급과 직책에 따라 구성원들의 직무활동을 규명하는 직무분석은 수행업무 분석과 수행요건의 분석으로 나눌 수 있다.

첫째, 수행업무 분석(performance analysis)은 개별 구성원의 직급과 직무 내용에서 수행하고 있는 일을 명확하게 규명하는 것으로 다른 직무와 구별적인 특성의 일의 종류나 난이도 등을 파악한다. 따라서 직무를 수행하는 목적, 내용, 방법 그리고 장소와 시간 등이 밝혀진다.

둘째, 수행요건 분석(qualification analysis)은 수행업무 분석을 통해 밝혀진 제반 사실에 입각해 그 직무의 담당자에게 요구되는 능력과 의무 그리고 업무 환경 등의 조건이 무엇인가를 규명하는 것이다. 일반적으로 수행업무 분석은 직무기술서, 수행요건 분석은 직무명세서를 통해 문서화 된다. 따라서 직무분석은 직무기술서와 직무명세서를 작성하는 것을 목적으로 한다. 직무분석의 실행 절차는 다음과 같다.

1) 직무분석을 누가 할 것인가?

직무분석을 누가 수행할 것인가를 선택하는 것으로 직무를 담당하는 사람 자신이 하는 경우와 해당 조직의 인사 담당자 혹은 외부의 전문적인 직무분석가에 의해서 수행된다.

2) 어떻게 직무에 관한 정보를 수집할 것인가?

직무내용의 전반적인 특성을 구체적으로 밝히고 직무분석에 대한 기초자료를 획득하기 위해서 기관조직에서는 면접법(interview), 관찰법(observation), 설문지(questionnaires)의 방법 등을 통해 정보를 수집하고 분석할 수 있다.

3) 직무분석의 사용과 목적은?

직무분석은 직무의 내용과 서로 다른 직무의무와 책임이 무엇인가를 측정하여 규명하는 것이다. 일반적으로 해당 구성원이 수행해야 할 육체적, 정신적인 업무의 내용, 수행시기와 장소 그리고 수행방법 등 업무수행 요구조건을 파악하는 것이 목적이다. 구체적인 사용 목적을 살펴보면, ① 모집, ② 선발, ③ 배치 및 이동, ④ 성과평가, ⑤ 성과보상, ⑥ 훈련과 개발, ⑦ 안전과 업무조건 등이다.

4. 구성원 인력충원

1) 인력충원의 정의

기관 조직은 기관경영에 따른 인력 계획과 직무분석에 의해 필요한 인적자원의 수가 결정되면 기관조직은 모집, 선발을 통해 인력을 충원하게 된다. 조직의 인력 충원은 인력확보와 유입·인력개발·인력평가와 보상·인력유지와 퇴출 등 본질적인 인사관리 활동의 시작을 알리는 것이다. 따라서 인력충원(human resource staffing)은 기관 조직이 필요로 하는 인력을 조직 내·외부시장에서 충원 또는 보충하는 과정으로, 인력모집·선발·배치를 포함한다.

2) 인력모집

인력모집이란 자격 있는 지원자를 대상으로 조직이 필요로 하는 인력선발에 대한 의지를 기관조직 내·외부에 공개적으로 알리는 것이다.

모집에 활용되는 절차는 첫째, 충원계획수립, 둘째, 직급·직책에 대한 직무분석, 셋째 직무기술서와 직무명세서를 작성하는 것이다.

한편 기관조직이 인력모집을 위한 계획을 설계할 때는 ① 모집방법의 효과성, ② 모집광고, 홍보의 윤리와 도덕성, ③ 모집절차의 적합성 및 합리성의 문제를 고려해야 한다.

3) 인력선발 원칙

지원자가 지원을 한 후에는 다양한 선발도구를 이용하여 지원자에 대한 정보를 획득하여 기관조직에 적합하고 필요한 인력을 선발하게 된다.

인력선발은 기관조직의 목표달성에 적합한 인물을 선발함으로서 평생교육기관경영의 성과극대화를 이룩하기 위한 인적자원 확보이다. 인적자원 확보를 위한 선발 원칙은 객관성 및 일관성, 정확성, 유용성 등이 있다.

(1) 객관성 및 일관성

지원자를 선발할 때 동일한 환경조건에서 측정도구가 동일하여야 한다. 즉, 한 지원자에게 어떤 평가방법을 사용한다든가 또는 한 지원자에게 어느 누가 평가하더라도 그 결과는 동등해야 한다.

(2) 정확성

지원자를 선발하는데 사용되는 측정도구가 얼마나 정확하게 측정할 수 있는지를 의미한다. 정확성에는 지원자를 평가할 때 평강오류 중에서 지각오류 등의 소거가 포함된다.

(3) 유용성

인력충원을 위한 측정도구는 객관성 및 일관성 그리고 정확성이 필요하다. 그러나 객관성 및 일관성, 정확성의 측정도구를 개발하여 한정된 시간 내에 조직에서 희망하는 가치를 이룩한다는 것은 한계에 봉착되기 마련이다. 따라서 한정된 충원비용과 측정도구의 적합성 및 타당성을 통해 기관조직이 획득할 수 있는 유용성을 높이는 것이 관건이다. 따라서 유용성 평가는 인력충원에 따라 조직이 희망하는 인력충원 가치추구를 의미한다.

4) 인력선발 결정요인

선발결정요인은 기관조직에서 인력을 선발할 때 선발결정기준의 틀을 말한다. 선발된 구성원의 능력과 자질은 기관조직목표 달성의 성과에 직접 영향을 미치기 때문에 선발기준은 기관조직의 문화, 최고경영자의 경영이념, 조직의 비전과 목표와 전략에 의해서 설정되어야 한다. 인력선발 결정 시 선발기준의 공통된 선발결정요인은 대체로 다음과 같다.

(1) 교육의 정도

평생교육기관에서의 직무수행에 필요한 적합한 교육을 받은 자를 선발한다. 교육은 직무수행에 필요한 전공에 대한 질과 양적, 그리고 전공 인접학문의 다양성 등을 인력선발에 기준을 둘 수 있다.

(2) 경험의 정도

평생교육기관에서의 필요한 지원자의 직무경험이나 기타 과거직장경험에 의해서 선발한다. 직무경험은 지원자의 직무성과를 측정하여 잠재능력을 측정 할 수 있기 때문에 지원자의 자질과 능력을 판단하여 선발도구를 이용한 각종 테스트 비용을 줄이고 곧바로 적재적소 배치하는데 이점이 있다.

(3) 신체적 특성 및 내재적 속성

평생교육기관에서의 구성원으로서 적합한 외모, 건강상태 및 개인적 특성으로서 나이, 성별, 결혼여부, 가족관계, 출생 및 주거지, 그리고 성격, 가치관, 욕구 등이 기관조직에서 요구되는 성향 및 정도에 따라 선발하는 것이다.

5. 구성원의 경력개발

경력은 개인이 평생 동안 조직생활을 영위하면서 경험하는 직무와 관련된 다양한 변화, 발전을 말한다. 경력관리란 구성원이 현재와 미래에 필요한 업무능력을 개발하며 기관조직이 구성원의 경력개발을 적극적으로 후원, 관리하는 것으로 구성원 경력계획과 조직의 구성원 경력개발을 상호 일치시켜 조직전략 실천을 용이하게 하도록 체계적으로 관리하는 것이다.

1) 경력개발에 있어서 개인과 조직의 일치 요소

(1) 개인과 조직의 경력개발 욕구 일치

개인이 적성에 맞고 원하는 경력이 무엇인가를 확인할 수 있어야 한다. 특히 개인이 원하는 경력방향과 조직에서 제공하는 경력경로가 일치할 경우 경력 개발의 효과는 극대화 될 수 있지만 불일치 될 경우 경력개발의 필요성은 더욱 중요하게 인식된다. 만약 개인과 조직의 경력개발욕구가 불일치 될 경우 상호만족 할 수 있는 합일점을 찾는 것이 조직성과를 극대화 할 수 있는 방안이다.

(2) 개인과 조직의 경력개발 방향 일치

개인과 조직이 서로 상담을 통해서 경력개발에 대한 방향을 설정하게 된다. 방향설정이란 개인이 어떤 경력목표와 경로를 선택하는 것이 바람직한가를 조직에서 이끌어 주는 것이다. 개인과 조직의 경력욕구가 일치했다고 하더라도 그 방향이 일치하지 않으면 경력개발은 효과를 거둘 수 없기 때문에 조직에서는 가능한 한 개인의 욕구를 충족시켜 주는 방향으로 구성원 배려가 선행되어야 한다.

(3) 개인과 조직의 경력개발 실행 일치

경력개발 방향이 설정되면 개인은 경력목표를 달성하기 위한 노력을 하게 된다. 그러나 조직에서 개인의 경력개발을 위해서 필요한 기회와 제반 여건을 제공하지 않는다면 개인의 경력개발은 쉽게 이루어지지 않는다.

경력개발의 효과를 이룩하기 위해서는 자기의 직무의 전문적 지식을 질적, 양적으로 확장하기 위해서는 조직에서의 적정한 배려와 자기노력이 수반되어야 한다.

2) 경력개발 프로세스

개인과 조직의 경력개발을 효과적으로 실천하기 위해서는 경력개발 프로그램에 의해서 통합적으로 이루어져야 한다. 경력개발 프로그램에는 개인과 조직의 경력 개발에 대한 평가, 방향설정, 실행 단계가 있다.

(1) 평가단계

① 개인평가

개인평가는 구성원개인의 직무, 적성이 무엇이고 어떤 강점과 약점을 가지고 있는지에 초점을 둔다. 경력관련 테스트 북을 이용하거나 경력계획 워크숍을 통해 평가할 수 있으며, 평가내용은 업무기술의 성취도, 숙달, 선호도파악, 관심영역의 파악 및 개인이 추구하는 것이 무엇인가를 측정하는 가치판단 등이 포함되고 있어야 한다.

② 조직평가

조직평가는 조직 전략 실천이나 구성원의 승진과 발전가능성 등의 잠재력 평가를 강조하며 평가방법은 첫째, 개인에 대한 인터뷰, 다양한 상황의 역할 행사(role-play), 인-바스켓 실습을 통해 강점과 약점을 파악하는 "평가센터법" 방법이다. 둘째, 구성원의 업무성과에 대한 정보를 기초로 미래경력 개발의 목표와 경로를 설정해 주는 "성과평가" 방법이다. 셋째, 구성원 개인의 상사로부터 승진가능성에 대한 잠재력을 평가받는 "승진가능 평가법" 방법이다. 넷째, 기관조직에서 계층별 경영자로 성장시킬 목적으로 잠재력 있는 구성원의 경영자 능력개발을 위해 사용하는 "경영자 양성 계획법" 방법이다.

(2) 방향 설정

방향 설정은 경력개발 방향으로 개인평가와 조직평가를 실시한 결과를 기초로 하여 경력개발 방향을 설정하는 것으로 개인에 대한 경력 상담과 조직에서 제공하는 경력관련 정보제공이 있다.

첫째, 경력 상담이란 개인의 경력에 대해 상사나 인사담당자 또는 외부 전문가의 조언을 받는 것이다. 상담은 현재 직무적성, 관심분야, 그리고 경력과정을 통해 달성하고자 하는 경력목표의 가능성과 잠재력에 초점을 둔다.

둘째, 경력관련 정보제공 조직에서는 구성원 경력개발을 위해 필요한 다양한 정보자료를 제공해 주어야 한다. 구성원들은 구체적인 경력개발목표를 설정할 수 있고 달성하고자 하는 경력목표에 희망과 동기를 부여할 수 있다.

① 직무 공고 제도

조직의 조직구조 속에서 어떤 직급과 직무가 있는지를 구성원에게 공개한다. 그리고 직무수행에 필요한 자격요건과 평가척도를 구체적으로 명시해야만 지원자들이 자신의 적성과 경력에 맞추어 지원할 수 있으며 그 직무나 직위를 얻기 위해 경력개발을 할 수 있다. 따라서 조직 내부 인력을 충원할 때 유용하며 구성원의 경력관리를 위한 가이드를 제시하여 기대치를 부여할 수 있다.

② 직무 기술 매뉴얼

구성원들의 교육수준, 업무기술, 지식의 수준 등에 관한 목록이다. 이는 개인에게 필요한 경력개발에 관한 정보를 제공해 주며 이를 통해 자신의 강점, 약점이 무엇인가를 인지하여 자기 자신을 바람직한 방향으로 조정 및 수정을 할 수 있다.

③ 경력 및 경로

개인이 경력을 쌓을 때 조직에서 유사한 직무경험을 통해 경험하게 될 직무를 나열한 것을 의미하며 또한 개인의 지속적인 경력을 축적함에 따라 조직에서 승진과 경력기회에 대한 직무배열의 정보를 제공해 주는 것을 말한다. 직무배열에는 승진과 같은 상향식 경력경로와 업무순환배치의 수평적 경로가 있다. 효과적인 경로를 위해서는 첫째, 경력계층의 시점과 최종시점의 경로를 명확히 해야 한다. 둘째, 각 경로에 요구되는 자격요건을 구체적으로 명시해야 한다. 셋째, 경력경로는 수직적인 상승만을 의미하는 것이 아니기 때문에 순환배치를 위한 경로가 마련되어야 한다.

④ 경력 정보 센터

경력과 관련된 모든 정보자료를 모아 두는 곳으로서 경력 상담을 하는 장소로도 활용된다. 구성원들은 경력정보센터를 통해 자신의 강점, 약점을 파악할 수 있고 경력에 관한 심리테스트 및 훈련프로그램 일정을 확인할 수 있다.

6. 구성원 평가 및 보상

1) 구성원 평가

구성원들의 직무 수행 정도를 객관적으로 평가하는 것은 조직이나 프로그램의 운영과 관리를 위해서 필요하며, 이는 차후에 보완, 개선을 추구하는 일련의 조직인사관리 활동을 위해서도 필요하다. 과거에는 성과평가가 단지 구성원의 업무결과를 측정하고 보상하는 수단이었다. 현대기관조직에서는 구성원의 개인 업적·능력개발을 강조하는 개념이다. 또한 기관조직목표를 고려한 성과평가는 구성원들의 긍정적인 행동변화를 초래할 수 있는 기초를 마련하기 위한 과정이기도 하다.

기관조직에서 성과평가 효과성을 극대화시키기 위해서는 다음과 같은 성과평가원칙을 고려해야 한다.

첫째, 기관 조직 목표와 성과평가의 목적이 일치되어야 한다. 즉 일치성은 조직의 전략, 목표, 그리고 문화와의 적합성을 말한다. 예컨대 팀 성과를 추구하는 기관조직에서 개별적으로 구성원들을 측정·보상하는 것은 구성원 간 경쟁과 서로의 배타심을 유발시킨다. 따라서 전략적인 일치성에 맞도록 팀별 측정과 보상을 실시해야 한다.

둘째, 신뢰성이다. 신뢰성이란 성과평가가 주관적이지 않고 객관적이고 일관성이 있어야 한다.

셋째, 타당성이다. 성과평가의 타당성은 평가하고자 하는 제반 평가시트 내용들이 얼마나 객관성이 있고, 정확한 방법으로 평가하는가에 중점을 둔다. 즉, 평가내용이 평가목적을 잘 반영하고 있을 때 성과평가의 타당성이 크다고 말한다. 예컨대 기관조직에서 구성원들의 계층별 직무별 평가시트 내용의 적합성을 달리해야 한다.

넷째, 수용성이다. 수용성이란 피 평가자들이 성과평가의 목적, 필요성, 과정, 그리고 결과에 대해 적법한 것으로 받아들이는 정도를 말한다.

다섯째, 실용성이다. 실용성이란 성과평가 제도를 기관조직 상황에 비추어 성과평가방법이 실제조직에서 사용할 수 있는지를 비용과 효과측면에서 고려한 것을 말한다.

2) 구성원의 보상

성과보상은 구성원들에게 업무에 대한 동기를 유발시키기 때문에 구성원이 업무의 목적과 동기가 충분히 충족시킬 수 있는 보상제도가 설계되어야 한다.

보상은 개인 성과와 팀 성과로 나누어지는데 가능한 한 병행하여 실시하는 것이 일반적이다. 기관조직들이 보상 제도를 운영하기 위해서는 몇 가지 요소가 필요하다.

첫째, 학습자 중심이다. 평생교육기관 경영핵심은 학습자의 만족이다. 그러므로 학습자를 위해 공헌한 구성원 모두에게는 보상을 실시하는 것은 매우 중요하다. 그렇게 할 때 학습자의 요구와 욕구를 정확히 파악하여 평생교육기관 조직이 학습자들의 기대에 부응하여 구성원의 만족과 기관조직의 만족을 동시에 가져와 기관조직의 성과극대화를 이룩할 수 있다.

둘째, 공동체이다. 보상제도는 팀에 중심을 두어야 한다. 조직의 성과극대화는 내가아니라, 우리가 아니라, 우리 모두라는 공동체 속에서 시너지효과가 탄생되기 때문에 팀의 목표를 성공적으로 달성했는지 여부에 기초하여 이루어져야 한다.

셋째, 효과적 평가이다. 보상의 평가기준은 성과평가원칙의 상호보완성이 적절히 균형을 이루어야 하고, 상호관련성이 있어야함은 물론 전체적인 과정을 통해서 측정이 가능해야 한다. 따라서 보상은 무엇보다도 학습자에게 중요한 것이 무엇인가에 중점을 두어야 한다.

넷째, 구성원 참여이다. 구성원은 평생교육기관조직의 목표와 성과관리 및 성과평가 요소를 결정하는데 참가하여야 한다. 그러한 과정을 구성원이 참여함으로서 긍정적인 사고의 가치가 창출되어 개인의 만족, 조직의 만족을 함께 가져올 수 있다.

7. 구성원의 유지 관리

모든 조직은 구성원을 채용하고, 경력개발하고, 보상을 하는 것과 더불어 구성원들의 기본적 권익이 인본주의적 차원에서 안전보건관리 및 노사관계 관계 관리의 중요성은 시간이 갈수록 필요성과 중요성은 더욱 증대되고 있다. 따라서 구성원들의 안전과 건강한 조직생활이 될 수 있도록 사전적이고 예방적 차원에서 계획적이고 체계적인 안전 보건 관리가 이루어져야 한다. 그리고 노사 관계 관리 역시 유지 관리의 중요성은 더욱 증대된다. 노사관계는 평상시에 지시 명령 체계인 수직적 관계와 그리고 협상과 타협의 상황 환경에서는 양자 힘의 균형관계가 형성된다. 따라서 건전하고 상생의 관계로 발전시켜나가기 위해서는 성숙한 노사 관계 관리가 주요한 요인이 된다.

본 장의 정리

☞ 본 장의 학습을 완료했다면 다음 내용들을 구체적으로 이해할 수 있어야 한다.

□ 평생교육기관의 인사관리는 기관에서 필요로 하는 인적자원을 계획수립, 모집 및 선발, 교육훈련, 업무평가를 통한 보상관리 까지를 포함하는 순환과정이다.
인적자원관리의 궁극적인 목적은 기관조직 경영의 합리성 존중이념에 기초하여 기관조직 성과극대화 목표를 추구하고, 인간성 존중, 이념에 따라 구성원의 만족성 목표 및 기관조직의 구성원을 발굴, 육성시켜 적재적소 배치하는 것을 목적으로 한다.

□ 기관조직은 개별구성원이 수행해야 할 업무를 규정하고 적합한 직급과 직책을 부여해 주며, 일련의 직무군을 통해 집단과업을 달성할 수 있게 하여 기관조직 목표 달성을 용이하게 한다.
직급과 직책에 따라 구성원들이 직무활동을 규명하는 직무분석은 수행업무분석과 수행요건의 분석으로 나눌 수 있다. 일반적으로 수행업무분석은 직무기술서, 수행요건 분석은 직무명세서를 통해 문서화 된다.

□ 기관조직은 인력계획과 직무분석에 의해 필요한 인적자원의 수가 결정되면 기관은 모집 선발을 통해 인력을 충원하게 된다.
인력충원은 기관조직이 필요로 하는 인력을 조직 내·외부시장에서 충원 또는 보충하는 과정으로서 인력모집·선발·배치를 포함한다.

□ 경력은 조직에 속한 개인이 평생 동안 조직생활을 영위하면서 경험하는 직무와 관련된 다양한 변화, 발전을 말한다.
경력관리란 구성원이 현재와 미래에 필요한 업무능력을 개발하며 조직이 구성원의 경력개발을 적극적으로 후원. 관리하는 것으로 구성원 경력계획과 조직의 구성원 경력개발을 상호 일치시켜 조직전략을 용이하게 하도록 체계적으로 관리하는 것이다.

□ 성과평가는 구성원들의 긍정적인 행동변화를 초래할 수 있는 기초를 마련하기 위한 과정이기도 하며 구성원의 보상은 개인성과와 팀 성과로 나누어지는데 가능한 한 병행하여 실시하는 것이 바람직하다.

구성원의 직무수행정도를 객관적으로 평가하는 것은 조직이나 프로그램 운영과 관리를 위해서 필요하며 이는 차후에 보완·개선을 추구하는 일련의 조직 인사관리활동을 위해서도 필요하며, 성과보상은 구성원들에게 업무에 대한 동기를 유발시키기 때문에 구성원이 업무의 목적과 동기가 충분히 충족시킬 수 있는 보상제도가 설계되어야 한다.

□ 구성원들의 기본적 권익이 인본주의적 차원에서 안전보건관리 및 노사관계관계 관리의 중요성은 시간이 갈수록 필요성과 중요성은 더욱 증대되고 있다.

구성원들의 안전과 건강한 조직생활이 될 수 있도록 사전적이고 예방적 차원에서 계획적 이고 체계적인 안전보건관리가 이루어져야 한다. 그리고 노사관계관리 역시 유지관리의 중요성은 더욱 증대된다.

제 14 장

평생교육기관 프로그램 개발 및 관리

※ 이 장을 끝마칠 때 다음 내용들을 이해해야 한다.

□ 프로그램 개발의 개념 및 목적동일성 원칙 그리고 당사자 참여의 내용을 이해하는가?

□ 프로그램개발 방법의 유형과 그 내용을 알고 있는가?

□ 프로그램 주제 선정 시 왜 환경 분석이 필요한지 이해하는가?

□ 프로그램의 형성과 학습자 편익 추구 이해의 내용을 알고 있는가?

□ 프로그램 구성관리의 내용을 알고 있는가?

□ 프로그램 관리가 왜 중요하게 강조되는지 이해하는가?

"평생교육프로그램의 생명은 현장성과 실용성에 있으며, 평생교육프로그램의 가치는 학습자의 요구에 비례한다."

–HKH–

"교육은 나무를 통해서 숲을 보게 하는 일이다. 인생의 목적이 무엇이든 간에 교육은 마땅히 쓸모 있어야 한다."

–Alfred North Whitehead–

현실에 안주하면 미래도 없다.

무한경쟁사회에서 성공하려면 현재보다 더 크고 가치 있는 미래를 위해 혁신적인 핵심을 불러일으키는 모험 정신이 필요하다. 오늘의 새로운 방식이 내일이면 새로운 삶의 방식이 아니라는 생각을 가져야 모험도 가능한 것이다.

"안전 지향은 지금 이대로 좋다는 뜻인데, 세상은 변한다. 본인은 변함없이 제자리에 있다고 해도 그 자체가 퇴보가 된다. 세상의 흐름은 앞서거나 최소한 세상과 더불어 앞으로 나가야 한다. 기업이건 어떤 조직이건 성장하지 않는다면 존재가치가 없다"라고 유니클로 야나이 다다시 회장은 말했다.

이는 현실에 안주하면 미래는 없다. 그러므로 고난과 역경을 극복하는 사람만이 내일의 주인공이 될 수 있음을 말해주기도 한다. 어려움을 겪어본 사람들은 위기에 닥쳐도 잘 적응하고 대처해서 그 어려움으로부터 벗어날 수 있기 때문이다.

일반적으로 사람들이 성공하기 힘든 까닭은 발전을 추구하지 않고 너무 쉽게 현실에 만족하고 있기 때문이다. 그러나 성공을 추구하는 사람들은 다르다. 그들은 자신이 현재에 처한 상황과 환경을 꿰뚫어보고 무엇이 문제이고 어떻게 하면 개선하여 더 나은 삶을 영위 할 것인가에 대한 목표를 세운다. 그들은 자신의 약점을 감추거나 강점을 자랑하지 않으며 객관적인 태도로 엄격하게 자신을 관리한다.

인간은 원래 성공의 열매를 딸 수 있고 성공의 무한한 영광을 누릴 수 있지만 기꺼이 그것들을 포기해버린다. 그 원인은 모험을 원하지 않고 안정과 안전만을 추구하기 때문이다.

세상의 어떤 일도 순조로울 수만은 없다. 모험이 있으면 간혹 실수와 실패도 따르기 마련이다. 그렇다고 실수와 실패를 했다고 해서 낙담할 필요는 없다. 실패는 성공의 어머니라고 하지 않는가.

영국 언론계의 풍운아인 런던 「더 타임스The Times」의 사장이 일한 지 3개월 된 편집부 차장에게 물었다.

"자네는 매주 오십 파운드의 보수를 받고 일하는데 현재의 직위에 만족하는가?"

차장은 자신 있는 말투로 아주 만족스럽다고 대답했다. 그러자 사장은 그를 당장 해고시키고는 매우 실망스러워하며 그에게 말했다.

"내 직원이 매주 오십 파운드의 보수에 만족하고 발전을 추구하지 않는 것을 나는 원치 않네."

현재의 자신에게 만족해서는 안 된다. 세상에 '최고'란 없기 때문이다. 단지

'더 나은 것'만 있을 뿐이다. 1등은 남들이 만들어 놓은 지식을 빨리 받아들이는데 선수이지만 혁신적인 사고를 가진 사람은 남의 지식을 빨리 받아들이고 그것을 활용해서 미래를 설계 할 수 있는 능력을 갖춘 사람이다. 여기에는 두려움 없는 모험이 뒷받침이 되어야 한다.

어제보다 오늘, 오늘보다 내일, '더 나은, 더 높은' 희망으로 자신을 격려하고 늘 새로운 시각을 가지고 혁신적인 노력을 통해 자신을 초월해나간다면 더욱 발전되고 희망찬 미래를 창조할 수 있을 것이다.

– 백 석 –

평생교육기관의 프로그램 운영은 교육목적을 구현하기 위한 수단임과 동시에 경제적인 측면에서 그 기관을 지속성장 발전시켜 나가기 위한 그 기관의 차별화된 상품이기도 하다. 따라서 양질의 프로그램을 개발하여 학습자들에게 제공하기 위해서는 학습자의 필요와 욕구를 사전에 조사·분석을 통하여 파악한 후 교육프로그램에 적극 반영토록 하는 노력이 이루어져야 하며, 프로그램개발·공급 후 학습자 관리활동이 지속적으로 이루어져야 한다.

1. 평생교육 프로그램의 개념

프로그램(program)이란 '앞서서', '미리'라는 의미를 가진 라틴어 'Pro'와 '쓰다', '그리다'의 의미를 가진 'Graphein'이 합쳐진 합성어로써 '앞서서 미리 쓰다'라는 의미로 해석할 수 있다. 따라서 프로그램은 어떤 활동을 하기 위해서 필요한 내용들과 순서, 절차, 방법, 일정들을 미리 계획해서 체계적으로 요목화 시켜놓은 것으로 정리할 수 있다.

교육적 관점에서의 프로그램은 앞에서 살펴본 사전적인 개념과 더불어 일정한 교육적 목적을 달성하기 위한 학습자들의 행동변화를 위하여 사전에 체계적으로 요목화 시켜놓은 교육내용을 의미한다. 이를 일반적으로 교육과정(curriculum)이라고 하는데, 교육과정(curriculum)은 전통적으로 학교 교육과정을 말하며, 국가적 차원에서 학제에 따라 학습적령기의 학생들이 학교에 입학해서 학교를 졸업할 때까지 학습해 나가는 정해진 교육코스를 의미한다.

교육과정(curriculum)의 어원은 라틴어 '쿠레레(currere)'에서 유래된 개념으로서 경주마가 달리는 코스(course of race)의 의미를 가진다.

평생교육에 있어서 프로그램은 평생교육의 교육목적을 달성하기 위하여 미리 구체적으로 만들어 놓은 교육계획이라고 할 수 있으며, 그 속에는 교육목적, 교육목표, 교육방법, 교수학습 매체, 교육활동, 교육시간, 교육장소, 교육평가 등에 관한 사항들이 포함되어 있다.

평생교육기관은 궁극적으로 현장성과 실용성이 담보된 양질의 교육프로그램을 개발하여 지역사회와 학습자에게 공급하고 학습자들의 요구(needs)를 충족시켜줌으로서 교육적 사회기여를 통하여 기관을 존속, 발전시켜 나아가야하기 때문에 사회패러다임의 변화에 따른 교육패러다임의 변화를 반영한 프로그램을 신속하게 개발하여 제공할 수 있어야 한다. 이러한 평생교육 프로그램의 개념을 광의와 협의의 관점에서 살펴볼 수 있다.

첫째, 광의의 평생교육 프로그램의 개념은 인간의 모든 학습활동을 포괄하는 개념이다. 따라서 학습은 모든 장소, 형태, 시간, 규모에 제약을 받지 않고 가정, 학교, 직장, 지역사회 등 삶의 전 영역에서 이루어진다. 학습의 범위 역시 직업교육, 업무능력개발, 취미, 상담, 봉사활동 등 다양한 영역에서 필요로 하는 학습활동이 포괄되어야 한다.

둘째, 협의의 평생교육 프로그램의 개념이다. 프로그램의 정의는 학자에 따라 서로 다른 의미를 부여하고 있고 또한 생활 세계 속에서 각 조직들이 추구하는 목적에 따라 프로그램의 정의를 달리하고 있다. 따라서 종합 정리하여 협의의 평생교육 프로그램 개념을 정리하면 ① 특정조직에서 제공하는 모든 형태의 학습활동을 의미한다. 즉, 이들 프로그램은 각각의 성격과 추구하는 지향점이 다르다. ② 특정내용을 학습하기 위한 각각의 개별 학습과정을 의미한다. 따라서 프로그램은 각기 실행주체, 목적, 상황에 따라 다른 의미를 갖게 된다.

학자들에 따라서도 프로그램은 다양하게 정의된다. 버너(Verner, 1963)는 "정해진 기간에 특정한 학습목적을 달성하도록 고안된 학습경험"으로 프로그램을 정의하고 있으며, 코왈스키(Kowaiski, 1988)는 "조직적, 의도적인 학습활동의 설계이며, 환경, 조직, 프로그램, 학습자간의 상호작용"으로 프로그램을 정의하고 있다.(기영화, 2010 재인용)

2. 프로그램 개발의 목적 동일성 원칙 및 당사자 참여

평생교육 프로그램에 참여하는 학습자들의 요구는 매우 다양하다.

프로그램을 개발하는 목적은 학습자들이 당면한 문제의 해결, 새로운 지식·정보의 습득, 업무능력 향상을 위한 전문성 확보, 미래에 대한 준비, 취미·봉사활동을 위한 준비 등 학습자들의 다양한 요구(Needs)를 합리적이고 효과적인 방법으로 충족시켜주기 위한 것이다. 이러한 학습자들의 요구는 개인적인 차원, 학습자의 소속 기관이나 조직 차원, 사회적인 차원으로 나눠볼 수 있다. 이러한 개인적인 차원의 요구 충족과 소속기관이나 조직의 목표달성을 통한 성과 극대화 그리고 사회적인 활동을 위한 요구 충족의 문제를 효과적으로 해결하기 위해서는 평생교육기관의 이념 및 경영목적과 프로그램의 운영목표의 일치가 필요하며 이를 위하여 프로그램 개발 초기단계에서부터 이해관계자에 대한 참여와 개방이 활발하게 이루어질 필요가 있다.

1) 모든 조직은 조직마다 추구하는 목표가 있다

추구하는 목표는 구성원 개인의 목표와 조직의 목표가 일치됨으로써 목표달성 성과극대화를 이룩할 수 있다. 따라서 평생교육기관에서도 추구하는 기관경영목적과 프로그램개발 목표의 일치가 필요할 것이며, 특히 상위기관(모 기관)이 있는 일선 평생교육기관에서는 모 기관의 목적과 일치되는 프로그램개발 노력이 필요할 것이다.

2) 프로그램개발 이해 관계자의 참여

프로그램개발의 의사결정 유형은 첫째, 프로그램개발자 단독으로 하는 경우, 둘째 프로그램 개발 전문가(전문기관)에 위임하는 경우, 셋째 이해관계자가 참여하는 경우가 있는데 평생교육기관에서의 프로그램개발은 프로그램개발자 또는 프로그램개발 전문가(전문기관)가 개발주체가 되는 경우라도 이해관계자, 즉 평생교육기관의 프로그램 실무 담당자 및 개발된 프로그램 관리, 운영자 그리고 프로그램에 참여하는 고객(학습자)들의 적극적인 참여가 이루어져야 한다. 프로그램 개발과정에서 이해관계자 참여의 효과는 ① 프로그램의 질적 수준을 높인다. ② 학습자의 요구와 욕구를 충족시켜 참여자수 극대화를 이룩한다. 그러나 학습자들이 적극적 참여를 위한 계획된 시간을 확보하는 것이 용이하지 않을 수 있다.

3. 평생교육 프로그램 개발 접근법

프로그램을 개발할 때 사용하는 방법은 기관 최고경영자의 경영철학과 개발자의 특성 그리고 개발 환경에 따라 달라지고, 동일한 조건하에서 어떠한 방법을 선택할 것인가에 대한 의사결정이 필요하기 때문에 프로그램개발방법은 다양하지만 고정되어 있지 않다. 프로그램개발 접근법은 기관이나 조직의 특성과 프로그램의 성격에 따라 달라질 수 있다. 여기서는 비통합적 접근법, 통합적 접근법, 선형적 접근법, 비선형적 접근법, 체제 분석적 접근방법을 살펴본다.

1) 비통합적 접근법(Non-integrated Approach)

비통합적 접근법은 프로그램을 새롭게 개발하기보다는 유사 프로그램을 벤치마킹해서 개발하는 방법이다. 그러므로 비통합적 접근법은 프로그램 개발자로서의 특별한 역량이나 노력이 없이도 프로그램개발이 가능 가능하며, 프로그램 개발과정에 학습자들을 참여시키지도 않는다. 또한 잠재적인 학습자들의 교육적 요구나 의견도 수렴하지 않고 평생교육기관에서 일방적으로 학습내용과 학습방법 등을 결정하여 프로그램을 개발한다.

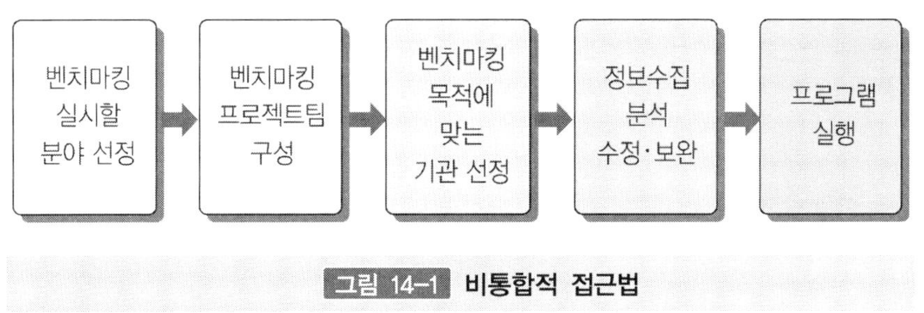

그림 14-1 비통합적 접근법

따라서 비통합적 접근법은 전문가가 아니어도 수월하게 프로그램을 개발할 수 있다는 장점이 있으며, 프로그램 개발에 따른 시간과 비용, 노력을 절감할 수 있고, 지역사회의 환경적인 특성과 학습자들의 특성이 유사한 경우에는 벤치마킹한 원래의 프로그램과 비슷한 효과를 기대할 수 있다는 장점이 있다.

그러나 실질적으로 학습자들의 요구를 분석하지 않게 됨으로써 프로그램의 생명이라고 할 수 있는 현장성과 실용성을 확보하기 어렵다는 한계가 있어서 프로그램의 효과를 담보하기 어려우므로 전문성을 요하는 경우에는 적용하기에 한계가 있다.

2) 통합적 접근법(Integrated Approach)

통합적 접근법은 프로그램 개발에 영향을 미치는 다양한 요인들을 종합적으로 판단하고 고려하여 개발하는 방법이다. 통합적 접근법은 프로그램을 개발하는 과정에 학습자의 요구와 그에 관련된 다양한 환경적인 요인들을 고려하며, 프로그램을 필요로 하는 기관의 목표와 자원, 정책, 법률, 제도 등 기관 내·외부의 환경적인 요인 들을 종합적으로 반영한다.

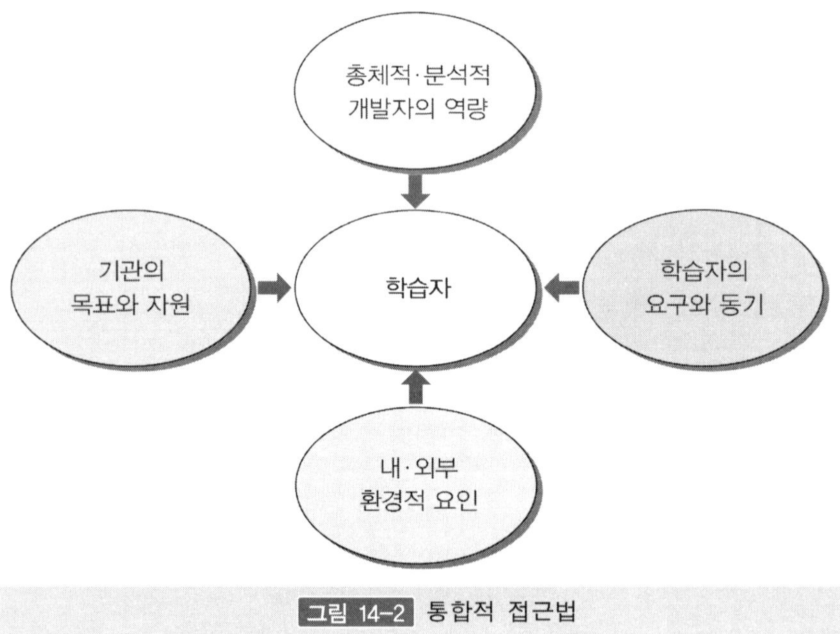

그림 14-2 통합적 접근법

그러므로 통합적 접근법은 총체적이고 분석적이며 종합적인 전문성을 요하는 방법으로서 프로그램개발 과정이 복잡하고 개발자의 전문적인 역량이 필요하다. 그러나 다른 프로그램개발 접근법에 비하여 프로그램의 전문성과 효과성을 기대할 수 있다는 장점이 있다.

3) 선형적 접근법(Linear Approach)

선형적 접근법은 가장 보편적으로 활용되는 프로그램 개발방법으로 프로그램 개발과정을 단계적으로 세분화하고, 마치 계단을 오르듯 세분화된 단계를 차례대로 실행하면 목표로 하는 프로그램 개발을 완성할 수 있는 방법이다. 선형적 접근법은 프로그램개발의 단계와 방향성을 명확하게 제시하고 있으며, 단순하고 합리적인 방법이라는 점에서 선호도가 높은 프로그램개발 접근법이다. 코왈스키(Kowalski, 1988)는 선형접근법의 일반적이 절차를 "요구조사·분석 ⇨ 목표설정 ⇨ 프로그램 설계 ⇨ 자원확보 ⇨ 프로그램 홍보 ⇨ 프로그램 실행"과 같이 6단계로 제시하고 있다.(기영화, 2010: 80쪽 재인용)

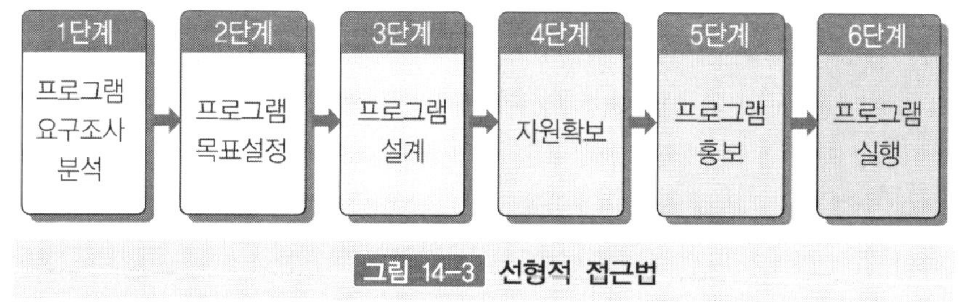

그림 14-3 선형적 접근법

선형적 접근법은 프로그램 개발에 대한 논리적 경로를 제시해 줌으로써 프로그램개발 전문성이 부족한 초보자들도 쉽게 적용할 수 있다는 장점이 있지만, 역동적인 환경변화에 대처하기 위한 유연성과 융통성이 부족하다는 한계가 있다.

4) 비선형적 접근방법(Non-Linear Approach)

비선형적 접근법은 프로그램 개발과정이 획일적인 단계로 이루어지는 것이 아니라 프로그램 개발자가 프로그램개발 환경에 따라 자율성과 전문성을 최대한 발휘하여 융통성 있게 프로그램을 개발할 수 있는 방법이다. 비선형 접근법은 선형접근법과 같이 제시된 방향성과 단계를 따르는 정형화된 방법이 아니라 프로그램 개발자의 경험을 통해 축적된 노하우를 바탕으로 개발자의 재량을 중시하여 순서적 절차를 생략하고 창의적인 프로그램을 개발할 수 있다. 이를 위하여 프로그램 개발자는 숙련된 기획능력과 다양한 프로그램개발이론에 관한 전문성을 필요로 하며, 프로그램개발 각 단계마다 평가를 가장 핵심적인 요소로 간주하여 적절한 평가 과정을 거치도록 하고 있다.

비선형 접근법은 하나의 접근법에 얽매이지 않고 프로그램 운영기관의 다양한 환경적인 요소들을 반영하여 프로그램개발에 소요되는 시간과 자원 등을 융통성 있게 조정하고 활용할 수 있으므로 변화에 유연하게 대응할 수 있다는 장점이 있지만, 아울러 프로그램개발자의 다양한 경험과 전문능력이 요구되므로 다른 프로그램개발 접근법에 비하여 초심자는 적용하기가 힘들다는 단점도 있다.

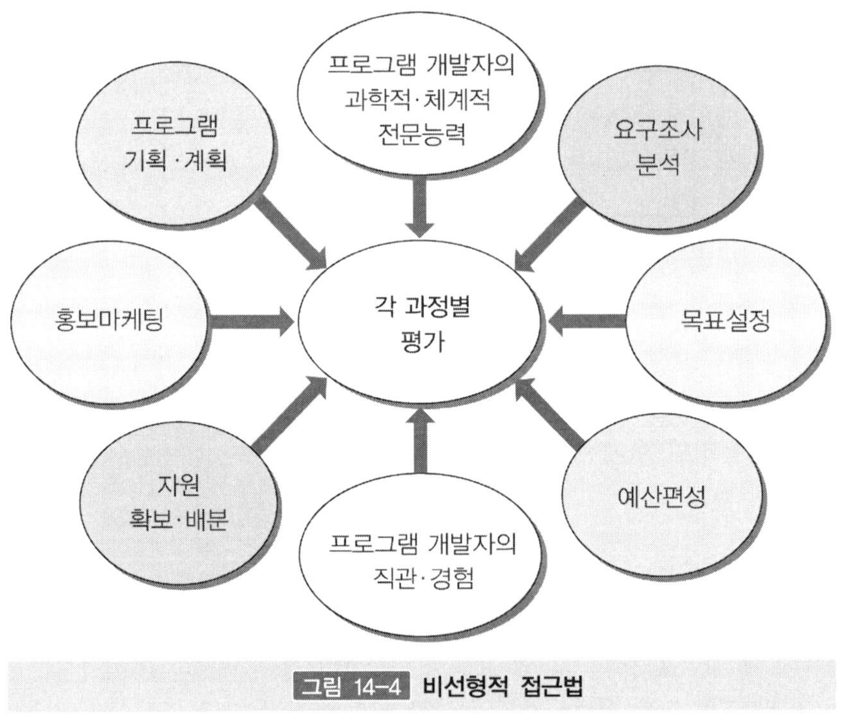

그림 14-4 비선형적 접근법

5) 체제분석적 접근법(System Analysis Approach)

체제분석적 접근법은 평생교육기관을 하나의 사회체제로 간주하고 개인적, 조직적, 환경적 요구 및 가치를 중요시하여 체제분석을 실시한다. 그러므로 체제분석적 접근법은 프로그램 개발과정에서 거시적인 관점으로 전체를 부분으로 나누고 부분간의 다양한 상황을 체계적으로 반영하여 투입과 산출, 환경과의 상호작용을 주요 변인으로 다루게 된다.

체제분석적 접근법은 프로그램개발 과정에서 다양하고 정확한 정보를 활용하게 됨으로써 리스크 요인을 줄일 수 있으므로 기업조직과 공공서비스 조직 등 모든 조직에서 필요로 하는 프로그램개발에 적용될 수 있다.

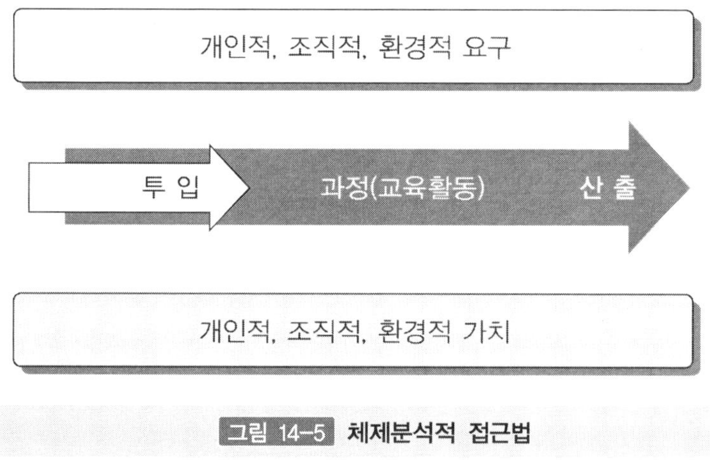

그림 14-5 체제분석적 접근법

4. 평생교육 프로그램개발의 실제(PADDIE모형)

평생교육 프로그램은 학습자 중심 교육에 필요한 현장성과 실용성이 생명이라고 할 수 있으므로 프로그램개발 기획단계에서부터 철저한 현장분석과 학습자분석을 통하여 실용성 중심으로 개발되어야 한다. 평생교육 프로그램에 참여하는 학습자들의 동기는 학습자들의 당면한 문제 해결이나 새로운 지식·정보의 습득, 취업이나 승진에 대한 준비, 업무능력 향상을 위한 전문성 확보, 학위 또는 학점취득을 위하여, 미래에 대한 준비, 취미·봉사활동을 위한 준비 등 매우 다양하다.

평생교육 프로그램은 이러한 다양한 요구(Needs)를 합리적이고 효과적인 방법으로 충족시켜줄 수 있어야 한다. 또한 이러한 학습자들의 요구 충족과 함께 평생교육기관의 이념 및 경영목적과 프로그램의 운영목표의 일치가 필요하다. 여기서는 평생교육 현장에서 실무적으로 많이 활용되고 있는 PADDIE(Planning, Analysis, Design, Development, Implementation, Evaluation) 6단계 모형을 기본으로 프로그램 개발에 대한 실제를 살펴본다.

1) 프로그램 기획 단계(Planning)

기획은 어떤 목표를 달성하기 위한 미래의 활동에 대한 구체적인 여러 대안들을 마련하고 수단을 결정하는 과정이며, 어떤 대상에 대해 그 대상의 변화 목적을 확인하고, 그 목적을 성취하는 데에 가장 적합한 행동을 설계하는 것을 의미한다.(HRD용어사전, 2010)

그러므로 기획은 미래지향적이고 창의적이며 실현가능성과 논리성을 갖추고 있어야 한다. 코왈스키(T. Kowalski, 1988)는 평생교육 프로그램개발에 있어서 기획이란 마스터플랜으로서 미래지향적 평생교육의 목표나 목적 수립에 필요한 근거를 제공해 줄 수 있고, 발생 가능한 갈등의 소지를 줄여줄 수 있으며, 교육기관 경영에 필요한 판단의 지표 역할을 해줄 수 있다고 하였다(김용현 외, 2016. 재인용).

프로그램 기획단계에서는 프로그램이 왜 필요한지를 확인하고 프로그램 개발 추진여부를 판단하여 프로그램 목표 집단 및 주제 확정, 프로그램개발팀(위원회)구성, 프로그램개발 전략수립, 프로그램개발 일정수립, 프로그램 개발계획서 작성 등을 통하여 프로그램개발에 관한 전체적인 내용과 방법 등을 확정하는 단계이다.

좀 더 구체적으로 설명하면, 개발하고자 하는 프로그램 주제에 관하여 프로그램개발 요청 의도와 필요성, 목적 등을 확인하고 기존 유사프로그램의 유무 확인과 더불어 프로그램의 활용가능성과 효과성 및 장애요인 등을 검토하고 종합적인 실행방안 등을 검토 확정할 수 있어야 한다.

표 14-1 프로그램개발계획서

<table>
<tr><td>프로그램명</td><td colspan="3"></td><td>프로그램 분야</td><td></td></tr>
<tr><td>담 당 자</td><td colspan="3"></td><td>대 상 자</td><td></td></tr>
<tr><td>필요성검토</td><td colspan="5"></td></tr>
<tr><td>목 적</td><td colspan="5"></td></tr>
<tr><td>목 표</td><td colspan="5"></td></tr>
<tr><td>기대효과</td><td colspan="5"></td></tr>
<tr><td>시행일정</td><td colspan="5">년 월 일 ~ 년 월 일</td></tr>
<tr><td rowspan="11">개발일정</td><td colspan="2">구 분</td><td colspan="2">주요내용</td><td>기 간</td></tr>
<tr><td colspan="2">프로그램 개발계획수립</td><td colspan="2"></td><td></td></tr>
<tr><td colspan="2">환경/고객분석</td><td colspan="2"></td><td></td></tr>
<tr><td colspan="2">요구조사/분석</td><td colspan="2"></td><td></td></tr>
<tr><td colspan="2">학습내용/교수법선정</td><td colspan="2"></td><td></td></tr>
<tr><td colspan="2">학습도구/자료개발</td><td colspan="2"></td><td></td></tr>
<tr><td colspan="2">자원확보/배분</td><td colspan="2"></td><td></td></tr>
<tr><td colspan="2">홍보/마케팅전략</td><td colspan="2"></td><td></td></tr>
<tr><td colspan="2">시범운영/보고서작성</td><td colspan="2"></td><td></td></tr>
<tr><td colspan="2">프로그램운영</td><td colspan="2"></td><td></td></tr>
<tr><td colspan="2">평가/보고서작성</td><td colspan="2"></td><td></td></tr>
<tr><td rowspan="13">예산계획</td><td>구분</td><td>항목</td><td colspan="2">내 용</td><td>기 타</td></tr>
<tr><td rowspan="5">수입</td><td>편성예산</td><td colspan="2"></td><td></td></tr>
<tr><td>수강료</td><td colspan="2"></td><td></td></tr>
<tr><td>지원금</td><td colspan="2"></td><td></td></tr>
<tr><td>기타</td><td colspan="2"></td><td></td></tr>
<tr><td>합계</td><td colspan="2"></td><td></td></tr>
<tr><td rowspan="7">지출</td><td>조사비용</td><td colspan="2"></td><td></td></tr>
<tr><td>개발비용</td><td colspan="2"></td><td></td></tr>
<tr><td>실행비용</td><td colspan="2"></td><td></td></tr>
<tr><td>평가비용</td><td colspan="2"></td><td></td></tr>
<tr><td>기관수익</td><td colspan="2"></td><td></td></tr>
<tr><td>예비비</td><td colspan="2"></td><td></td></tr>
<tr><td>합 계</td><td colspan="2"></td><td></td></tr>
</table>

2) 분석 단계(Analysis)

환경 및 고객분석을 통하여 목표집단에 대한 잠재적 학습자에 대한 특성을 분석하고, 여기에서 얻은 기초정보를 가지고 조사도구를 개발하여 핵심 타겟집단에 대한 요구조사·분석을 하여 학습수요자들이 어떠한 프로그램을 원하는지를 분석하고 학습자들의 Needs를 충족시켜줄 수 있는 요구를 선정한다.

1차적으로 프로그램 환경조사·분석 과정에서는 기본적으로 자연환경, 경제환경, 주거환경, 교육환경, 사회환경 등과 관련된 요소들을 파악하여 요구조사·분석을 하기위한 기초자료를 확보하는 단계이다. 환경분석을 위해 일반적으로 사용되는 분석도구로서 SWOT분석이 있다.

표 14-2 SWOT분석기법

내부요인 / 외부요인	강점(Strength)	약점(Weakness)
기회 (Opportunities)	SO전략 자기기관의 강점요인을 외부적인 기회요인과 접목하여 기회선점 (적극공략 전략)	WO전략 외부적인 기회요인을 자기기관의 약점 극복에 활용 (약점 보완 전략)
위협 (Threats)	ST전략 자기기관의 강점을 활용하여 외부적인 환경변화에 따른 위협에 대응 (위협대응-기회 모색 전략)	WT전략 내부적인 약점과 외부적인 위협요인에 대하여 우회하는 전략 (위기대처 전략)

2차적으로 여기로부터 얻어진 자료들을 토대로 실질적인 타겟집단에 대한 요구조사·분석을 실시한다.

노울즈(Knowles, 1990)는 성인교육 프로그램 개발과 관련하여 요구의 개념을 인간의 기본적 요구(basic human needs)와 교육적 요구(educational needs)의 두 가지로 나누어 설명하고 있다. 또한 타일러(R. Tyler)는 요구

(Needs)를 학습자의 현재의 상황(what is)과 기대하는 상황(what out to be) 간의 차이(Gap)로 정의한다.(기영화, 2010, 재인용)

요구조사·분석을 위하여는 대상 집단이 무엇을 원하는지를 확인할 수 있는 내용과 방법으로 조사도구가 개발되어야 한다. 즉, 요구를 진단하는 목적과 대상, 내용, 방법, 범위 등을 정하고 언제, 무엇을, 어떻게, 어떤 수준까지 원하는지를 확인하기에 적합한 조사도구를 개발해야하는바, 이는 타겟집단이 가지고 있는 특성과 프로그램의 목적을 고려하여 선정되고 개발되어야 한다.

여기에는 인구통계학적인 특성(인구 수, 연령, 성별, 교육수준, 인구이동형태, 직업, 수입 등)과 공식, 비공식 사회관계 분석(회사, 기관, 이익집단, 시민단체, 개인들과의 관계 등), 사회계층 분석(지역사회나 조직의 사회 경제적 계층, 서열 등), 가치체계 분석(관련 집단의 가치체계 우선순위 등), 권력구조 분석(지역사회, 조직의 내·외 문제를 통제하는 인물, 여론 주도층 등) 등이 고려되어야 한다.

요구조사를 통하여 수집된 자료는 요구목록 작성을 통하여 요목화 하고, 요구선정위원회나 전문가의 의견수렴을 거쳐 요구선정 기법에 따라 우선순위를 결정하여 분석하고 선정한다.

3) 설계 단계(Design)

설계 단계에서는 요구분석을 통해 파악되고 선정된 요구를 해결하기 위한 학습목표를 설정하여 학습내용으로 전환하고 교수학습과정을 조직화하는 단계로서 학습자들의 요구를 충족시켜줄 수 있는 교육내용 선정과 선정된 교육내용을 누가 어떻게 가르칠 것인가에 대한 교수자 선정, 교수학습방법 및 학습매체를 설계하고 선정하는 단계이다.

그러므로 여기서는 프로그램 참여자들의 특성, 경험, 태도, 가치를 반영하고 개인이나 집단, 사회가 요구하는 지식, 기술, 태도, 가치를 향상시킬 수 있는 내용으로 설계한다. 조금 더 구체적으로 살펴보면, 이 단계에서는 참가자의 배경지식, 경험, 프로그램 내용, 운영스텝의 전문지식, 비용, 시설, 장비유형, 프로그램 성과 등을 고려하여 학습내용, 학습에 소요되는 시간,

교육방법, 교육심리, 교육공학적인 요소들이 반영되어야 하며, 학습 집단의 크기에 따라 개인학습, 소그룹학습, 대그룹학습, 공동체학습, 온라인학습 등의 교수학습 방법, 평가 방법 등이 수립됨으로써 교수학습을 위한 Hardware적인 요소와 Software적인 요소들이 정리되고 설정되어야 한다.

4) 개발 단계(Development)

개발 단계에서는 교육내용과 교육방법 선정에 따른 교수학습 매체와 교육에 필요한 학습도구 및 자료를 개발하는 단계로써 학습교재 개발, 교수매뉴얼 개발, 학습자료, 학습도구 등을 개발한다. 교수학습 매체는 교육프로그램의 주된 내용을 정리한 인쇄매체로서의 교과서와 교수학습에 필요한 전자칠판, 컴퓨터, 프로젝터, 슬라이드, 사진, 만화 등 각종 시청각 교구재 및 실험실습 도구 등이 있으며, 이러한 교수학습 매체의 적절한 활용을 통하여 프로그램에 대한 학습자들의 관심과 흥미를 일으킬 수 있고 이를 통하여 학습에 대한 동기부여와 학습효과를 증진시키는 역할을 하게 되므로 학습자의 관점에서 활용성이 높은 자료 선정과 개발노력이 필요하다.

5) 실행 단계(Implementation)

프로그램 실행 단계에서는 자원확보 및 배분, 홍보 및 마케팅, 프로그램 운영, 프로그램 마무리 등 4단계로 나누어 살펴보겠다. 먼저 자원확보 및 배분 단계에서는 인적자원(교수자, 프로그램 운영관리자, 자원봉사자 등), 물적자원(강의실, 음향기기, 조명, 냉·난방기, 각종 교구 등), 재정자원(각종 개발비용, 전달비용, 평가비용 등)의 확보 및 배분의 적절성을 확인하고 조정하는 과정이다.

홍보마케팅 단계에서는 홍보내용, 홍보방법, 홍보매체, 홍보범위, 홍보시기 등을 결정하고, 홍보·마케팅 전략을 구사하여 학습자를 모집하는 단계로서 목표집단 분석을 통하여 홍보 타겟을 명확히 하고, 최적의 홍보매체와 홍보기법, 홍보자료를 활용할 수 있는 전략과 홍보 방법을 구사할 수 있어야 한다.

프로그램 운영 단계에서는 실제 교육과정 운영에 초점을 맞춰 프로그램 대상자와 교육목적에 맞게 모든 교육환경적인 요소들을 점검하고 준비물 등을 확인하며, 교수자와의 사전 접촉을 통하여 이상 유무를 미리 확인하여 프로그램 실행에 차질이 없도록 준비해야 한다. 성공적인 프로그램 실행을 위한 확인사항으로는 과정 도입단계, 과정 전개단계, 과정 마무리단계 등으로 나누어 교재준비 상태, 교육대상자 안내 및 접수상태, 차량운행준비 점검상태, 교육진행관련 자료 준비상태, 교육장 부착물 준비 제작상태, 교육기자재 준비상태, 교육장 배치 및 점검상태, 운영관리스텝 배치상태 등을 확인하고 최상의 교육환경이 유지될 수 있도록 수업관찰과 교육지원이 이루어져야한다.

프로그램 마무리 단계에서는 교육과정 운영에 대한 정리 단계로서 교육과정 마무리를 위한 설문, 시험 및 테스트, 수료증, 상품 등을 준비하여 수여하고 후속프로그램에 대한 안내와 함께 기념촬영 등으로 마무리한다.

6) 평가 단계(Evaluation)

평가는 어떤 현상이나 대상의 가치나 질을 판단하는 과정이며 측정을 통해서 얻어진 자료에 대한 해석까지를 포함한다는 면에서 목적지향적이며 가치 관련적인 활동이다(HRD용어사전, 2010). 평가단계에서는 교육과정 및 내용, 결과를 측정하기 위한 평가도구를 개발하고, 평가 시행 및 보고가 이루어지는 단계로써 평가방법 결정, 평가도구개발 및 평가 시행 등을 통하여 전체적인 프로그램개발 운영에 대한 만족도 등을 알아보고 그 결과에 따른 사후 운영방안 및 후속프로그램 개발 운영 등에 관한 보고서를 작성하는 단계이다. 이 단계에서는 먼저 평가목적을 확인하고 평가과제, 평가내용, 평가방법, 평가시기 등을 결정하여 평가를 실시하고 보고서를 작성한다.

보고서 작성에 관한 사항은 프로그램의 설계, 내용전달, 교육효과, 목표달성 정도 등에 대한 사항과 프로그램 설계의 적절성, 프로그램의 효과성, 프로그램의 경제성, 프로그램의 가치 등에 관하여 적절한 문서자료와 함께 프로그램 결과를 기술하고, 투입, 진행, 결과간의 관계성 조사 및 목표의 실행정도 등에 대하여 체계적이고 논리적으로 기술한다. 이렇게 작성된 보고서는 프로그램의 질을 개선시킬 수 있는 기초자료로 활용되고, 프로그램의 지속 및 후속 프로그램 개발에 대한 의사결정을 위한 자료로 활용되며, 프로그램의 효과성을 홍보하기 위한 자료로도 활용된다.

프로그램 평가 방법으로는 시험평가, 관찰법, 인터뷰, 질문지법, 결과물 검사, 과제평가, 전시평가, 포트폴리오 등의 평가방법을 적절히 활용할 수 있다. 이상 PADDIE모형을 요약 정리하면 〈표 14-3〉과 같다.

표 14-3 PADDIE모형 요약

<table>
<tr><td rowspan="2">기 획
(Planning)</td><td rowspan="2">프로그램
개발계획 수립</td><td>프로그램 필요성 검토/추진여부 결정</td></tr>
<tr><td>프로그램 목표 집단 및 주제 확정. 프로그램개발팀(위원회)구성, 프로그램개발 전략 수립, 프로그램개발일정 수립, 프로그램개발계획서 작성</td></tr>
<tr><td rowspan="5">분 석
(Analysis)</td><td rowspan="2">환경 및
고객분석
(상황분석)</td><td>프로그램 환경분석(자연환경, 경제환경, 주거환경, 교육환경, 사회환경 등)</td></tr>
<tr><td>목표집단 분석/잠재적 학습자 분석</td></tr>
<tr><td rowspan="3">요구분석</td><td>요구조사 도구개발</td></tr>
<tr><td>요구조사 및 요구목록작성</td></tr>
<tr><td>요구의 우선순위와 목표설정</td></tr>
<tr><td rowspan="2">설 계
(Design)</td><td rowspan="2">학습내용 및
교수법 선정</td><td>교육내용 선정/ 교수·학습과정 설계</td></tr>
<tr><td>교수법 및 교수매체 선정</td></tr>
<tr><td rowspan="2">개 발
(Development)</td><td rowspan="2">학습도구 및
자료개발</td><td>학습교재 및 교수매뉴얼 개발</td></tr>
<tr><td>학습도구 및 자료개발</td></tr>
<tr><td rowspan="6">실 행
(Implementation)</td><td>자원확보 및 배분</td><td>인적/ 물적/ 재정자원의 확보 및 배분</td></tr>
<tr><td>홍보 및 마케팅</td><td>홍보매체, 내용, 방법, 범위, 시기결정</td></tr>
<tr><td rowspan="4">프로그램 운영</td><td>프로그램 실행 준비</td></tr>
<tr><td>과정 도입 단계</td></tr>
<tr><td>과정 전개 단계</td></tr>
<tr><td>과정 마무리 단계</td></tr>
<tr><td rowspan="2">평 가
(Evaluation)</td><td>평가도구 개발</td><td>평가방법 결정/ 평가도구 및 사후평가도구개발</td></tr>
<tr><td>평가 및 보고</td><td>평가 및 보고서 작성</td></tr>
</table>

5. 평생교육 프로그램의 관리

평생교육기관 경영차원에서 프로그램을 어떻게 구성하고 관리를 하는가는 프로그램 성과에 지대한 영향을 미치게 된다. 따라서 프로그램형성과 학습자 편익추구에 근거한 프로그램구성 관리는 프로그램 개발 못지않게 중요성이 강조되고 있다.

1) 프로그램의 형성과 학습자 편익 추구 이해

학습자는 궁극적으로 프로그램을 통하여 편익을 추구하는 것이기 때문에 학습자의 욕구나 요구를 충족시키는 모든 제공요인을 넓게 해석할 때, 모두가 프로그램이라 할 수 있다.

첫째, 평생교육프로그램은 직접제공 요소와 간접제공 요소로 형성된다. 강사의 인지도, 프로그램 편성 체계 등 가시적인 것은 직접제공요소라 할 수 있고, 학습과 관련된 정보 제공 및 공유, 학습지원 프로세스 등 비 가시화 된 것은 간접 제공 요인 학습자 편익이라 할 수 있다.

둘째, 프로그램은 학습자가 추구하는 복합적인 편익의 총체이다. 평생교육기관에서는 학습자에게 프로그램개발자 및 강사의 자질과 능력, 프로그램 내용의 질, 각종 시설 장비 등을 학습자에게 정보를 제공하려고 하고, 반면 학습자는 평생교육기관에서 제공하는 직·간접적인 편익이 학습자 자신에게 얼마나 유익한지를 알고 싶어 하고 냉철히 판단한다. 따라서 프로

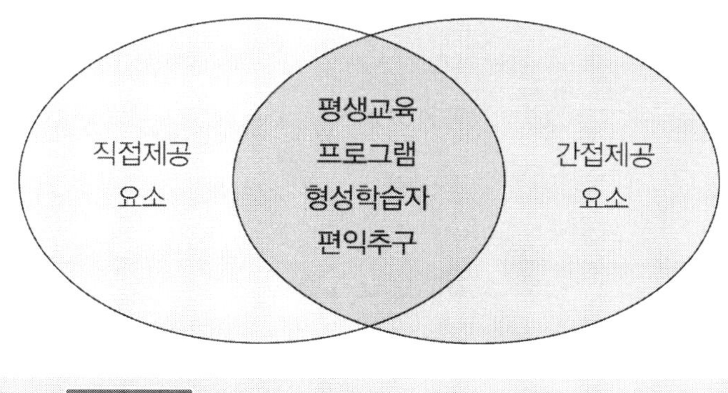

그림 14-6 프로그램 형성의 직·간접 제공 요소와의 관계

그램은 한 가지에 편중된 편익을 제공하는 것이 아니라 학습자들이 다양성 있는 편익을 제공 받을 수 있도록 여러 개의 편익을 동시에 제공해야 한다.

학습자가 추구하는 욕구와 요구의 편익은 각종 시설 및 장비, 학습 분위기, 접근의 편리 및 용이성, 인간관계 속에서의 사회적 외적자본 형성 등 여러 가지 직·간접 제공 요소들에 의해 영향을 받기 때문에 편익 크기의 결정은 학습자 자신이 선택하는 몫이 된다.

편익에는 기능적 편익(functional benefit), 심리적 편익(psychological benefit), 그리고 사회적 편익(social benefit)이 있다. 우선 기능적 편익은 프로그램 내용에 학습자가 학습한 편익의 크기가 가시적, 정량적으로 나타난다. 심리적 편익은 프로그램에 참여하면서 얻게 되는 신념의 체계의 심리적 만족감이다. 이는 의학용어인 플레시보 효과(placebo effect)와도 일맥상통한다. 끝으로 사회적 편익은 사회생활을 통하여 얻게 되는 사회적 욕구인 사회적 인간으로서의 존재감이다.

2) 프로그램 구성관리

평생교육기관에서 프로그램을 어떻게 구성하고 관리를 하는가는 프로그램성과에 지대한 영향을 미치게 된다. 평생교육기관에서 실시하는 모든 프로그램들의 집합을 프로그램 믹스(program mix)라고 한다. 이러한 평생교육기관의 프로그램 가운데에서 상호밀접하게 관련되어 있는 프로그램들의 집단을 프로그램 라인(program line)이라고 한다. 프로그램 라인은 평생교육기관의 모든 프로그램들을 내용별, 대상별, 또는 전달 경로별 등의 기준으로 나눈 것을 의미한다.(성낙돈·김창엽, 2011)

프로그램 믹스 라인을 살펴보면 다음과 같다.

첫째, 프로그램 믹스의 폭(width)은 평생교육 기관 내에 프로그램 라인의 다양성인 개수 즉, 양(量)을 의미한다.

둘째, 프로그램 라인의 깊이(depth)는 각 프로그램라인에 속하는 프로그램의 질(質)을 의미한다. 프로그램 공급기관이 특정분야에서 프로그램 개발에 대한 경험과 역량 등 노하우가 축적 될수록 프로그램을 세분화, 심화시키는 경우가 지대하다.

표 14-4 프로그램 라인의 내역

구 분	내 용 기 준	대상 집단 기준	전달경로 기준
내 역	• 자격증 라인 • 직업능력 라인 • 여가 취미 라인 • 인문학 라인	• 청소년 라인 • 여성 라인 • 노인 라인 • 성인 라인	• 현장 학습 라인 • 출석 강의 라인 • 블랜디드 라인 • 원격 교육 라인

출처 : 성낙돈·김창엽, 2011: 235.

3) 프로그램 개발 관리

평생교육기관에서 프로그램에 대한 관리는 차별화된 프로그램 개발 못지않게 중요성이 강조되고 있다. 프로그램 가운데 어떤 프로그램은 장수하여 평생교육현장에 지속적인 영향력을 미칠 수 있지만 자칫 잘못 관리하게 되면 단명하는 경우가 많다.

프로그램의 단명을 피하기 위한 수명주기 관리를 위해서는 사회패러다임의 변화와 평생교육시장의 요구를 선제적으로 분석하여 학습자들의 Needs를 충족시킬 수 있는 전략적 관리가 필요하다.

프로그램 수명주기 관리에 있어 유의할 사항은 다음과 같다.

첫째, 프로그램 관리는 평생교육기관이 위치한 지역사회와 그리고 학습자 반응과 상황에 따라 관리의 기능에 차이를 두어야 한다.

급속히 환경변화에 예민한 프로그램은 프로그램의 수명주기가 짧기 때문에 마케팅활동은 적절한 완급조절 전략이 필요하다. 그러나 지역사회나 학습자들의 변화가 없을 때에는 특별히 수명주기 변화를 고려한 마케팅 전략은 필요가 없을 것이다.

둘째, 프로그램 수명주기는 일반적 수명주기와 같이 운명적인 수명주기 과정을 거치는 것은 아니다. 평생교육기관이 어떠한 전략과 노력을 하느냐에 따라 쇠퇴기가 성장기, 성숙기로 연장될 수도 있다. 따라서 프로그램 성숙기를 길게 하기 위해서는 내·외부 환경의 변화를 예측하여 전략적 관리가 필요하며 또한 정기적으로 프로그램에 대한 포지셔닝이 필요하다. 프로그램 수명주기별 특성은 다음과 같다.

표 14-4 프로그램 수명주기별 특성

구분		도입기	성장기	성숙기	쇠퇴기
외적현상	수강생수	적음	급속성장	극대점 도달	감소
	수익	적자 또는 낮은 이익	점차증가	높은 수익	감소
	학습자층	혁신 층	조기수용자	중간 다수 층	후기 수용 층
	학습자당 비용	높음	평균	낮음	낮음
	경쟁 프로그램	없거나 소수	증가	많음	감소
프로그램관리	마케팅 목표	프로그램 인지도 형성 수요창출	시장점유율 확대	이익 극대화를 위해 시장 점유율 유지	비용절감 투자회수
	프로그램	기본형태의 프로그램	프로그램 확대 서비스 향상 품질보증도입	브랜드모델의 다양화	경쟁력 없는 프로그램 철수
	수강료	고가 전략 또는 저가전략	시장침투가격	경쟁프로그램 대응가격	저가전략
	광고	조기수용 층에 대한 프로그램 인지형성	일반 소비자 층의 인지도, 프로그램 관심의 향상	브랜드 간 차이와 프로그램 편익강조	핵심고정 학습자 유지 만을 위한 최소한의 광고
	촉진활동	수강을 유도 하기 위하여 강력한 학습자 촉진수행	수요성장에 따른 수강료 수입액대비 판촉비율의 감소	기관브랜드의 전환을 유도 하기 위한 판촉비증대	최저수준으로 감소

본 장의 정리

☞ 본 장의 학습을 완료했다면 다음 내용들을 구체적으로 이해할 수 있어야 한다.

□ 평생교육프로그램은 기관이 궁극적으로 양질의 교육프로그램을 개발하여 지역사회와 학습자에게 공급하고 사회공헌을 통하여 기관을 발전시켜 나가기 때문에 상황 및 환경 그리고 대상에 따라 새롭게 개발되어진다.

모든 조직은 추구하는 목표가 있는데 평생교육기관에서도 추구하는 기관경영목적과 프로그램 개발성격의 목적이 일치되어야 성과극대화를 이룩할 수 있다. 또한 프로그램개발의 의사결정유형은 프로그램개발자 독단으로 하는 경우, 프로그램개발전문가에 위임하는 경우, 이해관계자가 참여하는 경우가 있다.

□ 프로그램개발 방법은 고정되어 있지 않지만 일반적으로 벤치마킹 개발방법, 체계적 개발방법, 비체계적 개발방법이 중심을 이룬다.

프로그램개발방법의 첫째로 벤치마킹개발방법은 타 기관의 뛰어난 프로그램을 보고 배우거나 모방하는 경쟁기법을 말한다. 둘째, 체계적 개발방법이다. 이 방법은 의도적으로 계획된 개발방법에서 제시하는 프로세스 순서대로 실행하기만 하면 프로그램이 완성될 수 있다.

체계적 개발방법의 프로세스는 제1단계 프로그램기획, 제2단계는 프로그램설계, 제3단계는 세부사항준비, 제4단계는 운영계획, 제5단계는 평가계획, 제6단계는 프로그램 참여자와 사후관계를 수립할 수 있는 '실천계획'을 마련한다. 셋째, 비체계적 개발방법이다. 이는 의도적으로 계획된 체계적 개발방법에 관계없이 프로그램 개발자의 자율적 능력과 경험을 최대한 발휘하는 방법을 의미한다.

□ 기관을 둘러싼 환경의 변화는 프로그램 개발에 결정적 영향을 미치는 주 요인이다.

평생교육기관 경영환경은 외부환경과 내부 환경 변화에 따라 어떻게 적응하고 대응하느냐에 따라 기관 존속 발전과 직결된다. 또한 환경 분석 기법은 SWOT 분석기법을 활용한다. 이 분석기법은 외부 환경 분석의 결과로서 도출된 기회와 위협 요소에 내부 환경 분석의 결과로서 도출된 자기 기관의 강점과 약점을 교차시켜 새로운 전략을 수립한다.

□ 프로그램의 형성과 학습자 편익추구 내용은 직접제공요소와 간접제공요소로 형성되며, 프로그램은 학습자가 추구하는 복합적인 편익의 총체이다.
프로그램은 한 가지에 편중된 편익을 제공하는 것이 아니라 학습자들이 다양성 있는 편익을 제공받을 수 있도록 여러 개의 편익을 동시에 제공하여야 한다. 편익에는 기능적 편익, 심리적 편익, 사회적 편익이 있다.

□ 기관에서 프로그램을 어떻게 구성하고 관리를 하는가는 프로그램 성과에 많은 영향을 미친다.
프로그램라인은 평생교육기관의 모든 프로그램들을 내용별, 대상별 그리고 전달경로별의 기준으로 나눈 것을 의미한다.

□ 기관에서 프로그램관리는 차별화된 프로그램 개발 못지않게 중요성이 강조되고 있다.
프로그램 단명을 피하기 위해서는 평생교육시장의 욕구와 요구를 파악하여 수명 주기를 기반으로 하여 장수시키는 전략적 관리가 필요하다. 프로그램 수명주기 관리에 있어 유의할 사항은 첫째, 프로그램 관리는 평생교육기관이 위치한 지역사회와 그리고 학습자 반응과 상황에 따라 관리의 기능에 차이를 두어 다루어야 한다.
둘째, 프로그램의 수명주기는 일반적 수명주기와 같이 운명적으로 수명주기 과정을 거치는 것은 아니다. 기관이 어떠한 전략과 노력을 하느냐에 따라 쇠퇴기가 성장기, 성숙기로 성장시킬 수도 있다.

제 15 장

평생교육기관 재무관리 활동

※ 이 장을 끝마칠 때 다음 내용들을 이해해야 한다.

- □ 기관에서의 재무관리의 목표와 중요성 및 필요성을 알고 있는가?
- □ 평생교육기관경영에서 자금조달계획과 운용계획수립이 왜 중요한가?
- □ 예산의 유형과 예산관리의 유형을 이해하고 있는가?
- □ 기관기금조성의 유형과 기금개발의 과정을 이해하고 있는가?
- □ 기관의 재무회계와 관리회계의 내용을 알고 있는가?

모든 조직이 원활하게 경영되어 성과극대를 이룩하기 위해서는 경영의 요소인 재무적 자원인 자금이 필요하다. 따라서 기관 경영자는 자금을 확보하고 효과적인 관리를 해야 한다. 평생교육기관에서 자금 확보 및 관리는 일반조직에서의 재무관리와 같이 효율성, 효과성, 생산성 등의 고려가 동일하게 이루어지는 것은 아니다.

대부분의 평생교육기관은 공공성과 공익성의 성격을 가지고 있기 때문에 학습자들로부터 수강료 수입을 바탕으로 기관의 성과극대화를 이룩하기란 용이치 않다. 그러므로 수강료가 아닌 별도의 자금을 창출하여야 하는 자금 확보 과제를 가지고 있다. 이 장에서는 재무관리의 성격과 자금 확충 및 관리에 대하여 다루기로 한다.

탐욕은 인간을 병들게 하고 삶을 파괴시킨다.

인간이 욕심을 부리는 것은 현재의 삶보다 미래의 더 나은 행복한 삶을 추구하고 싶은 마음의 작용 때문일 것이다. 그러나 결과는 정 반대로 나타난다. 자신의 삶은 그저 욕심의 노예이었기에 불행한 삶, 파괴적인 삶만 초래할 뿐이다. 권력의 탐욕, 재물의 탐욕, 명예의 탐욕 등은 인간의 무지에서 나타나는 인간성 상실의 산물이다. 따라서 탐욕이 만연하면 혼탁한 사회가 될 수밖에 없다. 양보와 배려가 없는 세상은 기회는 평등하고, 과정은 공정하며, 결과는 정의로운 사회가 될 수 없다는 것이다.

• 탐욕은 통제 불가능한 브레이크 없는 자동차의 질주와 같다.

욕심이 과하면 화를 부르기 마련이다. 인간이 고통을 받고 후회하는 근본적인 원인은 욕심 때문인 것이다. 행복이란 참 맛을 느끼지 못하고 불만족의 욕심에 사로잡히게 되면 화가 나기 마련이다. 화가 나면서 욕심을 부리게 되고 그 욕심이 지나치면서 탐욕으로 승화된다. 탐욕스런 욕망의 본능은 이성적이지 못하고 인간의 정신을 병들게 하여 아름다움 삶의 가치를 잃어버리게 된다.

• 모든 것은 과하면 부족한 것만 못하다.

인간은 간혹 욕심을 버려야겠다는 생각을 가지고 잠시 자신과 약속을 하지만, 그 약속도 잠시일 뿐, 욕심은 자기 자신에게 살며시 다시 찾아든다. 그 욕심을 내려놓지 못하는 상당한 이유는 무엇보다 자신도 모르게 탐욕이 마음속 깊이 자리 잡고 있기 때문이다. 자신의 행동과 신념이 틀렸다는 것을 부정하고, 현재의 욕심이 향후 자신의 삶을 어떻게 파괴시킬 것인가를 까마득히 모르기 때문이다. 욕심이 지나치면 얻는 것보다 더 많은 것을 잃는다는 것을 생각지도 못하게 만들기 때문이다.

• 탐욕에서 벗어나는 유일한 역량은 자기통제 능력이다.

탐욕에서 벗어나려면 그 무엇보다도 자족하는 삶의 법칙을 알아야 한다. 욕망에 대한 집착이 높을수록 자족과는 거리가 멀어진다. 자족하는 방법은 우선 치열하게 경쟁하는 사회에서 잠시 숨을 돌리고 한발 물러나 자신에게 맞는 삶의 규격과 균형을 찾아보는 것이다. 그리고 자신을 둘러싸고 있는 고민과 들끓는 갈망들을 모두 내려놓고 삶의 참된 의미를 다져보는 것이다. 그럼으로써 인간의 탐욕을 부추기는 요인을 깨달을 수가 있고 자족하는 법을 배울 수 있을 것이다. 물질적 동경의 세상보다 정신적 동경의 세계로 다가갈 때 바로 자족하는 마음을 얻게 될 것이다. (한국서예신문, 2020. 7. 1. 백석)

1. 재무관리의 개념

평생교육기관에서의 재무관리는 공익성을 우선으로 하는 성격의 기관과 또 하나는 공익성을 추구하면서 이익을 창출하는 사설기관이 있는데 이 모든 기관들이 추구하는 재무관리는 경영활동에 필요한 자금조달확보 및 운용에 관련된 의사결정을 수행하는 것을 말한다. 즉 기관의 활동에 있어 소요자금의 조달 및 사용과 관련하여 계획, 조정, 통제함으로서 기관목표를 달성하려는 기관 활동 프로세스이다.

2. 재무관리의 목표

1) 평생교육기관의 가치

기관의 가치는 시간을 기준으로 실현될 성과에 대한 현재의 가치와 미래가치로 구분된다. 특히 미래가치는 현재의 일정금액을 장래의 일정시점에서 평가한 금액을 말한다. 따라서 기관 가치는 현재의 기관가치가 미래에도 존속, 발전할 수 있는 재무성과의 극대화에 있다.

2) 기관성과 극대화 및 학습자 만족의 극대화

기관의 재무관리 목표는 전통적인 관점에서 자금의 유동성과 안정성을 확보하여 기관성과 극대화를 목표로 하고 있다. 현대사회에서 기관들은 공익적 성격을 지닌 사회조직으로 단기적 성과보다 장기적인 질적, 양적 성장을 지향하고 있다고 볼 수 있다. 즉, 기관의 성과극대화는 기관의 가치를 의미하고 기관 활동에 의한 성과극대화 지속은 궁극적으로 학습자 만족으로 이어진다.

3. 재무관리의 중요성 및 필요성

평생교육기관에서 행하여지는 재무관리가 기관에서의 중요성 및 필요성은 다음과 같다.

1) 운영자금의 확보 및 활용

충분하지 못한 자금을 보다 원활하게 조달하고 효율적으로 활용하기 위함이다. 따라서 운영자금이 필요할 때 적시에 조달되지 못한다면 기관의 목표달성 성과에 영향을 줄 수밖에 없으므로 운영자금 확보 계획 수립은 일상화 되어야 한다.

2) 타 경영활동의 지원

재무관리는 프로그램 연구개발, 학습자 및 잠재 학습자를 대상으로 프로그램을 공급하는 마케팅 활동 등 자금을 필요로 하는 다른 경영활동 분야와 밀접한 관계가 있다.

3) 금융환경 변화에 적응 및 대응

평생교육기관 자금 확보의 원천인 각종 보조금, 지원금, 후원금, 기부금 등 금융환경 변화는 미래 불확실성을 초래함에 따라 자금의 적절한 조달과 관리가 중요하다. 기관은 미래의 자금 확보 불확실성 환경에 어떻게 적응하고 대응하느냐에 따라 기관의 존속, 발전을 좌우하게 된다.

4. 재무 계획

재무계획은 평생 교육기관 활동에 필요로 하는 자금규모, 자금유입과 유출시점, 자금의 조달, 운용방법에 관한 의사결정을 말한다. 기관은 예상되는 유출금액과 유입금액을 예측 비교하여 적절한 자금 조달계획과 운용계획 수립을 하여야 한다.

자금조달의 원천의 예를 들면, 각종 학원, 언론기관 문화 센터 및 백화점 등의 수입은 주로 모 기관에서의 예산편성 지원금보다 학습자 수강료가 수입의 원천이 되며, 종교기관에서 운영하는 각종 프로그램은 학습자 수강료 이외에 지원금, 후원금이 주요 부분을 차지한다.

또한 공공기관에서는 정부예산의 보조금 등이 자금이 원천이 되며, 비영리 민간평생교육기관들은 후원금이 중요한 수입 원천이 된다. 지출은 평생교육기관을 경영함에 있어 발생되는 구성원들의 급여, 기관시설의 확충 및 유지관리비, 광고 홍보비, 각종 제세 공과 비 및 운영경비 등으로 구성된다.

5. 예산 관리

평생교육기관 경영활동에 있어 일정기간 기관경영 계획에 따라 금전적 목표를 수립하고 프로그램별로 구체적인 수입과 지출계획을 세우고 적절하고 적정한 예산편성, 집행, 통제를 하는 일련의 과정이다.

1) 예산의 유형

(1) 재무예산

재무예산(financial budgets)이란 기관 경영에 있어 일정기간동안 수입이 기대되는 현금 흐름의 크기와 사용방법을 의미한다. 재무예산의 형태는 현금예산과 투자예산으로 설명될 수 있다. 현금예산(cash budget)은 월별, 주별 또는 분기별 등으로 현금 입·출 추정수립계획을 말한다. 투자예산(capital expenditure budgets)은 평생교육기관 경영자원 중 물적 자원인 장비, 각종 설비, 토지, 건물 등과 같은 자원을 대상으로 한다

(2) 운영예산

운영예산(operating budgets)이란 조직을 경영하기 위한 운영자금 계획 수립을 의미하며 기관이 창출하고자 하는 재화와 서비스의 질적·양적 수준과 이를 위해 사용될 자원이 무엇인지를 개략적으로 추정하여 나타낸다. 운영예산에는 예산 프로그램 판매금액 예산, 비용예산, 이익 및 성과예산 등이 있다.

2) 예산관리의 유형

(1) 라인 항목 예산 관리(line item budgeting)

개별 프로그램 예산 관리와 관계없이 기관 전체의 수입·지출에 대한 예산을 총괄적으로 관리하는 형태이다. 이 예산 관리 유형은 개별프로그램 예산 관리하는 데에는 유용하지 못하다.

(2) 개별 프로그램 예산 관리(individual program-budgeting)

프로그램별로 계획, 실행, 통제에 이르기까지 예산을 편성하여 관리하는 형태이다. 최근 평생교육기관 경영은 프로그램의 차별화, 다각화 전략도입에 따라 다양한 프로그램을 판매하고 있기 때문에 평생교육기관의 특성상 개별프로그램 예산관리 형태는 유용하다고 볼 수 있다.

(3) 점증주의 예산 관리(incremental budgeting)

당해 연도 예산관리수립을 할 때 전년도 예산 편성이 계획과 실행의 차이에 별 문제가 없는 경우 미미한 차이의 원인을 분석하여 수정·보완해 나가는 예산관리 형태이다.

(4) 영 기준 예산 관리(zero-based budgeting)

모든 개별 프로그램 항목의 전년도 예산 편성액을 무시하고 신년도 예산을 새로운 기준에 의해서 책정하는 형태이다. 이 예산관리 형태는 전략적이고 혁신적인 예산관리의 유형이라 볼 수 있다.

6. 평생교육기관 기금의 개발

1) 기금 조성의 유형

평생교육기관은 기관 경영성과 극대화를 이룩하기 위해 학습자 수강료 이외의 기금 확보를 해야 한다. 기금조성의 유형은 직·간접적인 요구, 유·

무형의 대가 제공, 기금개발 등이 있다.

첫째, 직·간접적인 요구는 기관의 공공성, 공익성을 앞세워 애원이나 동정심을 유발, 직·간접적인 압력 등을 동원하여 교환 가치 없이 기금을 조성하는 유형으로서 이는 단기적 효과는 있으나 장기적 효과측면에서는 바람직하지 않고 윤리적 측면에서 도덕적 해이(moral hazard)를 초래할 수 있다. 둘째, 유·무형의 대가제공은 특정한 대가를 제공하여 상호 교환가치를 창출하는 것이다. 기금마련 바자회, 특별프로그램 특별강좌 및 강연, 자선공연, 유명인사 또는 작가가 기증한 물건이나 작품 경매 등이 이에 해당된다. 셋째, 기금개발은 사회각계 각층을 대상으로 합목적성을 가지고 계획적, 체계적, 조직적인 방식으로 기부자를 형성하는 것을 의미한다. 기금개발은 기관운영에 필요한 예산을 수립하는데 중요한 운영 자금의 원천이 되므로 기금조성유형 중 가장 바람직한 유형이라 볼 수 있다.

2) 기금 개발의 과정

(1) 기금개발의 기획

평생교육기관 경영을 위한 기금개발 기획에는 기금개발 목표설정, 기금조성 담당자 선정, 기부 잠재력 파악 등이 있다. 기금개발 목표설정방법에는 통상적 접근, 계획적 접근, 전략적 접근이 있다. 통상적 접근은 전년도 기부금 총액과 물가지수 그리고 경제적 상황 등을 고려한 기금 액 책정 방법이며, 계획적 접근은 기관이 당 해 년도 필요로 하는 자금계획 수립 및 분석을 한 후 필요한 만큼의 기금 액을 책정하는 방법이다. 전략적 접근은 각계각층의 기부자들에서 최대한 얻을 수 있는 가능 금액을 목표로 설정하고 총체적인 기금개발 전략을 수립하는 것이다. 기금개발목표를 설정한 후에는 기금개발 담당자를 선정한다. 기금개발담당자는 기관의 크기에 따라 담당자 수를 결정하고 기금개발 담당자는 전문적인 능력을 갖춘 자로 선정해야 한다.

(2) 기금개발 활동 수행

기금개발기획이 완료되면 구체적인 기금개발활동에 들어간다. 기금개발담당자는 기금개발활동이 가장 효과적으로 목표가 달성될 수 있도록 체계적인 일정과 접근방법을 결정하고 캠페인 등을 활용한다. 캠페인은 일정한 기간 내에 주어진 양의 기금을 조성하기 위한 전략적 활동과 행사들을 의미한다.

(3) 기금개발 활동의 평가

기금개발활동이 완료된 후에는 기금개발 성과에 대한 평가를 실시한다. 기금개발활동의 평가는 노력에 대한 성과의 통제를 의미하며 차기 기금개발목표를 세울 때 도움이 될 수 있다.

성과에 대한 평가는 전사적 평가와 실무자 개인별 평가별로 나누어진다. 전사적 평가는 목표달성도 기부금의 구성, 기부자 배경분석, 기부시장 점유율, 소요비용 등을 통하여 파악할 수 있다. 우선 목표달성도는 최종 기금액을 계획금액으로 나눔으로서 알 수 있으며 기부금의 구성은 기부금의 일정한 단위별 금액 기부자의 수를 의미한다.

예를 들어 소액기부자의 참여수와 집단별 기부금이 기부금 총액에서 차지하는 각각의 비율 등을 파악하는 것이다. 기부자 배경 분석은 세부집단별 특성을 파악하여 차기 기금 개발 활동에 참고자료로 삼을 수 있다. 기부시장 점유율은 전체 잠재 기부금 중 우리 기관에서 얻어진 기부금액을 말한다. 소요비용은 전체기부금 수입에 대해 기부금 모금을 위해 발생된 비용을 말한다.

7. 평생교육기관의 회계

일반적으로 회계는 재무회계와 관리회계로 구분된다. 재무회계는 평생교육기관의 경영성과를 기관이해 관계자에게 보고하기 위하여 작성되는 것이고, 관리회계란 기관경영관리활동에 유익한 정보를 주는 것을 목적으로 하는 내부보고 회계를 의미한다. 평생교육기관의 회계는 기관의 성격에 따라 각기 다른 방법을 선택하고 있는 경향이 있다.

1) 영리 평생교육기관

영리를 추구하는 기관인 경우에는 일반기업 회계기준에 따라 발생주의에 입각한 회계처리를 하는 경우가 많다. 여기에서 발생주의란 수익과 비용의 인식을 현금의 수입과 지출과는 관계없이 그 발생 원인에 기인하여 회계처리하는 것을 의미한다.

2) 비영리 평생교육기관

비영리기관은 공익성의 성격을 갖기 때문에 비영리 조직회계 원칙을 따른다. 비영리 기관의 회계처리는 현금주의 적용을 선택하고 있는데 현금주의란 경제적 사건내용 발생과는 관계없이 현금의 수입·지출 시점에서 회계처리하는 것을 의미한다.

본 장의 정리

☞ 본 장의 학습을 완료했다면 다음 내용들을 구체적으로 이해할 수 있어야 한다.

□ 재무관리는 경영활동에 필요한 자금조달확보 및 운용에 관련된 의사결정 수행과 관련하여 계획, 조정, 통제함으로서 기관목표를 달성하려는 기관 활동 프로세스이다.
재무관리의 목표는 첫째, 평생교육기관 가치이다. 기관의 가치는 시간을 기준으로 실현될 성과에 대한 현재의 가치와 미래의 가치로 구분된다. 둘째, 기관 성과극대화 및 학습자 만족의 극대화이다. 기관의 재무관리 목표는 전통적인 관점에서 자금의 유동성과 안정성을 확보하여 기관 성과극대화를 목표로 하고 있다. 또한 재무관리의 중요성 및 필요성은 ① 운영자금의 확보 및 활용 ②, 타 경영활동의 지원, ③ 금융환경 변화에 적응 및 대응 등을 들 수 있다.

□ 기관은 예상되는 유출 금액과 유입금액을 예측 비교하여 적절한 자금조달계획과 운용계획을 수립하여야 한다.
평생교육기관경영의 성과극대화를 이룩하려면 기관 활동에 필요한 자금 규모, 자금유입과 유출시점, 자금조달 운용방법에 관한 의사결정을 잘해야 한다.

□ 예산관리는 일정기간 기관경영 계획에 따라 금전적 목표를 수립하고 프로그램별로 구체적인 수입과 지출계획을 수립하고 적정한 예산편성, 집행, 통제를 하는 일련의 과정을 잘해야 한다.
예산의 유형에는 재무예산과 운영예산이 있는데 재무예산에는 현금예산과 투자예산을 말하며 운영예산에는 프로그램 판매금액예산, 비용예산, 이익 및 성과예산 등이 있다. 예산관리의 유형에는 라인항목예산관리, 개별프로그램 예산관리, 점증주의 예산관리, 영기준 예산 관리 등이 있다.

□ 기관의 기금조성유형은 직·간접적인 요구, 유·무형의 대가 제공, 기금개발 등이 있으며 기금개발의 과정은 기금개발의 기획, 기금개발 활동 수행, 기금개발 활동의 평가를 들 수 있다.

기금조성유형의 첫째, 직·간접적인 요구는 기관의 공공성, 공익성을 앞세워 애원이나 동정심 유발, 직·간접적인 압력 등을 동원하여 교환가치 없이 기금을 조성하는 유형이다. 둘째, 유·무형의 대가제공은 특정한 대가를 제공하여 상호교환가치를 창출하는 것이다. 셋째, 기금개발은 사회각계 각층을 대상으로 합목적성을 가지고 계획적, 체계적, 조직적인 방식으로 기부자를 형성하는 것을 의미한다.

기금 개발과정의 첫째, 기금개발의 기획은 기금개발목표설정, 기금조성 담당자 선정, 기부 잠재력 파악 등이 있으며 둘째, 기금개발활동수행이다. 기금 개발 기획이 완료되면 구체적인 기금개발 활동에 들어간다. 셋째, 기금개발활동의 평가이다. 기금개발활동이 완료된 후에는 기금개발성과에 대한 평가를 실시한다. 기금개발활동의 평가는 노력에 대한 성과의 통제를 의미한다.

□ 기관의 회계는 일반적으로 재무회계와 관리회계로 구분된다.

재무회계는 기관경영을 둘러싼 이해관계자에게 보고하기 위하여 작성되는 것이고 관리회계는 기관경영관리활동에 유익한 정보를 주는 것을 목적으로 하는 내부 보고 회계를 말한다. 평생교육기관의 회계는 기관의 성격 즉, 영리평생교육기관인가 또는 비영리평생교육기관인가에 따라 다른 방법을 선택하는 경향이 있다.

제 16 장

평생교육기관 마케팅 활동

※ 이 장을 끝마칠 때 다음 내용들을 이해해야 한다.

- □ 평생교육기관 경영프로세스 중 왜 마케팅활동이 중요한가?
- □ 기관경영에서 왜 평생교육시장 세분화가 중요한가?
- □ 시장세분화의 개념 및 세분시장 조건을 이해하는가?
- □ 표적시장 선정이 평생교육기관 경영에 있어 왜 중요한가?
- □ 기관경영 마케팅 믹스의 내용을 알고 있는가?

평생교육기관에서의 마케팅은 고객에게 가장 밀접한 관계가 있다. 기관 중심, 교육자 중심에서 수요자 중심, 학습자 중심으로 마케팅 활동을 하여야 한다. 특히 평생교육기관에서의 마케팅은 공공성, 공익성의 가치를 창출하는 조직이기 때문에 이익 극대화의 개념보다 좋은 프로그램을 개발하여 학습자에게 공급하여 지역사회에 공헌을 하는데 목적이 있다고 하겠다.

따라서 평생교육기관의 재정확보는 한계가 있기 때문에 기관을 존속·발전시키기 위해서는 재정 확보 및 학습자 수를 확보하기 위한 수단으로 마케팅 활동은 평생교육기관 경영 프로세스 중 중요한 관리 영역으로 자리매김하고 있다.

인생 최고의 실패는 자기 자신의 위치를 잃는 것이다

맹자(孟子) 공손추(公孫丑)에 나오는 '발묘조장(拔苗助長)'이란 사자성어가 있다. 발묘조장은 억지로 싹을 뽑아서 성장을 도와준다는 뜻이다. 이는 사물의 발전 규율은 생각하지 않고 조급하게 억지로 성과를 이루려고 하지만, 결과적으로는 오히려 그르치게 된다는 의미를 지니고 있다.

"계란을 보고 새벽을 알리기를 바라고, 새총의 탄알을 보고 새(鳥) 구이를 찾는다."는 말은 장자 제물론(齊物論)에서 나오는 말이다. 계란을 보면 병아리가 알을 깨고 나온 뒤 자라서 닭이 돼 새벽을 알리기를 바라며, 새총의 탄알을 보면 이것을 쏴 새를 잡아서 구워먹을 생각부터 한다는 것이다. 이 모두는 성급하게 결과를 예단하는 태도를 경계한다는 말이다. 여기에서 나온 사자성어가 '견란구계(見卵求鷄)'이다. 비슷한 영어 속담도 있다. "Don't count your chickens before they are hatched." '부화하기도 전에 병아리를 세지 말라.'는 겸손 속담이다. 우리 속담에 '떡 줄 사람은 생각도 않는데 김칫국부터 마신다.'와 유사한 의미를 지닌다. 상대방의 속도 모르고 지레 짐작으로 그렇게 될 것으로 믿고 경솔하게 행동함을 이르는 말이다.

우리가 살아가고 있는 사회는 조급함의 사회이다. 모든 것을 빠르고 급하게 서둘러 처리하는 행동이 습관화 되어 있다. 아마도 이것이 우리나라 국민들 삶의 문화일 수도 있다. 그러나 무슨 일이든 규칙과 이치에 순응하지 않고 성급하게 뭔가를 이루기 위해 속도를 내는 것에만 치중하다 보면 오히려 일을 더 그르칠 수가 있다.

앞뒤를 잘 헤아려 깊이 생각하지 않고 억지로 성급하게 일을 처리하고 행동하는 사람은 자신의 위치를 잃는 것과 같은 것이다. 위치를 잃는다는 것은 바로, 무모한 이익에 눈이 멀어서 자칫하면 비윤리적이고 비도덕적인 관계행동으로 까지 치닫게 될 수도 있다는 것이다.

'급할수록 돌아가라.'는 얘기도 있는데, 이 말은 인간관계에서도 적용된다. 상대방의 감정이 마구 쏟아질 때 그 감정에 대응하게 되면 관계는 더 악화될 수밖에 없다. 그리고 상대방의 말을 다 듣기도 전에 미리 예단하여 결론을 내린다든가, 상대방의 말을 끊고 중간에 끼어들어 자기가 하고 싶은 얘기만 하는 경우도 종종 볼 수 있다. 이러한 모든 행동들은 남을 배려하지 못하는 조급함에서 나오는 현상이다.

왜 우리는 규칙과 이치에 순응하는 법칙을 무시하고 조급하게 목적을 달성하기 위해 발버둥치는 것일까? 왜 모든 것을 빨리 이루려고만 하는 것일까?

"겸손해야 해를 입지 않는다."고 하는 "引援而飛(인원이비) 迫脅而棲(박협이서)"의 의미를 생각해 볼 필요가 있을 것이다. 사물의 자연적인 발전 법칙은 생존에 필요한 속도를 유지해야 한다는 것이다. 속도를 추구하는 것은 급하기 때문이다. 느릿하게 가야할 것이 빨리 간다든지, 빨리 가야 할 것이 느리게 간다면 생존에 필요한 질서가 무너지고 혼란이 초래된다는 의미이다. 물론 상황에 따라서는 빨라야 할 때도 있겠지만 느려야 할 때는 느려야 하는 것이 규칙과 이치에 순응하는 방법일 것이다. 자신의 위치를 잃지 않도록 자중하며 인생의 브레이크가 고장 나지 않도록 늘 관리해 나가는 지혜가 필요할 것이다.

(한국서예신문, 2020. 11. 1. 백 석)

1. 마케팅의 개념

평생교육기관 경영에서 마케팅이란 기관과 학습자 그리고 고객의 목적을 상호 충족시켜 주는 것, 즉 교환 관계(exchange relation ship)가 이루어 질 수 있도록 프로그램 및 서비스에 대해 개념 정립, 수강료 결정, 촉진(promotion), 프로그램 공급을 계획하고 실행하는 일련의 과정이다. 마케팅 활동에서 학습자 및 고객의 요구 그리고 욕구 충족과 평생교육기관의 존속, 발전을 이룩하기 위한 교환 관계를 살펴보면 [그림 16-1]과 같이 설명할 수 있다.

마케팅 활동은 학습자 또는 고객이 가지는 요구와 욕구충족을 전제로 하기 때문에 학습자 또는 고객 중심 지향성의 특성을 지닌다. 마케팅 목표를 효율적으로 달성하기 위해서는 프로그램(program), 수강료(price), 장소(place) 촉

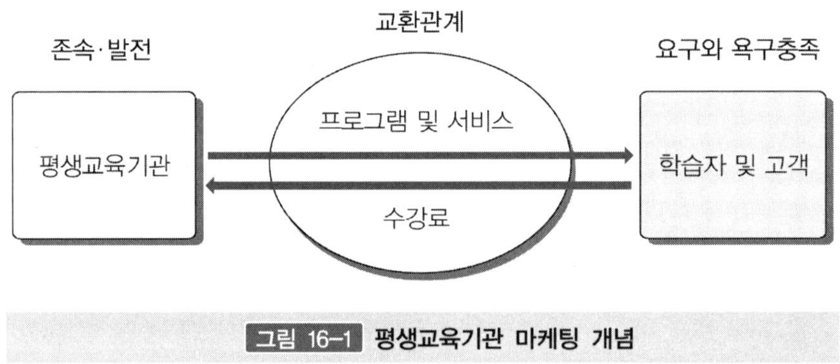

그림 16-1 평생교육기관 마케팅 개념

진(promotion)을 최적으로 조합시키는 것을 포함하는 것이 마케팅의 개념으로 정리될 수 있다.

2. 학습자 행동과 평생교육시장 세분화

평생교육기관에서 프로그램 및 서비스 공급을 원활하기 위해서는 가장 중요한 것이 학습자 및 고객의 요구와 욕구를 조사·분석하여야 한다. 특히 평생교육시장에서 학습자 및 고객의 욕구에 맞는 프로그램 개발과 공급전략 수립은 평생교육시장을 공략하는데 중요한 활동이 될 수 있다. 또한 시장세분화는 기관이 어느 시장에서 경쟁할 것인가에 중점을 두어 경쟁에서 승리하기 위한 시장 세분화에 따른 시장 차별화 전략에 역점을 두어야 한다.

1) 학습자 행동

(1) 학습자의 프로그램 선택 의사 결정

평생교육시장에서 고객은 학습자 개인 및 잠재학습자 그리고 집단이 될 수 있는데 평생교육시장에서는 지역사회에서의 학습자 개인 및 잠재 학습자를 대상으로 고객을 한정시킨다.

① 문제의 인식

문제 인식(need recognition)이란 프로그램 선택 결정 과정에서의 제 1단계로서 학습에 대한 욕망, 갈망, 필요, 욕구 등이 개인 자신의 강한 자극에 의해서 발생할 수 있으며 주위 사람들이 특정기관에서 특정프로그램 학습의 혜택을 받는 중이거나 수료를 함으로 인한 외부자극 및 동기부여에 의해 빌생할 수 있다. 이러한 내·외부적 자극들은 평생교육의 필요성을 인식하게 하고 적극적인 학습을 하기 위한 동기유발이 될 수 있기 때문에 기관에서의 마케팅 담당자 들은 잠재 학습자들의 동기유발요인들과 상황을 이해하고 그리고 파악하고 있어야 한다.

② 정보의 탐색

정보의 탐색(information search)은 첫째, 내적 탐색이다. 잠재 학습자가 필요(needs)를 인식하고 그 필요의 욕구를 충족할 만한 프로그램이라고 지각(perception)되었을 때 해당 프로그램 학습에 등록하는 경우를 말한다. 둘째, 외적 탐색이다. 외적 탐색은 잠재 학습자 자신의 욕구를 충족할 만한 프로그램 내용에 대한 지각이 안 되었을 때의 정보 탐색이다.

정보탐색 원천은 주변지인, 광고, 홍보, 기관의 마케팅 담당자, 기관자원봉사자, 신문, 잡지기사, 방송, 프로그램 시연회 등이 있다.

③ 대안의 평가

대안의 평가(alternative)는 잠재 학습자들이 충분한 정보탐색과정을 거친 후, 지역사회의 여러 기관들이 소개하는 프로그램 중 어느 기관의 어느 프로그램을 선택할 것인가 하는 의사결정을 하기 위한 사전 단계이다. 평가기준은 프로그램의 질 및 선호도, 서비스, 학습비, 기관의 인지도, 강사의 자질과 능력, 기관시설 및 접근의 용이성 등이다.

④ 프로그램 선택 의사결정

프로그램 선택 의사 결정이란 대안의 평가단계에서 각 기관들이 소개하는 프로그램 또는 특정한 한 기관에서 소개하는 여러 개의 프로그램 중에서 잠재 학습자가 선호하는 프로그램을 선택하는 것을 말한다. 프로그램 선택에 영향을 미치는 중요한 요인은 잠재학습자의 특성 즉, 성격, 가치관, 욕구, 능력 등을 들 수 있다.

⑤ 프로그램 선택 이후 행동

프로그램을 선택하게 되면 잠재 학습자들은 학습자의 신분으로 전환된다. 학습자들은 프로그램 내용 및 강사의 자질과 능력에 따라 만족, 불만족의 반응이 나타난다.

학습자들이 프로그램 선택에 대한 평가는 프로그램 선택 의사결정을 하기 전 학습자들의 지각된 기대치와 프로그램 내용의 질에 의해서 결정된다. 지각된 가치와 프로그램 내용에 대한 질의 차이에 따라 만족, 불만족이

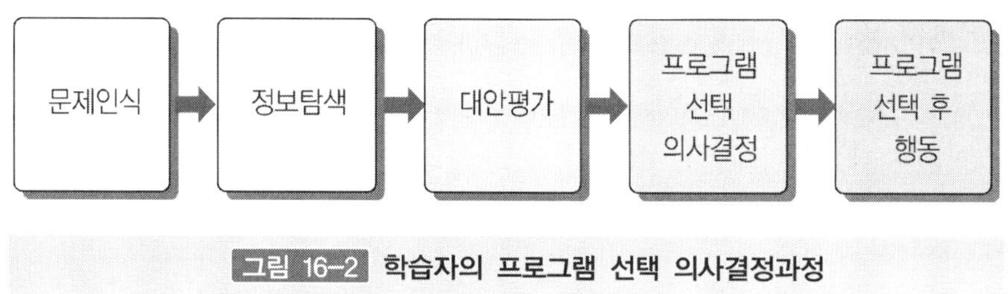

그림 16-2 학습자의 프로그램 선택 의사결정과정

발생되며 이는 기관의 인지도 및 프로그램 브랜드 가치에 지대한 영향을 미치게 된다.

2) 평생교육 시장 세분화

(1) 시장 세분화 개념

시장 세분화(market segmentation)란 한정된 경영자원을 가지고 광범위한 평생교육 시장을 대상으로 무차별적 시장 공략을 하기 보다는 하나의 시장을 다양한 특성기준에 따라 몇 개의 시장으로 분할하는 작업을 말한다.

평생교육 시장 세분화의 이점은 첫째, 시장을 학습자 욕구, 프로그램 선택 동기 등으로 세분시장을 파악할 수 있어 변화하는 학습자들의 프로그램 선호 및 선택에 있어 환경을 파악하여 적절히 대응할 수 있는 마케팅 프로그램을 개발할 수 있다. 둘째, 기관의 경영자는 기관의 강점과 약점, 그리고 경영 외부 환경, 즉 기회와 위협을 통합 분석하여 자기 기관에 유리한 시장을 선정하여 그 시장에 맞는 프로그램을 개발하여 공급할 수 있다.

셋째, 평생교육 시장을 대상으로 마케팅 활동은 잠재 학습자들의 반응을 알 수 있으므로 경영자원을 보다 효과적으로 배분할 수 있다. 넷째, 광범위한 평생교육 시장에서의 표적(taget market)을 뚜렷이 인식하여 정확한 표적을 선정할 수 있다.

(2) 세분시장 조건

성공적인 시장 세분화를 위해서는 각각의 세분시장이 다음과 같은 조건을 충족하도록 세분화 작업이 이루어져야 한다.

① 측정가능성

각각의 세분시장은 세분시장의 규모 및 특성은 물론이고 수익성 등에 대한 측정이 가능해야 한다. 그렇지 않으면 전략 수립을 할 수 없게 된다.

② 수익성

각각의 세분시장은 규모가 일정 수준 이상이어야 한다. 각각의 세분시장을 대상으로 각각의 프로그램을 개발하여 공급하기 위해서는 그에 합당한 각각의 시장 규모가 기본적으로 확보되어야 한다.

③ 접근가능성

각각의 세분시장은 접근 가능해야 한다. 각각의 세분시장에 속한 잠재학습자를 대상으로 마케팅이 가능해야 한다. 예를 들면 인구 통계적 변수 중에서 무리하게 시장을 세분화하여 연령을 80세 이상 남성을 대상으로 시장을 세분화한다면 아무리 훌륭한 건강프로그램 브랜드라 하더라도 직접적인 인적마케팅 또는 각종 매스미디어(mass media)를 통한 광고, 홍보에서의 소통과 접근은 한계가 따른다.

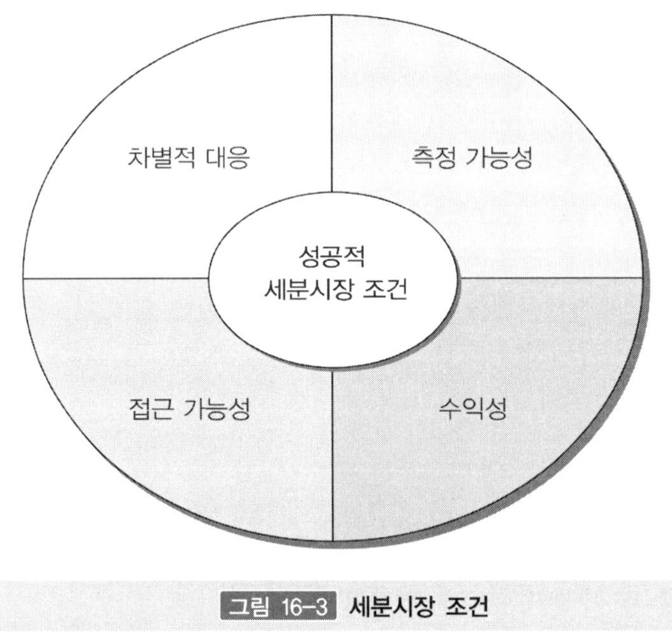

그림 16-3 세분시장 조건

④ 차별적 반응

각각의 세분시장은 각각의 프로그램에 대해 차별적 반응을 보여야 한다. 어떠한 자극을 주었을 때 동일한 반응이 나타나면 차별화 전략 수립을 할 필요가 없어진다.

3. 표적 시장 선정

평생교육 세분시장의 규모가 크고 매력적이라 하더라도 기관의 목표와 경영자원의 보유능력을 고려하여 기관의 능력과 체질에 맞는 표적시장 선정을 해야 한다. 기관의 목표와 주어진 환경에 적합하지 않은 시장이라면 기관은 그 시장을 선택할 수 없을 수도 있다. 세분시장에 대한 평가가 이루어지면 기관은 어떤 시장, 그리고 몇 개의 세분시장을 선정하여 공략을 할 것인지 의사결정을 해야 한다. 기관의 표적시장 선정 마케팅 전략은 원가우위 마케팅 전략, 차별적 마케팅 전략, 집중 마케팅 전략을 들 수 있다.

1) 원가 우위 마케팅 전략

원가 우위 마케팅 전략(cost leadership marketing strategy)은 평생교육시장을 대상으로 시장을 세분화하지 않고 하나의 프로그램으로 전체시장을 공략하는 전략이다. 이 전략은 잠재 학습자들 사이의 차이점보다 공통점에 초점을 두고 있는 전략이다. 단일 프로그램 공급의 이점은 세분시장에 대한 기획 및 조사 분석이 필요가 없기 때문에 비용이 절약될 수 있다. 예를 들면 컴퓨터를 다루는 프로그램의 경우 남녀노소 그리고 사회 신분계급의 차이가 없기 때문에 공통적으로 학습자가 된다.

2) 차별화 마케팅 전략

차별화 마케팅 전략(differentiated marketing)이란 평생교육전체시장을 공략하는 것이 아니라 2개 이상의 세분시장을 타겟 마케팅(target marketing) 목표로 하여 최적의 마케팅 믹스를 공급하려는 전략을 말한다.

각 세분시장별로 적합한 마케팅 계획을 수립하기 위해서는 각 세분시장별로 기획 및 조사 분석, 프로그램 개발 비용 증가가 수반된다. 따라서 마케팅 전략을 수립하기 위해서는 증가되는 비용을 고려한 수강료 책정 등을 고려한다든가 규모의 경제를 이룩하여 비용증가에 따른 경쟁력 약화를 극복해야 한다.

3) 집중 마케팅 전략

집중 마케팅 전략(concentrated marketing)이란 평생교육기관의 경영자원이 한정되어 있는 경우에 채택될 수 있는 전략으로 평생교육전체시장에서 작은 시장을 공략하여 시장 점유율을 높이기보다는 하나 또는 소수의 작은 시장에서 높은 시장 점유율을 누리기 위한 전략이다. 집중마케팅 전략을 통하여 자기기관이 공략하고 있는 특정한 시장에 속한 잠재 학습자의 욕구를 매우 잘 알고 있기 때문에 그 시장에서 강력한 위치를 얻을 수 있다.

그러나 집중마케팅 전략을 구사하기 위해서는 기관이 보다 높은 위험을 감수하여야 한다. 일반적으로 그 시장에 속한 학습자들의 구매행동이 변화하게 되면 그 시장은 시장성을 잃게 된다. 그러기 때문에 다수의 기관들은 위험을 회피하기 위하여 복수의 세분시장에 진입하는 것을 더욱 선호하는 경향이 있다.

4) 포지셔닝

프로그램의 포지셔닝(positioning)이란 학습자들의 인식 속에 자기기관 프로그램이 경쟁기관의 프로그램에 대비하여 차지하고 있는 상대적 위치를 말한다. 즉 기관이 의도하는 프로그램 개념과 포지션을 학습자의 마음속에 위치 화 시키는 것을 뜻한다. 예를 들면 어느 기관의 프로그램은 질이 좋은 대신 가격이 높은 기관으로 포지셔닝 되어 있고, 그리고 어떤 기관의 프로그램은 대중적 욕구를 충족시켜 주면서 가격이 저렴한 기관으로 포지셔닝 되어 있는 경우를 들 수 있다.

4. 마케팅 믹스

마케팅 활동은 학습자 또는 잠재 학습자가 갖게 되는 욕구의 충족을 전제로 하여 수행되므로 학습자 또는 잠재학습자 지향성을 가지고 있다. 마케팅 목표를 효율적으로 달성하기 위해 마케팅 책임자가 활용할 수 있는 요소에는 프로그램(program), 가격(price), 장소(place), 촉진(promotion) 등의 4P가 있으며 이들의 최적으로 융합시켜야 한다는 의미에서 마케팅 믹스(marketing mix)라고 한다.

1) 프로그램 전략

평생교육기관이 마케팅활동에 있어서 가장 중요한 요소가 프로그램이다. 프로그램에는 프로그램 개발, 프로그램의 양과 질, 프로그램의 특성 즉, 타 기관과의 프로그램과 구별되는 기본적인 기능 등이 있다.

2) 가격 전략

가격 전략은 적절한 가격 책정 방법을 다루는 것으로 마케팅 믹스 중 가장 결정하기 어려운 부분 중의 하나이다. 가격결정에 영향을 미치는 요인으로는 학습자 심리와 행동, 프로그램 개발 원가, 기관목표, 경쟁기관의 가격수준 등이 있다.

3) 장소 전략

평생교육기관에서의 장소전략은 유통전략이라고도 하는데 이 전략은 기관에서 제공하는 프로그램에 학습자가 쉽게 접근할 수 있도록 만들어 주는 일련의 과정에 대한 전략이다. 따라서 프로그램 등록 문의, 수강료 상담, 수강료 납부 장소 및 방법 같은 마케팅 기능의 흐름을 촉진시켜 주는 활동을 말한다.

4) 촉진 전략

평생교육기관에서 평생교육 시장의 잠재학습자 그리고 지역사회에 프로그램 존재를 알려 주어 잠재 학습자들이 프로그램의 필요성과 중요성이 환기되도록 수행하는 프로그램 공급활동이다. 촉진 전략에는 광고, 인적판매, 홍보, 판매촉진이 있다.

첫째, 광고(adventising)란 프로그램이나 서비스를 판매하기 위한 대가를 지불하면서 비 인적 판매를 통해 전달하고 촉진시키는 수단이다. 광고를 비 인적 의사소통(impersonal communication)이라고 하는 것은 의사소통이 대면 적 상황(face to face)에서 이루어지지 않기 때문이다. 광고에서 사용되는 일반적 커뮤니케이션 수단은 신문, 라디오, TV, 잡지, 광고 게시판, 비디오테이프 등이 있다.

둘째, 인적 판매(personal selling)란 한사람 또는 그 이상의 잠재 학습자와 직접 대면하면서 대화를 통해 프로그램 내용에 관하여 질문에 응답하고 프로그램 학습에 등록하도록 하는 방법이다.

셋째, 홍보란 평생교육기관 이미지나 기관 개별 프로그램을 촉진시키거나 보호하기 위해 설계된 여러 가지 다양한 대중적 의사소통을 말한다. 홍보는 광고와 달리 비용을 기관이 아닌 대중매체 스스로 부담하게 된다. 즉 기관 또는 프로그램에 관한 기사나 뉴스(news)를 통해 무상(unpaid)으로 하는 판촉활동이다. 홍보는 PR(public relation)과 구별되어야 한다. PR이 홍보보다 넓은 의미를 부여하고 있다. PR은 평생교육기관 경영에 있어 과업환경인 모든 이해관계자들로부터 기관 전체에 대한 가치를 증대시키기 위하여 호감을 불러일으키는 것과 관계가 있다.

넷째, 판매촉진이란 특정프로그램이나 서비스에 대한 인지도를 학습자에게 관심을 증대시켜 프로그램 공급을 촉진시키기 위한 단기적이며, 다양한 자극책으로서의 수단이다. 판매촉진은 충성도가 높은 학습자에게 새로운 프로그램 사용을 유도하는데 활용될 수 있다.

본 장의 정리

☞ 본 장의 학습을 완료했다면 다음 내용들을 구체적으로 이해할 수 있어야 한다.

□ 평생교육기관의 재정확보는 한계가 있기 때문에 기관을 존속·발전시키기 위해서는 재정확보 및 학습자 수를 확보하기 위한 수단으로 마케팅 활동은 경영프로세스 중 중요한 관리영역이다.
기관에서의 마케팅은 공공성, 공익성의 가치를 창출하는 조직이기 때문에 이익극대화의 개념보다 좋은 프로그램을 개발하여 학습자에게 공급하여 지역사회에 공헌을 하는데 목적이 있다.
마케팅목표를 효율적으로 달성하기 위해서는 프로그램(Program), 수강료(Price), 장소(Place), 촉진(Promotion)을 최적으로 조합시키는 것을 포함하는 것이 마케팅의 개념이다.

□ 기관경영에서 시장세분화는 기관이 어느 시장에서 경쟁할 것인가에 중점을 두어 경쟁에서 승리하기 위한 시장 세분화에 따른 시장차별화 전략에 역점을 두어야 한다.
기관에서 프로그램 및 서비스 공급을 원활하기 위해서는 가장 중요한 것이 학습자 및 고객의 요구와 욕구를 조사 분석 하여야 한다.
시장세분화를 이룩하기 위해서는 학습자의 프로그램 선택의사결정과정을 이해하고 파악해야 한다. 프로그램 선택의사결정과정은 문제인식, 정보탐색, 대안평가, 프로그램 선택의사 결정, 프로그램 선택 후 행동 등이다.

□ 시장세분화는 한정된 경영자원을 가지고 광범위한 평생교육시장을 대상으로 무차별적 시장공략을 하기 보다는 하나의 시장을 다양한 특성기준에 따라 몇 개의 시장으로 분할하는 작업을 말한다.
세분시장조건은 측정가능성, 수익성, 접근가능성, 차별적 반응이 있다. 첫째, 측정가능성은 세분시장 규모 및 특성은 물론이고 수익성 등에 대한 측정이 가능해야 한다. 둘째, 수익성은 각각의 세분시장 규모가 일정수준 기본적으로 확보되어야 한다. 셋째, 접근가능성은 각각의 세분시장에 속한 잠재 학습자를 대상으로 마케팅이 가능해야 한다. 넷째, 차별적 반응은 어떠한 자극을 주었을 때 동일한 반응이 나타나면 차별화 전략 수립을 할 필요가 없어진다.

□ 표적시장 선정은 기관의 목표와 경영자원의 보유능력을 고려하여 기관의 능력과 체질에 맞게 선정되어야 한다.

기관의 표적시장 선정 마케팅 전략은 원가우위 마케팅 전략, 차별적 마케팅 전략, 집중마케팅 전략을 들 수 있다. 첫째, 원가우위마케팅 전략은 평생교육시장을 대상으로 시장을 세분화 하지 않고 하나의 프로그램으로 전체시장을 공략하는 전략이다. 둘째, 차별화 마케팅전략은 2개 이상의 세분시장을 타켓 마케팅(taget marketing) 목표로 하여 최적의 마케팅 믹스를 공급하려는 전략을 말한다. 셋째, 집중마케팅 전략은 기관의 경영자원이 한정되어 있는 경우에 채택될 수 있는 전략으로 평생교육 전체 시장에서 작은 시장을 공략하여 시장 점유율을 높이기보다는 하나 또는 소수의 작은 시장에서 높은 시장 점유율을 누리기 위한 전략이다. 넷째, 포지셔닝(positioning)은 기관이 의도하는 프로그램 개념과 포지션을 학습자의 마음속에 위치화 시키는 것을 뜻한다.

□ 마케팅목표를 효율적으로 달성하기 위해서는 프로그램, 가격, 장소, 촉진 등을 최적으로 융합시켜야 하는 즉 마케팅 믹스(marketing mix)가 중요하다.

마케팅 믹스의 첫째, 프로그램 전략은 프로그램 개발, 프로그램 양과 질, 프로그램의 특성 즉 타기관의 프로그램 개발과 구별되는 기본적인 기능 등이 있다. 둘째, 가격 전략은 가격결정에 영향을 미치는 요인으로는 학습자 심리와 행동, 프로그램 개발원가, 기관목표, 경쟁기관의 가격수준 등이 있다. 셋째, 장소전략은 기관에서 제공하는 프로그램에 학습자가 쉽게 접근하여 프로그램에 접근할 수 있도록 만들어 주는 일련의 과정에 대한 전략이다. 넷째, 촉진전략은 평생교육시장의 잠재학습자 그리고 지역사회에 프로그램 존재를 알려주어 잠재 학습자들이 프로그램의 필요성과 중요성이 환기되도록 수행하는 프로그램 공급활동이다.

참고문헌

강봉규(2017), 인간발달과 교육, 서울: 태영출판사.
강용규 외 6인(2008), 사회복지행정론, 경기도: 공동체.
교육부 평생학습정책과(2008), 평생교육법령 및 규칙 해설자료.
권근원 외 3인(2002), 경영학이해, 서울: 삼우사.
기영화(2010), 평생교육프로그램개발, 서울: 학지사.
김규정(1986), 신고 행정학원론, 서울: 법문사.
김남현(1998), 신 경영학 원론, 서울: 경문사.
김용현·김종표·문종철·이복희(2016), 평생교육프로그램개발론, 경기: 양서원.
김재명(1997), 경영학원론, 서울: 법경사.
김진화(2012), 평생교육프로그램개발론, 경기: 교육과학사.
김한별(2019), 평생교육론, 서울: 학지사.
남정걸(2007), 평생교육경영학, 서울: 교육과학사.
대법원(2018), 사법연감.
박유진(2008), 현대사회의 조직과 리더십, 서울: 양서각.
변명식 편역(1996), 경영전략사전, 서울: 한국산업훈련연구소.
보건복지부(2019), 자살예방백서.
성낙돈(2011), 평생교육프로그램개발론, 서울: 청목출판사.
송균석·양성국(2004), 현대사회와 기업경영. 서울: 무역경영사.
신복기 외 3인(2006), 사회복지행정론, 경기: 양서원.
신유근(1997), 현대경영학 원론적 접근, 서울: 다산출판사.
______(2005), 인간존중경영, 서울: 다산출판사.
오혁진(2009), 평생교육경영학, 서울: 학지사.
윤옥한(2017), 평생교육프로그램개발 이론과 실제, 경기: 양서원.
______(2020), 삶은교육사회학, 경기: 양서원.
윤재홍 외 2인(2004), 현대경영학원론, 서울: 박영사.
이길헌 외 1인(2021), 인간관계 성공학, 서울: 도서출판 두남.
이길헌(2013), 평생교육 경영론, 서울: 에듀존.
이종각(2004), 교육사회학 총론, 서울: 동문사.
이진규(2001), 전략적·윤리적 인사관리, 서울: 박영사.
이학종(1998), 조직행동론, 서울: 세경사.
조범상(2006), 직원의 기를 살리는 리더, LG경제연구소, 주간경제 875호.
최은수·배석영(2008), 평생교육경영론, 경기: 양서원.
최종태·백삼균(1991), 조직구조론, 서울: 한국방송통신대학출판부.
통계청(2021), 인구이동조사, 서울: 통계청.

한국임사사회사업학회(2006), 사회복지개론, 서울: 도서출판 신정.
한국교육개발원(2020), 평생교육백서. 서울: 한국교육개발원.
한국교육개발원(2021), 2020년 국가평생교육통계. 서울: 한국교육개발원.
한준상(2000), Lifelong Education, 서울: 학지사.
홍용기(2005), 조직론, 서울: 형설출판사.

Clayton. p. Alderfer, Existence, Relation and Growth Human Needs in organizational settings, New York: Free Press, 1972.
D. C. McClelland. The Achieving Society, Princeton N.J.: Van Nostrand, 1961.
Dave, R. H. (1984), *Lifelong Education and School Curriculum*, 전북대학교부설 사회교육연구소(역). 경기: 정민사(원서 1974년 출판).
Davis, K., Human Behavior at work, N.Y. : Mc GRAW-HALL, 1972.
F. Herzberg, Work and Nature of Man, World Pub., 1966.
H. Weihrich and H. Koontz, Managemented, pp.158~161.
Klaus Schwab (2016), The Fourth Industrial Revolution, 송경진(역), 클라우스슈밥의 제4차산업혁명, 서울: 새로운현재(원서 2016년 출판).
McGregor, D. (1960), The Human side of Enterprise, N.Y., McGraw-Hill.
R. N. Lussier, Human Relations in Oganizations, 2nd, 1rwin, 1993.
Robbins, S., Organizational Behavior, 6th ed., 1992.
Skid more, Rex A. (1995), Social Work Administration, Engle wood cliffs: prentice-Hall Publishing co.

찾아보기

ㄴ

ㄷ

ㄹ

ㅁ

ㅂ

ㅎ

기타

A

B

C

D

저자 약력

이길헌

경영학박사, 경영지도사
서경대학교 대학원에서 박사학위를 취득하고 호원대학교 산업체대학 책임교수, 청운대학교 산업체대학 초빙교수, 서경대학교 경영대학원 주임교수, 중국 사천대 경제학원 객좌교수를 역임하였다.
현재는 서경대학교 특임교수, 국제경영컨설팅 대표컨설턴트, 중소기업청 등록 경영컨설턴트로 활동하고 있다. 특히 KLEDI 한국평생교육개발원 이사로 활동하고 있으며, 주요 관심 분야는 인간성공경영, 기업경영컨설팅 및 평생교육경영컨설팅이다.

한기호

교육학박사, 평생교육사 1급, 사회복지사
연세대학교에서 교육경영 및 평생교육(교육학석사)을 전공하였으며, 강원대학교에서 교육학 박사학위를 취득하고 강남대학교 교육대학원 겸임교수, 청운대학교 겸임교수, 명지대학교 겸임교수 등을 역임하였다.
현재 연세대학교 교육대학원 겸임교수, 웨스트민스터신학대학원대학교 특임교수로 재직하고 있으며, 사단법인 KLEDI 한국평생교육개발원 이사장, 한국교육복지사회적협동조합 이사장, 평생교육매거진 발행인 등을 역임하면서 평생교육프로그램 개발과 평생교육경영을 통한 교육복지 실현에 앞장 서고 있다.

김경희

경영학박사
이화여자대학교 정치외교학과를 졸업하고 서경대학교 대학원에서 경영학 박사학위를 취득하였다. 동작주부대학을 운영하며 지역사회 여성들의 교양을 함양하는 평생교육을 실현하는 데 기여하였고, 교육전문기업에서 지역조직을 담당하는 관리자로서 유아 및 초등학습을 담당하는 교육서비스 담당자들을 교육하고 관리하였다.
현재는 미래공유포럼 리더스 아카데미 등지에서 특강을 하는 등 활발한 강연을 진행하고 있으며, 국제경영컨설팅, 사단법인 KLEDI 한국평생교육개발원 등에서 기업교육프로그램 개발 현장전문가로 활동하고 있다.

평생교육경영학

초 판 1쇄 인쇄 ── 2021년 8월 5일
초 판 1쇄 발행 ── 2021년 8월 10일

지은이 ── 이 길 헌 · 한 기 호 · 김 경 희
펴낸이 ── 전 두 표
펴낸곳 ── 도서출판 두남
서울시 강동구 성내로6길 34-16 두남빌딩
신 고 : 제25100-1988-9호
TEL : 02) 478-2065~7, 2311
FAX : 02) 478-2068
E-mail : dunam1@unitel.co.kr
http://www.dunam.co.kr

정가 28,000원

ISBN 978-89-6414-924-9 93370